रिफ्यूजी

एक प्रश्न ?

मोहनलाल मिश्र 'धीरज'

टू साइन

प्रकाशक : ट्रू साइन पब्लिशिंग हाउस
पता : 21, द्वितीय तल, कुन्दन नगर, बागमुगलिया,
भोपाल, मध्य प्रदेश - 462026 भारत
ईमेल : truesignbooks@gmail.com
वेबसाइट : www.truesign.in

रिफ्यूजी एक प्रश्न?

लेखक: मोहनलाल मिश्र 'धीरज'

ISBN: 978-93-5584-960-1

प्रथम संस्करण: 2023
1000 प्रति

अनुक्रमणिका

रिफ्यूजी एक प्रश्न? 5

1. बादलों से ढका सूरज 9

2. नेक मुस्लिम तथा आतंकी मुस्लिम 14

3. शरणार्थी समस्या 32

4. अन्तर्राष्ट्रीय आतंकवाद (International Terrorism) 52

5. दुर्बल समूह और मानव अधिकार (Vulnerable Groups and Human Rights) 71

6. विशाखा वाद (Vishakha Case) 83

7. भारत और महिलाओं के विरुद्ध सभी प्रकार के भेदभाव को समाप्त करने का अभिसमय (India and the Convention on the Elimination of Discrimination Against Women) 87

8. पैन एम एअर लाइनर तथा यू० टी० ए० के विनाश के लिए उत्तरदायित्व (Responsibility for the Destruction) of Pan Am Air Airliner and UTA) 138

9. आश्रय (Asylum) 150

10. विश्व युद्ध के दौरान (सन् 1914-18) में हुआ व्यय मित्र राष्ट्रों का व्यय (डॉलर में) 163

11. शरणार्थी अध्ययन 185

12. स्वास्थ्य समस्याएं 195

13. युद्ध की, विनाशलीला एवं शांति - समाधान 240

रिफ्यूजी एक प्रश्न ?

भोजन के अभाव अथवा युद्ध की स्थिति में अथवा राजनीतिक या धार्मिक कारणों से देश छोड़ने को विवश व्यक्ति - शरणार्थी

One who feels to a shelter or place of safety especially, one who in time of persecution or political commotion flee.

शरणार्थियों को अनेक नामों से जाना जाता है जैसे –

Émigré, Tendency, Exile,

मुहाजिर और भी इनके नाम हो सकते हैं।

लेखक मानवीय संवेदनाओं को आत्मसात करके, उस पीड़ा को शब्दरूप देता है जिसका वह साक्षी रहा है। शरणागत शरणार्थी की कथायें प्राचीन काल में भी प्रचलित रही हैं।

भारतीय दर्शन चिंतन एवं सनातन धर्मी विचार का मूल –

सर्वे भवन्तु सुखिन: सर्वे सन्तु निरामया।

सर्वे भद्राणि पश्यन्तु मां कश्चित दु:ख भागभेवत।।

Have these feelings all should be happy & healthy & no one show suffer in the least.

शरणार्थियों की मनोदशा पर भी विचार करना अति आवश्यक है; किन परिस्थितियों में वे अपना देश छोड़ने को विवश होता है समाज, देश तथा विश्व संवैधानिक व्यवस्थाओं के अन्तर्गत संचालित होता है, परन्तु जब व्यवस्थाएं छिन्न-भिन्न होने लगती है। अनैतिकता

बढ़ती है। नैतिकता का पतन होने लगता है। ऐसी परिस्थितियों में नैतिकता का पालन करने वाले अनैतिकता करने वालों से पीड़ित होकर शरण की तलाश में अपना घर विवश होकर छोड़ता है।

मैंने शरणार्थियों के मध्य रहकर उनकी भूख-प्यास, स्त्रियों-पुरुषों, बालक-बालिकाओं का करुण क्रंदन देखा है। आँखों में आँसू आ जाते हैं। कलेजा फट जाता है। मैं कुछ न कर पाने की स्थिति में आ जाता हूँ।

अच्छी सरकारें, दयालु राजा तथा समाज के सम्पन्न व्यक्ति अपनी उदारता का परिचय देकर शरण में आये लोगों की सहायता तन मन से करते हैं उनको मेरा कोटि-कोटि अभिवादन।

रामचरित मानस के सुन्दर कांड में रावण तथा विभीषण का प्रसंग मिलता है वहीं राम की उदार प्रवृत्ति और विभीषण को शरण देने का बड़ा ही मार्मिक वर्णन है।

विभीषण रावण के मंत्रिमंडल में मंत्री था। उसने रावण को परामर्श देते हुए कहा था, "आपको सीता जी लौटा देना चाहिए। इसके साथ ही राम के सामर्थ्य की बात की, परन्तु अनीति पर चलने वाले रावण ने अपने भाई विभीषण को लात मारी। अपमानित किया। थककर वह दुखी मन से राम की शरण में चला गया। शरणार्थी के मन में होता है कि मुझे शरण मिलेगी या नहीं ?

राम के मंत्रिमंडल में भी मतभेद था। सुग्रीव का अलग मत था और हनुमान जी का अलग। अंत में मर्यादा पुरुषोत्तम ने विभीषण को अपने शरण में लिया तथा अंत तक निर्वहन किया।

आततायियों वाली सरकारों ने नग्न तांडव किया। समूह विशेष पर घोर अत्याचार किये उनका नर संहार किया। लोगों को देश छोड़ने को विवश किया। लेखक होने के नाते शरणार्थियों की पीड़ा तथा उनके द्वारा झेली गयी यातनायें सरकारों की निष्ठुरता, समूह विशेष द्वारा लोगों की हत्यायें। वहीं दूसरी ओर उदार, दानी प्रवृत्तियों की सरकारों ने उन्हें शरण दी जिसके परिणाम स्वरूप उन अत्याचारी सरकारों के कोप भवन बनना पड़ा।

यदि मैं Refugee शरणार्थियों पर न लिखूं तो मेरी बौद्धिक पंगुता होगी। देश तथा अन्य राष्ट्रों में घटित घटनाओं को शब्द रूप देने का मेरा एक प्रयास है। मैं शरणार्थियों एवं शरणागत दोनों के मनोभाव के साथ आततायियों की सरकारों का घिनौना रूप इस उपन्यास 'शरणार्थी एक प्रश्न' को प्रस्तुत करता हूँ। इस पात्र की घटनाएं काल्पनिक हैं; किसी का नाम संयोग से मिल जाये तो अन्यथा न लें। यदि ऐसा होता है तो यह संयोग मात्र है।

यह उपन्यास विश्व के सभी राष्ट्रों तथा शरणार्थियों के लिये समर्पित है। उन मनीषियों, चिंतकों, सुधारकों को जिन्होंने तन, मन, धन से मानव कल्याण हितार्थ यज्ञ में आहुति दी।

सर्व शक्तिमान, कण-कण में व्याप्त ऊर्जा की देवी माँ सरस्वती को समर्पित उपन्यास– "शरणार्थी एक प्रश्न"

मंगल कामना के साथ

दिनांक- 26 जून 2023 **मोहन लाल मिश्र 'धीरज'**

बादलों से ढका सूरज

वह चन्द्रशेखर जिसने इतिहास तथा राजनीति शास्त्र का गहन अध्ययन किया। बनारस विश्वविद्यालय से एम०ए० तथा पी०एच०डी० की डिग्री प्राप्त की। विश्व के कई देशों ने उन्हें विवादास्पद व्यक्ति मानते हुये नकारात्मक सोच का प्रवक्ता माना जिसके फलस्वरूप भारत सरकार उसके विरुद्ध दण्डात्मक कार्यवाही करने के लिये विवश हो गयी।

प्रश्न यह है कि क्या इतिहासकारों ने सत्य नहीं लिखा या फिर सरकार या शासन के संकेतों पर इतिहास लिखाया गया। ऐसे अनेक उदाहरण हैं, जब सरकारों ने उनके अनुचित आदेशों को न मानने वालों के प्रति बड़ी कूरता का व्यवहार किया। नेल्सन मंडेला को अफ्रीका की प्रिटोरिया सरकार ने बड़ी यातनाएं दी। बाद में वह वहाँ राष्ट्राध्यक्ष हुये। जब बोन यूनिवर्सिटी में चन्द्रशेखर जी ने व्याख्यान दिया तब पूरा देश मंत्रमुग्ध हो गया, उनका भव्य स्वागत हुआ यह बात पश्चिमी देशों को अच्छी नहीं लगी यहाँ तक सोवियत संघ ने भी आलोचना की। आपस में चर्चा हुई। आखिर उसके मन में इतनी आग कहाँ से आयी; जब बोलता है तो एक-एक शब्द लावा बनकर निकलता है। पूरे समूह में रक्त संचार तेज हो जाता है। रहस्य है कि वह कौन है? क्या वह यातनाओं का शिकार हुआ या उस पीड़ा की बात करता है जो उसको झेलनी पड़ी। वह आश्रयी है या रिफ्यूजी या कोई और। भारत सरकार ने उसके व्याख्यानों पर रोक लगा दी उसे इलाहाबाद विश्वविद्यालय से निष्कासित कर दिया गया।

ऐसी धारणा है कि वह हिटलर के पक्ष में खड़े दिखते हैं परन्तु यह सत्य नहीं है, क्योंकि वे आइंस्टीन के समर्थक है। जब वे यहूदियों की त्रासदी की कहानी कहते हैं तब उनकी आँखों

में आँसू भर आते हैं। लेकिन जब राष्ट्रभक्त सुभाषचन्द्र बोस की बात आती है, तब उन्हें अन्तर्राष्ट्रीय अपराधी घोषित किये जाने की घोर निन्दा करने लगते हैं। जो भारत सरकार को कतई स्वीकार नहीं। चन्द्रशेखर का व्यक्तित्व व कृतित्व आम लोग से बिलकुल अलग। यदि उन्हें पीले वस्त्र पहना दिये जाये तो साक्षात् राम लगते हैं; अन्तर इतना कि राम श्याम वर्ण पर इन्हें गौर वर्ण लक्ष्मण का मिला। उनके स्वरूप का वर्णन करने के लिए मैं महान कवि संत तुलसीदास का आश्रय ले रहा हूँ। जिसमें मैं रामचरित मानस के सुन्दर काण्ड के 44वें दोहे से 45वें दोहे की ओर ध्यान आकर्षित करना चाहूंगा-

बहुरि राम छबिधाम बिलोकी।

रहेऊ ठाठुकि एकटक पल रोकी।।

भुज प्रलंब कजारून लोचन।

श्यामलगात प्रनत भय मोचन।।

सिंह कंध आयत उत सोहा।

आनन अमित मदन मन मोहा।।

He had exceptionally long arms eyes resembling the red lotus & swarthy limbs that rid the suppliant of all fear, His lion like shoulders & broad chest exercised great charm.

चन्द्रशेखर, छः फिट लम्बे, गोरे चिट्टे, युवा, बलवान और संयमी मर्यादा पुरुषोत्तम के रूप में दृष्टिगोचर होते हैं। देखते ही दर्शकों को सुख का अनुभव होता है। उनका वर्णन शब्दों के माध्यम से नहीं किया जा सकता। ये चुम्बकीय व्यक्तित्व ईश्वरीय देन है। इनकी अनेक घटनायें हैं; एक बार बदमाश लफंगे लोगों से महाविद्यालय को बचाया था। अकेले चंद्रशेखर दस लोगों पर भारी थे।

इनके जैसा ही एक स्वरूप ध्यान में आ रहा है। यह स्वरूप है जटा शंकर शुक्ल 'सांक्रत्यान' जी का। वे श्रेष्ठ कवि रचनाकार के साथ वैधराज थे। उनका त्रिफला प्रयोगशाला कानपुर में था। भव्य स्वरूप लंबे चौड़े, बड़े-बड़े बाल, आम की फाँक की तरह आँखें थी। इसके साथ ही उनका ओजस्वी काव्य पाठ। सम्पूर्ण सभा को झकझोरने वाली प्रलयकारी वाणी अकथनीय है। प्राकृतिक आपदा के समय तन-मन-धन से सेवा करने वाले शरणागत हैं। वे पूर्ण सनातनी दाता थे, याचक नहीं।ऐसे व्यक्तियों की धरोहर भारत है। ऐसे महान व्यक्तियों को कभी-कभी समय की गति के कारण संघर्ष करना पड़ा। सत्य और देश के लिए युद्ध करना पड़ा। इतना ही नहीं उन्होंने विश्व शांति के लिये अपना सर्वस्व न्यौछावर कर दिया।

कानपुर मालरोड में एक होटल है वोल्गा, जो पूरी तरह एयरकंडीशंड एवं आधुनिकता से सुसज्जित है। इस होटल में एक 'बार' भी है। यहाँ शहर के बड़े-बड़े लोग आते हैं संध्या के समय कारों की लाइन लगती है। बड़े-बड़े राजनेता, जजेज, व्यापारी, डॉक्टर, प्रोफेसर, शिक्षाविद्, गुण्डे, बदमाश सभी तरह के लोग आते हैं होटल की सर्विस बहुत ही क्विक रहती हैं।

घड़ी ने सात बजाये। बोल्गा होटल की रौनक बढ़ने लगी। लोगों का आना जाना प्रारम्भ हो गया। बड़ा सा हाल कई मेजें उनके चारों ओर आरामदायक गद्दीदार कुर्सियाँ। ऊपर छत पर मखमली कपड़ा तथा उसमें प्रकाश करते छोटे- छोटे बल्ब जो बिलकुल सितारों की तरह चमकते कुछ मध्यम प्रकाश के कुछ तेज रोशनी के कुल मिलाकर आसमान का नजारा।

गेट से चन्द्रशेखर प्रवेश द्वार पर आये दरबान ने गेट खोला झुककर सलाम किया। उन्होंने जेब से एक नोट निकाला उसके हाथ पर रखा, उसके सिर को सहलाया अन्दर प्रवेश कर गये। वहाँ पर उपस्थित लोग उसे देखने लगे। जैसे ही वे कुर्सी पर बैठे तुरंत बैरा आया गिलास और पानी का जग रखकर सिर झुकाकर आर्डर लेने के लिये मीनू सामने रख दिया। उन्होंने दो काफी और बिस्कुट का आदेश दिया। बैरा बड़ी विनम्रता से सिर झुकाया आर्डर लेकर चला गया। वे एक आर्मी कैप्टन की प्रतीक्षा करने लगे।

मोबाइल पर काल आई सर आई एम कमिंग विद इन 5 मिनट्स।

O.K. but you are 5 minutes late.

sorry sir, extremely sorry

Thats all right.

समय का बहुत महत्व होता है। युद्ध के समय एक सेकेण्ड में कुछ भी हो सकता है। चन्द्रशेखर पुन: कैप्टन संजीव सिंह की प्रतीक्षा करने लगे। सिंह के पूर्वज भी सैन्य बल में रहे और उन्होंने राष्ट्र के लिये सर्वस्व न्यौछावर किया। समाज में व्याप्त भ्रष्टाचार तथा जनता की दुर्दशा पर सोच विचार करने लगे। सरकार की कार्य प्रणाली पर चिंतन किया तो ज्ञात हुआ कि भ्रष्टाचार में संत्री से लेकर मंत्री तक सभी कंठ तक डूबे हुये हैं। बैरा टेबल पर दो कप काफी तथा बिस्कुट रख गया।

इस बीच एक सज्जन और उसके साथ एक 20 वर्षीय युवती होटल में आये। सम्भवत: वह बाप-बेटी थे। मालूम पड़ता था कि वह कोई अधिकारी होंगे। एक खूंखार टाइप के व्यक्ति ने युवती को छेड़ने का प्रयास किया ही था कि, चन्द्रशेखर ने उसे एक धक्का दिया

वह इतने जोर का था कि वह करीब दस फीट दूर काउंटर पर गिरा। वह खड़ा हुआ उसके कई साथी आ गये। इसी बीच कैप्टन संजीव सिंह का प्रवेश हुआ। संजीव ने पूरा दृश्य देखा था। तीनों लोगों एक साथ मिलकर चन्द्रशेखर की ओर बढ़े ही थे कि कैप्टन संजीव ने तुरंत अपने हाथ के धक्के से पीछे धकेल दिया। उस युवती ने चन्द्रशेखर से कहा देखिये कुछ कीजिये। उन्होंने कहा आप निश्चिन्त रहो। आप बैठो। आप पूरी तरह सुरक्षित हो।

निर्मल मन जन सो मोहि भावा।

मोहि कपट छल छिद्र न भावा।।

जग महुं सखा निशाचर जेते।

लक्ष्मनु हनई निमिष महुं तेते।।

कैप्टन संजीव ने मात्र पाँच मिनट में ही उनको परास्त कर दिया वो उठने के काबिल नहीं रहे। इस बीच पुलिस आ चुकी थी। कैप्टन संजीव, चन्द्रशेखर के पास पहुँचकर बैठ चुका था। पुलिस अफसर इन्हीं के पास जाकर इनको हड़काने लगे। बोले- तुम लोग यहाँ गुण्डागर्दी करते हो। इसी बीच चन्द्रशेखर ने गंभीर आवाज में कहा- "आप पहले उनकी कम्प्लेन्ट लें और पूछें कि वे कौन हैं जिन्होंने इस युवती का छेड़ा। वास्तव में बड़े-बड़े होटल पुलिस को हफ़्ता देते हैं; यहाँ क्या कुछ नहीं होता। ऐसी जगहों पर ही आतंकवादी संगठन अपनी पकड़ बनाते है"। जब बात बढ़ी कैप्टन संजीव ने अपना पहचान पत्र दिखाया, पुलिस अधिकारियों ने तुरंत उन्हें सैल्यूट किया। अपने किए पर शर्मिंदा हुए और क्षमा मांगते हुये उन लोगों को लेकर चले गए।

इसके बाद संजीव ने एक लिफाफा जेब से निकाला और चन्द्रशेखर जी को सौंप दिया कहा- "सर क्षमा मुझे अर्जेन्ट काल पर जाना है। चंद्रशेखर ने युवती तथा वृद्ध को सुरक्षित पहुँचाने के लिए कहा। वो दोनों भी कैप्टन के साथ बाहर चले गये। चन्द्रशेखर कुछ देर रुके। काउंटर पर पेमेंट किया। बाहर निकल आये और अपनी कार के पास पहुँचे। ड्राइविंग सीट पर बैठे और चल दिये।

जिस होटल में रुके थे वहाँ अपने रूम में पहुँचकर आराम कुर्सी पर बैठकर पढ़ने लगे।

जब देश में आजादी की जंग चरम पर थी; 1857 से शुरू हुई आजादी की लड़ाई में देश ने जाने कितने लाल खो दिये थे और आजादी दिनोंदिन दूर होती जा रही थी। तब सुभाषचन्द्र बोस अपनी पढ़ाई पूरी करके ब्रिटेन में प्राप्त उच्च पद की नौकरी को ठुकरा कर भारत आते हैं और यहाँ के प्रमुख लोगों से मिलते हैं। जिनमें जवाहरलाल नेहरू और महात्मा गाँधी प्रमुख हैं, परन्तु इन लोगों के विचार सुभाषचन्द्र बोस से मेल नहीं खा रहे

थे। उधर हिटलर पूरी दुनिया में अंग्रेजों से लड़ रहा था, क्योंकि वह पुरी दुनिया में अपनी बादशाहत कायम करना चाहता था।

सुभाषचन्द्र बोस जब हिटलर से मिलने रंगून पहुंचे तो सुभाषचन्द्र बोस को हिटलर का रूप धारण किये हुये कई लोग सुभाष से मिलने आये परन्तु सुभाष ने किसी से अभिवादन नहीं किया। जब 9वें नम्बर पर स्वयं हिटलर मिलने आया तो सुभाष ने यथोचित अभिवादन किया जिस पर हिटलर ने पूछा कि आपने मुझे कैसे पहचाना तो सुभाष ने कहा कि आपके चेहरे का तेज ही है जो आपको बादशाह बनाता है। हिटलर खुश हुआ और सुभाषचन्द्र बोस को जनरल की वर्दी दी तथा उनकी वर्दी में बहुत से मेडल लगाये। सुभाष ने हिटलर से अंग्रेजों से लड़ने के लिए मदद मांगी क्योंकि दुश्मन का दुश्मन दोस्त होता है। इस पर हिटलर ने कहा कि आपके भारत के कुछ सैनिक मेरे पास कैद हैं। वे सब बहुत ट्रेंड हैं। मैं उन सभी को पर्याप्त गोला बारूद दूंगा। तब हिटलर ने एक रानी नाम का जहाजी बेड़ा दिया तथा 40 भारतीय सैनिक जो कैद में थे उनको दिया। जिनमें श्री गयाबक्स सिंह चौहान एवं जयराम सिंह आदि प्रमुख थे; जो मैनपुरी स्थित जासमई ग्राम के निवासी थे।

सभी को लेकर सुभाष ने आजाद हिन्द फौज का गठन किया, जिसमें सिर्फ 50 बहादुर सैनिक थे। सुभाष ने कोलकाता से आक्रमण की शुरूआत की और अपने कंधे पर रखे माइक से यह नारा दिया कि "तुम मुझे खून दो, मैं तुम्हें आजादी दूंगा" सुभाष ने यह कहते हुए अन्तर्राष्ट्रीय कानून का भी उल्लंघन किया कि गोरे अपने हाथ कितने भी ऊपर उठायें, हमें उनको गिरफ्तार नहीं करना है, उन्हें गोलियों से भून देना है और थर्ड क्लास के डिब्बों में भरकर ब्रिटेन भेज देना है। तथा ब्रिटेन को खोदकर समुद्र में मिला देना है। तब अंग्रेजों को भारत छोड़ने पर विवश होना पड़ा।

नेक मुस्लिम तथा आतंकी मुस्लिम

- प्यारे नबी (सल्ल०) को हिजरत का आदेश
- एक साज़िशी कान्फ्रेंस
- पवित्र रक्त में हाथ रंगने की अपवित्र स्कीम
- घर का घेराव
- कुरैश के अमानतदार (सल्ल०) की बेमिसाल अमानतदारी
- सौर गुफा में ठहरना
- कुरैश की बौखलाहट
- आप (सल्ल०) को पा लेने की नाकाम कोशिश
- मदीना के लिए रवानगी
- कुरैश की निराशा और ग्लानि
- सुराका की आंखें खुल गईं
- हज़रत अली (रज़ि०) की विकल अभिलाषा
- कबा में पड़ाव
- मदीना में आप (सल्ल०) की प्रतीक्षा
- मदीना की गलियों ने कभी ऐसा दृश्य न देखा था

- अन्सार और मुहाजिरों में भाई-चारा
- यहूदियों की जोड़-तोड़

(1)

हिजरत का हुक्म आ गया। इस मौके पर अल्लाह ने मुहम्मद (सल्ल०) को एक दुआ भी सिखाई कि जब हिजरत करें तो यह दुआ करते रहें। कितनी प्यारी है यह दुआ: 'और दुआ करो, मेरे रब! तू मुझे जहाँ कहीं ले जा सच्चाई के साथ ले जा और जहाँ कहीं से निकाल सच्चाई के साथ निकाल और अपनी ओर से मुझे सहायक सत्ता प्रदान कर।'

- कुरआन, बनी इजराइल

मुसलमान अत्याचार सहते-सहते तंग आ चुके थे। अब वे अधीन हो चुके थे। आप (सल्ल०) ने इस हालात में मुसलमानों को मदीना चले जाने की इजाज़त दे दी। ताकि दिन-रात की इन परेशानियों से छुटकारा मिल जाये। दीन और ईमान को जो हर समय खतरा लगा हुआ है, वह ख़तरा भी टल जाये। अत: मुसलमानों ने चोरी-छिपे मदीने का रुख किया। परन्तु कुछ लोग कुरैश की घात में आ गए और हिजरत न कर सके। कुरैश ने उन्हें बन्दी बना लिया। फिर बड़ी बेरहमी से सताया और खूब-खूब जुल्म की भट्ठी में तपाया, ताकि वे परेशान होकर इस्लाम से फिर जायें। ईमान से उनका मन खट्टा हो जाये और भूले से भी आप (सल्ल०) का नाम न लें।

खुद प्यारे नबी (सल्ल०) भी, जो ज़ालिमों का असली निशाना थे, अपने लिए अल्लाह के हुक्म का इंतजार कर रहे थे कि अल्लाह का हुक्म हो तो मक्का को त्याग दें और अपने साथियों से जा मिलें। वे सच्चे साथी, जिन्होंने अल्लाह के लिए वतन छोड़ा था। वे सच्चे साथी, जिन्होंने अन्सार से मिलने के शौक में न अपने माल की परवाह की और न औलाद की। वे अन्सार कौन थे? वही खुश नसीब जिन्होंने आप (सल्ल०) की मदद की थी। आप को सुरक्षा प्रदान की थी।

ज़ालिम आप से कह रहे थे कि तुम्हें बन्दी बना लें या तुम्हारा कत्ल कर दें या तुम्हें देश निकाला दे दें। वे अपनी चालें चल रहे थे और अल्लाह अपनी तदबीर कर रहा था और अल्लाह सब से अच्छी तदबीर करने वाला है। -कुरआन

मुशरिकों ने प्यारे नबी (सल्ल०) को क़त्ल करने की स्कीम बना ली। उसके लिए हर एक ने कमर कस ली, क्योंकि अब तो खून सारे क़बीलों में बंट रहा था। हर कबीले का उस में हिस्सा लेना ज़रूरी था और चूंकि सारे कबीले शामिल हो रहे थे, इसलिए हाशिम कुटुम्ब वाले बदला भी नहीं ले सकते थे।

उधर अल्लाह का फैसला था कि आप (सल्ल०) पर ज़रा भी आंच न आये। अत: कुरैश की चाल उलटी हो गई। वे खुद अपने जाल में फंस गए। अल्लाह ने आप (सल्ल०) की मदद की और वे अपना सा मुँह लिए रह गये।

वह भयानक रात आ गई, जिसे मुशरिकों ने प्यारे नबी मुहम्मद (सल्ल०) की हत्या के लिए चुना था। उन्होंने आप (सल्ल०) के घर को घेर लिया। उन के हाथों में तेज़ तलवारें थीं, जिन की धारों में मौत छिपी हुई थी। अरब में जनाना मकान के अन्दर घुसना एक ऐब समझा जाता था, इसलिए यह मुशरिक घर के बाहर ही बैठे रहे और इस ताक में रहे कि कब मुहम्मद (सल्ल०) बाहर निकलें और उनकी तिक्का बोटी कर दें।

अल्लाह ने इस पूरी साज़िश की खबर नबी (सल्ल०) को दे दी। आप (सल्ल०) ने अली (रजि०) से कहा, जो आप के साथ ही रहते थे: 'मुझ को हिजरत का आदेश मिल चुका है, और दुश्मन आज हमारे घर को घेरे और मेरी हत्या पर आतुर हैं।' इसके बाद फिर फ़रमाया: "अली! मैं आज मदीना चला जाऊंगा। तुम मेरे बिस्तर पर सो जाओ और मेरी चादर भी ओढ़ लो। अल्लाह ने चाहा तो कोई तकलीफ न पहुंचेगी। सुबह जाकर सबकी अमानतें वापस कर देना। फिर तुम भी मदीना चले आना।"

बात क्या थी? कुरैश हालांकि आप (सल्ल०) की जान के दुश्मन थे, परन्तु आप ही उनके 'अमीन' (अमानतदार) भी थे। जिसको कोई अमानत रखनी होती सी बहुत वह आप ही के पास रखता। उस समय भी आप के पास लोगों की अमानतें थीं। यही वजह थी कि आप अली (रजि०) को अपने साथ न ले गए। बल्कि लोगों की अमानतें वापिस करने के लिए मक्का ही में छोड़ गये।

शायद धरती और आकाश ने ऐसा अनोखा दृश्य कभी न देखा। एक ओर खून के प्यासे दुश्मन हैं। उनके हाथों में तेज़ तलवारें हैं। वे घर को घेरे हुए हैं कि आप (सल्ल०) बाहर निकलें और वे पाक शरीर पर वार करें। दूसरी ओर 'अमीन' की यह ईमानदारी है!! अमानतों का उसके पास ढेर है। ये अमानतें किसकी हैं? इन्हीं दुष्टों की जो आप (सल्ल०) के खून के प्यासे हैं। अगर चाहें तो सारी अमानतें लेकर आप चले जायें। न कोई आप का कुछ कर सके, न आप को कुछ कह सके। फिर उस समय आप निर्धन भी हैं। दौलत की आप को सख़्त ज़रूरत है। लेकिन यह सब कुछ एक तरफ़ 'अमीन' की अमानतदारी एक तरफ। आप को उस में से एक कौड़ी लेना हराम। और केवल यही नहीं, बल्कि अपने प्यारे भाई अली को भी वहीं छोड़ देते हैं। हां उन्हीं ख़तरों के मुँह में। क्यों? केवल इसलिए कि इन ज़ालिमों की अमानतें उन तक पहुंचा दें!!

हज़रत अली (रज़ि०) ने आप (सल्ल०) के सफ़र के लिए नेक तमन्नाएं ज़ाहिर की और आप रवाना हो गए। जुदा होते समय दोनों ने अत्यंत प्रेम भरे स्वर में कहा: 'अल्लाह को मंजूर हुआ तो फिर मदीना में मिलेंगे।'

हज़रत अली (रज़ि०) प्यारे नबी (सल्ल०) के बिस्तर पर लेट गये और आप की हरी चादर ओढ़ कर सो गये।

रात काफी बीत चुकी थी। दुश्मन आप (सल्ल०) का बड़ी बेचैनी से इन्तिज़ार कर रहे थे कि आप बाहर निकलें और वे सब एक साथ आप (सल्ल०) पर टूट पड़ें। हुआ यह कि जब आप (सल्ल०) का बाहर निकलने का समय हुआ तो उन दुश्मनों पर ऊंघ तारी हो गई और जब आप (सल्ल०) बाहर निकले तो वे सब सो रहे थे।

दुश्मनों को आप (सल्ल०) का इन्तिज़ार तो था ही। एक-एक क्षण उन पर कठिन गुज़र रहा था। जब बहुत देर हो गई तो अन्दर झांकने लगे। जब आप (सल्ल०) के बिस्तर पर नज़र पड़ी तो आपस में बोले: 'वह देखो, मुहम्मद चादर ओढ़े सो रहा है।'

वे फिर सोने वाले का इन्तिज़ार करने लगे, हालांकि मुहम्मद (सल्ल०) जा चुके थे।

इस घटना से दो-तीन दिन पहले प्यारे नबी (सल्ल०) अबू बक्र (रज़ि०) के घर गए थे। दोपहर का समय था। आप (सल्ल०) ने उनके दरवाज़े पर दस्तक दी। अबू बक्र (रज़ि०) बाहर आये। आप (सल्ल०) को इस समय अपने यहां देखते ही उन्होंने सोचा: 'ज़रूर कोई खास बात है कि आप (सल्ल०) ने इस वक्त आने की तकलीफ़ की!!'

प्यारे नबी (सल्ल०) उनके साथ अन्दर घर में चले गये और फ़रमाया: 'यहां कौन लोग हैं? थोड़ी देर के लिये उन्हें हटा दो। कुछ मश्विरा करना है।'

हज़रत अबू बक्र (रज़ि०) ने जवाब दिया: 'हे अल्लाह के रसूल! यहां आपकी बीवी आइशा के सिवा और कोई नहीं है।'

आप (सल्ल०) ने कहा: 'हिजरत का हुक्म आ चुका है। मक्का से अब हमें भी चलना है।

हज़रत अबू बक्र (रज़ि०) (बड़ी बेक़रारी से) 'मेरे मां-बाप आप पर न्योछावर- क्या मुझे भी आप के साथ चलने का सौभाग्य प्राप्त होगा? क्या मैं भी आपके साथ रहूँगा?'

फ़रमाया: 'हां, तुम को भी चलना है। तैयार हो जाओ। हम दोनों साथ चलेंगे।'

यह सुनना था कि उनकी आंखों में खुशी के आँसू तैरने लगे। उन्होंने कहा: 'अल्लाह के रसूल! मैंने कुछ सामान तैयार कर रखा है, जो हमारे काम आएगा। सफ़र के लिये दो

ऊँटनियाँ भी तैयार कर ली हैं और अब्दुल्लाह बिन अरक्त से भी बात कर ली है। सफ़र में उससे भी आसानी होगी।'

आप (सल्ल०) ने कहा: 'अभी ऊँटनियों की ज़रूरत नहीं। पहले तो हम दक्षिण की ओर जायेंगे और 'सौर' की गुफा में कुछ दिन ठहरेंगे।'

हज़रत अबू बक्र (रज़ि०) समझ गये कि इस में क्या मसलिहत है? इस से पहले भी वे कई बार आप (सल्ल०) की हैरतनाक सूझ-बूझ का तजुर्बा कर चुके थे- वे खूब जानते थे कि आप कितनी समझदारी से काम लेते हैं कि दुश्मन अपना-सा मुँह लेकर रह जाते हैं।

सौर गुफा मक्का से दक्षिण में तीन मील के फासले पर यमन के रास्ते पर है। आप (सल्ल०) को यकीन था कि जो व्यक्ति भी सुनेगा कि मुहम्मद मक्का से चले गये तो वह यही समझेगा कि वे मदीना की ओर गये होंगे और इसलिए वह उत्तर की ओर दौड़ेगा, क्योंकि मदीना मक्का से उत्तर की ओर ही पड़ता है। अत: आप ने ऐसा नक्शा बनाया कि पीछा करने वाले नाकाम लौट जायें। उनको पता भी न चले कि आप किधर गये? कहाँ गये?

मक्का की आख़िरी रात में जब कि दुश्मनों ने आप (सल्ल०) के घर को घेर लिया था, आप घर से निकल कर सीधे अबू बक्र (रज़ि०) के घर पहुँचे। उनको साथ लिया और घर के पीछे वाली खिड़की से निकल कर बाहर आये और रात के सन्नाटे में तेज़-तेज़ कदम बढ़ाने लगे। मक्का से निकलकर दक्षिण की ओर मुड़े और सौर गुफा की तरफ़ तेज़ी से चल पड़े।

सुबह सवेरे ही हज़रत अली (रज़ि०) की आंख खुल गई। वे बिस्तर से उठ बैठे। आहट पाकर दुश्मन भी चौकन्ने हो गए कि अब काम करने का समय आ गया।

लेकिन - यह मुहम्मद के बिस्तर से कौन उठा!

लोग बार-बार बेचैनी से रोशनदान से अन्दर झांकते और हैरान होकर वहाँ से हट जाते। यह सोकर उठने वाला मुहम्मद तो नहीं!! यह तो अबू तालिब का लड़का अली है!!

उफ!! उफ!! यह किस्सा क्या है?

ये वे शब्द थे जो खुद व खुद उनके मुख से निकल रहे थे। वे बिल्कुल हैरत की मूर्ति बन गये थे।

क्या हम रात भर अली के लिए बैठे रहे? क्या हमने अली को मुहम्मद समझ लिया था? अली आज मुहम्मद के बिस्तर पर क्यों सोया? और मुहम्मद कहाँ हैं?

हर एक बदहवासी में एक दूसरे से पूछ रहा था, लेकिन जवाब देने वाला कोई न था। कुछ ही देर में बस्ती के और आदमी भी आ पहुँचे। देखते ही लोगों की एक भीड़ जमा हो गई। लोग बेचैनी के साथ चले आ रहे थे कि देखें मुहम्मद का क्या हश्र हुआ? यहां पहुंचे तो पता चला कि मुहम्मद तो कहीं छिप गये! सारे लोग परेशान व हैरान थे। गम और गुस्से से बदहाल हो रहे थे। वे सब घर में घुस गये और अली (रज़ि० गये और अली (रज़ि०) से पूछने लगे: 'तुम्हारा साथी कहाँ है?' अली (रज़ि०) ने जवाब दिया: 'मुझे नहीं मालूम!'

वे बार-बार पूछते ही रहे और अली (रज़ि०) नहीं में जवाब देते रहे। जब ये बिल्कुल निराश हो गये तो अली (रज़ि०) को ले जाकर काबा में बन्द कर दिया। इस पर भी बस न किया और वहाँ भी बेरहमी से निरंतर सताते रहे। आखिरकार कुछ रिश्तेदार बीच में पड़े और इस प्रकार कहीं जाकर उनकी जान छूटी।

जिस दिन मुशरिकों ने प्यारे नबी (सल्ल०) की हत्या की स्कीम बनाई, उसी रोज़ आप (सल्ल०) उनके हाथ से निकल गए। इस पर मुशरिकों को बड़ा दुख हुआ। गुस्से में वे पागल हो गए और हताश होकर इधर-उधर ढूँढने लगे। कोई मदीना की ओर दौड़ा और कुछ लपक कर अबू बक्र (रज़ि०) के घर गये। क्योंकि वे जानते थे कि अबू बक्र (रज़ि०) आप (सल्ल०) के गहरे दोस्त हैं। आप को उनसे खास ताल्लुक है। अबू बक्र (रज़ि०) के घर जाने वालों में अबू जहल भी था। इन लोगों ने दरवाज़े की कुन्डी खटखटाई तो अबू बक्र (रज़ि०) की बड़ी बेटी असमा (रज़ि०) निकल कर आईं। दुश्मनों ने उनसे पूछा: 'तुम्हारे बाप कहाँ हैं? देखो सही बताना। झूठ मत बोलना।'

'अल्लाह न करे कि मैं झूठ बोलूं। झूठ बोलने की क्या बात? मुझे कुछ पता नहीं कि कहाँ गये।' असमा (रज़ि०) ने निडर होकर जवाब दिया।

दुश्मन समझ गये कि अबू बक्र (रज़ि०) भी मुहम्मद (सल्ल०) के साथ निकल गये। अबू जहल गुस्से से पागल तो था ही, उस बदकिस्मती से बर्दाश्त न हुआ और उसने असमा (रज़ि०) के गाल पर इतने ज़ोर से एक चांटा मारा कि कान से बाली झटक कर दूर जा गिरी। फिर दुश्मन वहाँ से लौट आये और किसी ऐसे व्यक्ति की खोज करने लगे जो पैरों के निशान पहचाने और मुहम्मद (सल्ल०) को पकड़ने में उनकी रहनुमाई करे।

तलाश के बाद उन्हें एक आदमी मिल गया, जो पैरों के निशान पहचानने में माहिर था, नाम था उसका सुराका बिन मालिक। वह रसूल (सल्ल०) और अबू बक्र (रज़ि०) के कदमों के निशान देखता हुआ चला। पीछे-पीछे कुरैश की एक भीड़ भी हो ली। चलते-चलते ये लोग मक्का से बाहर आ गये। अब सुराका दक्षिण की ओर चल पड़ा और सौर

गुफा की तरफ बढ़ा। लोग बड़े हैरान थे। हर एक ताज्जुब से कह रहा था: 'आखिर मुहम्मद किधर गया? दक्षिण की ओर या उत्तर की ओर?'

दुश्मनों की समझ में कुछ नहीं आ रहा था, लेकिन वे सुराका के पीछे चलते रहे। इस उम्मीद में कि शायद वह सफल हो जायें। शायद मुहम्मद का पता चल जाये। सुराका रेत पर पैरों के निशान देख-देख कर चलता रहा। फिर..... फिर वह सौर पहाड़ पर चढ़ने लगा।

अल्लाह ने रसूल (सल्ल०) से वादा किया था: 'वह दुश्मनों की साज़िश को नाकाम कर देगा। आप पर ज़रा भी आंच न आने देगा।' भला उस से बढ़कर सच्चा कौन हो सकता है?

सुराका पहाड़ पर चढ़ गया। दुश्मनों का गिरोह भी साथ था। फिर यकायक उसके क़दम रुक गये। अब उसका चेहरा बड़ा उदास था। उससे बड़ी हैरानी और घबराहट झलक रही थी। उसकी समझ में नहीं आ रहा था कि अब कहाँ जाये और किधर जाये!! दुश्मनों ने यह हालत देख कर पूछा: 'सुराका! क्या बात है? रुक क्यों गए? खैर तो है?'

सुराका सामने एक पत्थर की ओर इशारा करते हुए बोला: 'इस पत्थर तक तो वे दोनों आये, फिर नहीं मालूम, किधर गए?'

यह कहना था कि एक ठट्ठा लगा। 'अरे सुराका! आज तुम्हें क्या हो गया? ख़ुदा की कसम इस तरह तो तुम कभी नहीं बहके!'

फिर कुछ दूरी पर एक चरवाहा दिखाई दिया, जो अपनी बकरियां चरा रहा था। दुश्मनों ने उससे पूछा:

'क्या तुमने इस पहाड़ पर दो आदमियों को चढ़ते देखा है?' 'मैंने तो किसी को देखा नहीं है, लेकिन तुम देख लो। हो सकता है कि दोनों गुफा में हों।' चरवाहे ने जवाब दिया।

कुरैश तुरन्त पहाड़ पर चढ़े और फिर तेज़ी से गुफा की ओर लपके। तीर, तलवार और लाठी सब उनके पास थे। हर एक की यही इच्छा थी कि मुहम्मद (सल्ल०) को ख़त्म करने का श्रेय उसी को मिले।

क्या शान है मुहम्मद (सल्ल०) की मुहम्मद (सल्ल०) उस समय गुफा में खड़े नमाज़ पढ़ रहे थे। और उनके साथी हज़रत अबू बक्र (रज़ि०) पास बैठे थर-थर कांप रहे थे। दिल धक-धक कर रहा था कि कहीं ज़ालिमों की नज़र आप (सल्ल०) पर न पड़ जाये।

दुश्मनों की आवाज़ें भी कानों में आ रही थीं। उन के रुख़ का भी अन्दाज़ा हो गया था और अब तो पैरों की आहट, लाठियों की खट-खट और चीख पुकार की भयंकर आवाज़ें करीबतर होती जा रही थीं - अबू बक्र (रज़ि०) चुपचाप बैठे थे। निगाहें आप (सल्ल०) पर लगी थीं। उन का दिल रह-रह कर चाह रहा था कि काश मैं मुहम्मद (सल्ल०) को दिल के अन्दर छिपा सकता। काश मैं आप को अपना शरीर उढ़ा सकता। प्यारे नबी (सल्ल०) नमाज़ पढ़ चुके। हुजूर की जान ख़तरे में देखकर अबू बक्र (रजि०) घबराहट और डर से बदहाल थे। चेहरा उतरा हुआ था और दिल बैठा जा रहा था। प्यारे नबी (सल्ल०) ये सब भांप गये। तुरन्त ही उन्हें ढाढ़स बंधाते हुये फ़रमाया: 'घबराओ नहीं, अल्लाह हमारे साथ है।'

कुरैश का एक आदमी तेज़ी से गुफा की ओर बढ़ा। लेकिन कुछ ही दूरी पर, यकायक उसके क़दम रुक गये। फिर वह उलटे पांव लौट पड़ा। उसका चेहरा दुख और अफ़सोस से पीला पड़ गया था। वह निराश और हताश था। उसके साथी भी पीछे-पीछे तेज़ी से बढ़ रहे थे। उसको देख कर वे भी ठहर गए।

'क्या बात हुई? गुफा में झांके बिना क्यों लौट पड़े? साथियों ने सवाल किया।

उसने कहा: – और नाउम्मीदी से उसका मन डूबा जा रहा था - 'अभी मुहम्मद पैदा भी न हुआ था, उस समय से उस पर मकड़ी का डेरा है। गुफा मुख पर दो जंगली कबूतरों का घोंसला भी है। रास्ते ही में एक पेड़ भी खड़ा है। ज़ाहिर है कि उसके अन्दर किसी आदमी के होने का सवाल ही पैदा नहीं होता।'

यह आवाज़ अबू बक्र (रजि०) ने भी सुन ली। वे समझ गये कि अल्लाह अपने रसूल को बचाना चाहता है। उसी के ये सब इंतजाम हैं। दुश्मन गुफा के मुँह तक पहुंच गये थे। और वहीं इधर-उधर टहल रहे थे। अबू बक्र (रज़ि०) उनके पैरों को भी देख रहे थे। लेकिन अल्लाह का करना, किसी ने झांक कर भी गुफा के भीतर न देखा। अबू बक्र (रज़ि०) ने आप के कान में चुपके से कहा: 'इन में से किसी की निगाह अगर अपने पांव पर पड़ जाये तो हमें देख लें।'

आप (सल्ल०) ने जवाब दिया: 'अबू बक्र! उन दो के बारे में तुम्हारा क्या विचार है, जिनका तीसरा अल्लाह है?'

फिर दुश्मन गुफा के पास से चले गये। अब वे पहाड़ से नीचे उतरने लगे कि जाकर दूसरी जगहों पर भी तलाश करें। इतनी दौड़-धूप और खोज-बीन के बावजूद उन्हें नाकामी हुई, फिर भी उनके हौसले पस्त न हुये। वे वैसे ही दौड़-धूप में लगे रहे। क्योंकि कुरैश

ने ऐलान किया था कि जो मुहम्मद (सल्ल०) को पकड़ कर लायेगा, सौ ऊँट उसे इनाम स्वरूप दिये जायेंगे। हर व्यक्ति चाहता था कि वह ऊँट उसी को मिलें। इसी लालच के पीछे वे दीवाने थे। कैसी थकान और कैसी तकलीफ? उन्हें इन सब की कोई फिक्र न थी।

प्यारे नबी (सल्ल०) और हज़रत अबू बक्र (रज़ि०) तीन दिन उसी गुफा में ठहरे रहे। अबू बक्र (रज़ि०) के बेटे अब्दुल्लाह (रज़ि०) दिन भर पता लगाते रहते कि कुरैश क्या मश्विरे कर रहे हैं? और क्या स्कीमें बना रहे हैं? जो कुछ बात उन्हें मालूम हो जाती उन से रात में आकर आप (सल्ल०) को वाक़िफ़ करा जाते। उनके साथ उनकी बहन असमा (रज़ि०) भी होतीं। वे घर से खाना पका कर लातीं। कुछ रात गये अबू बक्र (रज़ि०) का गुलाम आमिर बिन फुहेरा बकरियाँ चराकर ले आता। आप (सल्ल०) और हज़रत अबू बक्र (रज़ि०) उनका दूध पी लेते। फिर ये तीनों मक्का वापिस चले जाते। अब्दुल्लाह (रज़ि०) और उनकी बहन आगे-आगे होतीं। आमिर बिन फुहेरा और उसकी बकरियाँ पीछे-पीछे, ताकि उन दोनों के पैरों के निशान मिटते जायें।

इसी प्रकार तीन दिन बीत गये। प्यारे नबी (सल्ल०) और हज़रत अबू बक्र (रज़ि०) की तलाश अब रुक गयी। जो लोग आप को ढूंढने निकले थे, निराश होकर घरों को लौट आये। इन लोगों ने सोचा कि अब तो सफ़र का ज्यादातर हिस्सा तय हो चुका होगा। अब तो मुहम्मद न जाने कहाँ पहुंच गया होगा। अब पीछा करना बेकार है।

अब्दुल्लाह (रज़ि०) रोज़ाना प्यारे नबी (सल्ल०) और प्यारे बाप को कुरैश की सारी ख़बरें सुनाया करते, उन्होंने कुरैश की निराशा का भी हाल सुनाया। अबू बक्र (रज़ि०) ने सुना तो अब्दुल्लाह (रज़ि०) से कहा: 'मैंने जो दो ऊँटनियाँ तैयार की हैं, उन्हें लेते आना। लेकिन देखो, किसी को पता न चले। साथ में अब्दुल्लाह बिन अरकृत को भी बुलाते लाना।' अब्दुल्लाह बिन अरकृत एक गैर मुस्लिम था। हज़रत अबू बक्र (रज़ि०) को उस पर यकीन था। इसीलिए उसे मज़दूरी पर तय कर लिया था कि किसी गैर आबाद रास्ते से मदीना पहुंचा दे।

शाम होते ही अब्दुल्लाह सौर गुफा की ओर चल दिये। साथ में उनकी बहन असमा (रज़ि०) और आमिर बिन फुहेरा भी थे। पीछे-पीछे अब्दुल्लाह बिन अरकृत भी था, जो हज़रत अबू बक्र (रज़ि०) की दोनों ऊँटनियाँ और अपनी एक ऊँटनी लेकर आ रहा था।

कुछ देर में ये लोग ऊँटनियों के साथ गुफा पर आ पहुंचे। दोनों में जो ऊँटनी ज़्यादा अच्छी थी, उसे अबू बक्र (रज़ि०) ने आप (सल्ल०) को पेश किया और कहा: 'अल्लाह के रसूल! आप इस पर सवारी करें।'

प्यारे नबी (सल्ल०) जो दूसरों के साथ हमेशा एहसान किया करते थे, खुद किसी का एहसान लेना कब पसन्द करते। उन्होंने फ़रमाया: 'मैं दूसरे की ऊँटनी पर नहीं बैठता।'

अबू बक्र (रज़ि०) ने कहा: 'यह अब आपकी है, अल्लाह के रसूल! मेरे मां-बाप आप पर न्योछावर हों।'

आप (सल्ल०) ने फ़रमाया: 'नहीं। जितने में खरीदा है, उतनी ही कीमत मुझ से ले लो।'

अबू बक्र (रज़ि०) को क़ीमत लेने पर मजबूर होना पड़ा। हज़रत असमा (रज़ि०) ने सफर का सामान ठीक-ठाक किया। वह घर से एक नाश्तेदान में खाना और पानी से भरा हुआ एक मश्कीज़ा लायी थी। इन दोनों चीज़ों को ऊँटनी पर रखना था। बांधने के लिए कोई रस्सी नहीं थी। वह परेशान हुई कि क्या करें।

फिर एक तरकीब उनकी समझ में आ गयी। अपने निताक (इसको औरतें कमर से लपेटती थीं) को फाड़ कर दो टुकड़े किये। एक से नाश्तेदान और मश्कीज़ा को बांध दिया। यही वजह है कि वे 'जातुन्निकातैन' (दो निताकों वाली) के नाम से मशहूर हुईं।

आप (सल्ल०) और अबू बक्र दोनों ऊँटनियों पर सवार हो गये। अब्दुल्लाह बिन अरकृत भी अपनी ऊँटनी पर बैठ गया। अबू बक्र (रज़ि०) ने पीछे अपने गुलाम को भी बिठा लिया कि रास्ते में कोई ज़रूरत पड़े तो परेशानी न हो। फिर यह काफिला अब्दुल्लाह बिन अरक्त की रहनुमाई में रवाना हो गया। और तटवर्ती रास्तों से होता हुआ चला, जो बिल्कुल सुनसान और गैर आबाद था।

(3) कुरैश की हसरतों का खून हो गया। दिल के अरमान दिल ही में रह गये। इस पर उनको बड़ा दुख था। अब वे जहाँ इकट्ठा होते और जिस मजलिस में भी बैठते, इसी का रोना रोते। प्यारे नबी (सल्ल०) उनके हाथ से निकल गये थे, इस पर वे हाथ मलते। कुरैश अपनी एक मजलिस में बैठे इसी तरह अपना दुखड़ा रो रहे थे कि एक आदमी अन्दर दाखिल हुआ। यह किसी सफ़र से लौट कर अभी-अभी आया था। वह बोला, "मैं तटवर्ती रास्ते से आ रहा था। तीन आदमी मेरे सामने ही से गुज़रे। मेरा ख़्याल है, वे मुहम्मद और उनके साथी ही थे।"

उस मजलिस में सुराका नामक एक आदमी भी मौजूद था। यह जोशम का बेटा था। बहुत ही दूरस और समझदार आदमी था। उसने यह बात सुनी तो समझ गया कि इस आदमी का अंदाजा बिल्कुल सही है। लेकिन उसकी तमन्ना थी कि मुहम्मद को पकड़ने का श्रेय मुझको हासिल हो। इनाम के सौ ऊंट भी मेरे ही दरवाज़े पर बंधे। इसलिये उसने लोगों को

बहकाने के लिए फ़ौरन इस बात को गलत बताया, बोला: "नहीं जी। अब वे कहाँ बैठे हैं। अभी-अभी कुछ आदमी मेरे सामने उस तरफ़ गये हैं। मैं तो उनसे अच्छी तरह वाकिफ हूं।"

सबको सुराका की बात सही मालूम हुई और किसी ने उस आदमी की तरफ ध्यान न दिया। सुराका कुछ देर वहाँ बैठा रहा, फिर उठा और घर की तरफ चल दिया।

घर पहुंचते ही वह हथियारों से सज कर तैयार हो गया। अपने एक नौकर से कहा, उसने घोड़े पर जीन कसी और मक्का से बाहर पहुंचा दिया, कुछ ही देर में सुराका भी पहुंच गया। वह चाहता था कि मक्का से बाहर जाते हुये कोई उसे देखने न पाये। मक्का से बाहर पहुंच कर वह घोड़े पर सवार हो गया और घोड़े को ऐड़ लगा दी। घोड़ा टापें मारता, धूल उड़ाता तेज़ी से तट की तरफ बढ़ा।

क्या यह मुमकिन है कि सुराका मुहम्मद (सल्ल०) को पा ले, जबकि अल्लाह ने उन्हें गुफा पर मँडराने वाले खतरों से बचा लिया? नहीं, हरगिज़ नहीं। अल्लाह मुहम्मद (सल्ल०) की तरफ़ से अपनी नज़र नहीं फेर सकता,

जबकि वह वायदा कर चुका है, दुश्मनों की सारी साज़िशें नाकाम करने का। घोड़ा अभी कुछ ही दूर बढ़ा था कि उसने ठोकर खायी। करीब था कि वह सुराका को ज़मीन पर फेंक दे, लेकिन सुराकी जल्दी से संभला और फिर उसको ऐड़ लगायी। घोड़ा हवा में तैरने लगा। ज़्यादा दूर नहीं गया था कि उसे ठोकर लगी, लेकिन अब भी सुराका की हिम्मत पस्त न हुई। उसने दोबारा घोड़े को संभाला और ऐड़ लगायी, हालांकि अब वह कुछ डर और भय महसूस कर रहा था। उसे कुछ नाउम्मीदी भी हो रही थी। उधर घोड़ा भी सरपट भागा चला जा रहा था।

प्यारे नबी (सल्ल०) का काफिला एक दिन और एक रात बराबर चलता रहा। उसे न किसी दुश्मन का सामना हुआ और न कोई पीछा करने वाला नज़र आया। अबू बक्र (रज़ि०) को अब बिल्कुल इत्मीनान था। उनके दिल की घबराहट और परेशानी दूर हो चुकी थी। प्यारे नबी (सल्ल०) के बारे में अब किसी खतरे की आशंका नहीं थी। दूसरे दिन दोपहर का समय था। धूप की गर्मी से शरीर भुना जा रहा था। अबू बक्र (रज़ि०) की इच्छा हुई कि प्यारे नबी (सल्ल०) कुछ आराम कर लें। उन्होंने हर तरफ नज़र दौड़ायी। एक चट्टान के नीचे साया नज़र आया। वे वहीं जाकर उतर गये। जल्दी से उन्होंने आप के लिये. जगह ठीक की। बकरी की खाल बिछाई और फिर खाना पेश किया। सबने एक साथ बैठ कर खाना खाया। आप थोड़ी देर आंख बन्द कर लेट गये और आराम फरमाने लगे।

सूरज अब ढल चुका था। पास ही एक चरवाहा बकरी चरा रहा था। अबू बक्र (रज़ि०) ने उसके पास जा कर दूध दूहने को कहा। फिर प्यारे नबी के पास आये और दूध में थोड़ा सा पानी मिलाकर पीने के लिए पेश किया। आप (सल्ल०) ने दूध पी लिया तो फ़रमाया: "क्या अभी चलने का वक्त नहीं हुआ? फिर आप वहाँ से रवाना होने के लिए तैयारी करने लगे। अचानक अबू बक्र (रज़ि०) की नज़र दक्षिण की तरफ़ पड़ी। देखा एक सवार बहुत तेज़ी से चला आ रहा है। अबू बक्र (रज़ि०) का दिल धक-धक करने लगा। उन्होंने अर्ज़ किया: 'अल्लाह के रसूल! अब तो हम धर लिये गये!' मगर आप (सल्ल०) के इत्मीनान का वही हाल था। बहुत ही सुकून के साथ फ़रमाया: "अबू बक्र! घबराओ नहीं। अल्लाह हमारे साथ है।" अल्लाह सचमुच उनके साथ था!!

सुराका का घोड़ा अब बहुत क़रीब आ चुका था। अब वह बिल्कुल नज़रों के सामने था। उसकी टापों की आवाज़ कानों में आ रही थी। यकायक घोड़े को बहुत ज़ोर की ठोकर लगी। इस बार उसके पांव घुटनों तक ज़मीन में थे और सवार लुढ़क कर ज़मीन पर। सुराका का चेहरा रेत से बिल्कुल अट गया और हिम्मत ने भी बिल्कुल जवाब दे दिया। सुराका को यकीन हो गया कि हालात अच्छे नहीं। मैंने जिस काम का बेड़ा उठाया है, खुदा उस से खुश नहीं। वह वहीं पर रुक गया और ज़ोर से आप (सल्ल०) को और साथियों को आवाज़ दी: "मैं जोशम का बेटा सुराका हूं। ज़रा ठहर जाओ। कुछ बातें करना चाहता हूं। खुदा की कसम, कोई नुकसान नहीं पहुंचाऊंगा। इत्मीनान रखो, मैं कुछ नहीं करूंगा।"

मुहम्मद (सल्ल०): "अबू बक्र! पूछो, क्या चाहता है।"

अबू बक्र (रज़ि०): "कहो, क्या चाहते हो?"

सुराका: "अमन की तहरीर।"

सरापा रहमत प्यारे नबी (सल्ल०) ने उसकी दरख्वास्त कुबूल कर ली और अबू बक्र' (रज़ि०) को लिखने का हुक्म दिया। चमड़े का टुकड़ा था, आप (सल्ल०) ने जो कुछ फ़रमाया, अबू बक्र (रज़ि०) ने उस पर लिख दिया। फिर सुराका को दे दिया। सुराका ने उसको लिया और घोड़े पर सवार होकर मक्का लौट आया।

सुराका के साथ जो कुछ हुआ, उसके बारे में उसने किसी को कुछ न बताया। अब उसको आप से बेहद मुहब्बत थी। बड़ा प्रेम और हमदर्दी थी। अब अगर वह देखता, कोई आप का पीछा करने जा रहा है या आप को तलाश करने के लिए निकल रहा है तो उसे बहकाता और जिस तरह बन पड़ता, उसे रोकने की कोशिश करता।

प्यारे नबी (सल्ल०) ने हिजरत फ़रमायी तो मक्का में अली (रज़ि०) के लिए कुछ न रहा। एक तो जान का खतरा था, फिर आप से दूरी का सदमा। इसलिए वहाँ की एक-एक चीज़ उन्हें काटने लगी और प्यारे नबी (सल्ल०) की याद सताने लगी। अब वे हर वक्त बेकरार रहते और आप से मिलने के लिए बेताब। अमानतों की वापसी से छुट्टी मिली तो मौका पाते ही मक्का से निकल पड़े। सवारी के लिए न कोई ऊँटनी थी न कोई खच्चर। लेकिन आप से जा मिलने के शौक में पैदल ही चल पड़े और बड़ी बेताबी से तेज़-तेज़ कदम बढ़ाने लगे।

सुबहानल्लाह! अली (रज़ि०) की यह वफादारी और सआदतमंदी, कितने ऊंचे इन्सान थे वे और कितनी नेक थी उनकी तबियत!

उस ज़माने का लम्बा सफ़र वह भी तन्हा और खाली हाथ..... और वह भी पैदल!! कितनी बुलन्द थी उनकी हिम्मत और कितना मज़बूत था उनका इरादा!!

रास्ता भी कैसा? भयानक रेगिस्तान, हर तरफ वीरान और सुनसान, न कहीं साया, न कहीं पानी। ऊपर से चिलचिलाती हुई धूप, नीचे तपती हुई रेत, जैसे आग की चिंगारियां। लेकिन ये सब चीजें एक तरफ, प्यारे नबी की मुहब्बत एक तरफ हज़रत अली (रज़ि०) बेइख़्तियार ख़तरों में कूद पड़े। रास्ते की परेशानियां झेलते रहे। ऊंचे-नीचे कठिन रास्ते तय करते और रात-दिन आगे बढ़ते रहे। उनको बस एक ही धुन थी, एक ही उनकी आरजू थी और एक ही तमन्ना, प्यारे नबी (सल्ल०) का साथ, सच्चे साथियों से मुलाकात और बस।

वे चलते रहे, चलते रहे, यहां तक कि तलवे लहुलुहान हो गए। पैर बेजान हो गये। चलने की ताकत न रही। लेकिन हौसले अभी जवान थे। एक धुन थी, जो उन्हें बेइख़्तियार खींचे लिए जा रही थी। अब उनके पैर.... खून में नहाये हुए पैर.... तेज़ी से बढ़े चले जा रहे थे। अब उन को यह गवारा न था कि ज़रा ठहर कर दम ले लें। थकान से चूर शरीर को कुछ आराम दे लें। वे दर्द की टीस और थकान की तकलीफ पर सब्र करते रहे। और बेताबी के साथ प्यारे नबी (सल्ल०) की तरफ दौड़ते रहे।

मदीना से तीन मील के फासले पर एक छोटी सी आबादी थी। यह ज़रा ऊंचाई पर थी। आलिया और कुबा के नाम से मशहूर थी। यहां मुसलमानों के कई ऊंचे घराने आबाद थे। प्यारे नबी (सल्ल०) उन के मेहमान हुए और चौदह दिन वहीं ठहरे रहे। आप ने वहाँ ठहरने के दौरान खुद अपने मुबारक हाथों से एक मस्जिद की बुनियाद डाली, जो'कुबा मस्जिद' के नाम से मशहूर हुई। यहीं पर अली (रज़ि०) की आप से मुलाक़ात हो गई और फिर छोटा मुजाहिद बड़े मुजाहिद के साथ हो गया। अब खुशी का क्या ठिकाना था। एक ही साथ

तीन-तीन खुशियां जमा थीं। मुलाकात की खुशी, दुश्मनों से छुटकारे की खुशी और फिर जांनिसार साथियों में पहुंचने की खुशी। चौदह दिन गुज़र गए तो आप ने साथियों के साथ मदीना शहर का रुख किया।

मदीना में आप (सल्ल०) के आने की खबर पहुंच चुकी थी। अब क्या था! हर तरफ़ एक अद्भुत दृश्य था। मुसलमान, मुशरिक और यहूदी सब खुशी से उछल रहे थे और हर्ष के गीत गा रहे थे। सारे ही लोग बड़े शौक, मुहब्बत और बेताबी से आप का इन्तिज़ार कर रहे थे। हर तरफ एक हमाहमी थी। नन्हे-नन्हे बच्चे तक खुशी से नाच रहे थे और गलियों में कहते फिरते थे: "प्यारे नबी आ रहे हैं।" लोग हर रोज़ सुबह तड़के ही शहर से बाहर निकल जाते और बेताबी के साथ क्षितिज (उफुक्) पर नज़रें जमा देते। इसी तरह वे देर तक आप का रास्ता देखते रहते और फिर निराश होकर हसरत के साथ लौट आते। एक दिन इन्तिज़ार करके वापस आ चुके थे कि एक ऊंचे टीले से आवाज़ बुलन्द हुई और पूरे वातावरण में गूंज उठी: "लोगों! जिसका इन्तिज़ार था वह आ गया।" यह एक छोटा सा वाक्य था, जिस पर सारा मदीना बेताब हो उठा। सब के दिल बल्लियों उछलने लगे। मर्दों के सीने खुशी से उमड़ आए और बच्चों और औरतों के चेहरे फूल की तरह खिल उठे। यह आवाज़ एक यहूदी की आवाज़ थी, जो मुसलमानों की तरह बेताबी से मुहम्मद (सल्ल०) का इन्तिज़ार कर रहा था। उसने अपनी आंखों से देखा कि हर मुसलमान मुहम्मद (सल्ल०) के इन्तिज़ार में खुशी से बेकाबू है। हर एक के घर मानो ईद है। हर ओर एक अजीब धूमधाम और चहल-पहल हैं। और यह सिर्फ इसलिए है कि मुहम्मद (सल्ल०) आ रहे हैं! इस से वह बहुत प्रभावित हुआ। अब वह भी सरापा इन्तिज़ार था। आज उसने देखा कि एक छोटा-सा काफिला आ रहा है। समझ गया कि यह वही सब का प्यारा मेहमान है और खुशी से पुकार उठा: "लोगों! जिसका इन्तिज़ार था, वह आ गया।"

तमाम बूढ़े और जवान बेताबी के साथ आप के स्वागत के लिए घरों से निकल आये। अधिकतर लोग आप को पहचानते न थे, क्योंकि उन्होंने आप को कभी देखा न था। लेकिन उनके दिल आप को ख़ूब जानते थे। उनके सीनों में शौक और मुहब्बत ठाठें मार रहा था।

खजूर के पेड़ के नीचे प्यारे नबी और आप के साथियों से मुलाकात हुई, लोग शौक से बेताब थे। लेकिन पहचान न सकते थे। हज़रत अबू बक्र (रजि0) ने उन्हें बचाने के लिए आप के सिर पर चादर तानी, तब लोगों को मालूम हुआ धूप कि यही अल्लाह का प्यारा रसूल है।

यह जुमा का दिन था। रास्ते में नमाज़ का वक़्त हो गया। उस समय आप (सल्ल०) बनी सालिम के मुहल्ले में थे। आप ने जुमा की नमाज़ यहीं पढ़ी।' आप के साथ उन जांनिसारों ने भी नमाज़ पढ़ी, जो आप को देखने से पहले ही मुसलमान हो चुके थे।

इसके बाद अल्लाह के रसूल (सल्ल०) मदीना में दाखिल हुये- उस पाक इलाके में जिसने आप को हाथों-हाथ लिया, जबकि अपने वतन ने आप का साथ न दिया। आप के ननिहाली रिश्तेदार बनी नज्जार हथियार सज-सज कर आए। कुबा से मदीना तक आप के दोनों तरफ़ जांनिसारों की कतारें थीं।

एक अद्भुत दृश्य था यह। न जाने कितने साल गुज़र गये थे। खुशी और ग़म की हज़ारों घटनायें घटित हो चुकी थीं। बड़े से बड़े मेले और जश्न मनाये जा चुके थे। लेकिन मदीना की गलियों ने कभी ऐसा नज़ारा न देखा था।

मदीना के हर ख़ानदान की तमन्ना थी कि वह अल्लाह के रसूल (सल्ल०) को अपना मेहमान बनाये। हर कबीला सामने आकर अर्ज़ करता: "अल्लाह के रसूल! आप हमारे यहां ठहरें। देखिए, यह घर है, यह माल है, यह जान है!!"

अल्लाह के रसूल (सल्ल०) मुस्कराते हुए, उसका शुक्रिया अदा फ़रमाते और उनके लिए दुआ करते। उस समय आप ऊँटनी पर सवार थे। आप ने उसकी महार ढीली कर दी और फ़रमाया: "मैं वहाँ ठहरूंगा, जहाँ अल्लाह ठहरायेगा।"

ऊँटनी मदीना की गलियों में चल रही थी। और सब (रज़ि०) आप के इर्द-गिर्द थे। लोगों का एक समूह था, जो जोश में नारे लगा रहा था, "अल्लाहु अक्बर! मुहम्मद आ गये। अल्लाहु अक्बर!" अल्लाह के रसूल आ गये।

नन्हें-नन्हें लड़के और मासूम बच्चियां ढपला बजा रही थीं और खुशी से गाती जा रही थीं: "वाद की घाटियों से चौदहवीं का चांद हमारे सामने निकल आया। हम पर खुदा का शुक्र वाजिब है, जब तक दुआ मांगने वाले दुआ मांगें। ऐ हम में आने वाले! यहां तेरी बातें सुनी जायेंगी।"

औरतें घरों की छतों पर चढ़ गईं थीं। अपने प्यारे मेहमान को एक नज़र देख लेने के लिए। मर्द ऊंची जगहों पर चढ़ गये थे और इस तरह मुबारकबाद पेश कर रहे थे।

प्यारे नबी (सल्ल०) की ऊँटनी चलती रही, चलती रही। और फिर एक जगह आ कर ठहर गई और वहीं बैठ गई। यह खानदान, नज्जार के दो यतीमों की ज़मीन थी। उसमें कुछ कब्रें थीं और कुछ खजूर के पेड़ थे।

ऊँटनी बैठी तो प्यारे नबी (सल्ल०) उतर आये। फ़रमाया: "यह ज़मीन किस की है?" (आप (सल्ल०) यहां मस्जिद बनाना चाहते थे)

अफ़रा के बेटे मआज़ आगे बढ़े और अर्ज़ किया: "अल्लाह के रसूल! सहल और सुहैल दो बच्चे हैं। यह ज़मीन उन्हीं की है। बाप का साया सिर से उठ चुका है। अब वे दोनों मेरी परवरिश में हैं। आप खुशी से यहां मस्जिद बनवायें, मैं उन्हें राज़ी कर लूंगा।" आप (सल्ल०) ने उन यतीमों को बुलाया। दोनों ने अपनी यह ज़मीन आप को मुफ्त देने की ख़्वाहिश की। आप ने इसे पसन्द नहीं किया और कीमत देकर उसे ख़रीद लिया। ज़मीन बराबर की गई और मस्जिद बननी शुरू हो गयी।

आप (सल्ल०) हज़रत अबू अय्यूब अंसारी (रज़ि०) के मेहमान हुए। अब क्या था! वह खुशी से निहाल हो गये। हज़रत अबू अय्यूब अंसारी (रज़ि०) आप का बहुत ख़्याल रखते। हर तरह का आराम पहुंचाने की कोशिश करते। सात महीने आप यहीं ठहरे रहे। इस मुद्दत में मस्जिद बनकर तैयार हो गई। फिर मस्जिद के करीब ही प्यारे नबी की नेक बीवियों के लिए कुछ कोठरियां बनीं, जिन्हें हुजरा कहते हैं। अब आप यहीं चले आए।

अल्लाह के रसूल (सल्ल०) बनी नज्जार कबीले में ठहरे तो क़बीले वालों को कितनी खुशी हुई, इसका अन्दाज़ा कौन करे? नज्जार की बच्चियां खुशी से उछलती थीं और वे खुश होकर यह गीत गाती थीं: 'हम नज्जार खानदान की लड़कियां हैं। ऐ हैं मुहम्मद हमारे पास रहेंगे।'

प्यारे नबी (सल्ल०) मदीना में रहने लगे। रहते-रहते काफी दिन हो गये। ये दिन बहुत सुकून से गुज़रे। हर तरह का आराम था। किसी प्रकार का डर और ख़तरा न था। प्यारे नबी (सल्ल०) ने नेक बीवियों को भी बुलवा लिया और प्यारी बेटियां भी आ गयीं। हज़रत अबू बक्र (रज़ि०) ने अपने बेटे को लिख दिया। वे भी मां, बहनों को लेकर मदीना आ गए। दूसरे साथियों ने भी बाल-बच्चों को बुला लिया। जो मुसलमान मक्का में रह रहे थे, वे भी मदीना चले आये। साथ में बीवी-बच्चों को भी लाये। ये लोग मदीना आये तो बिल्कुल ख़ाली हाथ थे। साथ में कुछ भी न था। बड़ी तंगी का सामना था। अंसार उनकी बहुत मदद करते। उनके आराम का ख़्याल रखते। लेकिन फिर भी कोई बाकायदा इन्तिज़ाम न था।

अल्लाहु अक्बर! प्यारे नबी (सल्ल०) की सुनीति को क्या कहिये! बस सुनिये और दाद दीजिये। आप ने अंसार और मुहाजिरों को जमा किया। अंसार से फ़रमाया: "ये मुहाजिर तुम्हारे भाई हैं।" इसके बाद आप एक अन्सारी को बुलाते फिर एक मुहाज़िर को बुलाते और फ़रमाते: "यह और तुम भाई-भाई हो।" अब वे सचमुच भाई-भाई थे। अंसार अपने-अपने भाइयों को अपने घरों पर ले गये। और उन्हें अपने यहां ठहराया। रहने के

लिए घर दिया। माल और जायदाद में उनका हिस्सा तय किया और हर तरह के आराम का इन्तिज़ाम किया। अब मदीना उनका अपना वतन था। वहाँ हर तरह की सहूलियत थी। इस भाई-चारे से बड़ा फ़ायदा हुआ। अंसार और मुहाजिरों के संबंध मज़बूत हो गए। दोनों में गहरी मुहब्बत और लगाव हो गया। हर कोई एक-दूसरे को दिल से चाहने लगा। हर एक चीज जो अपने लिए पसन्द करता, वह भाई के लिए भी पसन्द करता। जो चीज़ खुद को नापसन्द होती, वह भाई के लिए भी नापसन्द होती, समझिये, अब वे एक जान, दो जिस्म थे।

मुहाजिर तो हाथ-पैर मारने के आदी थे। मौका पाते ही कारोबार में लग गये। कोई तो तिजारत में लग गया। कोई अन्सार की ज़मीन में खेती करने लगा। हरकत में बरकत तो होती ही है, अल्लाह ने कारोबार में बरकत दी। 'बहुत जल्द वे अपने पैरों पर खड़े हो गये और फिर से अपने घर बसा लिये।

कुछ मुसलमान ऐसे भी थे, जो बहुत ज़्यादा गरीब थे। रहने के लिए कोई ठिकाना न था। किसी कारोबार के लायक न थे। तीन-तीन दिन फाके में गुज़र जाते। प्यारे नबी (सल्ल०) उनका बहुत ख़्याल रखते थे। बैतुलमाल (खज़ाना) से पैसे भी देते। मस्जिदे नबवी के किनारे पर एक चबूतरा था, रात में बेचारे वहीं पड़े रहते थे।

मदीना में यहूदियों की भी अच्छी-खासी आबादी थी। ये अरब के महाजन थे। सीरिया तक उनका कारोबार फैला हुआ था। दौलत में ये सबसे बढ़े हुए थे। इसलिए मदीना पर इन्हीं की हुकूमत थी। वहाँ अमन और शांति की एक ही सूरत थी कि ये खुश रहें। सम्बन्ध इनसे खुशगवार रहें। प्यारे नबी (सल्ल०) ने सोचा, यहूदियों से समझौता हो जाए। मदीना में मुसलमान और यहूदी सब आज़ादी से रहें। कोई किसी के धर्म का निरादर न करे। कोई किसी के माल को हाथ न लगाये। कोई दुश्मन शहर पर हमला करे तो मुकाबले में दोनों एक हों। जंग में अगर कुछ माल हाथ लगे तो उसमें वे भी बराबर के शरीक हों। आप (सल्ल०) ने यहूदियों से बातचीत की। वे खुशी-खुशी समझौते के लिए राज़ी हो गये। सब एक जगह जमा हुए और एक समझौता लिखा गया।

कुछ यहूदी बड़े अच्छे थे। प्यारे नबी (सल्ल०) को देखा तो समझ गये कि ये अल्लाह के नबी हैं। हमारी किताबों में इन्हीं के आने की खुश - ख़बरी है। अल्लाह के आख़िरी रसूल यही हैं। जिस दीन को हमने भुला दिया है, उसी दीन की दावत देते हैं। उनको पूरा यकीन हो गया और वे ईमान ले आये। लेकिन ज़्यादातर यहूदी इस बात के लिये कभी तैयार न थे कि मुहम्मद कोई नया दीन पेश करें, जिससे उनके दीन पर कोई असर पड़े। शुरू में तो वे प्यारे नबी (सल्ल०) और मुसलमानों के आने से बहुत खुश हुये। खुशी-

ख़ुशी समझौता करने पर भी राज़ी हो गये। इसकी एक वजह थी। वे चाहते थे कि आप को अपने में मिला लें। आप को भी अपने रंग में रंग लें। उन्होंने सोचा कि इस तरह ये सारे मुसलमान भी हमारे हम ख़्याल हो जायेंगे। फिर तो हमारा धर्म खूब फैलेगा। दिन दूनी रात चौगुनी तरक्की करेगा। हर तरफ उसका डंका बजेगा और ईसाई धर्म का नामोनिशान तक मिट जायेगा।

1. अरबी भाषा में चबूतरे को "सुफ्फा" कहते हैं। इसलिए ये लोग असहाब-ए-सुफ्फा (चबूतरे वाले) कहलाये।

यहूदी मुद्दत से एक नबी के इन्तिज़ार में थे। जहाँ-जहाँ उन्हें 'नबी' के आने की उम्मीद थी, वहाँ-वहाँ जाकर बसते थे। उनका ख़्याल था कि आने वाला नबी हमारे धर्म का अनुयायी होगा और जब वह आयेगा तो हमारे धर्म के पैर जम जायेंगे। हर तरफ उसी का बोलबाला होगा। मगर आप (सल्ल०) ने नया दीन पेश किया। नई-नई बातें बतायीं। वे बातें यहूदियों के बिलकुल खिलाफ थीं। भला अब उन में बर्दाश्त की कहाँ ताक़त थी? अब सब्र और खामोशी का क्या सवाल था। अब तो वे आप के लिए हलक़ का कांटा बन गये। समझौते का उन्होंने कोई ख्याल न किया। और विरोध में सारा ज़ोर लगा दिया। लगाने बुझाने में तो माहिर थे ही। "दूसरों को लड़ाओं, फिर अपना काम बनाओ।"

यह उनका उसूल था। इसी उसूल से उन्होंने यहां भी काम लिया और मुसलमानों में फूट डालने की कोशिश की। लेकिन इस में उन्हें नाकामी हुई। फिर भी वे निराश न हुए और अब उन्होंने एक दूसरी चाल चली। अब वे मदीना के मुशरिकों के कान भरने लगे। वे उनकी बातों में आ गये और उनके साथ हो गये। लेकिन जो मुसलमान थे, वे तो एक दूसरे पर जान देते थे। खुद 'दुख उठाते, मगर अपने भाई को आराम पहुंचाते। वे भला इन बदकिस्मतों की बातों में कैसे आते। उन्होंने इन्हें बुरी तरह फटकार दिया और नफ़रत से मुँह फेर लिया और इस्लाम फैलाने में तन-मन-धन से लगे रहे।

हज़रत

मुहम्मद

सल्लल्लाहु अलैहि वसल्लम

सत्य का सन्देश तलवारों की छांव में

शरणार्थी समस्या

प्रोफेसर चन्द्रशेखर जी की वनस्थली विश्व विद्यालय में मानव अधिकार पर विजिटिंग प्रोफेसर के रूप में पिछले वर्ष अपना लेक्चर दे चुके थे जिस पर अलग-अलग टिप्पणियाँ हुई। उनके स्वभाव में है। कोई नई बात जोड़ने की। इस बिंदु पर अमेरिका तथा कुछ सरकारों को दोषी ठहराया। एक शरणार्थी रक्षा पर बहस छेड़ दी परन्तु वास्तव में ह्यूमन राइट्स के अन्तर्गत बिंदु आता है।

डॉ0 राम प्रकाश तिवारी पेशे से मेडिकल डाक्टर थे परन्तु वह जन संघ पार्टी के राष्ट्रीय नेता थे। उनका जीवन का उद्देश्य था ग्रामीण अंचलों में स्वास्थ्य सुविधायें प्रदान करना इसी के अन्तर्गत समाज सेवी संस्थायें उनको अतिथि के रूप में आमंत्रित करती थी। विश्व में अनेक संगठन हैं जो इस पर कार्य कर रहे हैं।

डॉ0 प्रकाश नाम विश्वमंच पर जब आया उन्होंने कहा विश्व के अनेक देशों में इण्डिया एंटी कम्पेनियम चलाया जाता है जो भारत वर्ष को बदनाम करने का काम करते है। देश की छवि खराब करते है। भारत के विरोध में कई संस्थायें में अमेरिका में जो कहती है अल्प संख्यकों की सब से अधिक दुर्दशा भारत में, जब इसके विपरीत भारत में अल्पसंख्यकों की स्थिति भारत में सबसे अच्छी है।

देश के यशस्वी प्रधानमंत्री पंडित जवाहर लाल नेहरू ने ही मुस्लिम वर्ग को अल्पसंख्यक का दर्जा देकर विशेष सुविधायें प्रदान की। यहाँ कहने में कोई सन्देह नहीं। कांग्रेस में तुष्टिकरण की राजनीति में मुस्लिम समुदाय को हिन्दुओं की अपेक्षा अधिक महत्व दिया।

भारत सरकार सदैव डॉ0 राम प्रकाश तिवारी का उत्पीड़न करती रही जिसके कारण उन्हें समय समय पर विभिन्न स्थान पर जाकर रहना पड़ा। इस बीच उन्हें अनेक अनुभव हुये।

1947 में जब देश का विभाजन हुआ था उस समय बड़ी भयावनी स्थित हो गयी। मारकाट मच गयी। हिन्दू मुस्लिम झगड़े प्रारम्भ हो गये। पाकिस्तान से लाशों से लदी रेलगाड़ियां आने लगी। एक ऐसी स्थिति जिसका वर्णन शब्दों में बांध कर नहीं किया जा सकता है।

सरकारें अपना काम कर रही थी। वैमनस्यता की दीवार खड़ी हो चुकी थी। नर संहार हुआ। कभी नहीं भूला जा सकता। पाकिस्तान से आये विस्थापित लोगों की भारत सरकार ने हर प्रकार सहायता की जितने भी शरणार्थी आये उनके रहने खाने पीने की व्यवस्था के साथ उनके जीविकोपार्जन के संसाधन जुटाये इसके लिये भारत को कोटिश: प्रणाम। धन्य भारत जिसने अपनी प्रचीनतम परम्परा का निर्वाह किया।

दूसरी ओर पाकिस्तान में शरणार्थियों की स्थिति बहुत ही खराब रही। भारत सरकार ने पाकिस्तान को आर्थिक सहायता आवश्यकता से अधिक दी जिसके कारण महात्मा गाँधी की हत्या नाथूराम गोड़से ने की। यहाँ पर यह प्रश्न नहीं है गोड़से ने हत्या क्यों की? प्रश्न यह है कि शरणार्थी शरणार्थी होता है उसकी परिभाषा होती है ईमानदारी से उसकी सुरक्षा होनी चाहिए बिना किसी भेदभाव के। कहा जाता है कि दो व्यक्तियों के अहंकार ने देश का बंटवारा करा दिया जिसमें पर्दे के पीछे महात्मा गाँधी का हाथ था।

काश्मीर समस्या भी पंडित नेहरू की देन थी। सरदार पटेल के विचारों का आदर किया जाता तो काश्मीर समस्या उत्पन्न नहीं होती। काश्मीर समस्या पर अनेक लेख लिखे गये अनेक पिक्चरें बनी। बहुत चर्चायें हुई परन्तु समस्या का हल नहीं निकला। यहाँ कहना अति आवश्यक है कि कांग्रेस सरकार की नीतियों के कारण ही हिन्दुओं की इतनी दुर्दशा हुई। भारत पाकिस्तान बंटवारे के बीच कुछ सीमा तक ब्रिटिश सरकार का भी हाथ था।

डॉ0 तिवारी कानपुर के निवासी थे। वहीं पर वह प्रैक्टिस करते थे। उन्होंने शरणार्थियों के शिविर में जाकर कार्य किया। बीमार लोगों का इलाज किया।

सरकार ने गोविन्द नगर में पाकिस्तान से आये लोगों को बसाया। मुफ्त कालोनी से दी। भरण पोषण किया। व्यवसाय हेतु संसाधन जुटाये। यहाँ भारत सरकार तथा प्रदेश सरकार की भूरि भूरि प्रशंसा की जानी चाहिए।

पंजाबी लोगों ने अपने मेहनत से व्यवसाय को बढ़ाया तथा बाजार में अपना प्रभाव जमाया। इसके पहिले मारवाड़ी समाज का एकछत्र राज्य था। पंजाबियों के आने से कपड़ा बाजार तथा किराना आदि क्षेत्र में बढ़ोत्तरी हुयी।

दैवीय आपदायें भी आयी उस समय समाज के भले लोग आये उन्होंने मदद की। सिवाला चौक सर्राफा में धनाड्य लोग भी रहते रहे है। उन्होंने ऐसे समय में दिल खोलकर पीड़ित व्यक्तियों की मदद की। अपने घरों में असहाय व्यक्तियों को रखा। भोजन वस्त्र तथा इलाज की व्यवस्था की। इसमें कई नाम आते है- जैसे मदन गोपाल तिवारी, विश्वनाथ कपूर, डॉ0 आर० पी० तिवारी, देवदत्त मिश्र, डॉ0 श्याम नारायण पाण्डेय, बद्री नारायण तिवारी आदि।

यहाँ पर एक बात उल्लेखनीय है बिना जाति धर्म के भेद भाव के लोगों में मदद की। दूसरी ओर कुछ ऐसे लोग भी रहे जिन्होंने शरणार्थियों को शरण दी लेकिन उसका अनुचित लाभ उठाया।

एक नाम बलवंत सिंह बड़े ईमानदार ताल्लुकेदार दूसरे नरेश श्रीवास्तव राजा साहब तीसरा विलियम हेडे बड़े व्यवसायी के साथ चर्च फादर आदि जिन्होंने सहायता के नाम पर अनुचित लाभ उठाया।

शरणार्थी कैम्प में कुछ सुन्दर युवतियाँ भी थीं। जिनकी उम्र 16 वर्ष से 30 वर्ष की थी, जिनका शारीरिक शोषण किया गया। यहाँ तक कुछ बड़े लोग जो धनाड्य थे, उन्होंने देह व्यापार में भी ढकेल दिया।

देह व्यापार की बड़ी लम्बी कहानी है। प्राचीनकाल से आज तक चली आ रही है। समाज के बड़े-बड़े व्यवसायी राजनेता, धार्मिक नेता, तथा आतंकवादी संगठन तथा कुछ कतिपय सरकारें भी देह व्यापार के व्यवसाय में संलग्न परिलक्षित होती है।

सरकार की नीतियों और अफसरों में तालमेल होना अति आवश्यक है। राष्ट्र संवर्धन में अधिकारियों की बहुत अहम भूमिका होती है। जिलाधिकारी, एस०पी०, जिला जज तथा जन प्रतिनिधियों में जब ताल-मेल नहीं बैठता है तो एक अलग प्रकार की समस्या उत्पन्न हो जाती है। कभी-कभी सरकार की नीतियों से अधिकारी गण सहमत नहीं होते हैं, उसका कारण अधिकारियों को घटनाक्रम परिस्थितियों को ध्यान में रखते हुये निर्णय लेना पड़ता है।

जिलाधिकारी आर० धवन एक सम्भ्रान्त तथा धनाड्य परिवार के सदस्य थे, उनके पिता बहुत बड़े व्यवसायी थी। वे ईमानदार, कर्मठ अधिकारी थे; जहाँ भी रहे, उन्होंने उस नगर

को स्वर्ग बनाया। उन्होंने उस नगर को भी स्वर्ग बनाया। उनकी कार्यशैली से जन नेता प्राय: रुष्ट हो जाते थे।

आपदा प्रबन्धन में धवन जी का नाम बड़े सम्मान से लिया जाता है। मुख्यमंत्री तथा प्रधानमंत्री तक उनकी प्रशंसा करते थे। कारण उन्होंने करोड़ों रूपये अपनी ओर से पीड़ितों की मदद में लगाये तथा लोगों से धन एकत्र किया। पी०एम० फण्ड में बढ़ोत्तरी की। उनका चुम्बकीय व्यक्तित्व था। लोग स्वयं खिंचे चले आते, सरकार की प्रशंसा होती थी। जहाँ रहते थे, वहाँ क्राइम रेट भी बड़ा कंट्रोल रहता था।

आपदा प्रबन्धन पर एक सेमिनार बम्बई में आयोजित हुआ, उसमें अनेक लोग देश-विदेश से आये। सभी ने अपने विचार व्यक्त किये। जब धवन आई०ए०एस० ने अपनी बात मंच पर रखी तो लोग हक्का-बक्का रह गये। यद्यपि उनका आशय अच्छा था, परन्तु सरकार उसको स्वीकार नहीं कर सकती थी। जन लोक नायक जय प्रकाश नारायण ने कहा था, अधिकारियों को सरकार का आदेश नहीं मानना चाहिए जो राष्ट्रहित में न हो।

प्रश्न यह है यदि अधिकारी सरकारी आदेशों का विश्लेषण करेगा तो उसके अनुपालन में कठिनाई आयेगी। जन प्रतिनिधियों का मत था, सरकार का कोई कैसा भी आदेश हो उसका पालन होना चाहिए।

एक संस्था न्यायपालिका है, यदि सरकार के किसी आदेश से आपत्ति है तो वह न्यायालय की शरण में जा सकता है।

भारतीय दर्शन रहा है असहाय लोगों की सहायता करना, लोक कल्याण। आज भी भारत में 5884 हजार श्रीलंकाई 72312 तिब्बती शरणार्थी है। विभिन्न प्रांतों की शिविरों शरणार्थी निवास कर रहे हैं सदैव से भारत का दृष्टिकोण बहुत ही उदार रहा है।

सरकारें भी कभी-कभी उनकी सत्ता बनी रहे जनता पर घोर अत्याचार करती है ऐसे समय में भी कुछ लोगों को शरण लेनी पड़ती है। शरणार्थी को परिभाषित कई रूप में किया जाता है।

एम०ए० वेग राही एक लेखक के साथ बड़े पत्रकार हैं उन्होंने अपने राही एक्सप्रेस साप्ताहिक कई कहानियां शरणार्थियों के जीवन से सम्बन्धित छापी। मैं अपने पत्र जूली नाम की लड़की की कहानी छापी। पाठकों से प्रशंसा भी प्राप्त हुई परन्तु पादरी समुदाय उनसे रुष्ट हो गया जो स्वाभाविक है। जूली से जब डाक्टर वेग मिले वह उसके शारीरिक सौन्दर्य में इतना खो गये उससे प्रश्न करना है भूल गये एक मिनट के बाद में उससे अपनी बात करने को कहा - वास्तव में वह एक छ: फिट की लम्बी गोरी चट्टी क्रिश्चियन महिला थी।

बांग्लादेश से उसे निष्कासित कर दिया गया था। पेश से डाक्टर थी। उसके दो बच्चे थे। उसका पति एक दुर्घटना में दिवंगत हो गया था। समय के थपेड़ों ने उसे असहाय कर दिया।

एक चर्च में उसको शरण मिली। कुछ दिन ठीक रहा, उसके बाद फादर ने उसे अपने हवस का शिकार बनाया। कभी-कभी महिलाओं को उनकी परिस्थितियाँ इतना विवश कर देती हैं कि वह न चाहकर भी अपना शरीर दूसरे व्यक्ति को परोसने में विवश हो जाती हैं।

यहाँ प्रश्न यह है - यह घटनायें घटती रहती हैं, परन्तु धार्मिक स्थलों में इस प्रकार की घटनायें अति निन्दनीय है जितनी; निंदा की जाये उतनी कम है।

इस केश के सन्दर्भ में न्यायमूर्ति ने एक अजीबोगरीब टिप्पणी की- "ऐसे लोग जो अपने को ईश्वर प्रतिनिधि मानते हैं। लोक कल्याण की बातें करते हैं। समाज को दिशा बोध कराने का दावा करते हैं। ऐसे लोग ऐसे कृत्य करें तो इन लोगों को क्या सजा दी जाये ?"

उस न्यायाधीश की टिप्पणी ने पूरे विश्व की धार्मिक संस्थाओं को झकझोर दिया। शरणार्थियों की बेबसी का अनुचित लाभ एक बहुत बड़ा प्रश्न चिन्ह खड़ा करता है। यहाँ पर डॉ0 बेग ने पत्रकारिता का धर्म निभाया। बिन्दिया गोस्वामी उपन्यास लेखिका ने अपने उपन्यास में धार्मिक स्थलों को पोल-पट्टी खोली है। डॉ0 तस्लीमा नसरीन ने भी धार्मिक मुखौटे के पीछे नग्न सत्य को उभारने का प्रयास किया। शरणागत तथा शरणार्थियों की कथा व्यथा आदि काल से चली आ रही है। प्रत्येक धर्म सम्प्रदाय में अनेक कथायें हैं।

हजरत मोहम्मद साहब का हिजरत (पलायन) करना-

एक इस्लामिक संस्था द्वारा प्राप्त मोहम्मद इनायत उल्लाह सुब्हानी अनुवादक नसीम गाजी तथा प्रकाशक मर्कजी मक्तबा इस्लामी पब्लिसर्स नई दिल्ली- द्वारा प्रकाशित पुस्तक हजरत मोहम्मद सल्लल्लाहु अलैहि वसल्लम की जीवनी से प्राप्त जानकारी के आधार पर कि अरब देश के मक्का शहर

जब हजरत मोहम्मद साहब सल्लल्लाहु अलैहि वसल्लम का उदय हुआ और लोग आप से प्रभावित होकर इस्लाम धर्म स्वीकार करने लगे, तो वहाँ के लोगों में हजरत मुहम्मद साहब तथा आप के अनुयायियों के प्रति विरोध जो दुश्मनी का रूप लेकर उभरा तथा वहाँ के लोगों ने आप पर तथा अनुयायियों पर जुल्म ढाना प्रारम्भ कर दिया। हर प्रकार से परेशान करने लगे। अनुयायियों के साथ मारपीट करने लगे। धर्म प्रवर्तक पैगम्बर हजरत मोहम्मद साहब का दिन प्रतिदिन प्रभाव बढ़ता जा रहा था और लोग इस्लाम धर्म स्वीकार कर रहे थे, किन्तु इनकी संख्या के अनुपात में विरोधी भारी संख्या में थे; जिन्होंने हजरत साहब की हत्या करने की भी योजना बना ली थी। जब हजरत मोहम्मद साहब ने देखा कि

आप के अनुयायियों को हर प्रकार से प्रताड़ित किया जा रहा है तब आप ने उनसे कहा कि तुम लोग थोड़ी थोड़ी संख्या में मक्का शहर छोड़कर लगभग 300 किमी0 दूर बसने वाले मदीना शहर के लिये हिजरत (पलायन) करो। मैं भी शीघ्र ही वहाँ पहुँचूंगा।

इसी प्रकार, एक अंधेरी रात्रि को जब दुश्मन हजरत मोहम्मद साहब के घर को घेर लिया था; उस समय आप जब घर से मदीना शहर हिजरत (पलायन) हेतु निकले, तो दुश्मन उन्हें देख न सके और आप तथा आगे चलकर आपके साथी मित्र अबू बक्र व अन्य साथी मक्का शहर छोड़कर मदीना शहर के लिये हिजरत (पलायन) कर गये।

मदीना शहर में अधिकांश अंसार कबीले के लोग रहते थे, जो अभी तक इस्लाम धर्म से अलग थे। उन लोगों ने हजरत मोहम्मद साहब तथा आपके अनुयायी साथियों का स्वागत किया तथा सम्मान पूर्वक रहने की व्यवस्था की तथा उन अंसार लोगों ने भी हजरत मोहम्मद साहब तथा आप के प्रवचन से प्रभावित होकर इस्लाम धर्म स्वीकार कर लिया। हजरत मोहम्मद साहब के प्रभाव से जब मदीना, मक्का तथा सम्पूर्ण अरब देश में इस्लाम धर्म फैल गया, किन्तु आप मक्का केवल एक बार हज करने गये। आप अन्तिम दिनों तक मदीना शहर में ही रहते रहे।

युद्ध अपराध
(War Crimes)

युद्ध अपराध सैनिकों या अन्य व्यक्तियों द्वारा किये गये ऐसे शतुतापूर्ण या तत्समान कार्य हैं, जिन्हें पकड़ने पर शतु द्वारा दण्डित किया जा सकता है। युद्ध अपराध युद्ध के कुछ नियमों का उल्लंघन है। यदि इन नियमों का उल्लंघन सैनिकों द्वारा या अन्य व्यक्तियों द्वारा किया जाता है, तो दण्ड किसी स्वतन्त्र संस्था द्वारा नहीं बल्कि सामान्य रूप से विजेता राज्यों द्वारा दिया जाता है। यह महत्वपूर्ण है कि युद्ध के सभी नियमों का उल्लंघन युद्ध अपराध नहीं होता। केवल कुछ ऐसे नियम हैं, जिनके उल्लंघन को युद्ध अपराध कहा जाता है। यूरोपीय एक्सिस शक्तियों (European Axis) के प्रमुख युद्ध अपराधियों के अभियोजन तथा दण्ड करार, 1945 (The Prosecution and Punishment of the Major War Criminals of the European Axis of 1945) से संलग्न चार्टर (जिसे सामान्य रूप से अन्तर्राष्ट्रीय सैन्य अधिकरण चार्टर (Charter of the International Military Tribunal) कहा जाता है) के अनुच्छेद 6 के परिच्छेद (ख) में विभिन्न युद्ध अपराधों का उल्लेख किया गया है। इसके अनुसार "युद्ध अपराध" अर्थात् युद्ध की विधियों या रूढ़ियों का उल्लंघन है। ऐसा उल्लंघन हत्या, दुर्व्यवहार या दास श्रमिकों का या किन्हीं अन्य प्रयोजनों के लिए अधिगृहीत

राज्यक्षेत्र की सिविलियन जनसंख्या का निर्वासन, या युद्ध बन्दियों या समुद्र के संसाधनों पर आश्रित रहने वाले व्यक्तियों की हत्या या उनके साथ दुर्व्यवहार, बन्धकों को मारना, सार्वजनिक या व्यक्तिगत सम्पत्ति को लूटना, शहरों, नगरों या गाँवों का अनियंत्रित विनाश या सैनिक आवश्यकता द्वारा अन्यायोचित विध्वंस को शामिल करेगा किन्तु इन्हीं तक सीमित नहीं रहेगा। इसमें जिन कृत्यों का उल्लेख युद्ध अपराध के रूप में किया गया है, वे सर्वांगीण नहीं हैं। जिन अन्य कृत्यों का उल्लेख अनुच्छेद 6 के अधीन नहीं किया गया है, उन्हें भी युद्ध अपराध माना जा सकता है, यदि वे युद्ध की रूढ़ियों का उल्लंघन करते हैं। युद्ध अपराध क्या है, इसको निश्चित करने के लिए कृत्यों के गणना से किसी महत्वपूर्ण उद्देश्य की पूर्ति सम्भव नहीं है। व्यक्तियों द्वारा प्रताड़ना तथा निर्दयता के नये साधनों को अपनाया जा सकता है, जो हो सकता है परिभाषा में शामिल किये गये कृत्यों के अन्तर्गत न आये। इसलिए, इसे वस्तुगत दृष्टिकोण अपनाकर परिभाषित करना उचित प्रतीत होता है। अत: जिन कृत्यों की निन्दा मानवजाति द्वारा उनके पाशविकता (brutality) तथा अमानवीयता के कारण की जाती है, उन्हें युद्ध अपराध माना जा सकता है। उदाहरण के लिए, जहरीली गैस का प्रयोग, घायल या समर्पण करने वाले सैनिकों को मारना, युद्धक्षेत्र में शव के साथ अपमानजनक व्यवहार, बन्धकों को मारना, युद्ध बन्दियों के साथ दुर्व्यवहार, संग्रहालयों, अस्पतालों, गिरजाघरों तथा विद्यालयों को नष्ट करना युद्ध अपराध माना जा सकता है। अन्य समान कृत्यों को भी युद्ध अपराध माना जा सकता है।

युद्ध अपराध के लिए उत्तरदायित्व (Responsibility for War Crimes)

जो सैनिक या अन्य व्यक्ति युद्ध अपराध करते हैं, वे व्यक्तिगत रूप से अपराध के लिए उत्तरदायी होते हैं और उन्हें युद्ध अपराधी कहा जाता है। इसलिए युद्ध अपराधी सशस्त्र बलों के दस्य होते हैं या अन्य व्यक्ति भी हो सकते हैं। किसी भी व्यक्ति को युद्ध अपराधी कहा जा सकता है, यदि वह उन कार्यों को करता है, जिन्हें युद्ध अपराध माना जाता है। इसलिए, अपराध के करने पर विशेष जोर दिया जाता है, न कि उस व्यक्ति पर, जो ऐसा अपराध करता है। युद्ध अपराध करने वाला व्यक्ति यह तर्क नहीं उठा सकता कि अपराध

1. ओपेनहाइम के शब्दों में, "War Crimes are such hostile or other acts of soldiers or other individuals as may be punished by the enemy on capture of the offenders." 'इण्टरनेशनल लॉ', खण्ड 2, सातवाँ संस्करण पृ० 566.
2. अन्तर्राष्ट्रीय दाण्डिक न्यायालय ने भी कई अपराधों को युद्ध अपराध माना है। देखें अध्याय'अन्तर्राष्ट्रीय दाण्डिक न्यायालय

सरकार के या वरिष्ठ अधिकारी के आदेश (Superior order) के पालन करने में किया गया है। इस तर्क को न्यायालयों द्वारा स्वीकार नहीं किया जाता। लेकिन, साथ ही साथ, इस तर्क की उपेक्षा करना भी कठिन होता है। वरिष्ठ आदेश का तर्क सम्बन्धित व्यक्ति के दण्ड को कम करने में सहायता दे सकता है। अन्तर राष्ट्रीय सैन्य अधिकरण चार्टर का अनुच्छेद 8 प्रावधान करता है कि यह तथ्य, कि प्रतिवादी ने अपनी सरकार या वरिष्ठ अधिकारी के आदेश के पालन करने में कृत्य किया है, उसे उत्तरदायित्व से मुक्त नहीं करेगा, किन्तु दण्ड के न्यूनीकरण (mitigation) पर विचार किया जा सकता है यदि अधिकरण यह निश्चित करता है कि न्याय ऐसी अपेक्षा करता है। इस नियम का तात्पर्य है कि सशस्त्र बलों के सदस्य केवल विधिपूर्वक आदेशों का पालन करने के लिए बाध्य होते हैं। यदि आदेश के पालन में वे ऐसे कार्य करते हैं, जिससे युद्ध के सर्वमान्य नियमों का उल्लंघन होता है तथा मानवता के सामान्य विचार का अपमान होता है, तब वह दण्ड से बच नहीं सकते। द्वितीय विश्व युद्ध के बाद स्थापित विभिन्न युद्ध अपराध न्यायाधिकरणों द्वारा वरिष्ठ अधिकारी के आदेश के पालन के तर्क को प्रतिरक्षा के रूप में अस्वीकार कर दिया गया। लेकिन उनके द्वारा दण्ड देते समय इसे ध्यान में रखा गया था।

द्वितीय विश्व युद्ध के दौरान युद्ध अपराध (War Crimes during Second World War)

द्वितीय विश्व युद्ध के दौरान, युद्ध अपराध बहुत बड़े पैमाने पर किया गया था, जैसा शायद पहले कभी नहीं हुआ था। युद्ध अपराध जर्मनी द्वारा और उसके कुछ मित्र राज्यों द्वारा किया गया था। ये अधिगृहीत राज्यक्षेत्र में अत्याचार, सामूहिक हत्या, बन्धकों को फाँसी देने तथा मारने के लिए उत्तरदायी थे। इस हिंसक कार्यवाही की मित्र (Allied) सरकारों द्वारा निन्दा की गयी थी। उन्होंने उन अपराधियों को गिरफ्तार करने तथा दण्डित करने का निश्चय किया, जो युद्ध की विधियों तथा रूढ़ियों के विरुद्ध अपराध तथा सामान्यतया सार्वजनिक अन्तर्राष्ट्रीय विधि के विरुद्ध अपराध के दोषी थे। इसी कारण न्यूरेमबर्ग विचारण, टोकियो विचारण तथा अन्य युद्ध अपराध न्यायाधिकरणों की स्थापना की गयी।

(क) न्यूरेमबर्ग विचारण (Nuremberg Trial)

द्वितीय विश्व युद्ध के बाद जर्मनी के युद्ध अपराधियों के विरुद्ध मुकदमा चलाने के लिये मास्को सम्मेलन में, 30 अक्टूबर, 1943 को एक घोषणा पर हस्ताक्षर किया गया, जिसमें यह कहा गया था कि जिन युद्ध अपराधियों ने युद्ध में अपराध किये थे, उन्हें मित्र देशों की सरकार के संयुक्त निर्णय द्वारा दण्डित किया जाएगा। फ्रांस, सोवियत रूस,

यूनाइटेड किंगडम, तथा संयुक्त राज्य अमेरिका की सरकारों के प्रतिनिधि 26 जून, 1945 को प्रमुख यूरोपीय युद्ध अपराधियों (Major European War Criminals) के विचारण के सम्बन्ध में विचार करने के लिए लन्दन में मिले। उनके द्वारा यूरोपीय मित्रों के प्रमुख युद्ध अपराधियों के अभियोजन तथा दण्ड करार (The Agreement for the Prosecution and Punishment of the Major War Criminals of the European Axis) पर 8 अगस्त, 1945 को हस्ताक्षर किया गया। इस करार के साथ अन्तर्राष्ट्रीय सैन्य अधिकरण चार्टर (Charter of the International Military Tribunal) को भी संलग्न किया गया था। अधिकरण में चार सदस्यों को. (प्रत्येक के विकल्प के साथ) शामिल किया गया था। एक न्यायाधीश तथा एक विकल्प की नियुक्ति करार के प्रत्येक पक्षकारों द्वारा किया जाना था। चार्टर में अधिकरण की अधिकारिता को भी निश्चित किया गया था। चार्टर के अनुच्छेद 6 में प्रावधान किया गया था कि निम्नलिखित कार्य या इनमें से कोई कार्य अधिकरण की अधिकारिता के अधीन आने वाले अपराध होंगे, जिनके लिए व्यक्तियों का व्यक्तिगत उत्तरदायित्व होगा।

1. शान्ति के विरुद्ध अपराध (Crime Against Peace) - अर्थात् युद्ध या आक्रमण की योजना, तैयारी, युद्ध का प्रारम्भ या उसमें संलग्न होना अथवा अन्तर राष्ट्रीय सन्धि, करार या आश्वासन के उल्लंघन में युद्ध या उक्त में से किसी को पूरा करने के लिए सामान्य योजना या षड्यंत्र में भाग लेना।

2. युद्ध अपराध (War Crimes) - अर्थात्, युद्ध की विधियों या रूढ़ियों का उल्लंघन। ऐसा उल्लंघन हत्या, दुर्व्यवहार या दास श्रमिकों का या किन्हीं अन्य प्रयोजनों के लिए अधिगृहीत राज्यक्षेत्र के सिविलियन जनसंख्या का निर्वासन या अधिगृहीत राज्यक्षेत्र से सिविलियन का निर्वासन, युद्ध बन्दियों या सामुद्रिक व्यक्तियों की हत्या या के साथ दुर्व्यवहार, बन्धकों को मारना, सार्वजनिक या व्यक्तिगत सम्पत्ति को लूटना, शहरों, नगरों या गाँवों का अनियंत्रित विनाश या सैनिक आवश्यकता द्वारा अन्यायोचित विध्वंस को शामिल करेगा, किन्तु इन्हीं तक सीमित नहीं रहेगा।

3. मानवता के विरुद्ध अपराध (Crimes Against Humanity) - अर्थात्, हत्या, निर्मूलन (extermination), दासकरण, निर्वासन तथा अन्य अमानवीय कार्य, जो युद्ध के पहले या दौरान किसी नागरिकों के विरुद्ध किया जाय या अधिकरण की अधिकारिता के अन्तर्गत किसी अपराध को करने में या के सम्बन्ध में राजनीतिक, जातीय या धार्मिक आधारों पर उत्पीड़न, चाहे वह जिस देश में किया गया हो, और उस देश के राष्ट्रीय विधि के उल्लंघन में हो या नहीं।

चार्टर के अनुच्छेद 7 तथा 8 में महत्वपूर्ण प्रावधान किया गया है। अनुच्छेद 7 के अनुसार यदि प्रतिवादी, राज्य का प्रमुख हो या सरकारी विभागों का उत्तरदायी अधिकारी हो, तो उनकी इस शासकीय स्थिति पर उन्हें उत्तरदायित्व से मुक्त करने या उनके दण्ड को कम करने के लिए विचार नहीं किया जाएगा। अनुच्छेद 8 प्रावधान करता है कि यह तथ्य, कि प्रतिवादी ने अपनी सरकार या वरिष्ठ अधिकारी के आदेश के अनुपालन में कृत्य किया है, उसे उत्तरदायित्व से मुक्त नहीं करेगा किन्तु दण्ड को कम करने पर विचार किया जा सकता है, यदि अधिकरण यह निश्चित करे कि न्याय ऐसी अपेक्षा करता है।

न्यूरेमबर्ग विचारण में दिये गये तर्क तथा निर्णय

न्यूरेमबर्ग विचारण में तीसरे रीक (Third Reich) के बाईस नेताओं का विचारण न्यूरेमबर्ग में किया गया। विचारण के दौरान, अधिकरण की अधिकारिता की वैधता के सम्बन्ध में प्रतिवादी की तरफ से कई तर्क दिए गए। इनमें से महत्वपूर्ण तर्क यह था कि सभी विधियों के मूलभूत सिद्धान्तों में से एक यह है कि पहले से किसी विधि के विद्यमान न होने से अपराधी को दण्डित नहीं किया जा सकता। यह सिद्धान्त सूक्ति नलम क्राइमेन सिने लीगे, नल्ला पोयना सिने लीगे' (nullum crimen sine lege, nulla poena sine lege) पर आधारित था। यह सूक्ति न केवल स्पष्ट पूर्व प्रभावी दण्ड की भर्त्सना करता है, बल्कि सादृश्य द्वारा आपराधिक कार्यों के लिए दण्ड से भी बचाता है। पुनः अभियुक्तों द्वारा वरिष्ठ अधिकारी के आदेश का तर्क दिया गया। साक्ष्य की सुनवाई तथा अभियुक्त के अधिवक्ता का तर्क 31 अगस्त, 1946 को समाप्त हुआ। और अधिकरण ने 1 अक्टूबर, 1946 को निर्णय दिया। ऐसा पाया गया है कि अन्तर्राष्ट्रीय विधि के विरुद्ध किए जाने वाले अपराध मनुष्यों द्वारा किए गए हैं न कि किसी मूर्त संस्था द्वारा एवं मात्र ऐसे अपराधों के दोषी व्यक्तियों को दंडित करके ही अन्तर्राष्ट्रीय कानून के प्रावधानों को लागू किया जा सकता है।

तदनुसार प्रतिवादी गुणों को व्यक्तिगत रूप से आपराधिक कार्यों हेतु उत्तरदायी पाया गया। बाईस व्यक्तियों में से केवल एक को शान्ति के विरुद्ध अपराध का दोषी पाया गया तथा अभियुक्तों में से केवल दो को मानवता के विरुद्ध अपराध का दोषी पाया गया। अधिकरण द्वारा जिन अन्य व्यक्तियों को कारावास का दण्ड दिया गया था, वे चार्टर में परिभाषित सामान्य युद्ध अपराधों के अतिरिक्त अन्य अपराधों के लिए भी दोषी पाये गये थे। निर्णय में, बारह व्यक्तियों को मृत्यु दण्ड प्रदान किया गया, तीन व्यक्तियों को आजीवन कारावास का दण्ड दिया गया, चार व्यक्तियों को विभिन्न अवधियों के कारावास का दण्ड दिया गया। तीन व्यक्तियों को दोषमुक्त कर दिया गया। निर्णय में, प्रतिवादी द्वारा दिये गये

तर्कों को नामंजूर कर दिया गया। नलम क्राइमेन सिने लीगे (nullum crimen sine lege) के सम्बन्ध में अधिकरण ने कहा था कि हत्या (kill), अंग-भंग करना, प्रताड़ना देना तथा निरपराध लोगों का मानमर्दन (humiliating) ऐसा कार्य है, जिनकी सभी सभ्य व्यक्तियों के महत्वपूर्ण निर्णयों (value judgments) द्वारा निन्दा की जाती है और ये प्रत्येक सभ्य राष्ट्रीय विधिक प्रणाली द्वारा दण्डनीय हैं। यह कहना, कि इन कार्यों को दण्डित करना न्यायोचित नहीं है, सत्य नहीं है।

1. War crimes: namely, violation of the laws or customs of war. Such violations shall include, but not limited to, murder, ill treatment or deportation to slave labor or for any other purpose of civilian population of, or in occupied territory, murder or ill treatment of prisoners of war or persons of the seas, killing of hostages, plunder of public or private property, wanton destruction of cities, kalam

युद्ध करने वाले व्यक्तियों को यह जानना चाहिए कि वह गलत कार्य कर रहा है और यदि वह अनुचित करता है तो उसे दण्डित करना न्यायोचित है। यदि उसके दोषपूर्ण कार्य को दण्डित नहीं किया जाता है, तो यह न्यायोचित नहीं होगा। यदि लागू किये गये नियम निश्चयात्मक अंतर्राष्ट्रीय विधि के स्थापित नियम नहीं है, तो ये कम से कम सर्वत्र सभ्य व्यक्तियों द्वारा स्वीकृत निश्चयात्मक नीतिशास्त्र के नियम हैं, जिस कारण अभियुक्तों को नैतिक मंच पर उचित रूप से दोषी निर्णीत किया जा सकता है। अधिकरण के अनुसार, जर्मनी अन्य देशों के विरुद्ध आक्रामक युद्ध प्रारम्भ करने के लिए उत्तरदायी था, जो पेरिस समझौता, 1928 (Pact of Paris, 1928) के विरुद्ध था। इस प्रकार, युद्ध को संगठित करने तथा संचालित करने के लिए उत्तरदायी व्यक्तियों को दोषी घोषित किया गया। वरिष्ठ अधिकारियों के आदेश के तर्क के सम्बन्ध में, न्यायालय ने निर्णय दिया कि व्यक्तियों को सरकार या वरिष्ठ अधिकारी का आदेश अन्तर्राष्ट्रीय विधि में उत्तरदायित्व से उन्हें मुक्त नहीं करता।

न्यूरेम्बर्ग परीक्षण की आलोचना

अधिकरण के निर्णय की आलोचना कई आधारों पर की गयी है, जो निम्नलिखित हैं-

1. अधिकरण ने अभियुक्तों को दण्ड देते समय पेरिस समझौता पर विश्वास किया था, किन्तु समझौता में अंतर्निविष्ट प्रावधानों के प्रवर्तन के लिए उसमें किसी अनुशास्ति को निर्धारित नहीं किया गया है।

2. अधिकरण की निष्पक्षता भी संदिग्ध है। संयुक्त प्रतिरोध में यह कहा गया था, कि अधिकरण के स्टेटमेंट तथा विधि के नियमों के निर्माता, अभियोजक तथा न्यायाधीश सभी विजेता राज्यों से सम्बन्धित थे। यह दाण्डिक न्यायशास्त्र के सामान्य रूप से मान्य सिद्धान्तों तथा अन्तर्राष्ट्रीय न्यायालय की अपेक्षा के प्रतिकूल कार्य था। इस प्रकार सही अर्थो में अधिकरण को अन्तर्राष्ट्रीय अभिकरण नहीं कहा जा सकता।

3. अधिकरण द्वारा जिस दण्ड विधि को लागू किया गया था, वह 8 अगस्त 1945 के करार से संलग्न चार्टर था। किन्तु अभियोग पत्र उन कृत्यों के लिए भी निर्दिष्ट किया गया था, जो 8 मई 1945 के पूर्व अर्थात् चार्टर के उद्घोषणा के काफी पहले किये गये थे। इससे यह प्रश्न उत्पन्न होता है कि क्या इस सिद्धान्त का उल्लंघन किया गया था कि किसी दोषपूर्ण कार्य को केवल तब दण्डित किया जायेगा, जब उसको किये जाने के समय वह दाण्डिक अनुशासित के अधीन था? यह वह सिद्धान्त है, जिसे सामान्य रूप से सभ्य राष्ट्रों की दण्ड विधि में मान्यता दी गयी है और यह दण्ड विधि के प्रतिवर्ती (retroactive) प्रभाव को समाप्त करता है, जिसे सामान्य रूप से लैटिन सूक्ति "नलम पोयना साइन लीगे" (nullum poena sine lege) या नलम क्राइमेन साइन लीज (nullum crimen sine lege) द्वारा व्यक्त किया जाता है। राष्ट्रीय विधि का यह सिद्धान्त अन्तर्राष्ट्रीय विधि का भी सिद्धान्त है। स्थायी अन्तर्राष्ट्रीय न्यायालय ने 1934 में एडमिसिबिलिटी आफ दि इन्ट्रोडक्शन आफ एनालोजी इन दि क्रिमिनल ला आफ डेन्जिंग (Admissibility of the Introduction of Analogy in the Criminal law of Danzing) से सम्बन्धित अपने सलाहकारी राय में कहा था कि "नलम पोयना साइन लीगे" सूक्ति को अन्तर्राष्ट्रीय विधि में लागू किया जाना चाहिए। किन्तु अधिकरण द्वारा इस सिद्धान्त को अमान्य कर दिया गया।

4. किसी युक्तियुक्त आधार के बिना वरिष्ठ अधिकारी के आदेश की अवमानना उचित नहीं है।

5. विचारण इस अर्थ में एक पक्षीय था क्योंकि मित्र देशों के युद्ध अपराधियों को दण्ड देने का कोई प्रयास नहीं किया गया।

इससे यह निष्कर्ष निकाला जा सकता है कि चार्टर का निर्माण उन देशों द्वारा प्रभुत्व सम्पन्न विधायी शक्ति का प्रयोग था, जिनके सामने जर्मन रीक ने बिना शर्त आत्मसमर्पण कर दिया था और अधिगृहीत राज्यक्षेत्रों के लिए विधान बनाने के इन देशों के असंदिग्ध अधिकार को सभ्य विश्व द्वारा मान्यता दी गयी है। चार्टर विजेता राष्ट्रों की ओर से शक्ति

का मनमाना प्रयोग नहीं था। हस्ताक्षरकर्ता राज्यों द्वारा अधिकरण की स्थापना की गई, लागू किये जाने वाली विधि को निश्चित किया गया तथा विचारण के समुचित संचालन के लिए नियमों को बनाया गया।

चार्टर का महत्व इस तथ्य में निहित है कि इसके सिद्धान्तों को संयुक्त राष्ट्र महासभा द्वारा मान्यता दी गयी है।

1. देखें, 11 दिसम्बर, 1946 का महासभा संकल्प 95 (1) तथा 21 नवम्बर, 1947 का महासभा संकल्प 117 (11)।

(ख) टोकियो विचारण (Tokyo Trial)

टोकियो अधिकरण की स्थापना जापान के युद्ध अपराधियों का विचारण करने के लिए उन्हीं विधिक सिद्धान्तों पर की गयी थी, जिन पर जर्मन युद्ध अपराधियों का विचारण किया गया था। अधिकरण की स्थापना 20 जुलाई, 1945 के पोट्सडम घोषणा (Potsdam Declaration) के अनुसरण में विजेता राज्यों द्वारा की गयी थी। सुदूर पूर्व के लिए अन्तर्राष्ट्रीय सैन्य अधिकरण चार्टर (The Charter of the International Military Tribunal for the Far East) का अनुमोदन 19 जनवरी, 1946 को किया गया। विचारण 9 जून, 1946 को टोकियो में प्रारम्भ हुआ। अधिकरण के अध्यक्ष आस्ट्रेलिया के सर विलियम वेब (Sir William Web) थे। अधिकरण में ग्यारह न्यायाधीश थे। न्यायाधीश, न्यूरेमबर्ग विचारण की तरह, अकेले विजेता राज्यों द्वारा नहीं चुने गये थे। इनमें से कुछ अन्य राज्यों से भी सम्बन्धित थे। प्रख्यात न्यायविद्, डॉ0 राधा विनोद पाल भारत के न्यायाधीश थे। विचारण अट्ठाईस अभियुक्तों के विरुद्ध संचालित किया गया। इनमें से दो की मृत्यु विचारण के लम्बित रहने के दौरान हो गई तथा एक को उसकी मानसिक अक्षमता के कारण कार्यवाही से मुक्त कर दिया गया। अभियुक्तों के विरुद्ध 55 आरोप लगाये गये थे, जिन्हें तीन संवर्गों में समूहबद्ध किया गया था, अर्थात् शान्ति के विरुद्ध अपराध (आरोप 1 से 36 तक), हत्या (आरोप 37 से 52 तक) तथा परम्परागत युद्ध अपराध और मानवता के विरुद्ध अपराध (आरोप 53 से 55 तक)।

विचारण के दौरान, अभियुक्तों ने अधिकरण की स्थापना के सम्बन्ध में आपत्ति किया। उनकी ओर से तर्क दिया गया कि अधिकरण के सदस्य उन देशों से चुने गये हैं, जिन्होंने जापान को पराजित किया है, इसलिए वे निष्पक्ष नहीं होंगे। अधिकरण ने उनके तर्क को इस आधार पर अस्वीकार कर दिया कि वास्तव में, वे विभिन्न विजेता देशों से सम्बन्धित हैं, किन्तु वे अपनी व्यक्तिगत क्षमता से कार्य कर रहे हैं। अधिकरण ने नवम्बर 1948 में

निर्णय की घोषणा करने के पूर्व 818 बैठकें की थीं। अधिकरण ने दो के अतिरिक्त सभी अभियुक्तों को आक्रामक युद्ध करने के षड्यन्त्र तथा युद्ध विधि के उल्लंघन के बारह अपराधों के लिए दोषी पाया। अधिकरण ने उन अभियुक्तों को मृत्यु दण्ड दिया, जो युद्ध को संगठित करने या संचालित करने के लिए दोषी पाये गये थे तथा अन्य व्यक्तियों को विभिन्न अवधि के कारावास का दण्ड दिया, जो शान्ति के विरुद्ध अपराध तथा युद्ध अपराध के दोषी थे।

(ग) राष्ट्रीय युद्ध अपराध न्यायाधिकरण (National War Crimes Tribunals)

उक्त दोनों मुख्य अन्तर्राष्ट्रीय अधिकरणों के अतिरिक्त, राष्ट्रीय या विशेष सिविल अधिकरणों ने भी उन व्यक्तियों का विचारण किया था, जिन पर द्वितीय विश्व युद्ध के दौरान कारित किये गये विभिन्न अपराधों का आरोप लगाया गया था। ये अधिकरण थे- (i) न्यूरेमबर्ग में कार्यरत विशेष अमेरिकी अधिकरण तथा सम्बद्ध, नियन्त्रण परिषद विधि संख्या 10, जो दिसम्बर, 1945 में जर्मनी के लिए घोषित की गयी थी, के अधीन रास्टाट (Rastatt) में [बाडेन- बाडेन (Baden-Baden) के नजदीक] कार्यरत फ्रांसीसी न्यायालय, (ii) जर्मनी के अमेरिकी क्षेत्र में तथा फिलीपीन्स को शामिल करके सुदूर पूर्व में कार्यरत अमेरिकी सैन्य अधिकरण, जो संयुक्त राज्य सेना के न्यायाधीश अधिवक्ता विभाग द्वारा स्थापित किया गया था, (iii) जर्मनी के ब्रिटिश क्षेत्र में तथा इटली में राजकीय आदेश के अधीन कार्यरत ब्रिटिश सैन्य अधिकरण, (iv) यूरोप में तथा सुदूर पूर्व एवं दक्षिणी प्रशान्त सागर में दोनों कार्यरत सम्बद्ध या पूर्व अधिगृहीत राज्यों का सैन्य या विशेष सिविल अधिकरण। यद्यपि ये अधिकरण राज्यों की राष्ट्रीय विधि के अनुसार स्थापित किये गये थे, फिर भी ये अन्तर्राष्ट्रीय विधि की दृष्टि में इस अर्थ में महत्वपूर्ण थे क्योंकि इनका विचारण उन समान आरोपों से सम्बन्धित था, जिनको न्यूरेमबर्ग तथा टोकियो अधिकरणों द्वारा निर्णीत किया गया था। वरिष्ठ अधिकारी के तर्क के सम्बन्ध में, इन सभी अधिकरणों ने समान रूप से उस सिद्धान्त का अनुसरण किया था, जो न्यूरेमबर्ग विचारण में प्रतिपादित किया गया था। यद्यपि न्यूरेमबर्ग विचारण तथा टोकियो विचारण में प्रतिपादित सिद्धान्तों तथा उनके निर्णयों की आलोचना इस आधार पर की गयी, कि ये अधिकरण विजेता राज्यों द्वारा अपने लक्ष्य के लिए स्थापित किये गये थे तथा इनमें उनके न्यायाधीश कार्यरत थे, फिर भी इनका महत्व है और इन अधिकरणों का महत्व समय के अन्तराल के साथ बढ़ने के लिए बाध्य हैं और इनके निर्णय को अन्तर्राष्ट्रीय विधि तथा न्याय के प्रति महत्वपूर्ण योगदान के रूप में माना जाएगा।

(घ) अन्य युद्ध अपराध अधिकरण (Other War Crimes Tribunals)

वर्तमान शताब्दी के छठे तथा सातवें दशक में जो अधिकरण स्थापित किये गये थे, उनके द्वारा भी अभिव्यक्त रूप से उक्त सिद्धान्तों को मान्यता दी गई। ईचमैन वाद2 (Eichmam Case) (1962) में इजराइल के उच्चतम न्यायालय ने 'नलम क्राइमेन सिने लीगे, नल्ला पोयना सिने लीगे सिद्धान्त का अनुसरण किया था और वरिष्ठ अधिकारी के आदेश के तर्क को अस्वीकार कर दिया था। न्यायालय द्वारा निर्णय दिया गया था कि न्यूरेमबर्ग अधिकरण द्वारा प्रतिपादित सिद्धान्त लागू होगा।

माई लाई विचारण (Mai Lai Trial) – माई लाई विचारण एक अन्य उदाहरण है, जिसमें युद्ध अपराधियों को दण्ड दिया गया था। वियतनाम संघर्ष में माई लाई (वियतनाम का एक गाँव) में 1968 में संयुक्त राज्य की सेना की एक इकाई द्वारा किये गये सामूहिक हत्याकाण्ड ने संयुक्त राज्य को उन पच्चीस अधिकारियों का विचारण करने के लिए उत्प्रेरित किया, जिन पर माई लाई हत्याकाण्ड का आरोप लगाया गया था। विचारण जार्जिया में 16 नवम्बर, 1970 से 15 मार्च, 1971 तक किया गया। लेकिन पर्याप्त साक्ष्य न होने के कारण 19 व्यक्तियों का विचारण नहीं किया जा सका। शेष 6 व्यक्तियों का न्यायालय द्वारा विचारण किया गया और उन्हें दोषमुक्त कर दिया गया, सिवाय लेफ्टिनेन्ट कैली के, जिसे आजीवन कारावास की सजा दी गयी थी। संयुक्त राज्य द्वारा अपने अधिकारियों के लिए संचालित विचारण ने नयी प्रवृत्ति को सृजित किया। अब तक विचारण विजेता देशों द्वारा संचालित किया गया था, किन्तु इस मामले में राज्य ने स्वयं अपने अधिकारियों का विचारण युद्ध अपराध के लिए किया। यह अभ्यास वास्तव में उन अत्याचारों तथा अपराधों को कम करने में सहायक होगा, जो युद्ध अपराध के वर्ग के अधीन आते हैं।

पाकिस्तानी युद्ध अपराधियों का विचारण (Trial of Pakistani War Criminals)- पाकिस्तानी सेना द्वारा बंगलादेश के नागरिकों के प्रति जो अत्याचार तथा जनसंहार 1970 में किया गया था, उसके कारण बंगलादेश ने पाकिस्तानी सेना के युद्ध अपराधियों का विचारण करने का निर्णय किया था। विचारण के लिये 195 युद्ध बन्दियों पर युद्ध अपराध को शामिल करके विभिन्न अपराधों का आरोप लगाया गया था। पाकिस्तान ने पाकिस्तानी युद्ध बन्दियों के प्रस्तावित विचारण के विरुद्ध अन्तर्राष्ट्रीय न्यायालय के सामने आपत्ति उठाया और न्यायालय से 'संरक्षण के अन्तरिम उपाय' के निर्देश के लिए अनुरोध किया। बाद में, फरवरी 1974 में पाकिस्तान द्वारा बंगलादेश को मान्यता देने के बाद, भारत के

साथ पाकिस्तान तथा बंगलादेश के प्रतिनिधियों की बैठक आयोजित की गयी, जिसमें 9 अप्रैल, 1974 को एक करार पर हस्ताक्षर किया गया और

1. यह विचार लाटर पैट द्वारा ओपेनहाइम के सातवें संस्करण की प्रस्तावना में व्यक्त किया था। (op. cit., प्रस्तावना पृ० v)।

2. एडोल्फ ईचमैन बनाम एटार्नी जनरल ऑफ दि गवर्नमेण्ट ऑफ इजराइल, सुप्रीम कोर्ट आफ इजराइल, आइ०एल०आर०, 136 (1962) पृ० 277। इस वाद का तथ्य इस प्रकार था - ईचमैन ने होल्डर के आदेशों के आधीन यहूदियों पर कई अत्याचार किया था। वह कई यहूदियों की हत्या के लिए तथा अमानवीय व्यवहार करने के लिए उत्तरदायी था। इजराइल के गुप्तचरों ने उसे अर्जेन्टाइना में पाया किन्तु इस अनुमान के अधीन, कि अर्जेन्टीना युद्ध अपराध के आधार पर उसका प्रत्यर्पण नहीं करेगा, वे उसे अनियमित ढंग से इजराइल ले आये। इजराइल में, उसे अपराध के लिए अभियोजित किया गया और मृत्यु दण्ड से दण्डित किया गया। उसने इजराइल के उच्चतम न्यायालय के सामने अपील दाखिल किया था किन्तु इस न्यायालय ने जिला न्यायालय के निर्णय की पुष्टि कर दी। निर्णय में यह प्रेक्षण किया गया था कि विधि में परिभाषित घृणित अपराध केवल इजराइली विधि के अन्तर्गत अपराध नहीं है। ये अपराध जो सम्पूर्ण मानव जाति को विचलित कर देते हैं और राष्ट्रों की अन्तरात्मा को झकझोर देते हैं, राष्ट्रों की विधि के विरुद्ध गम्भीर अपराध है (delicta juris gentium)। अत: इस प्रकार के अपराधों के सम्बन्ध में देशों के क्षेत्राधिकार को सीमित करने वाली अन्तर्राष्ट्रीय विधि से अन्तर्राष्ट्रीय दण्ड न्यायालय के अभाव में अन्तर्राष्ट्रीय विधि में प्रत्येक देश में ऐसे न्यायिक एवं विधायी अंगों की आवश्यकता है, जो अपने दाण्डिक प्रतिषेधों (interdictions) को प्रभावी बनायेंगी तथा अपराधियों का विचारण करेंगी। अन्तर्राष्ट्रीय विधि के अन्तर्गत अपराधियों पर अधिकारिता सार्वभौमिक है। [(1961) 36 आई० एल० आर० 5]

3. देखें, आई०सी० जे० रिपोर्ट्स (1973) पृ० 328. पाकिस्तानी युद्ध बन्दियों से सम्बन्धित वाद (पाकिस्तान बनाम भारत) पृ० 512.

यह निश्चय किया गया कि बंगलादेशी युद्ध अपराधियों का विचारण नहीं किया जायेगा।

पूर्व यूगोस्लाविया के लिए युद्ध अपराध अधिकरण (War Crimes Tribunal for Former Yugoslavia) - पूर्व यूगोस्लाविया के राज्यक्षेत्र में युद्ध अपराध विशेषज्ञ आयोग (The Commission of Experts on War Crimes) की स्थापना सुरक्षा परिषद द्वारा

1992 में की गयी। आयोग ने अपनी रिपोर्ट में 1991 से अन्तर्राष्ट्रीय मानवीय विधि के किये गये गम्भीर उल्लंघन के लिए उत्तरदायी व्यक्तियों के अभियोजन के लिए युद्ध अपराध अधिकरण की स्थापना की सिफारिश किया। तदनुसार, सुरक्षा परिषद ने 22 फरवरी, 1993 को एक संकल्प 2 स्वीकार कर अधिकरण की स्थापना का निश्चय किया। सुरक्षा परिषद ने उसी संकल्प में महासचिव से रिपोर्ट पेश करने को कहा, जिसमें निर्णय के प्रभावी तथा शीघ्र कार्यान्वयन के लिए उनका प्रस्ताव अंतर्निविष्ट हो। परिषद ने 25 मई 1993 को सर्वसम्मति से एक संकल्प' अंगीकार करके अन्तर्राष्ट्रीय अधिकरण को स्थापित करने का निश्चय किया। संकल्प में महासचिव की रिपोर्ट के साथ संलग्न 34 अनुच्छेद के अधिकरण के प्रारूप स्टेटमेंट को भी स्वीकार किया गया।

इसके स्टेटमेंट के अधीन, चार प्रकार के मामलों को निपटाना था: 1949 के जिनेवा अभिसमय के उल्लंघन से सम्बन्धित मामले, युद्ध के नियमों एवं रूढ़ियों के गम्भीर उल्लंघन से सम्बन्धित मामले, नरसंहार और मानवता के विरुद्ध अपराध से सम्बन्धित मामले। अधिकरण को अनुच्छेद 6 के अन्तर्गत पूर्व यूगोस्लाविया में किये गये 1991 के बाद के मामलों को निपटाना था। सरकार या सर्वोच्च निकाय के आदेशों पर कार्य करते हुए भी दाण्डिक उत्तरदायित्व से अपराधियों को मुक्त नहीं करना था और सरकार तथा सर्वोच्च निकाय का आदेश को प्रतिरक्षा नहीं मानना चाहिए। लेकिन सर्वोच्च निकाय के आदेशों के अनुपालन को कम प्रभावकारी माना जा सकता है, यदि अधिकरण यह अवधारित करता है कि न्याय ऐसी अपेक्षा करता है। अधिकरण अन्तर्राष्ट्रीय मानवीय विधि के उन नियमों को लागू करेगा, जो नि:सन्देह रूढ़िगत विधि का भाग है, जैसे युद्ध पीड़ित के संरक्षण से सम्बन्धित अन्तर्राष्ट्रीय अभिसमय (International Convention Relative to the Protection of War Crimes) स्थल युद्ध से सम्बन्धित विधि तथा रूढ़ि (respective laws and customs of war on land) और मानव बध अपराध का निवारण तथा दण्ड (Prevention and Punishment of the Crime of Genocide).

अधिकरण ने नरसंहार तथा मानवता के विरुद्ध अपराध के लिऐ बोस्निया के सर्ब नेताओं तथा सैन्य कमाण्डर को आरोपित किया। क्रोशिया में विद्रोही सर्ब नेताओं को भी क्रोएशिया की राजधानी पर बमों को गिराने के लिए आरोपित किया गया। इक्कीस अन्य व्यक्तियों को बोस्निया तथा बोसान्स्की सनक के उत्तरी बोस्निया क्षेत्र में कैदी शिविर में किये गये अपराधों के लिए आरोपित किया गया। अधिकरण ने पहले ही 22 संदिग्ध व्यक्तियों को आरोपित किया था। युगोस्लाविया के पूर्व प्रेसीडेन्ट मिलोसेनिक के विरुद्ध मामले में विचार 12 फरवरी 2002 को आरम्भ हुआ किन्तु उन्होंने अधिकरण के मामले की सुनवाई के अधिकार को इस कारण नामंजूर कर दिया कि अधिकरण अवैध है।

अधिकरण के अधिकार क्षेत्र को उन्होंने मानव अधिकार के यूरोपियन न्यायालय में चुनौती दे दी है। अधिकरण ने अपनी स्थापना से अब तक 161 व्यक्तियों को भूतपूर्व यूगोस्लाविया के क्षेत्रों में किए गए युद्ध अपराधों हेतु दोषी ठहराया है। इनमें से 125 व्यक्तियों के विरुद्ध कार्यवाही पूर्ण हो चुकी है जबकि मात्र 2 अपराधी फरार हैं। शेष कार्य को तीव्रता से पूरा करने के उद्देश्य से सुरक्षा परिषद् ने 22 दिसम्बर, 2010 को एक संस्था - आपराधिक न्यायाधिकरण हेतु अन्तर्राष्ट्रीय अवशिष्ट तंत्र (International Residual Mechanism for Criminal Tribunal) (IRMCT) की दो शाखाओं समेत स्थापना की है। परिषद् ने न्यायाधिकरण से अनुरोध किया है कि वह शेष कार्यों को 31 दिसम्बर, 1914 तक पूरा करने के लिए समस्त संभव उपाय करे। आपराधिक न्यायाधिकरण को सभी कार्यों को पूरा करने की जिम्मेदारी दी गयी। आपराधिक न्यायाधिकरण को 15 दिसम्बर, 2015 को समाप्त कर दिया गया।

संयुक्त राष्ट्र द्वारा युद्ध अपराध अधिकरण की स्थापना इस प्रकार का पहला अधिकरण है। इतिहास में पहली बार संयुक्त राष्ट्र ने अन्तर्राष्ट्रीय आपराधिक अधिकारिता को स्थापित किया, जिसने उन व्यक्तियों का

1. सुरक्षा परिषद संकल्प 780 (1992) दिनांक 6 अक्टूबर, 1992.
2. अनि मंतला 808 (1993) दिनांक 22 फरवरी, 1993.

विचारण किया, जिन्होंने पूर्व युगोस्लाविया के राज्यक्षेत्र पर गम्भीर युद्ध अपराध किये थे। इसके संपरीक्षण (observation), निष्कर्ष और निर्णय की भावी युद्ध अपराध के क्षेत्र में काफी महत्वपूर्ण होने की सम्भावना है।

अन्य अन्तर्राष्ट्रीय युद्ध अपराध अधिकरण (Other International War Crime Tribunals)

सुरक्षा परिषद ने 1994 में युद्ध अपराधों, मानवता के विरुद्ध अपराधों तथा नरसंहार के लिए उत्तरदायी व्यक्तियों के लिये अन्तर्राष्ट्रीय दाण्डिक अधिकरण रवान्डा (International Criminal Tribunal for Rwanda) की भी स्थापना की। तभी से, परिषद ने सियरो लियोनर एवं कम्बोडिया में अन्तर्राष्ट्रीय गम्भीर अपराधों को अन्तर्ग्रस्त करने वाले विभिन्न प्रकार के विशेष न्यायालयों के सृजन को प्रोत्साहित किया। सीयरी लियोन के मामले में विशेष न्यायालय ने 20 जून, 2007 को सीयरी लियोन की पूर्ववर्ती सशस्त्र बल क्रान्तिकारी परिषद (AFRC) के उन पूर्व तीन नेताओं को दोषसिद्ध किया। सुरक्षा परिषद ने 30 मई, 2007 को लेबनान के पूर्व प्रधानमन्त्री रफीक हरीरी की 14 फरवरी, 2005

हत्या के लिए उत्तरदायी व्यक्तियों को अभियोजित करने के लिए लेबनान में एक विशेष अधिकरण की स्थापना की। इस अधिकरण को हरीरी अधिकरण (Hariri Tribunal) भी कहा जाता है। इस अधिकरण ने मार्च 1, 2009 से कार्य आरम्भ किया। इन अधिकरणों की धीमी गति से न्याय प्रदान करने के लिए आलोचना की गयी है। यह उन अधिकरणों के लिए वांछनीय है कि वे मामले में शीघ्रता करें।

युद्ध अपराध और संयुक्त राष्ट्र
(War Crimes and the United Nations)

न्यूरेमबर्ग अधिकरण के चार्टर द्वारा मान्य अन्तर्राष्ट्रीय विधि के सिद्धान्त तथा अधिकरण के निर्णय की 11 दिसम्बर, 1946 को एक संकल्प 2 स्वीकार करके महासभा द्वारा पुनः अभिपुष्टि की गयी है। इस संकल्प का शीर्षक है"युद्ध अपराध तथा मानवता के विरुद्ध दोषी व्यक्तियों के निरोध, गिरफ्तारी, प्रत्यर्पण तथा दण्ड में अन्तर्राष्ट्रीय सहयोग का सिद्धान्त' (Priniciple of International Co-operation in the Detention, Arrest, Extradition and Punishment of Persons Guilty of War Crimes and Crimes Against Humanity)। बाद में, महासभा ने नवम्बर, 1947 में मानवजाति की शान्ति तथा सुरक्षा के विरुद्ध अपराध के सामान्य संहिताकरण के सन्दर्भ में या अन्तर्राष्ट्रीय दाण्डिक संहिता (International Criminal Code) में उनके पश्चात्वर्ती संहिताकरण की दृष्टि से इन सिद्धान्तों के निर्माण के लिए अन्तर्राष्ट्रीय विधि आयोग को निर्देश दिया। बाद में आयोग ने मानव जाति की शान्ति तथा सुरक्षा के विरुद्ध अपराध प्रारूप संहिता' (Draft code of offence) में उनका निर्माण किया। प्रारूप संहिता में अपराधों की श्रृंखला को सूचीबद्ध किया गया, जिन्हें अन्तर्राष्ट्रीय विधि के अधीन अपराध कहा गया और जिनके लिए उत्तरदायी व्यक्ति दण्डनीय होगा। सूची में ऐसे अपराधों में से युद्ध अपराध को भी शामिल किया गया है। यद्यपि आयोग ने संहिता को लागू करने के लिए किसी उपाय का प्रस्ताव नहीं किया है, लेकिन इसे राष्ट्रीय न्यायालयों द्वारा लागू किया जा सकता है। आयोग ने ऐसे अपराधों के लिए निश्चित दण्ड को निर्धारित करना अव्यावहारिक समझा और इसे समर्थ न्यायालय पर छोड़ दिया कि वह विशिष्ट अपराध की गम्भीरता को ध्यान में रखते हुए संहिता के अधीन किसी अपराध के लिए दण्ड को निश्चित करे।

महासभा ने भी युद्ध अपराध के दोषी व्यक्तियों के सम्बन्ध में कुछ सिद्धान्तों को प्रतिपादित किया है। महासभा द्वारा एक संकल्प के माध्यम से 1967 में राज्य क्षेत्रीय आश्रय घोषणा (Declaration on Territorial Asylum) को स्वीकार किया गया, जिसमें प्रावधान किया गया है कि राज्य किसी ऐसे व्यक्ति को आश्रय नहीं प्रदान करेंगे, जिनके सम्बन्ध में यह विचारण

करने के लिए गम्भीर आरोप है कि उसने युद्ध अपराध किया है। 4 महासभा द्वारा 1973 में दूसरा संकल्प स्वीकार किया गया, जिसमें युद्ध अपराध तथा मानवता के विरुद्ध

1. सियरो लियोन में विशेष न्यायालय संयुक्त राष्ट्र और सियरा लियोन के सरकार के जनवरी 16, 2002 को करार के अनुसार स्थापित किया गया!
2. महासभा संकल्प 95 (1), 11 दिसम्बर, 1946.
3. महासभा संकल्प 177 (11).
4. देखें, अध्याय'आश्रय'।
5. महासभा संकल्प 3074, दिनांक 3 दिसम्बर 1072

अपराध के दोषी व्यक्तियों के निरोध, गिरफ्तारी, प्रत्यर्पण तथा दण्ड में अन्तर्राष्ट्रीय सहयोग की वृद्धि के लिए कुछ सिद्धान्तों को प्रतिपादित किया गया। इन सिद्धान्तों में यह भी शामिल है कि "प्रत्येक राज्य को युद्ध अपराध या मानवता के विरुद्ध अपराध के लिए अपने नागरिकों का विचारण करने का अधिकार है।" युद्ध अपराध को रोकने तथा निवारण करने के लिए राज्यों के सहयोग की अपेक्षा की गयी है। राज्यों से "ऐसे अपराध को करने वाले सन्देहास्पद व्यक्तियों को खोजने, गिरफ्तार करने तथा उनका परीक्षण करने में और यदि वे दोषी पाये जायें तो, उन्हें दण्डित करने में एक दूसरे की सहायता करने की सिफारिश की गयी है। इसमें यह भी प्रावधान किया गया है कि "जिन व्यक्तियों के विरुद्ध यह साक्ष्य हो कि उन्होंने युद्ध अपराध किया है।

उनका विचारण किया जाएगा और यदि वे अपराधी पाये जाते हैं, तो उन्हें उन देशों के सामान्य नियम के अनुसार दण्ड दिया जाएगा, जिनमें उन्होंने अपराध किया है। इस सम्बन्ध में, राज्य ऐसे व्यक्तियों के प्रत्यर्पण के प्रश्न पर सहयोग करेंगे। " संकल्प के द्वारा राज्यों को कोई विधायी या अन्य उपाय करने से रोका गया है, जो अन्तर्राष्ट्रीय बाध्यताओं के प्रतिकूल है तथा जिन्हें वे युद्ध अपराध के दोषी व्यक्तियों के निरोध, गिरफ्तारी, प्रत्यर्पण या दण्ड के सम्बन्ध में धारण करते हैं।

उपर्युक्त सिद्धान्त महासभा के संकल्प द्वारा स्वीकार किये गये, जो विधित: राज्यों पर बाध्यकारी नहीं हैं और इस प्रकार राज्य इन सिद्धान्तों द्वारा विधिक रूप से बाध्य नहीं हैं। युद्ध अपराध के सम्बन्ध में एक बहुपक्षीय सन्धि या अभिसमय निर्माण की अपेक्षा की जाती है कि जिससे युद्ध अपराध से सम्बन्धित सिद्धान्तों को अन्तर्राष्ट्रीय विधि में स्पष्ट रूप से स्थापित किया जा सके और वे राज्यों पर विधिक रूप से बाध्यकारी हो सकें। अन्तर्राष्ट्रीय आपराधिक न्यायालय की स्थापना करना भी आवश्यक है, जिसे युद्ध अपराध के दोषी व्यक्तियों के मामले में निर्णय करने की अधिकारिता दी जानी चाहिए।

अन्तर्राष्ट्रीय आतंकवाद
(International Terrorism)

आतंकवाद शब्द लैटिन शब्द 'टेरर' (आतंक) से व्युत्पन्न हुआ है, जिसका तात्पर्य भय है। कुछ उद्देश्यों विशेषकर राजनीतिक उद्देश्यों को पूरा करने के लिये आतंक के व्यवस्थित प्रयोग को आतंकवाद के रूप में परिभाषित किया जा सकता है। लेकिन, आतंकवाद के सभी कृत्यों को अन्तर्राष्ट्रीय आतंकवाद का कृत्य नहीं कहे जाते। अन्तर्राष्ट्रीय आतंकवाद में उन कृत्यों को शामिल किया जाता है, जिनमें दो या दो से अधिक राज्य शामिल रहते हैं, अर्थात् जहाँ अपराधकर्ता तथा पीड़ित विभिन्न राज्यों के नागरिक हैं, या जहाँ कार्य एक से अधिक राज्य में पूर्णतः या अंशतः किया जाता है। इसका तात्पर्य है कि अन्तर्राष्ट्रीय आतंकवाद तब होता है, जब एक से अधिक राज्य का हित प्रभावित होता है। अन्तर्राष्ट्रीय विधि का सम्बन्ध अन्तर्राष्ट्रीय आतंकवाद से ही है। आतंकवाद के उन कृत्यों को नियंत्रित करने के लिए राज्य विधि लागू होती है, जो केवल राज्य की सीमाओं के अन्तर्गत सीमित रहता है और जिसे सुविधा के लिए राष्ट्रीय आतंकवाद (National Terrorism) कहा जा सकता है।

अन्तर्राष्ट्रीय आतंकवाद शांति काल में या सशस्त्र संघर्ष के समय में या तो हिंसा के साथ या बिना हिंसा के कारित किया जा सकता है। पुनः यह या तो राज्य के कृत्यों द्वारा, अर्थात् राज्य की सरकार द्वारा या तो व्यक्ति या व्यक्तियों के समूह द्वारा किया जा सकता है। लेकिन अन्तर्राष्ट्रीय आतंकवाद का यह क्षेत्र सभी राज्यों को मान्य नहीं है। पश्चिमी राज्य अन्तर्राष्ट्रीय आतंकवाद के क्षेत्र के अन्तर्गत सरकारी कार्यो को शामिल करने के

लिए सहमत नहीं हैं, जबकि तीसरे विश्व के राज्य तथा गुट निरपेक्ष राज्य इस मत के हैं कि अन्तर्राष्ट्रीय आतंकवाद उसी तरह राज्यों के कृत्यों को शामिल करता है। पश्चात्वर्ती वाला मत इस तथ्य की दृष्टि में उचित प्रतीत होता है क्योंकि राष्ट्रीय सीमा के बाहर राज्यों द्वारा कारित आतंकवाद एक ढंग से या दूसरे ढंग से राज्यों के सम्बन्धों को उसी प्रकार प्रभावित करता है, जैसे व्यक्ति या व्यक्तियों के समूह द्वारा कारित आतंकवाद प्रभावित करते हैं।

राज्यों द्वारा कारित आतंकवाद
(Terrorism Committed by States)

जब राज्य कतिपय उद्देश्यों को पूरा करने के लिए प्रत्यक्षत: या अप्रत्यक्षत: आतंकवाद के कृत्यों में शामिल होते हैं, तब इस कार्य को राज्य आतंकवाद कहा जा सकता है। ऐसे कृत्यों में राज्य कई तरीके से शामिल हो सकते हैं। उदाहरण के लिए, राज्य प्राधिकारियों द्वारा कृत्य राज्यक्षेत्र के अन्तर्गत या बाहर निवास करने वाले अपने कुछ नागरिकों को अभित्रस्त करने की दृष्टि से, या उपनिवेशवाद के विरुद्ध, या राष्ट्रीय स्वतन्त्रता आन्दोलन के विरुद्ध किया जा सकता है। दूसरा, राज्य द्वारा कार्य अन्य राज्य के राज्यक्षेत्रों में उसे सहायता देने के लिए किया जा सकता है। आतंकवाद देत प्रकार की निन्दा न केवल अन्तर्राष्ट्रीय समुदाय द्वारा की गयी है, बल्कि ये अन्तर्राष्ट्रीय विधि के सुस्थापित नियमों के भी विरुद्ध हैं। पुन: ये कई अन्तर्राष्ट्रीय अभिसमयों तथा घोषणाओं के प्रावधानों के प्रतिकूल है।

1. ब्योरेवार अध्ययन के लिए देखें, एच०ओ० अग्रवाल, "कम्बैटिंग इण्टरनेशनल टेररिज्म; स्टेट्स एप्रोच" 26 मई, 1986 को नई दिल्ली में आयोजित इण्टरनेशनल लॉ एसोसिएशन (इण्डियन ब्रांच) के वार्षिक सेमिनार में पेश किया गया लेख।

यह दुर्भाग्यपूर्ण है कि आतंकवाद के निषेध के बावजूद राज्यों द्वारा अपने लक्ष्य को प्राप्त करने के लिए आतंकवाद की कार्यवाही की जा रही है। ऐसा इसलिए हो रहा है क्योंकि इन नियमों के क्रियान्वयन तथा प्रवर्तन से सम्बन्धित अन्तर्राष्ट्रीय विधि उतनी प्रबल नहीं है, जितनी होनी चाहिए। इसकी निर्बलता का परिणाम राज्यों द्वारा आतंकवाद कारित करने में हुआ है, विशेषकर उन राज्यों द्वारा, जो विशाल तथा शक्तिशाली हैं। यह उनकी व्यवस्था का एक अंग हो गया है तथा किसी सरकार द्वारा दूसरी सरकार के विरुद्ध युद्ध का एक ढंग हो गया है। यदि राज्य आतंकवाद को नियंत्रित करने के लिए थोड़ा भी गम्भीर हों, तो उन्हें स्वयं यह मानना होगा कि आतंकवाद का अनैतिक तथा अमानवीय कार्य मानव जाति के लिए कष्टप्रद तथा दु:खदायी है। इसलिए इसका उन्मूलन प्राथमिक रूप से राज्यों की राजनीतिक इच्छा पर निर्भर रहता है।

व्यक्तियों तथा व्यक्तियों के समूहों द्वारा कारित आतंकवाद (Terrorism Committed by Individuals and Groups of Individuals)

स्थिति उस समय भिन्न होती है, जब आतंकवाद व्यक्ति या व्यक्तियों के समूहों द्वारा कारित किया जाता है। कृत्य को करने के कई हेतुक (motive) हो सकते हैं और विभिन्न मामलों में भिन्न-भिन्न हो सकते हैं। लेकिन हेतुक महत्वपूर्ण नहीं है क्योंकि किसी भी लक्ष्य की प्राप्ति के लिए आतंकवाद का कृत्य अन्यायोचित है। अन्तर्राष्ट्रीय विधि की दृष्टि से सुसंगत कृत्य करना अधिक महत्वपूर्ण है। अन्तर्राष्ट्रीय विधि केवल उन कार्यों से सम्बन्धित है, जिनका अन्तर्राष्ट्रीय सम्बन्धों पर प्रभाव पड़ता है। ऐसे कार्य वे हैं, जिनमें अन्तर्राष्ट्रीय तत्व विद्यमान होते हैं। इसलिए अन्तर्राष्ट्रीय तत्व की विद्यमानता आतंकवाद के कार्य को अन्तर्राष्ट्रीय प्रकृति के अनुकूल बना देता है।

अन्तर्राष्ट्रीय आतंकवाद के रूप (Forms of International Terrorism)

आतंकवाद का कोई विशिष्ट रूप नहीं होता। जो कार्य विशिष्ट व्यक्ति या व्यक्तियों के समूह या सामान्य जनता के मस्तिष्क में आतंक उत्पन्न कर सकते हैं, वे आतंकवाद के रूप हो सकते हैं। इस प्रकार यह मृत्यु या शारीरिक क्षति या सामान्यत: सामान्य जनता की स्वतन्त्रता को क्षति कारित करने वाले जानबूझकर किये गये किसी कृत्य, सार्वजनिक सम्पत्ति या सार्वजनिक प्रयोजन के लिए समर्पित सम्पत्ति का जानबूझकर किये गये विनाश या उसकी जानबूझकर की गयी क्षति, जनसाधारण के जीवन को संकटापन्न करने के लिए जानबूझकर किये गये किसी कृत्य और ऊपर वर्णित अपराधों में से किसी को किसी दशा में कारित करने के लिए शस्त्रों, गोला-बारूद, विस्फोटकों या हानिकर पदार्थों के विनिर्माण, का कब्जा प्राप्त करने या आपूर्ति करने को शामिल करता है। अन्तर्राष्ट्रीय आतंकवाद के रूपों में पिछले बीस वर्षों से काफी वृद्धि हुई है और इसने कई निरपराध व्यक्तियों के लिए खतरा उत्पन्न किया है या उनके जीवन को संकटापन्न बना दिया है या मानवाधिकारों तथा मूल स्वतन्त्रताओं को जोखिम में डाल दिया है। वर्तमान समय में अन्तर्राष्ट्रीय आतंकवाद का अत्यधिक सामान्य रूप वायुयान का अपहरण, राजनयिक मिशनों पर आक्रमण, बन्धक बनाना (taking of hostages) और अन्तर्राष्ट्रीय रूप से संरक्षित व्यक्तियों के विरुद्ध अपराध है।

अन्तर्राष्ट्रीय आतंकवाद पर विधिक नियन्त्रण (Legal Control on International Terrorism)

राष्ट्र संघ तथा संयुक्त राष्ट्र ने अन्तर्राष्ट्रीय आतंकवाद को नियंत्रित करने के लिए कई प्रयास किए -

1. उदाहरण के लिए देखें, अन्तर्राष्ट्रीय सैन्य अधिकरण चार्टर के अनुच्छेद 6 का परिच्छेद (ग) ; Convention on the Prevention and Punishment of the Crimes of Genocide of 1948; International Convention of the Suppression and Punishment of the Crimes of Apartheid of 1973, International Covenant on Civil and Political Rights of 1966 ; and Charter of the United Nations. Principles of International Law Concerning Friendly Relations and Co-operation among States; Declaration on the Stregnthening of International Security of 1970 भी देखें।

अन्तर्राष्ट्रीय विधि

जा चुके हैं। युगोस्लाविया के किंग अलेक्जेन्डर प्रथम (King Alexander - I) तथा 9 अक्टूबर, 1934 को फ्रांस के प्रधानमंत्री लुइस बार्था (Louis Barthou) की हत्या के बाद राष्ट्र संघ की परिषद ने 10 दिसम्बर, 1934 को सर्वसम्मति से एक संकल्प पारित किया था, जिसमें राजनीतिक आतंकवाद के अनुसरण में किसी षड्यन्त्र (scheming) या अपराधों को नियंत्रित करने के लिए अस्थायी अन्तर्राष्ट्रीय अभिसमय को प्रारूपित करने की दृष्टि से विशेषज्ञ समिति (Committee of Experts) को गठित करने का प्रावधान किया गया था। बाद में, जेनेवा में 1 नवम्बर से 16 नवम्बर, 1937 तक अन्तर्राष्ट्रीय सम्मेलन आयोजित किया गया। सम्मेलन में दो अभिसमयों को स्वीकार किया गया। ये अभिसमय थे: आतंकवाद का निवारण तथा दण्ड अभिसमय (Convention for the Prevention and Punishment of Terrorism) तथा अन्तर्राष्ट्रीय दाण्डिक न्यायालय सृजन अभिसमय (Convention for the Creation of an International Criminal Court)। ये अभिसमय अपेक्षित अनुसमर्थन के अभाव में प्रवृत्त नहीं हुए। संयुक्त राष्ट्र की स्थापना के बाद, अन्तर्राष्ट्रीय आतंकवाद के विभिन्न रूपों के दमन के लिए कई अभिसमयों का निर्माण किया गया है। ये अभिसमय निम्नलिखित हैं-

1. **वायुयान अपहरण (Aircraft Hijacking)** - वायुयान यात्रा की सुरक्षा के विरुद्ध आतंकवाद के कार्य में भयानक वृद्धि के कारण वायुसेवाओं में अवैध हस्तक्षेप की कार्यवाही का दमन करने के लिए चार अभिसमय तथा नवाचार का निर्माण किया गया है। ये अभिसमय तथा नवाचार हैं-वायुयान पर कारित अपराध तथा कतिपय अन्य कार्य अभिसमय, 1963 (टोकियो अभिसमय) [The Convention on Offences and Certain Other Acts Committed on the Board of Aircraft of 1963 (Tokyo Convention)], वायुयान का अवैध

ग्रहण दमन अभिसमय, 1970 (हेग अभिसमय), [The Convention for the Suppression of Unlawful Seizure of Aircraft of 1970 (The Hague Convention)], नागरिक विमानन की सुरक्षा के विरुद्ध विधिविरुद्ध कार्य दमन निवारण अभिसमय, 1971 (मान्ट्रियाल अभिसमय) [The Convention on the Prevention for the Suppression of Unlawful Act Against the Safety of Civil Aviation of 1971 (Montreal Convention)] और मोन्ट्रियाल अभिसमय अनुपूरक नवाचार, 1988 (Protocol Supplementary to the Montreal Convention of 1988) 12 विधिविरुद्ध हस्तक्षेप के आपराधिक कार्यों के विरुद्ध अन्तर्राष्ट्रीय नागरिक विमानन की सुरक्षा करने के लिए 1991 में चौथे अभिसमय अर्थात् खोज के प्रयोजन के लिए प्लास्टिक विस्फोटकों का अंकन अभिसमय (The Convention on the Marking of Plastic Explosives for the Purpose of Detection) का निर्माण किया गया।

2. **अन्तर्राष्ट्रीय रूप से संरक्षित व्यक्तियों के विरुद्ध कार्य (Acts Against Internationally Protected Persons)** – महासभा ने 13 दिसम्बर, 1973 को राजनयिक अभिकर्ताओं को शामिल करके अन्तर्राष्ट्रीय रूप से संरक्षित व्यक्तियों के विरुद्ध अपराध के निवारण और दण्ड पर अभिसमय अंगीकार किया। अभिसमय 20 फरवरी, 1977 को प्रवृत्त हुआ। अभिसमय के 17 सितम्बर 2001 तक 107 राज्य पक्षकार थे। अभिसमय अन्तर्राष्ट्रीय रूप से संरक्षित व्यक्ति को राज्य के प्रमुख, विदेशी मामलों के मंत्री, राज्य या अन्तर्राष्ट्रीय संगठन के प्रतिनिधि या कर्मचारी के रूप में परिभाषित करता है, जो अन्तर्राष्ट्रीय विधि के अधीन आक्रमण से विशेष संरक्षण के हकदार हैं। अभिसमय के अंगीकरण का मुख्य उद्देश्य संरक्षण के हकदार व्यक्तियों के विरुद्ध कारित अपराध के दण्ड से न बचने योग्य बनाना था।

अभिसमय प्रत्येक पक्षकार से समुचित शास्ति द्वारा उसे दण्डनीय बनाने की अपेक्षा करता है, जो गम्भीर प्रकृति का होता है, जैसे साशय हत्या, व्यपहरण या अन्तर्राष्ट्रीय रूप से संरक्षित व्यक्तियों की स्वतन्त्रता पर आक्रमण, शासकीय परिसरों, गैर-सरकारी आवासों या ऐसे व्यक्ति के परिवहन के साधनों पर उग्र आक्रमण, ऐसे आक्रमण को कारित करने की धमकी का प्रयत्न और सह-अपराधी के रूप में भागीदारी व्यक्त करने वाला कार्य। यद्यपि, राजनयिक और राजनयिक मिशनों के अनतिक्रमणीयता का सिद्धान्त, कौशलीय अधिकारियों तथा

1. प्रथम अभिसमय का अनुसमर्थन केवल भारत द्वारा 1 जनवरी, 1941 को किया गया था। अभिसमय प्रवर्तित नहीं हुआ।

2. विवरण के लिए देखें, अध्याय 'वायुयान अपहरण'।

परिसरों के संरक्षण का सिद्धान्त और प्रेषक राज्यों के प्रतिनिधियों की एवं विशेष मिशन के राजनयिक कर्मचारीवृन्द के सदस्यों तथा मिशन के परिसरों की अनतिक्रमणीयता के सिद्धान्त को पूर्ववर्ती अभिसमयों के प्रावधानों में शामिल किया गया है, लेकिन वर्तमान अभिसमय व्यक्तियों या उद्देश्यों, जिनके विरुद्ध हिंसा का कार्य किया जाता है या ऐसे कार्य का खतरा है या किसी को करने का प्रयास किया जा रहा है, को अथवा किसी ऐसे कार्य में सह-अपराधी के रूप में कार्य करने वाले व्यक्तियों को विनिर्दिष्ट करना है।

3. **बन्धक बनाना (Taking of Hostages)** – कई मामलों में आतंकवादी ऐसे अपराध करते हैं, जिसमें व्यक्तिगत या राजनीतिक लक्ष्य को प्राप्त करने के लिए व्यक्तियों को बन्धक बनाते हैं। ऐसे अपराधों को नियंत्रित करने के लिए बन्धक बनाने के विरुद्ध अन्तर्राष्ट्रीय अभिसमय 2 (International Convention Against the Taking of Hostages) संयुक्त राष्ट्र की महासभा द्वारा 17 दिसम्बर, 1979 को स्वीकार किया गया। अभिसमय के सितम्बर 17, 2001 तक 96 राज्य पक्षकार बन चुके थे। अभिसमय की उद्देशिका स्पष्ट रूप से प्रावधान करती है कि "बन्धक बनाना अन्तर्राष्ट्रीय समुदाय के लिए गम्भीर चिन्ता का अपराध है" और "बन्धक बनाने तथा अन्तर्राष्ट्रीय आतंकवाद के प्रदर्शन के सभी कार्यों के निवारण, अभियोजन तथा दण्ड के लिए प्रभावी उपायों को खोजने तथा स्वीकार करने में राज्यों के मध्य अन्तर्राष्ट्रीय सहयोग का विकास करना अत्यधिक आवश्यक है।" अभिसमय प्रावधान करता है कि कोई व्यक्ति, जो तीसरे पक्षकार, अर्थात् राज्य अन्तर्राष्ट्रीय अन्तर सरकारी संगठन, न्यायिक या विधिक व्यक्ति या व्यक्तियों के समूह को बन्धक की निर्मुक्ति के लिए अभिव्यक्त या विवक्षित शर्त के रूप में किसी कार्य को करने या करने से प्रविरत रहने के लिए विवश करने के लिए अन्य व्यक्ति का अभिग्रहण करता है या के निरुद्ध करता है और मारने, उपहत करने या निरोध को जारी रखने की धमकी देता है, इस अभिसमय के अर्थान्तर्गत बन्धक बनाने का अपराध कारित करता है। अभिसमय अनुच्छेद 8 के अधीन प्रावधान करता है कि जिस राज्य पक्षकार के राज्यक्षेत्र में आरोपित (alleged) अपराधी पाया जाता है, वह राज्य विधि के अनुसार कार्यवाही के माध्यम से अभियोजन के प्रयोजन के लिए अपने सक्षम प्राधिकारियों के समक्ष मामले को प्रस्तुत करने

के लिए बाध्य होगा, यदि वह अपराधी का प्रत्यर्पण नहीं करता है। इसलिए यह कारित अपराधों के अनिवार्य दण्ड "प्रत्यर्पण या अभियोजन" (extradition or prosecution) को सुनिश्चित करने के लिए अभिसमय तंत्र के प्रमुख सिद्धान्तों के अनुक्रम में से एक है।"

4. **संयुक्त राष्ट्र के और सहयुक्त कर्मचारियों को बचाव तथा सुरक्षा को सुनिश्चित करने के लिए अभिसमय (1994) [Convention to Ensure the Safety and Security of the United Nations and Associated Personnel (1994)]** – महासभा ने 9 दिसम्बर 1994 को संयुक्त राष्ट्र तथा सहयुक्त कर्मचारियों की सुरक्षा के लिए अभिसमय को अंगीकार किया। अभिसमय में 29 अनुच्छेद शामिल हैं। अभिसमय में संयुक्त राष्ट्र के कर्मचारी, जो महासचिव द्वारा कार्यवाही (operation) के सैन्य, पुलिस या गैर-सैन्य संघटक के सदस्य के रूप में संलग्न हैं या तैनात किये गये हैं, तथा मिशन के पदधारी तथा विशेषज्ञ, सहयुक्त कर्मचारी शामिल हैं जिन्हें संयुक्त राष्ट्र कार्यवाही से सीधे सम्बन्धित क्रियाकलापों को क्रियान्वित करने के लिए सरकार या अन्तर्राष्ट्रीय संगठन द्वारा समनुदेशित किया गया है।

अभिसमय राज्यों पर संयुक्त राष्ट्र तथा सहयुक्त कर्मचारियों के विरुद्ध हत्या, व्यपहरण या आक्रमण की धमकी के अपराधों पर अधिकारिता तथा सुरक्षा को सुनिश्चित करने और पकड़े तथा निरुद्ध किये गये कर्मचारियों को छोड़ने के लिए राज्यों के कर्तव्यों को नियत करता है। अभिसमय में मेजबान राज्य तथा संयुक्त राष्ट्र से संयुक्त राष्ट्र की कार्यवाही तथा कर्मचारियों की प्रस्थिति पर शीघ्र करार करने के लिए कहा गया है। अभिवहन राज्यों से ऐसे कर्मचारियों के अज्ञात अभिवहन को सुगम बनाने की अपेक्षा की गयी है। अभिसमय में अभिकथित अपराधियों के अभियोजन तथा प्रत्यर्पण जैसे प्रश्नों पर भी प्रावधान किये गये हैं।

अभिसमय 15 जनवरी 1999 को लागू हुआ और सितम्बर 8, 2003 तक अभिसमय के 66 राज्य पक्षकार बन चुके थे।

1. देखें, राजनयिक सम्बन्ध वियना अभिसमय, 1961 का अनुच्छेद 22 और 29, कोसलीय सम्बन्ध वियना अभिसमय,

   1963 का अनुच्छेद 33 तथा 40 और विशेष मिशन अभिसमय, 1959 का अनुच्छेद 25 तथा 29.

2. महासभा संकल्प 34/146.

3. देखें, महासभा संकल्प 49/59 दिनांक 9 दिसम्बर 1994.

अन्तर्राष्ट्रीय विधि/

5. **आतंककारी बमबारी के निवारणार्थ अभिसमय (Convention for the Suppression of Terrorist Bombings)** - महासभा ने 15 दिसम्बर, 1997 को आतंकवादी बमबारी के निवारणार्थ एक अन्तर्राष्ट्रीय अभिसमय को अंगीकार किया। अभिसमय में 24 अनुच्छेद हैं। बाईस राज्य सदस्यों (State Party) के द्वारा अनुसमर्थन कर दिये जाने के 30 दिनों के पश्चात् यह लागू होगा। अभिसमय सितम्बर 2001 तक 26 राज्यों द्वारा अनुमोदित किया जा चुका है।

अनुच्छेद 2 के अन्तर्गत अभिसमय में एक आतंकवादी बमवर्षक की परिभाषा एक ऐसे व्यक्ति के रूप में की है जो किसी सार्वजनिक इस्तेमाल के स्थान, किसी राज्य अथवा सरकार की सुविधा, किसी सार्वजनिक (लोक) परिवहन व्यवस्था अथवा किसी अवसंरचना की सुविधा में अथवा उसके विरुद्ध (क) मृत्यु अथवा गंभीर शारीरिक उपहत कारित करने के आशय से अथवा (ख) इस प्रकार के स्थान, सुविधा अथवा व्यवस्था के व्यापक विनाश कारित करने के आशय से विधि विरुद्ध एवं साशय किसी विस्फोटक सामग्री को छोड़ता है, गिराता है अथवा उसके द्वारा गड़बड़ी पैदा करता है, और इस प्रकार के विनाश का परिणाम गंभीर आर्थिक क्षति होती है और अधिक क्षति होने की सम्भावना होती है। उपर्युक्त अपराध कारित करने के प्रयास को भी अभिसमय के अन्तर्गत एक अपराध माना जायेगा।

इसके अतिरिक्त कोई व्यक्ति जो इस प्रकार के अपराध के अनुपालन में भाग लेता है अथवा ऐसा कोई व्यक्ति जो अन्य लोगों को इस प्रकार के अपराध करने के लिए संगठित करता है अथवा निर्देशित करता है, को भी अभिसमय के अन्तर्गत अपराध करने वाला व्यक्ति माना जायेगा। फिर भी, अभिसमय वहाँ पर नहीं लागू होगा जहाँ अपराध किसी एक राज्य के भीतर कारित होता है अर्थात् जहाँ अभिकथित अपराधी और पीड़ित व्यक्ति उस राज्य की राष्ट्रीयता प्राप्त व्यक्ति होते हैं और अभिकथित अपराधी को उस राज्य के भू-भाग में पाया जाता है और इस क्षेत्राधिकार का प्रयोग करने के लिए किसी अन्य राज्य के पास कोई अधिकार नहीं होता है।

अनुच्छेद 8 के अन्तर्गत अभिसमय में यह उपबंध है कि राज्य अपने भू-भाग के भीतर आतंककारी बमवर्षा करने वाले उन अभियुक्तों पर या तो अभियोजन चलायेंगे या फिर उनका समूल नाश कर देंगे। राज्यों से यह भी अपेक्षा की जाती है कि वे इस प्रकार के अपराधों की रोकथाम के लिए अन्तर्राष्ट्रीय सहयोग को बढ़ावा देंगे और आतंकवाद को रोकने के लिए अग्रिम उपाय अपनायेंगे। अभिसमय का अनुच्छेद 9 यह निर्धारित करता है कि इस अभिसमय के लागू होने के पूर्व किन्हीं राज्य पक्षकार (State Parties) के बीच विद्यमान किसी प्रत्यर्पण संधि में, आतंककारी बमबारी के अपराध को प्रत्यर्पणीय अपराधों के रूप में सम्मिलित किया जाना चाहिए।

6. **आतंकवाद के वित्त पोषण के दमन के लिए अभिसमय [Convention for the Suppression of the Financing of Terrorism (1999)] –** महासभा ने 9 दिसम्बर 1999 को आतंकवाद के वित्त पोषण के दमन के लिए अभिसमय को अंगीकार किया, जो हस्ताक्षर के लिए 10 जनवरी . 2000 को खोला गया। अभिसमय अप्रैल 10, 2002 को लागू हुआ जब 22 राज्यों ने इसका अनुमोदन किया। अभिसमय में प्रावधान किया गया कि ऐसे कार्यों को, जिन्हें आतंकवादी क्रिया-कलाप कहा जाता है, करने के लिए प्रयुक्त किये जाने वाली निधि को प्रदान करना या एकत्रित करना अपराध है। "निधि" शब्द को अनुच्छेद 1 के अधीन प्रत्येक प्रकार की सम्पत्ति, चाहे मूर्त (tangible) हो या अमूर्त (entangible), जंगम हो या स्थावर, चाहे जैसे अर्जित की गयी हो और विधिक दस्तावेज या किसी रूप में लिखत के रूप में परिभाषित किया गया है, जिसमें इलेक्ट्रानिक या अंकीय (digital) शामिल है, जो ऐसी सम्पत्ति में हक या हित का साक्ष्य हो और इसमें बैंक साख यात्री चेक, बैंक चेक, धनादेश, अंश, प्रतिभूति, बन्ध-पत्र, ड्राफ्ट, साख-पत्र (letter of credit) शामिल हैं किन्तु यह इन्हीं तक सीमित नहीं है। कोई अन्य कार्य, जो असैनिक व्यक्तियों को मारने या सन्धि क्षति पहुँचाने के लिए या उन्हें या सरकार या अन्तर्राष्ट्रीय संगठन को संत्रस्त करने के लिए आशयित हो, संधि

1. महासभा प्रस्ताव 51/16, 4 दिनांक 15 दिसम्बर 1997. प्रारूप अभिसमय के मूलरूप की तैयारी 17 दिसम्बर 1996 के महासभा के प्रस्ताव 15/10 द्वारा स्थापित तदर्थ समिति एवं षष्ठ समिति के कार्यकारी समूह द्वारा की गयी थी। अभिसमय के मूलपाठ के लिए देखें आई० जे० आई० एल० खण्ड 38 (1998) पृष्ठ 344.

2. हस्ताक्षर हेतु सभी राज्यों द्वारा अभिसमय का प्रारम्भ 12 जनवरी 1998 से 31 दिसम्बर 1999 तक न्यूयार्क में संयुक्त राष्ट्र संघ के मुख्यालय में हुआ था की अधिकारिता के अन्तर्गत आता है। सन्धि राज्यों को उन निधियों का, जो आतंकवादी क्रिया-कलापों में प्रयोग के लिए आशयित होना पायी जाती हैं, समपहरण करने और यह सूचना देने के लिए विवश करती है कि व्यक्ति उसके राज्य क्षेत्र में, जिसने ऐसा अपराध किया है, या जिसे अपराध कारित करने वाला अभिकथित किया गया है। अभिसमय तब प्रवर्तित होगा, जब 22 राज्यों द्वारा इसका अनुसमर्थन कर दिया जाय।

उक्त अभिसमय तथा कुछ अन्य क्षेत्रीय अभिसमय', मुख्यतया इस कारण आतंकवाद के कार्य का दमन करने के लिए सक्षम नहीं है क्योंकि इन अभिसमयों का विश्व के अधिकतर राज्यों द्वारा अनुसमर्थन नहीं किया गया है। इस सम्बन्ध में यह कहा जा सकता है कि जिन प्रभावी उपायों से अन्तर्राष्ट्रीय आतंकवाद को समाप्त करने के लिए महत्वपूर्ण प्रगति की जा सकती है, उनमें से सभी या अधिकतर राज्यों द्वारा इन अभिसमयों को विश्वव्यापी अनुसमर्थन देने में निहित हैं।

आतंकवाद और संयुक्त राष्ट्र
(Terrorism and United Nations)

अन्तर्राष्ट्रीय आतंकवाद की समस्या 1972 से ही महासभा के विचाराधीन रही है। महासभा ने 23 सितम्बर, 1972 को निम्नलिखित मद को कार्य-सूची में सम्मिलित करने की सिफारिश की थी और उसे छठवीं समिति के समक्ष प्रस्तुत किया था: "अन्तर्राष्ट्रीय आतंकवाद, जो मानव जीवन को संकटापन्न बनाता है या निर्दोष के जीवन को समाप्त करता है, या मूल स्वतंत्रता को खतरे में डालता है, को रोकने के लिए उपाय और आतंकवाद के उन रूपों तथा हिंसा के कार्यों, दु:ख, कुण्ठा, शिकायत तथा निराशा में निहित है और जो कुछ लोगों को मूल परिवर्तन को प्रभावी करने के प्रयास में मानव जीवन का बलिदान करने के लिए उत्प्रेरित करता है, जिसमें उनका भी जीवन शामिल है, के अन्तर्निहित कारणों का अध्ययन। " 2 छठी समिति के विचार-विमर्श में, विभिन्न राज्यों के प्रतिनिधियों द्वारा भिन्न-भिन्न दृष्टिकोण अपनाया

1. उदाहरण के लिए, देखें आतंकवाद दमन यूरोपीय अभिसमय (यूरोपीय परिषद)। अभिसमय 4 अगस्त, 1978 को प्रवृत्त हुआ। The Convention to Prevent and Punish the Acts of Terrorism taking the Forms of Crimes against

Persons and Related Extortion, that area of international significance (1971)। इस अभिसमय का निर्माण अमेरिकी राज्यों के संगठन (Organisation of American States) द्वारा किया गया था।

दक्षिणी एशियाई सहयोग संगठन (SAARC) के राज्यों ने 4 नवम्बर, 1987 को काठमाण्डू (नेपाल) में आतंकवाद दमन अभिसमय का निर्माण किया है। अभिसमय के अनुच्छेद 1 के अधीन प्रावधान किया गया है कि जो अपराध हेग अभिसमय, 1970, मांट्रियल अभिसमय 1971 (वायुयान अपहरण से सम्बन्धित) तथा राजनयिक अभिकर्ताओं को शामिल करके अन्तर्राष्ट्रीय रूप से संरक्षित व्यक्तियों के विरुद्ध अपराध निवारण तथा दण्ड अभिसमय 1973 के क्षेत्रान्तर्गत आते हैं और कई अन्य अपराध, जैसे हत्या, मानव बध, शारीरिक क्षति कारित करने वाला हमला, व्यपहरण, बन्धक बनाना तथा आग्नेयास्त्रों, हथियारों, विस्फोटकों और खतरनाक पदार्थों से सम्बन्धित अपराध, जब ये मृत्यु या व्यक्तियों को गम्भीर शारीरिक उपहति या सम्पत्ति को गम्भीर क्षति को शामिल करने वाले अविवेकपूर्ण हिंसा करने के लिये प्रयुक्त किये जाते हैं, को प्रत्यर्पण के प्रयोजन के लिए राजनीतिक अपराध नहीं माना जाएगा। ऐसे अपराधों को करने का प्रयास या षड्यन्त्र, ऐसे अपराधों को करने में सहायता देना, दुष्प्रेरण, या परामर्श देने को भी राजनीतिक अपराध नहीं माना जाएगा। इस प्रकार उक्त अपराधों को करने वाले व्यक्तियों का प्रत्यर्पण किया जाएगा। लेकिन यदि इन मामलों में व्यक्तियों का प्रत्यर्पण नहीं किया जाता है, तो संविदाकारी राज्य बिना अपवाद के तथा बिना विलम्ब के मामले को अभियोजन के लिए सक्षम प्राधिकारी के समक्ष प्रस्तुत करेगा। यह प्रावधान स्पष्ट कर देता है कि संविदाकारी राज्य'प्रत्यर्पण या अभियोजन' के सिद्धान्त का अनुसरण करेंगे। प्रत्यर्पण के प्रयोजन के लिए, संविदाकारी राज्य अपने बीच की जाने वाली किसी आगामी प्रत्यर्पण सन्धि में अनुच्छेद 1 में वर्णित अपराधों को प्रत्यर्पण योग्य अपराधों के रूप में शामिल करने के लिए वचन देते हैं। इसका तात्पर्य है कि अभिसमय आतंकवाद को समाप्त करने में केवल उस समय समर्थ होगा, जब संविदाकारी राज्य भविष्य में प्रत्यर्पण सन्धि करेंगे या जब वह सन्धियों का समुचित रूप से संशोधन किया जाता है।

2. यू० एन० डाकुमेन्ट ए० / ए० सी० 6/418, पृष्ठ 5.

गया। इस समिति की सिफारिश पर महासभा ने 18 दिसम्बर, 1972 को एक संकल्प' अंगीकार कर अन्तर्राष्ट्रीय आतंकवाद तदर्थ समिति (Ad Hoc Committee on International Terrorism) गठित करने का निश्चय किया जिसमें 35 सदस्य होंगे। समिति का पहला सत्र 1973 में आयोजित किया गया, जिसमें कोई सकारात्मक परिणाम

नहीं प्राप्त किया जा सका। लेकिन समिति अपनी रिपोर्ट महासभा के समक्ष प्रस्तुत करती रही। महासभा समय के अभाव के कारण रिपोर्ट पर विचार-विमर्श करने में असफल रही, किन्तु महासभा ने 1976 में एक संकल्प अंगीकार कर तदर्थ समिति को उसे सौंपे गये अनुदेश के अनुसार अपने कार्य को जारी रखने के लिए अनुरोध किया। इसी संकल्प द्वारा, महासभा ने राज्यों को यथासम्भव शीघ्र अपनी टिप्पणी को महासचिव के समक्ष पेश करने के लिए भी आमंत्रित किया, ताकि समिति अपने कार्य को सुचारु रूप से कर सके। महासभा ने महासचिव से इस बात का अनुरोध किया कि उन टिप्पणियों के विश्लेषणात्मक अध्ययन के लिये उनको समिति के पास भेजे। तदर्थ समिति की बैठक 1977 में हुई और इसने बिना किसी प्रगति के महासभा को रिपोर्ट पेश किया। तदर्थ समिति ने 1979 में महासभा से इस बात की सिफारिश की कि अन्तर्राष्ट्रीय आतंकवाद की समस्या के अन्तर्राष्ट्रीय सहयोग से सम्बन्धित है और इसका उन्मूलन जल्द से जल्द होना चाहिये। तदर्थ समिति की सिफारिश पर, महासभा ने 17 दिसम्बर, 1979 को एक संकल्प स्वीकार किया जिसमें आतंकवाद के कार्य की निन्दा की गयी थी और सभी राज्यों से, अपने-अपने ढंग से और अन्य राज्यों तथा संयुक्त राष्ट्र के अंगों के सहयोग से, आतंकवाद के अन्तर्निहित कारणों को पता लगाने तथा उसके प्रभावी उन्मूलन में योगदान देने का अनुरोध किया गया। प्रस्ताव द्वारा, महासभा ने सभी राज्यों से किसी दूसरे राज्य में गृह संघर्ष में या आतंकवादी कार्यो को करने में सहायता न करने या भाग न लेने या अपने राज्यक्षेत्र के अन्तर्गत ऐसे कार्यो को न करने के लिये अनुरोध किया। संयुक्त राष्ट्र द्वारा 1979 से 1994 तक आतंकवाद को समाप्त करने के लिये कोई भी प्रभावी कदम नहीं उठाया जा सका। महासभा द्वारा 1994 में 4 अनुच्छेद का एक घोषणा को स्वीकार किया गया जिसमें अन्तर्राष्ट्रीय आतंकवाद की भर्त्सना की गयी और यह कहा गया कि आतंकवाद एक अपराध है और अन्यायोचित कृत्य है। इसको यदि कहीं भी और किसी व्यक्ति के द्वारा किया जाता है तो इसकी भर्त्सना की जानी चाहिये। घोषणा में यह भी प्रावधान किया गया कि घोषणा के इस प्रावधान को सभी राज्यों द्वारा क्रियान्वित किया जाना चाहिये।

अन्तर्राष्ट्रीय आतंकवाद का उन्मूलन करने के उपाय पर केवल वर्ष 1994 में घोषणा और 1996 में अनुपूरक घोषणा अंगीकार की गयी थी, जिसमें आतंकवाद के सभी कार्यो और व्यवहारों की भर्त्सना आपराधिक एवं अनौचित्य पूर्ण रूप में की गयी थी, जब कभी और जो कोई कारित करता है और सभी राज्यों से अन्तर्राष्ट्रीय आतंकवाद का उन्मूलन करने के लिए राष्ट्रीय और अन्तर्राष्ट्रीय स्तर पर उपाय करने का अनुरोध किया है।

तदर्थ समिति ने वर्ष 2002 में आतंकवाद पर व्यापक अन्तर्राष्ट्रीय संधि पर बात-चीत पुन: प्रारम्भ की। समिति ने विभिन्न विषयों पर बात-चीत प्रारम्भ की जिसमें अन्तर्राष्ट्रीय

आतंकवाद की परिभाषा और स्वतंत्रता संग्राम (liberation movement) से उसका सम्बन्ध, संधि के क्षेत्र से सम्भव उन्मुक्ति, विशेष रूप से सशस्त्र बल के क्रिया-कलाप के सम्बन्ध में और यह शामिल है कि कैसे आतंकवाद से लड़ने के लिए अन्तर्राष्ट्रीय सहायता के अन्तर और प्रभाव में वृद्धि की जाय। भारत के द्वारा अन्तर्राष्ट्रीय आतंकवाद पर अभिसमय का एक प्रारूप भी पेश किया गया लेकिन अभी तक कोई अभिसमय निर्मित नहीं हुआ है।

अन्तर्राष्ट्रीय आतंकवाद को कम करने में महासभा कितनी सफल हुई है, यह ऐसा प्रश्न है, जिसका सकारात्मक उत्तर देना कठिन है। यह 1972 से ही बिना किसी सफलता के इस विषय पर विचार-विमर्श कर रही है। तदर्थ समिति के समक्ष राज्यों द्वारा अपनाये गये विभिन्न मतों से यह स्पष्ट होता है कि जब तक राज्य इस सम्बन्ध में अन्तर्राष्ट्रीय सहयोग को प्राप्त करने में सहमत नहीं हो जाते, तब तक सामान्य सिफारिशों का कोई महत्व नहीं रहेगा। इसलिए, आतंकवाद को समाप्त करने के लिये सबसे प्रमुख कदम है अन्तर्राष्ट्रीय सहयोग को प्राप्त करना।

1. महासभा संकल्प 3034 (XXVII), 18 दिसम्बर, 1972.
2. महासभा संकल्प 34/145, 17 दिसम्बर, 1979.
3. महासभा संकल्प 49/60; घोषणा के अन्तर्राष्ट्रीय आतंकवाद के उन्मूलन के उपाय (Declaration on Measures to Eliminate International Terrorism) के नाम से जाना जाता है।

सुरक्षा परिषद और आतंकवाद - सुरक्षा परिषद भी 11 सितम्बर, 2001 को न्यूयार्क, वाशिंगटन और पेनसिल्वेनिया में आतंकवादी कार्यवाही किए जाने के बाद आतंकवाद को कम करने के लिए सक्रिय हुई। परिषद ने 12 सितम्बर, 2001 को संकल्प 1368 अंगीकार करके आक्रमण की स्पष्ट रूप से भर्त्सना की और सभी राज्यों से अपराधकर्ताओं को न्याय के अधीन लाने के लिए एक साथ कार्यवाही करने के लिए अनुरोध किया। परिषद् ने आतंकवाद को अन्तर्राष्ट्रीय शांति और धमकी के रूप में वर्णित किया। घटना की भर्त्सना के बाद उसने 28 सितम्बर, 2001 को अन्तर्राष्ट्रीय आतंकवाद से लड़ने के लिए कदमों और व्यूह रचना के साथ एक मत से संकल्प अंगीकार किया। परिषद् ने विनिश्चय किया कि-

(1) सभी राज्यों को आतंकवादी कार्यों के वित्त पोषण को निवारित करना चाहिए और उसका दमन करना चाहिए; (2) सभी राज्यों को उनके राष्ट्रिकों द्वारा प्रत्यक्ष या अप्रत्यक्ष

रूप से किसी साधन द्वारा कोष की जानबूझकर व्यवस्था या संग्रहण को आपराधिक बनाना चाहिए, जो इस आशय से हो कि कोष का प्रयोग आतंकवादी कार्यों को करने के लिए प्रयुक्त किया जायेगा या इस ज्ञान से हो कि उनका प्रयोग आतंकवादी कार्यों को करने के लिए किया जाना है; (3) सभी राज्यों को बिना विलम्ब के व्यक्तियों के, जो आतंकवादी कार्यों को करते हैं या करने का प्रयत्न करते हैं या आतंकवादी कार्यों में भागीदारी करते हैं या आतंकवादी कार्यों को किए जाने को सुकर बनाते हैं और आतंकवादियों की ओर से कार्य करने वाले व्यक्तियों और संगठनों के कोष और अन्य वित्तीय परिसम्पत्तियों या आर्थिक संशोधनों को बन्द करना चाहिए; (4) सभी राज्य अपने राज्य क्षेत्र के भीतर अपने राष्ट्रिकों या किसी व्यक्ति तथा संगठन को उन व्यक्तियों को, जो आतंकवादी कार्यों को करते हैं या करने का प्रयत्न करते हैं या के किए जाने को सुकर बनाते हैं या करने में भागीदारी करते हैं, कोई कोष, वित्तीय परि-सम्पत्ति या आर्थिक संशोधन या वित्तीय अथवा अन्य सम्बन्धित सेवाओं को उपलब्ध कराने से प्रतिबद्ध करेंगे; (5) सभी राज्य आतंकवादी कार्यों में अन्तर्ग्रस्त संगठनों या व्यक्तियों को किसी प्रकार का समर्थन, सक्रिय या निष्क्रिय प्रदान करने से प्रविरत रहेंगे। उक्त में आतंकवादी समूहों के सदस्यों की भर्ती का दमन और आतंकवादियों को हथियार की आपूर्ति का उन्मूलन शामिल होगा; (6) सभी राज्य आतंकवादी कार्यों के करने को निवारित करने के आवश्यक कदम उठायेंगे, जिसमें सूचना के विनिमय द्वारा अन्य राज्यों को शीघ्र चेतावनी देने की व्यवस्था शामिल है; (7) सभी राज्य उन्हें सुरक्षित स्थान देने से इनकार करेंगे, जो आतंकवादी कार्यों को वित्त पोषित करते हैं कि योजना बनाते हैं, का समर्थन करते हैं या कारित करते हैं; (8) सभी राज्य उन्हें, जो आतंकवादी कार्यों को वित्त पोषित करते हैं, की योजना बनाते हैं, को सुकर बनाते हैं या कारित करते हैं, अन्य राज्यों या उनके नागरिकों के विरुद्ध उन प्रयोजनों के लिए अपने राज्य क्षेत्रों का प्रयोग करने से निवारित करेंगे; (9) सभी राज्यों को यह सुनिश्चित करना चाहिए कि प्रत्येक व्यक्ति को न्याय के अधीन लाया जाय, जिसने आतंकवादी कार्यों को वित्त-पोषित करने की योजना बनाने की तैयारी करने या करने में अथवा आतंकवादी कार्यों का समर्थन करने में भागीदारी किया है; (10) सभी राज्यों को यह सुनिश्चित करना चाहिए कि आतंकवादी कार्यों को घरेलू विधि और विनियमों में गम्भीर दाण्डिक के रूप में स्थापित किया जाय और ऐसे कार्यों की गम्भीरता सम्यक् रूप से दिए गये दण्ड में प्रतीत हो; (11) सभी राज्यों को आतंकवादी कार्यों के वित्त पोषण या समर्थन से सम्बन्धित दाण्डिक अन्वेषण या दाण्डिक कार्यवाही के लिए सहायता का अधिकतम उपाय प्रदान करना चाहिए, (12) सभी राज्यों को प्रभावी सीमा नियंत्रण द्वारा आतंकवादियों या उनके समूहों की गतिविधि को निवारित करना चाहिए।

सुरक्षा परिषद ने उसी संकल्प द्वारा सुरक्षा परिषद की एक समिति स्थापित करने का विनिश्चय किया, जिसमें परिषद के सभी सदस्य शामिल होंगे। समिति का समादेश समुचित विशेषज्ञों की सहायता से संकल्प के क्रियान्वयन का अनुवीक्षण करना है। परिषद ने सभी राज्यों से संकल्प के अंगीकरण की तारीख से 90 दिनों के भीतर समिति को रिपोर्ट देने और उसके बाद समिति द्वारा प्रस्तावित की जाने वाली समय सारणी के अनुसार उन कदमों की रिपोर्ट देने के लिए कहा, जिन्हें वे उसका क्रियान्वयन करने के लिए उठाये हैं। परिषद् ने समिति को संकल्प के अंगीकरण के तीस दिनों के भीतर अपने कार्य को अंकित करने और कार्य योजना प्रस्तुत करने का निर्देश दिया।

संकल्प का मुख्य प्रभाव आतंकवादी कार्यवाहियों के वित्त-पोषण पर और किसी व्यक्ति को सुरक्षित स्थान प्रदान करने को रोकने के लिए है, जो आतंकवादियों या उनके संगठनों का समर्थन करते हैं। संकल्प में संयुक्त राष्ट्र चार्टर के अध्याय 7 का आश्रय लिया गया था, जो इसे सभी सदस्यों के लिए आज्ञापक बनाता है। लेकिन, संकल्प उन राज्यों के विरुद्ध किसी कार्यवाही के लिए प्रावधान नहीं करता, जो संकल्प के प्रावधानों का उल्लंघन करते हैं। इसके अतिरिक्त, संकल्प आतंकवाद को परिभाषित नहीं करता, जो महत्वपूर्ण तत्व है क्योंकि राज्यों में से कुछ आतंकवाद और स्वतन्त्रता संग्राम या आतंकवादियों और स्वतंत्रता सेनानियों के बीच भिन्नता करने की ईप्सा कर रहे हैं। इस प्रकार आतंक के वैध और अवैध प्रयोग और लड़ने के उचित मार्ग तथा लड़ने के गलत मार्ग के बीच सीमा रेखा खींचना कठिन है। यह भी उल्लेख किया जाना चाहिए कि संकल्प "आतंकवादी समूहों" (terrorist groups) शब्दों का प्रयोग करता है, किन्तु परिषद् ने इनकी शिनाख्त नहीं की है और इसलिए राज्यों द्वारा संकल्प का क्रियान्वयन करने में कठिनाई हो सकती है। ये बिन्दु इस निष्कर्ष को निर्दिष्ट करते हैं कि राज्यों द्वारा संकल्प के क्रियान्वयन के सम्बन्ध में अधिकथित करना समयपूर्व है। लेकिन, संकल्प द्वारा स्थापित सुरक्षा परिषद् की समिति, जो आतंकवाद विरोधी समिति (Counter-Terrorism Committee) को कई राज्यों द्वारा इस तथ्य को दर्शाते हुए प्राप्त हुई है कि उन्होंने आतंकवाद के विरोधी उपायों को क्रियान्वित करने के लिये कौन-कौन से कदम उठाये हैं। केवल तीन राज्यों- सावटोम (Saw Tome), स्वाजी लैण्ड (Swazi land) तथा वनावटू (Vanvatu) ने मार्च 2003 तक अपनी प्रारम्भिक रिपोर्ट समिति के समक्ष पेश नहीं की और 51 राज्यों ने बाद की रिपोर्ट्स देने में देरी की। सुरक्षा परिषद ने ऐसे सभी राज्यों से तत्काल रिपोर्ट पेश करने के लिए कहा। वे आतंकवाद विरोधी उपाय को क्रियान्वित करने के लिए कदम उठाए हैं, जैसा कि उसमें अपेक्षित है। राज्यों की ऐसी व्यापक संख्या द्वारा रिपोर्ट को पेश करना संकल्प के क्रियान्वयन में राज्यों के सहयोग को दर्शित करता है।

परिषद ने 8 अक्टूबर, 2004 को संकल्प 1566 को अंगीकार करके एक मत होते हुए राज्यों से आतंकवादी कार्यों को आश्रय प्रदान करने वाले या ऐसी योजनाओं में भाग लेने वाले प्रत्येक व्यक्ति को अभियोजित करने तथा प्रत्यर्पित करने की अपेक्षा की। समिति ने आतंकवादी कार्य-कलापों को करने वाले सह-बद्ध व्यक्तियों, वर्गों या सत्ताओं के विरुद्ध अधिरोपित किये जाने वाले उपायों पर सिफारिशों पर विचार करने हेतु एक कार्यकारी वर्ग (Working Group) का गठन किया। सुरक्षा परिषद ने 25 जुलाई, 2005 को एक संकल्प अंगीकार करके अलकायदा, ओसामाबिन लादेन, तालिबान, और अनेक आपराधिक आतंकवादी कार्यों के लिए सह-बद्ध व्यक्तियों, वर्गों, उपक्रमों एवं सत्ताओं की निन्दा की। परिषद ने 11 दिसम्बर, 2008 को इसके चार शीर्ष के नेताओं, हाफिज मोहम्मद सईद, जकीउर रहमान, हाजी मोहम्मद अशरफ और जकीउर बहालिक को आतंकवादी के रूप में घोषित करने तथा उन पर आतंकवादी की छाप लगाने के पश्चात् पाकिस्तान आधारित जमात-उद-दावा को मंजूरी प्रदान कर दी। परिषद ने सदस्य राज्यों से लस्करे-ई तैयबा (LET) की गतिविधियों पर रोक लगाने और उनकी यात्रा और आयुधों को लेकर चलने पर प्रतिषेध लगाने को कहा।

आतंकवाद तथा राष्ट्रीय उपाय
(Terrorism and National Measures)

आतंकवाद को समाप्त करने में केवल अन्तर्राष्ट्रीय उपाय ही काफी नहीं है। इस दिशा में राज्यों द्वारा स्वयं एक महत्वपूर्ण भूमिका अदा की जा सकती है। महासभा ने राज्यों से अन्तर्राष्ट्रीय आतंकवाद का उन्मूलन करने के लिए राष्ट्रीय स्तर पर समुचित उपाय करने तथा एक-दूसरे से सहयोग करने का अनुरोध किया है। प्रश्न उत्पन्न होता है कि कौन-कौन से समुचित उपाय हो सकते हैं, जो राष्ट्रीय स्तर पर राज्यों द्वारा किये जा सकते हैं। यद्यपि महासभा ने इसे स्पष्ट रूप से सविस्तार स्पष्ट नहीं किया है फिर भी इस सम्बन्ध में राज्यों द्वारा निम्नलिखित उपाय किये जा सकते हैं-

(क) अन्तर्राष्ट्रीय अभिसमयों का अनुसमर्थन (Ratification of International Conventions) - यद्यपि अन्तर्राष्ट्रीय आतंकवाद को समाप्त करने के लिए अब तक किसी व्यापक अभिसमय का निर्माण नहीं किया गया है, फिर भी कुछ विशेष प्रकार के आतंकवाद को समाप्त करने के लिए कुछ अभिसमय बनाये गये हैं। इन्हें सभी राज्यों द्वारा अनुसमर्थित किये जाने की अपेक्षा की जाती है।

(ख) प्रत्यर्पण या अभियोजन (Extradition or Prosecution) - सामान्यता, किसी अपराधी का प्रत्यर्पण केवल तब किया जाता है, जब राज्यक्षेत्रीय राज्य तथा निवेदक

राज्य के बीच प्रत्यर्पण सन्धि अस्तित्व में होती है। इसलिए आतंकवादी कृत्यों को करने वाले व्यक्तियों का प्रत्यर्पण नहीं किया जा सकता है, यदि वे आतंकवादी अपराध करने के बाद उस राज्य में भाग जाते हैं, जिसका उस राज्य के साथ कोई प्रत्यर्पण सन्धि नहीं है, जिसमें अपराध किया गया है। अन्तर्राष्ट्रीय विधि का यह नियम आतंकवादियों को केवल ऐसे राज्यों में ही भागने के लिए उत्प्रेरित करती है। लेकिन इस नियम पर कुछ ऐसे अभिसमयों द्वारा परिसीमा अधिरोपित की गयी है, जिनका निर्माण आतंकवाद के विनिर्दिष्ट रूप को समाप्त करने के लिए किया गया है। उदाहरण के लिए हेग अभिसमय, 1970 में प्रावधान किया गया है कि अपराध को किसी विद्यमान सन्धि में प्रत्यर्पण योग्य अपराध के रूप में शामिल किया जाने वाला माना जाएगा। इस प्रावधान का तात्पर्य है कि जो व्यक्ति अपराध करता है, उसका प्रत्यर्पण संविदाकारी राज्य द्वारा किया जाएगा, चाहे सन्धि अस्तित्व में हो या न हो। पुन: ऐसे अपराध को राजनीतिक अपराध नहीं माना जाएगा, चाहे वह अपराध राजनीतिक हेतुक या उद्देश्य से किया गया हो। मांट्रियल अभिसमय, 1971 भी अन्तर्राष्ट्रीय विमानन की सुरक्षा के विरुद्ध विधिविरुद्ध कार्यों के दमन के लिए तत्समान प्रावधान करता है। आतंकवाद के अपराध से आरोपित व्यक्तियों का प्रत्यर्पण राज्यों द्वारा इसी प्रकार के उनके अन्य अपराधों के लिए भी किया जाना चाहिए। यदि आतंकवादी ऐसा अनुभव करने लगे कि उनका प्रत्यर्पण उस राज्य द्वारा किया जाएगा या वे उस राज्य द्वारा अभियोजित किये जायेंगे, जिसमें अपराध किया गया है, तो आतंकवाद का उन्मूलन मूल रूप से किया जा सकता है।

राज्य विधि की तकनीक के कारण या निर्वचन की भिन्नता के कारण जिन मामलों में आतंकवाद के अपराध से आरोपित व्यक्ति का प्रत्यर्पण करने में कोई राज्य असफल रहता है, उनमें अपराधी का अभियोजन उसके सक्षम प्राधिकारियों द्वारा किया जाना चाहिए। प्राधिकारियों को अपना निर्णय उसी प्रकार करना चाहिए, जैसे राज्य की विधि के अधीन गम्भीर प्रकृति के किसी सामान्य अपराध के मामले में किया जाता है। यह वांछनीय है कि अभियोजन अविलम्ब किया जाय। शीघ्र विचारण उन्हीं कार्यों की पुनरावृत्ति को निवारित करने में सहायता देने के लिए सम्भाव्य है। जब भारतीय वायुयान का 1981 में पाकिस्तान में अपहरण किया गया, तब पाकिस्तान ने अपराधियों को अभियोजित करने का निश्चय किया, लेकिन अभियोजन कार्यवाही को प्रारम्भ करने के पूर्व दूसरे भारतीय वायुयान का 1984 में पाकिस्तान में अपहरण कर लिया गया। यदि 1981 के वायुयान अपहरण मामले में शामिल अभियुक्तों को पहले अभियोजित कर दिया गया होता और दोषसिद्ध कर दिया गया होता, तो शायद 1984 में वायुयान का अपहरण न होता। आतंकवाद के अपराध को करने वाले व्यक्ति के दण्ड को गम्भीर होने की अपेक्षा की जाती है और निर्णय को व्यापक प्रचार दिये जाने की आवश्यकता है, जिससे उनका निवारक प्रभाव हो सके।

(ग) द्विपक्षीय सन्धियों का निर्माण (Conclusion of Bilateral Treaties)- आतंकवाद को समाप्त करने के लिए किसी बहु-पक्षीय सन्धि के अभाव में, राज्यों से आतंकवाद के अपराध के अभियुक्त या दोषसिद्ध व्यक्तियों के प्रत्यर्पण के लिए अधिक से अधिक राज्यों के साथ, द्विपक्षीय सन्धियों को करने की अपेक्षा की जाती है। ऐसी सन्धियों में हिंसा के कार्यों की उस सूची को शामिल करना चाहिए, जो आतंकवाद को संघटित करते हैं। भारत तथा ब्रिटेन ने फरवरी 1992 में प्रत्यर्पण सन्धि किया था जो 15 नवम्बर, 1993 से लागू हुई। सन्धि में दोनों देशों में आतंकवादियों तथा स्वापक तस्करों (drug runner) की परिसम्पत्ति को पारस्परिकता के आधार पर अधिहरण करने के लिए भी करार (Agreement to Confiscation Reciprocal basis the Assests of Terrorists) किया गया है। अधिहरण करार विश्व में इस प्रकार का प्रथम करार है और इसका आतंकवादियों के कृत्यों पर अत्यधिक प्रभाव पड़ने की सम्भावना है।

(घ) भाड़े के सैनिक (Mercenaries) – कई आतंकवादी कृत्य "भाग्यवश सैनिकों" (Soldiers of fortunes), धनभोगी हत्यारों (paid murderers) और युद्धबाजों (Whores of War) व भाड़े के सैनिकों द्वारा किये जाते हैं। सम्पूर्ण विश्व इनके अमानवीय कृत्यों से प्रभावित हुआ है। संयुक्त राष्ट्र की महासभा ने भाड़े

1. कुछ मामलों में राज्यों ने द्विपक्षीय सन्धियाँ की हैं। उदाहरण के लिए, वायुयान अपहरण अफगानिस्तान यू०एस०एस०आर० करार 1971, Memorandum of Understanding on the Hijacking of Aircraft and Vessels and other offences between Cuba and U.S.A., Agreement on the Hijacking of Aircraft and Vessels and other offences between Canada and Cuba, Agreement on the Hijacking of Aircraft between Finland and U.S.S.R.

के सैनिकों की कार्यवाही की कई बार निन्दा कर चुका है तथा इसे अन्तर्राष्ट्रीय अपराध कहा है। लेकिन, इनके क्रियाकलापों को नियंत्रित नहीं किया जा सका है। इस सम्बन्ध में यह कहना अनुचित न होगा कि विद्यालयों तथा संस्थानों में आतंकवादियों तथा भाड़े के सैनिकों का प्रशिक्षण, विश्व के विभिन्न भागों में भाड़े के सैनिकों की सेवा, भाड़े के सैनिकों की भर्ती, प्रेषण तथा परिवहन को समुचित विधि का अधिनियमन करके प्रतिबन्धित कर देना चाहिए। प्रतिबन्ध लगाने के लिए महासभा ने 1980 में भाड़े के सैनिकों के विरुद्ध अन्तर्राष्ट्रीय अभिसमय (International Convention against Mercenaries) का निर्माण करने के लिए समिति का गठन किया था। समिति 1981 से ही भाड़े के सैनिकों की भर्ती, प्रयोग, वित्त पोषण तथा प्रशिक्षण के विरुद्ध अभिसमय, (Convention Against the

Recruitment, Use, Financing and Training) का निर्माण करने के लिए कार्य कर रही है।

(ङ) पारस्परिक सहयोग (Mutual Co-operation) - सुसंगत सूचना और आतंकवादी कार्यों के सन्देह के आदान-प्रदान में राज्यों के बीच पारस्परिक सहयोग का अत्यधिक महत्व है। यह आतंकवादी कार्यों को करने वालों के अभियोजन या प्रत्यर्पण में तथा विशेष सन्धियों के निर्माण में भी सहायक होता है।

राज्यों द्वारा किये गये उपर्युक्त उपायों से आतंकवाद को कम किया जा सकता है। यद्यपि यह कहना कठिन है कि इन उपायों से सभी आतंकवादी कृत्यों का उन्मूलन हो जायेगा, लेकिन ये वास्तव में व्यापक पैमाने पर आतंकवाद को समाप्त करने में सहायक होंगे। आतंकवादी कार्यों की सभी राज्यों द्वारा निन्दा की गयी है। इसे कई अन्तर्राष्ट्रीय मंचों पर उनके द्वारा अपराध माना गया है और इसके उन्मूलन का समर्थन सभी राज्यों द्वारा किया गया है। प्रश्न उत्पन्न होता है कि इसकी निन्दा के बावजूद इसकी पुनरावृत्ति में क्यों वृद्धि हो रही है? शायद, इसका दमन करने में राज्यों की राजनीतिक इच्छा तथा उनकी दृढ़ता की कमी व्यापक रूप से उत्तरदायी है। केवल, भाषण, वाद-विवाद तथा विचार-विमर्श इसका दमन नहीं कर सकते। उन्हें मानवीय जीवन को मान्यता देना होगा तथा निर्दोष व्यक्तियों को अन्तर्राष्ट्रीय आतंकवाद का शिकार होने से बचाने के लिए साहस तथा दृढ़ता के साथ विशिष्ट और प्रभावी उपाय करना होगा।

1. समिति का सातवाँ सत्र फरवरी 1988 में आयोजित किया गया, जिसमें 23 अनुच्छेदों को प्रस्तावित किया गया और उनका पुनरीक्षण किया गया।

दुर्बल समूह और मानव अधिकार
(Vulnerable Groups and Human Rights)

व्यक्तियों के कुछ ऐसे समूह हैं जो प्रकृति द्वारा अथवा सुस्थापित रूढ़ियों के कारण निर्बल होते हैं- यथा बच्चे, महिलायें, अक्षम व्यक्ति, वृद्ध व्यक्ति, प्रवासी कर्मचारी अथवा किसी विशिष्ट मूलवंश से सम्बन्धित व्यक्ति। फिर भी, वे मानव होने के कारण मानव अधिकार एवं मूलभूत स्वतन्त्रताओं को धारण करते हैं। किन्तु इनके अधिकारों का उल्लंघन समाज के प्रबल वर्ग द्वारा समय-समय पर किया जाता रहा है। समाज में उनके लिए स्थान सुरक्षित करवाने के लिए विशेषाधिकार प्राप्त न करने वाले एवं वंचित वर्गों के आन्दोलन ने, मानव अधिकारों के संदेश फैलाने में बहुत अधिक योगदान किया है। उनके अधिकारों के संरक्षण के लिए संयुक्त राष्ट्र के तत्वावधान में बहुत से अभिसमय बनाये गये हैं जो निम्नलिखित हैं-

(1) महिलायें (Women)

मानव अधिकारों की सार्वभौमिक घोषणा ने भेदभाव को न करने के सिद्धान्त की अभिपुष्टि की थी और यह घोषणा किया था कि सभी मानव स्वतन्त्र पैदा हुये हैं और गरिमा एवं अधिकारों में समान हैं तथा सभी व्यक्ति बिना किसी भेदभाव के, जिसमें लिंग पर आधारित भेदभाव भी शामिल है, सभी अधिकारों एवं स्वतन्त्रताओं के हकदार हैं। फिर भी महिलाओं के विरुद्ध अत्यधिक भेदभाव होता रहा है। सर्वप्रथम, सन् 1946 में महिलाओं के मुद्दों का निपटारा करने के लिए 'महिलाओं की प्रस्थिति पर आयोग' की स्थापना की गयी थी। मानव अधिकारों की सार्वभौमिक घोषणा ने भेदभाव की अग्राह्यता के सिद्धान्त को

अभिपुष्ट कर दिया था और यह उद्घोषणा की थी कि सभी मानव गरिमा एवं अधिकारों की दृष्टि से स्वतंत्र एवं समान पैदा हुए हैं और हर व्यक्ति उसमें उप-वर्णित सभी अधिकारों एवं स्वतंत्रताओं का, लिंग पर आधारित भेदभाव सहित किसी भी प्रकार के बिना किसी भेदभाव के हकदार हैं। फिर भी महिलाओं एवं लड़कियों को समाज द्वारा अधिरोपित अनेक प्रतिबंधों का सामना करना पड़ता है, न कि विधि द्वारा अधिरोपित प्रतिबंधों का। इससे अधिकारों की समानता तथा मानव अधिकारों के सम्मान के सिद्धान्त का उल्लंघन हुआ है।

महासभा ने 7 नवम्बर, 1967 को महिलाओं के विरुद्ध भेदभाव की समाप्ति की घोषणा' (Declaration on the Elimination of Discrimination Against Women) अंगीकार किया और घोषणा में प्रस्तावित सिद्धान्तों के कार्यान्वयन के लिए महिलाओं के विरुद्ध सभी प्रकार के भेदभाव की समाप्ति पर अभिसमय (Convention on the Elimination of all Forms of Discrimination Against Women) 18 दिसम्बर, 1979 को महासभा द्वारा अंगीकार किया गया। 2 अभिसमय 1981 को प्रवृत्त हुआ और 3 फरवरी, 2016 तक इसके 189 राज्य पक्षकार बन चुके हैं।

1. महासभा प्रस्ताव 2263 (XXII) दिनांक 7 नवम्बर, 1967.

2. महासभा प्रस्ताव 34/180 दिनांक 18 दिसम्बर 1979 दिनांक 20 दिसम्बर 1952 को महासभा द्वारा प्रस्ताव 640 (VII) के माध्यम से महिलाओं के राजनैतिक अधिकारों पर एक अभिसमय (Convention on the Political Rights of Women) अंगीकार किया गया था जो 7 जुलाई, 1954 को प्रवृत्त हुआ। अभिसमय में यह कहा गया था कि महिलाएँ सभी चुनावों में बिना किसी भेदभाव के पुरुषों के ही समान मतदान की हकदार होंगी तथा वे पुरुषों के ही समान राष्ट्रीय विधि द्वारा स्थापित निर्वाचित सभी लोक निकायों में निर्वाचित किये जाने के योग्य होंगी तथा लोक पद धारण करने एवं लोक कार्य करने की हकदार होंगी। अभिसमय के 31 अक्टूबर, 1999 तक 114 राज्य पक्षकार बन चुके हैं।

महिलाओं के विरुद्ध भेद-भाव की परिभाषा - (Definition of Discrimination Against Women)

'महिलाओं के विरुद्ध भेदभाव' शब्द से आशय लिंग के आधार पर किया गया ऐसा कोई भेद, अपवर्जन या प्रतिबन्ध है जिसका प्रभाव अथवा उद्देश्य महिलाओं द्वारा उनकी वैवाहिक प्रस्थिति पर बिना विचार किये हुये राजनैतिक, आर्थिक, सामाजिक, सांस्कृतिक, सिविल अथवा किसी अन्य क्षेत्र में पुरुष एवं स्त्री की समानता के आधार पर महिलाओं द्वारा समान स्तर पर उपभोग अथवा प्रयोग करने से वंचित करती है।

अभिसमय द्वारा अनुच्छेद 1 के अन्तर्गत महिलाओं के विरुद्ध भेदभाव शब्द की परिभाषा लिंग के आधार पर किये गये किसी भी ऐसे भेदभाव अपवर्जन (exclution) अथवा प्रतिबंध के रूप में की गयी है जिसका प्रभाव अथवा उद्देश्य महिलाओं द्वारा अपनी वैवाहिक प्रस्थिति से बिना कोई सम्बन्ध रखे हुए पुरुष एवं महिलाओं की समानता, मानव अधिकारों एवं राजनीतिक, आर्थिक, सामाजिक, सांस्कृतिक, सिविल (नागरिक) अथवा किसी अन्य क्षेत्र में मूलभूत स्वतंत्रताओं के आधार पर मान्यता, उपभोग अथवा प्रयोग का ह्रास अथवा अकृत करना है।

भाग 3 के अन्तर्गत अभिसमय ने कई क्षेत्रों का प्रतिपादन किया है जहाँ राज्य पक्षकारों के लिए महिलाओं के विरुद्ध भेदभाव दूर करने के लिए कहा गया है जिसमें निम्नलिखित सम्मिलित हैं-

1. **शिक्षा (Education)** - अनुच्छेद 10 के अन्तर्गत अभिसमय उपबन्ध करता है कि अपने कैरियर और शैक्षिक पथ-प्रदर्शन में महिलाओं के लिए वे ही शर्तें उपबन्धित की जायेंगी जैसी कि पुरुषों के लिए उप-बन्धित हैं। वे ग्रामीण तथा नगर क्षेत्रों में सभी प्रकार के शैक्षिक स्थापनों में उपाधियाँ प्राप्त करने के लिए अध्ययन की एक-सी सुविधा प्राप्त करेंगी। यह समानता विद्यालय के पहले सामान्य, तकनीकी, व्यावसायिक तथा उच्चतर तकनीकी शिक्षा तथा सभी प्रकार के शैक्षिक प्रशिक्षण में प्राप्त करेंगी। महिलाओं का पाठ्यक्रम समान होगा, वही परीक्षा होगी और समानांतर की योग्यताओं से युक्त शैक्षणिक कर्मचारी वृन्द होगा, विद्यालय परिसर होगा तथा एक प्रकार की सामग्री होगी जैसी कि पुरुषों की है। छात्रवृत्ति और अन्य अध्ययन अनुदान से सम्बन्धित मामलों में पुरुषों के समान महिलाओं को सुविधा दी जायेगी। अनवरत शिक्षा कार्यक्रम में पहुँच के समान अवसर उन्हें प्राप्त होंगे। खेल तथा व्यायाम शिक्षा (physical education) में सक्रिय रूप से भाग लेने के लिए उन्हें समान अवसर प्राप्त होंगे।

2. **नियोजन (Employment)** - अभिसमय ने अनुच्छेद 11 के अन्तर्गत उपबन्ध किया है कि राज्य पक्षकार महिलाओं के विरुद्ध भेदभाव दूर करने के लिए सभी प्रकार की उचित व्यवस्था करेंगे। नियोजन के क्षेत्र में महिलाओं के अधिकार पुरुषों के समान होंगे - (क) विशेष रूप से काम करने का अधिकार, (ख) समान नियोजन के अवसर के अधिकार, (ग) व्यवसाय तथा नियोजन चुनने का स्वतन्त्र अधिकार, (घ) समान पारिश्रमिक पाने का अधिकार जिसमें समान मूल्य के कार्य के सम्बन्ध में समान लाभ और व्यवहार सम्मिलित हैं और कार्य की विशेषता का

मूल्यांकन करने में समानता का व्यवहार है, (ङ) सामाजिक सुरक्षा का अधिकार विशेष रूप से सेवा निवृत्ति, बेरोजगारी, बीमारी, अवैधता तथा वृद्धावस्था तथा कार्य करने की अन्य असमर्थता तथा भुगतान की गयी छुट्टी का अधिकार, (च) कार्यकारी दशाओं में स्वास्थ्य और सुरक्षा की रक्षा का अधिकार; यहाँ विवाह अथवा प्रसव के आधार पर महिलाओं के विरुद्ध कोई भेदभाव न होगा।

3. **स्वास्थ्य सुरक्षा (Health Care)** - अभिसमय का अनुच्छेद 12 उपबन्ध करता है कि राज्य पक्षकार स्वास्थ्य सुरक्षा सेवाओं की प्राप्ति में जिसमें परिवार नियोजन भी सम्मिलित है, महिलाओं के विरुद्ध भेदभाव दूर करने की कार्यवाही करेंगे।

4. **आर्थिक तथा सामाजिक जीवन (Economic & Social Life)** – अभिसमय का अनुच्छेद 13 यह उपबन्ध करता है कि आर्थिक तथा सामाजिक जीवन के अन्य क्षेत्रों में महिलाओं के विरुद्ध भेदभाव दूर किया जायेगा। उन्हें वही अधिकार मिलेंगे जो पुरुषों को प्राप्त हैं विशेष रूप से निम्नलिखित मामलों में प्राप्त होंगे - (क) पारिवारिक लाभ के अधिकार में, (ख) बैंक ऋण बन्धक तथा वित्तीय जमा के अन्य रूप में, (ग) मनोरंजन कार्यवाही, खेल तथा सांस्कृतिक जीवन के अन्य पहलुओं में।

5. **ग्रामीण क्षेत्रों में महिलायें (Women in Rural Areas)** – अनुच्छेद 14 ने उपबन्ध किया है कि ग्रामीण क्षेत्रों में महिलाओं के विरुद्ध भेदभाव दूर करें। राज्य पक्षकारों से अपेक्षित है कि वे ऐसी महिलाओं को अधिकार सुनिश्चित करें- (क) सभी स्तरों पर विकास योजना और उसके अनुपालन में भागीदारी करना, (ख) पर्याप्त स्वास्थ्य सुरक्षा सुविधा प्राप्त करना तथा परिवार नियोजन की सूचना प्राप्त करना, राय प्राप्त करना तथा सेवा प्राप्त करना, (ग) सामाजिक सुरक्षा कार्यक्रम से सीधे लाभ प्राप्त करना, (घ) औपचारिक तथा अनौपचारिक प्रशिक्षण तथा शिक्षा प्राप्त करना जिसमें साक्षरता अभियान तथा अन्य बातों के साथ सभी सामुदायिक लाभ तथा विस्तार की सेवायें जो उनकी तकनीकी प्रवीणता को बढ़ाने के लिए हों, (ङ) स्वयं-सहायता समूहों तथा सहकारिताओं का गठन करना जो नियोजन तथा स्वत: नियोजन द्वारा समान पहुँच प्राप्त करते हों, (च) सभी सामुदायिक कार्यवाहियों में भाग लेना, (छ) कृषिक जमा और ऋणों में पहुँच प्राप्त करना, बाजारी सुविधायें, उचित प्रौद्योगिकी तथा भूमि तथा कृषि सुधार में तथा भूमि पुनर्वास योजनाओं में समान उपचार, तथा (ज) पर्याप्त आजीविका दशाओं का उपभोग करना।

6. **विधि के समक्ष समानता (Equality before Law)** - अभिसमय का अनुच्छेद 15 उपबन्ध करता है कि राज्य पक्षकार विधि के समक्ष पुरुषों के साथ महिलाओं को समानता प्रदान करेंगे। महिलायें संविदायें पूर्ण करने में और सम्पत्ति का प्रशासन करने में समान अधिकार रखेंगी और राज्य पक्षकार न्यायालयों तथा न्यायाधिकरणों में तथा प्रक्रिया की समान अवस्थाओं में उनसे समान व्यवहार करेंगी। राज्य पक्षकार सहमत होंगे कि सभी संविदायें तथा सभी अन्य प्रकार की व्यक्तिगत लिखतें जो विधिक प्रभाव रखती हैं जो महिलाओं की विधिक क्षमता को नियन्त्रित करने के लिए निर्देशित हैं, शून्य समझी जायेंगी। राज्य पक्षकार महिलाओं और पुरुषों को गतिमान होने के लिए समान अधिकार प्रदान करेंगे और वे अपना निवास और अधिवास चुनने की स्वतंत्रता रखेंगे।

7. **विवाह तथा परिवार सम्बन्ध (Marriage and Family Relations)** – अनुच्छेद 16 उपबन्ध करता है कि राज्य पक्षकार विवाह तथा परिवार सम्बन्धी सभी मामलों में महिलाओं के विरुद्ध भेदभाव दूर करने के सभी उपाय करेंगे। महिलाओं को निम्नलिखित अधिकार प्रदान किये जायेंगे - (क) विवाह करने का समान अधिकार, (ख) विवाह तथा विवाह के विघटन में समान अधिकार तथा दायित्व, (ग) अपने बच्चों सम्बन्धी मामलों में माता-पिता के रूप में समान अधिकार तथा दायित्व। सभी मामलों में बच्चों का हित सर्वोपरि होगा, (घ) अपने बच्चों की संख्या और बीच की अवधि निश्चित करने में स्त्री-पुरुष का स्वतन्त्र तथा समान दायित्व होगा तथा सूचना, शिक्षा तथा अपने अधिकारों का प्रयोग करने के लिए समर्थ बनाने के साधन उन्हें समान रूप में प्राप्त होगा, (ङ) बच्चों की संरक्षता, प्रतिपाल्यता, न्यासधारिता तथा दत्तकग्रहण के सम्बन्ध में समान अधिकार तथा दायित्व, (च) पति तथा पत्नी के रूप में समान व्यक्तिगत अधिकार जिसमें पारिवारिक नाम चुनने का अधिकार, व्यवसाय तथा आजीविका चुनने का समान अधिकार सम्मिलित है, (छ) स्वामित्व, अर्जन, प्रबन्ध, प्रशासन, उपभोग तथा सम्पत्ति का व्ययन चाहे निःशुल्क हो या मूल्यवान प्रतिफल के लिए हो, में दम्पत्तियों का समान अधिकार होगा।

अभिसमय के राज्य पक्षकारों ने महिलाओं के विरुद्ध भेदभाव की इसके सभी रूपों में भर्त्सना की है और हर सम्भव साधन द्वारा महिलाओं के विरुद्ध भेदभाव को समाप्त करने के लिए सहमत हुये हैं तथा इस लक्ष्य की प्राप्ति के लिए उन्होंने यह सुनिश्चित किया कि:

1. पुरुष एवं महिलाओं की समानता के सिद्धान्त को अपने राष्ट्रीय संविधानों अथवा अन्य उपयुक्त विधायनों में शामिल करेंगे, यदि यह सिद्धान्त उनमें पहले से शामिल न हो;

2. महिलाओं के विरुद्ध सभी प्रकार के भेदभाव का प्रतिषेध करते हुये उपयुक्त विधायी एवं अन्य उपायों को अंगीकार करेंगे;

3. पुरुषों के साथ समान आधार पर महिलाओं के अधिकारों के विधिक संरक्षण की स्थापना करेंगे;

4. महिलाओं के विरुद्ध भेदभाव के किसी कार्य अथवा अभ्यास में संलग्न होने से विरत रहेंगे;

5. किसी व्यक्ति, संगठन अथवा उद्यम द्वारा महिलाओं के विरुद्ध भेदभाव को समाप्त करने के लिए सभी उपयुक्त उपाय अपनायेंगे (6) ऐसे सभी राष्ट्रीय दण्ड प्रावधानों का निरसन (repeal) करेंगे जो महिलाओं के विरुद्ध भेदभाव दुर्बल समूह और मानव अधिकार किये जाने में सहायक होते हैं।

प्रणाली का क्रियान्वयन (Impicinentation of Procedure)

अभिसमय के अनुच्छेद 17 के अन्तर्गत अभिसमय के प्रावधानों के कार्यान्वयन में की जाने वाली कार्यवाही पर विचार करने के उद्देश्य से 'महिलाओं के विरुद्ध भेदभाव की समाप्ति पर समिति' (Committee on the Elimination of Discrimination Against Women (CEDAW)) की स्थापना हेतु प्रावधान किया गया। समिति में अट्ठारह सदस्य (अभिसमय के प्रवर्तन के समय) तथा तेईस सदस्य (पैंतीस राज्यों द्वारा अभिसमय के अनुसमर्थन अथवा स्वीकृति के पश्चात्) होंगे। सदस्यगण उच्च नैतिक स्तर के विशेषज्ञ होंगे और उन्हें अभिसमय द्वारा समावेश किये गये क्षेत्र में क्षमता प्राप्त होगी। विशेषज्ञों का निर्वाचन राज्य पक्षकारों द्वारा अपने राष्ट्रों के बीच से किया जायेगा और वे अपनी व्यक्तिगत क्षमता पर कार्य करेंगे।

महिलाओं के विरुद्ध भेदभाव की समाप्ति पर समिति की स्थापना 1981 में की गयी जब अभिसमय लागू हुआ। समिति में 23 स्वतंत्र विशेषज्ञ सदस्य हैं। कमेटी वर्ष में दो सप्ताह के लिये सत्र लगाती है। राज्य पक्षकारों से यह अपेक्षा की जाती है कि वे समिति का नियतकालिक रूप से विधान, न्यायिक, प्रशासकीय अथवा ऐसे अन्य उपायों पर रिपोर्ट देते रहेंगे जिन्हें उन्होंने अभिसमय के प्रावधानों को कार्यान्वित करने के लिए अंगीकार किया है। इस प्रकार, अभिसमय राज्य की रिपोर्ट के माध्यम से कार्यान्वित किया जाता है। समिति, इसके क्रियाकलापों पर आर्थिक एवं सामाजिक परिषद् के माध्यम से महासभा को वार्षिक रिपोर्ट देगी तथा रिपोर्ट के परीक्षण एवं राज्य पक्षकारों से प्राप्त सूचना पर आधारित सुझाव देगी और सामान्य सिफारिश करेगी।

महिलाओं के विरुद्ध भेदभाव की समाप्ति पर समिति के लिए ऐच्छिक नवाचार (Optional Protocol to the Convention on the Elimination of Discrimination Against Women)

अभिसमय में महिलाओं के लिये व्यक्तिगत परिवाद के लिये कोई प्रावधान नहीं किया गया था। इस कमी को दूर करने के लिये महासभा ने 7 अक्टूबर, 1999 को महिलाओं के विरुद्ध सभी रूपों में भेदभाव की समाप्ति के लिए अभिसमय पर ऐच्छिक नवाचार को अंगीकार किया जिससे लैंगिक भेदभाव, यौन-शोषण (Sexual exploitation) एवं अन्य दुरूपयोग से पीड़ित महिलाओं को तथा महिलाओं के विरुद्ध भेदभाव की समाप्ति के लिये नवाचार के राज्य पक्षकारों के विरुद्ध सक्षम बनायेगा। इस प्रकार से नवाचार सरकारों को उनकी व्यथाओं के अन्वेषण करने के लिए समिति गठित करने के लिए स्वीकृति देगा। इस प्रकार से, वे राज्य जो ऐच्छिक नवाचार (Optional Protocol) के पक्षकार बन जाते हैं, सूचनाओं को प्राप्त करने एवं उन पर विचार करने के लिए समिति की क्षमता को मान्यता प्रदान करते हैं। नवाचार के अनुच्छेद 21 के अनुसार नवाचार उस समय लागू हो गया जब इसका अनुसमर्थन 10 राज्यों द्वारा हो जायेगा। नवाचार वर्ष 2001 में लागू हुआ और 3 फरवरी, 2016 तक इसके 106 राज्य पक्षकार बन चुके थे।

नवाचार के अनुच्छेद 2 के अधीन यह प्रावधान किया गया है कि समिति के लिए कोई भी संसूचना या तो व्यक्तियों द्वारा दी जायेगी या फिर व्यक्तियों के समूह द्वारा दी जायेगी। सूचना व्यक्तियों अथवा व्यक्तियों के समूहों की ओर से उनकी सहमति से प्रस्तुत की जा सकती है। किसी संसूचना को लिखित रूप में प्रस्तुत किया जा सकता है और यह बिना नाम नहीं हो सकती। 2 अनुच्छेद 4 में सूचनाओं की स्वीकार्यता की कसौटी के विषय में बताया गया है। किसी परिवाद पर विचार किये जाने के पूर्व समिति को यह निर्धारण करना आवश्यक होता है कि सभी उपलब्ध घरेलू उपायों का उपयोग कर किया गया है और परिवाद की परीक्षा समिति द्वारा न तो की गयी है और न ही उसका परीक्षण अंतर्राष्ट्रीय अन्वेषण अथवा व्यवस्थापन की किसी अन्य प्रक्रिया के अधीन किया जा रहा है। इसके अतिरिक्त कोई परिवाद केवल तभी स्वीकार्य होगा, जब परिवाद अभिसमय के प्रावधानों के अनुरूप होगा। संसूचना प्रस्तुत करने के अधिकार का दुरुपयोग नहीं किया जायेगा।

समिति को संसूचना की प्राप्ति के पश्चात् और अंतिम निर्णय के पूर्व इस तात्कालिक निवेदन के साथ राज्य पक्षकार से सम्पर्क करने का विकल्प होगा कि राज्य पक्षकार अभिकथित पीड़ित व्यक्ति/पीड़ित व्यक्तियों (Victim/Victims) को हुई अपूरणीय हानि के संरक्षण के लिए कदम उठाये। जब कोई संसूचना स्वीकार करने योग्य पायी जाती है तब

समिति गुप्त रूप से राज्य पक्षकार के ध्यान में इस संसूचना को लाती है। राज्य पक्षकार को परिवाद के लिखित कथन अथवा स्पष्टीकरण देने के लिए छ: महीने का समय दिया जाता है। 2 समिति ऐसी सभी सूचनाओं की परीक्षा और उस पर विचार बंद बैठकों (closed meetings) में करेगी। समिति के विचार एवं अनुशंसाओं को सम्बन्धित पक्षकारों को भेज दिया जायेगा। राज्य पक्षकार को समिति की राय पर विचार करने और उपचारात्मक कदम उठाने सहित उत्तर प्रस्तुत करने के लिए छ: महीने का समय होगा।

नवाचार में भी उस जाँच प्रक्रिया का प्रावधान किया गया है जिसका अनुसरण समिति अपने एक या एक से अधिक सदस्यों द्वारा गुप्त जाँच को प्रारम्भ करने के लिए वहाँ करती है जहाँ वह अभिसमय में स्थापित अधिकारों के किसी राज्य पक्षकार द्वारा गम्भीर अथवा व्यवस्थित उल्लंघन की विश्वसनीय सूचना प्राप्त करती है। किसी राज्य पक्षकार द्वारा समर्थित होकर एवं उसकी सहमति से समिति राज्य पक्षकार के राज्य क्षेत्र को देख सकती है। सम्बन्धित राज्य पक्षकार को किसी भी ऐसे निष्कर्ष, टिप्पणी अथवा अनुशंसा को पारेषित किया जायेगा जिसका वह छ: महीने के समय के पश्चात् राज्य पक्षकार को समिति के समक्ष जाँच के अनुसरण में उठाये गये किसी भी उपचारात्मक प्रयासों की विस्तृत जानकारी प्रस्तुत करने के लिए आमंत्रित किया जायेगा। किसी पक्षकार को किसी जाँच की पहल करने एवं जाँच करने के सम्बन्ध में समिति की सक्षमता की मान्यता को अस्वीकृत करने का विकल्प प्राप्त है। इस प्रकार की अस्वीकृति ऐच्छिक नवाचार के अनुसमर्थन के समय की जा सकती है।

जिन राज्यों ने समिति के समक्ष जांच के लिये अपनी स्वीकृति दे दी है वे स्वीकृति को घोषणा के द्वारा वापिस ले सकते हैं।

महिलाओं के सम्मेलन (Conferences on Women)

उपर्युक्त अभिसमयों के अतिरिक्त संयुक्त राष्ट्र द्वारा प्रत्यायोजित अंतर्राष्ट्रीय महिला दशक (1976-1985) के दौरान तीन सम्मेलन: पहला 1975 में मेक्सिको सिटी में, दूसरा 1980 को कोपेनहेगेन में तथा तीसरा 1985 में नैरोबी में आयोजित किया गया तथा चौथा विश्व महिला सम्मेलन वर्ष 1995 में बीजिंग में हुआ, जिसके द्वारा महिलाओं के सम्बन्ध में बहुत अधिक जानकारी हुयी है और जो राष्ट्रीय महिला आंदोलनों एवं अंतर्राष्ट्रीय समुदाय के बीच अमूल्य कड़ी का आधार बना। नैरोबी सम्मेलन में वर्ष 2000 तक महिलाओं के लिए'आगामी दृष्टि सम्बन्धी रणनीति' (Forword Looking Strategies to the Year 2000) प्रस्तुत की गयी थी किन्तु अधिकांश क्षेत्रों में उसका सम्यक् रूप से क्रियान्वयन नहीं किया गया, फिर भी शिक्षा, स्वास्थ्य एवं रोजगार के क्षेत्र में उन्नति के स्पष्ट चिह्न प्रतीत होते हैं।

बीजिंग सम्मेलन (Beijing Conference 1995)

चतुर्थ विश्व महिला सम्मेलन सन् 1995 में (4-15 सितम्बर, 1995) को बीजिंग में हुआ जिसे सामान्य रूप से बीजिंग सम्मेलन कहा जाता है। इसमें यह कहा गया था कि महिलाओं के अधिकार मानव अधिकार हैं। सम्मेलन में संयुक्त राष्ट्र के विभिन्न मानव अधिकार निकायों के कार्य में महिलाओं के मानव अधिकारों के निष्ठा की अपेक्षा की गयी है। इसमें महिलाओं के विरुद्ध सार्वजनिक एवं निजी जीवन में हिंसा के मामले मानव अधिकार के मामले माने जायेंगे। सम्मेलन में किसी भी ऐसे संघर्ष की समाप्ति की अपेक्षा की गयी जो महिलाओं के अधिकारों एवं कतिपय परम्परागत या रूढ़िगत प्रचलन, सांस्कृतिक पूर्वाग्रहों एवं धार्मिक अतिवादिताओं के बीच उत्पन्न होते हैं।

बीजिंग सम्मेलन में एक कार्य योजना का प्रारूप विचारार्थ तैयार किया गया जिसमें महिलाओं से सम्बन्ध रखने वाले 12 समालोचनात्मक क्षेत्रों की पहचान की गयी; जो बढ़ते हुये भार निर्धनता, शैक्षिक अवसर, स्वास्थ्य की प्रस्थिति, महिलाओं के विरुद्ध हिंसा, महिलाओं पर सशस्त्र अथवा अन्य प्रकार के संघर्ष, आर्थिक संरचनाओं एवं नीतियों में महिलाओं की पहुँच एवं भागीदारी में असमानता तथा सभी स्तरों में भागीदारी करने एवं निर्णय निर्माण में पुरुष एवं महिलाओं के बीच असमानता तथा महिलाओं की अभिवृद्धि एवं उन्नति के लिए

सभी स्तरों पर अपर्याप्त कार्यप्रणाली, महिलाओं के अधिकारों की जानकारी में कमी, समाज में महिलाओं के सम्भव योगदान की अभिवृद्धि करने के लिए संचार माध्यम की अपर्याप्त गतिशीलता तथा प्राकृतिक संसाधनों के प्रबंधन में महिलाओं के योगदान के लिए पर्याप्त मान्यता एवं समर्थन तथा पर्यावरण एवं बालिका, शिशुओं के संरक्षण की उपयुक्त मान्यता में कमी आदि शामिल थे।

संयुक्त राष्ट्र महासभा ने सन् 2000 में, बीजिंग सम्मेलन 1995 से लेकर महिलाओं के मुद्दों पर प्रगति का निर्धारण करने के लिए 21वीं शताब्दी हेतु "महिलाओं पर विशेष सत्र 2000": लिंग समानता, विकास एवं शांति (Special Session on Women in 2000: Gender Equality, Development and Peace) का आयोजन किया। विशेष सत्र को बीजिंग +5 (Beijing+ 5) के नाम से जाना जाता है और इसके द्वारा महिलाओं द्वारा बीजिंग सम्मेलन 1995 में अंगीकार किये गये कार्य मंच एवं घोषणा का नवीनीकरण किया गया। प्रतिनिधि गण इस विषय पर सहमत हुए थे कि जब बीजिंग में उपवर्णित लक्ष्यों के पूर्ण क्रियान्वयन के प्रति प्रगति की गयी थी, तब व्यवधान भी शेष रह गये थे। बीजिंग घोषणा एवं कार्य मंच के क्रियान्वयन का प्रारम्भ और आगे का कार्य सम्मेलन द्वारा अंगीकार किया गया।

महिलाओं के विरुद्ध सभी प्रकार के भेदभाव की समाप्ति पर ये सम्मेलन एवं अभिसमय इस तथ्य की दृष्टि में वांछित प्रभाव नहीं डाल सके क्योंकि महिलाओं के मानव अधिकारों की विश्वव्यापी स्तर पर विभिन्न तरीकों से उपेक्षा एवं उल्लंघन हो रहा है। महिलाओं के प्रति हिंसा विश्वव्यापी घटना बनी हुई है जिससे कोई भी देश, कोई भी समाज एवं कोई भी समुदाय बचा नहीं है। महिलाओं के प्रति भेदभाव इसलिए विद्यमान हैं क्योंकि इसकी जड़ें सामाजिक प्रतिमानों एवं मूल्यों में जमी हुई हैं और वे अंतर्राष्ट्रीय करारों के परिणामस्वरूप परिवर्तित नहीं हो सकी हैं।

महिलाओं के विरुद्ध भेदभाव की समाप्ति पर समिति ने 2004 में अभिकथित किया था कि महिलाओं के विरुद्ध भेदभावों को समाप्त करने के अभिसमय को स्वीकारने के 25 वर्ष पश्चात् भी, विश्व में किसी भी देश ने कानून एवं व्यवहार दोनों में लिंगों के बीच सम्पूर्ण समानता नहीं प्राप्त की है। समिति ने यह भी अभिकथित किया कि अभिसमय के पक्षकार राज्यों में 178 राज्यों में भेदभाव पूर्ण कानून विद्यमान हैं। अन्य देशों में, कानून समानता संवर्धित करते हैं किन्तु अनौपचारिक भेदभाव विद्यमान हैं।

बीजिंग + 10 (Beijing + 10) (2005) में महिलायें की स्थिति पर आयोग ने महिला मानव अधिकारों के करार पर हुयी प्रगति पर दृष्टिपात किया। जिसे बेहतर रूप में कार्रवाई हेतु बीजिंग मंच (Beijing Platform for Action) के रूप में जाना जाता है। सम्मेलन ने गरीबी, पर्यावरण, आर्थिक स्थिति, मानव अधिकारों, शक्ति और विनिश्चयन एवं बालिकाओं को सम्मिलित करती हुयी 12 क्षेत्रों पर ध्यान केन्द्रित किया।

भारत में महिलाओं की प्रस्थिति (Status of Women in India)

भारत ने संविधान के अनुच्छेद 14 के अन्तर्गत महिलाओं को समान अधिकार दिया है जो यह उपबन्ध करता है कि राज्य भारत के क्षेत्र के अन्तर्गत किसी व्यक्ति को विधि के समक्ष समानता अथवा विधियों के समान संरक्षण से इनकार नहीं करेगा और न ही उनके विरुद्ध कोई भेदभाव अधिकार की समानता तथा मानव गरिमा के लिए सम्मान का उल्लंघन होगा। संविधान का अनुच्छेद 15 यह भी उपबन्ध करता है कि प्रत्येक महिला नागरिक को दूकानों, सार्वजनिक भोजनालयों, होटलों और सार्वजनिक मनोरंजन में प्रवेश करने का अधिकार होगा और पूर्णत: या भागत: राज्य निधि से पोषित या साधारण जनता के प्रयोग में आने वाले कुओं, तालाबों, स्नान घाटों, सड़कों और सार्वजनिक समागम के स्थानों के उपयोग के लिए महिलाओं पर कोई निर्बन्धन नहीं होगा। संविधान का अनुच्छेद 16 यह प्रतिपादित करता है कि राज्य के अधीन किसी पद पर नियोजन या नियुक्ति से सम्बन्धित विषयों में सभी नागरिकों (महिलाओं समेत) के लिए अवसर की समता होगी।

भारत में महिलायें समानता के अधिकार का उपभोग करती हैं किन्तु उनकी प्रस्थिति में और भी सुधार करने के लिए संविधान के अनुच्छेद 15(3) में यह उपबन्ध किया गया है कि राज्य महिलाओं के लिए विशेष उपबन्ध कर सकता है। फलस्वरूप, समान स्तर प्राप्त करने के लिए और महिलाओं के विरुद्ध भेदभाव हटाने के लिए बहुत से विधिक उपबन्ध किये गये हैं। उदाहरणार्थ, पंचायतों तथा नगर पालिकाओं में उनके पक्ष में 33 प्रतिशत सीटों का आरक्षण कर दिया गया है। यह संशोधन भारत में स्त्रियों के सामाजिक तथा आर्थिक विकास के लिए बहुत बड़ा कदम माना जाता है। संविधान प्रत्येक नागरिक पर यह भार भी डालता है कि वह महिलाओं ..के सम्मान के विरुद्ध भेदभाव की प्रथा का त्याग करे। राज्य नीति के निदेशक सिद्धान्तों का एक भाग होने के कारण, यह विधि न्यायालय में प्रयोजनीय नहीं होता किन्तु यदि राज्य इस कर्तव्य के उल्लंघन में किसी कार्य या आचरण का निषेध करने के लिए कोई विधि निर्मित करता है तो न्यायालय मूल अधिकारों के मूल नियन्त्रण के सम्बन्ध में विधि की पुष्टि करेगा।

भारतीय न्यायालयों ने उपर्युक्त संवैधानिक उपबन्धों के आधार पर कुछ नियमों तथा विनियमों को महिलाओं के विरुद्ध भेद-भावकारी माना है और फलस्वरूप असंवैधानिक माना है। उदाहरणार्थ, सी० बी० मुथम्मा बनाम भारत संघ में भारतीय विदेश सेवा (आचरण तथा अनुशासन) नियमावली 1961 को चुनौती दी गयी थी जिसमें यह उपबन्ध किया गया था कि कोई विवाहिता विदेश सेवा में नियुक्त होने के लिए अधिकार के रूप में अधिकारिणी न होगी और विदेश सेवा की महिला सदस्य विवाह के सम्पन्न होने के पहले लिखित रूप में सरकार की अनुमति प्राप्त करेगी और विवाह के पश्चात् किसी भी समय महिला से त्यागपत्र देने की अपेक्षा की जा सकती है यदि सरकार संतुष्ट है कि उसका परिवार और घरेलू वचन बद्धतायें विदेश सेवा के सदस्य के रूप में उसके कर्तव्यों के पर्याप्त पालन में अवरोध करने के रूप में सम्भावित हैं। उच्चतम न्यायालय ने निर्णय दिया है कि सेवा नियमावली में उपबन्ध एक महिला कर्मचारी को अपने विवाह सम्पन्न होने से पहले लिखित रूप में सरकार से अनुमति प्राप्त करना तथा नियुक्ति को इस आधार पर इनकार करना कि वह विवाहिता है का उपबन्ध महिलाओं के विरुद्ध भेदभाव पूर्ण हैं। किन्तु न्यायालय ने यह निर्णय दिया है कि सेवा से सम्बन्धित मामले में अवसर की समानता का यह अर्थ नहीं है कि महिलायें और पुरुष सभी उप-जीविकाओं और स्थितियों में समान हैं। एयर इंडिया बनाम 'नर्गेश मीरजा' में उच्चतम न्यायालय ने नियमावली के इस नियम को असंवैधानिक कहकर निरस्त कर दिया जिसमें यह शर्त निर्धारित की गयी कि पहली बार गर्भवती होने पर उसकी सेवा समाप्त कर दी जायेगी। न्यायालय ने कथन किया कि, "हमें यह प्रतीत होता है कि ऐसी परिस्थितियों के अधीन एक वायु सेना की परिचारिका

की सेवाओं की समाप्ति न केवल एक निर्दयी कृत्य है अपितु भारतीय स्त्रीत्व जो अत्यन्त पवित्र एवं पोषित संस्था है" एक खुला अपमान भी है। किन्तु वायु परिचारिकाओं पर इस नियन्त्रण को उचित ठहराया है कि वे सेवा के चार वर्ष के अन्तर्गत विवाह न करेंगी। माया देवी बनाम महाराष्ट्र सरकार के मामले में इस अपेक्षा को अवैध तथा असंवैधानिक निर्णीत किया गया है कि एक विवाहिता महिला को सार्वजनिक सेवा के लिए आवेदन देने के पूर्व अपने पति की सम्मति प्राप्त कर लेनी चाहिए। इसमें यह टिप्पणी की गयी थी कि ऐसी अपेक्षा महिलाओं की समानता के विरुद्ध है। प्रतिभा रानी बनाम सूरज कुमार, 7 में उच्चतम न्यायालय ने यह निर्णय किया है कि यह नहीं कहा जा सकता है कि विवाह होने पर विवाहिता महिलाओं की स्त्रीधन सम्पत्ति उसके पति की अभिरक्षा में रखी जायेगी। गीता हरिहरन बनाम रिजर्व बैंक आफ इण्डिया, ' में उच्चतम न्यायालय ने यह निर्णय दिया है कि हिन्दू अवयस्कता और संरक्षकता अधिनियम, 1956 की धारा-6 में प्रयुक्त शब्द "पश्चात्" का निर्वचन करते समय पिता की अनुपस्थिति में माता संरक्षिका हो सकेगी।

1. अनुच्छेद 243-घ संविधान (तिहत्तरवाँ संशोधन) अधिनियम, 1992 द्वारा निर्दिष्ट।
2. अनुच्छेद 243 - संविधान (चौहत्तरवाँ संशोधन) अधिनियम, 1992.
3. अनुच्छेद 51क (ङ) संविधान (बयालीसवाँ संशोधन) अधिनियम, 1976.
4. ए० आई० आर० 1979 एस० सी० 1868.
5. ए० आई० आर० 1981 ऐस० सी० 1829. और भी देखिये एयर इण्डिया कैबिन क्र्यू एसोसिएशन बनाम यशविनी

   मर्चेंट, ए० आई० आर० 2004 एस० सी० 187.
6. आई० एस० सी० आर० (1986) पृ० 743.
7. ए० आई० आर० 1985 एस० सी० 628.
8. ए० आई० आर० 1999 एस० सी० 1149

विशाखा वाद
(Vishakha Case)

विशाखा तथा अन्य बनाम राजस्थान राज्य में कुछ सामाजिक कार्यकर्ताओं और एन०जी०ओ० (NGO) द्वारा इस उद्देश्य से रिट याचिका प्रस्तुत की गयी थी; कि वर्तमान विधान में रिक्तता की पूर्ति न्यायिक प्रक्रिया द्वारा पूरी की जाए कि सभी कार्यस्थलों में महिलाओं के साथ यौन उत्पीड़न (Sexual Harrasment o! Women at Work Place) को रोका जाय। याचिका प्रस्तुत करने का तात्कालिक कारण यह था कि राजस्थान के एक ग्राम में सामाजिक कार्यकत्र 'भंवरी देवी' जो बाल-विवाह को रोकने का प्रयास कर रही थीं, के साथ निर्मम सामूहिक बलात्कार किया जाना अभिकथित था। न्यायालय द्वारा यह टिप्पणी की गयी थी कि सभी कार्यस्थलों में काम करने वाली महिलाओं के साथ यौन उत्पीड़न के दोष को रोकने के लिए कोई विधि नहीं है। अन्तर्राष्ट्रीय अभिसमय और मानक के अन्तर्विषयक लैंगिक समानता और मानव गरिमा के साथ काम करने के अधिकार को प्रत्याभूति का उपबन्ध करने के लिए महत्वपूर्ण हैं। अन्तर्राष्ट्रीय अभिसमय राज्य विधि का अधिनियमन न होने पर विचार में लिये जाते हैं तथा जब उनमें कोई असंगतता नहीं होती है।

अत: न्यायिक निर्वचन करने का यह स्वीकृत नियम है कि राष्ट्रीय विधि का अर्थ करने के लिए अन्तर्राष्ट्रीय अभिसमयों तथा मानकों पर ध्यान देना चाहिए जब उनके मध्य में कोई असंगतता न हो और विधि में शून्यता हो। न्यायालय ने टिप्पणी की है कि कार्यस्थलों में यौन उत्पीड़न की प्रत्येक घटना "लैंगिक समानता" (Gender Equality) के मूल अधिकार तथा स्वतंत्रता के अधिकार के उल्लंघन में होती है। चूँकि भारत में न तो सिविल

अथवा दाण्डिक विधियाँ कार्यस्थलों में यौन उत्पीड़न के लिए महिलाओं की विशिष्ट रक्षा का उपबन्ध करती हैं अतः न्यायालय ने यौन उत्पीड़न के विरुद्ध लैंगिक समानता और प्रत्याभूति के मूल मानवाधिकार का प्रभावकारी प्रवर्तन करने के लिए कई मार्ग-दर्शकों को प्रतिपादित किया कि जब तक इस सम्बन्ध में अधिनियम का निर्माण नहीं होता है, ये सभी मार्गदर्शक कार्यस्थलों अथवा अन्य संस्थानों में मान्य रहेंगी। मुख्य मार्गदर्शक निम्नवत हैं-

1. कार्यस्थलों अथवा अन्य संस्थाओं में नियोजक अथवा उत्तरदायी व्यक्तियों का यह कार्य होगा कि वे यौन उत्पीड़न के कृत्यों को रोकें अथवा नियन्त्रित करें और सभी आवश्यक कार्यवाही करने के लिए प्रस्ताव, निपटारा अथवा अभियोजन करने के लिए प्रक्रिया उपबन्धित करें।

2. कार्यस्थल के सभी कर्मचारियों अथवा व्यक्तियों को यौन उत्पीड़न रोकने के लिए निम्नलिखित कार्य करना चाहिए-

   (क) यौन उत्पीड़न का अभिव्यक्त प्रतिषेध जैसा कि कार्यस्थल में परिभाषित है, उचित रूप में विज्ञापित, प्रकाशित और प्रचारित होना चाहिए।

   (ख) आचरण और अनुशासन से सम्बन्धित सरकार व सार्वजनिक प्रकार के निकायों के नियमों- विनियमों को यौन उत्पीड़न को रोकने सम्बन्धी नियमों और विनियमों में सम्मिलित करना चाहिए और अपराधी के विरुद्ध ऐसे नियमों में उचित दण्ड की व्यवस्था होनी चाहिए।

   (ग) निजी कर्मचारियों के सम्बन्ध में उपर्युक्त निषेधों को औद्योगिक नियोजन (स्थायी आदेश) अधिनियम, 1946 के अन्तर्गत स्थायी आदेश में सम्मिलित करना चाहिए।

   (घ) उचित कार्य शर्तों का उपबन्ध कार्य, विश्राम, स्वास्थ्य तथा स्वच्छता के सम्बन्ध में बनाया जाना चाहिए जिससे प्रतिकूल वातावरण न बने।

3. जहाँ भारतीय दण्ड संहिता अथवा किसी अन्य विधि के अन्तर्गत ऐसा आचरण निर्धारित अपराध के तुल्य होता है वहाँ नियोजन अधिकारी परिवाद प्रस्तुत करके विधि के अनुसार उचित कार्यवाही का आरम्भ करेगा। यौन उत्पीड़न से पीड़ित व्यक्तियों को विकल्प प्राप्त होना चाहिए कि वे कुकृत्य करने वाले व्यक्ति का स्थानान्तरण करा दें अथवा वह अपना स्थानान्तरण स्वयं करा लें।

4. नियोजक द्वारा समुचित अनुशासन कार्यवाही करना चाहिए जो सुसंगत आचरण नियमावली के अनुसार आचरण सदाचार के तुल्य हो।

5. पीड़ित द्वारा किये गये परिवाद का उपचार करने के लिए नियोजक संगठन में उचित परिवाद मशीनरी का सृजन होना चाहिए। ऐसी परिवाद मशीनरी को परिवादों को समयबद्ध उपचार सुनिश्चित करना चाहिए।

6. एक परिवाद समिति (Complaint Committee), एक सलाहकार अथवा अन्य समर्थन सेवा की व्यवस्था करना पर्याप्त होगा जहाँ आवश्यक हो तथा गुप्तता बनाये रखने की व्यवस्था हो। समिति का अध्यक्ष एक महिला को होना चाहिए और इस समिति की आधी सदस्या महिलायें होनी चाहिए। परिवाद समिति को अपना प्रतिवेदन सरकार को देना चाहिए और यह बताना चाहिए कि उसने क्या कार्यवाही की है।

7. कर्मचारियों को कर्मचारियों की सभा में और अन्य उचित मंच पर यौन उत्पीड़न के मामलों को उठाने की अनुमति दी जानी चाहिए और नियोजक और नियोजित सभा में इस पर सकारात्मक रूप में विवेचन होना चाहिए।

न्यायालय ने कहा है कि, "उपर्युक्त मार्गदर्शक तथा मानक कार्यकारी स्त्रियों की लैंगिक समानता अधिकार की सुरक्षा और प्रवर्तन के लिए कठोरता से पालन किये जायेंगे।" ये निर्देश विधि में उस समय तक बाध्यकारी तथा प्रवर्तनीय होंगे जब तक कि इस मामले को नियन्त्रित करने के लिए उचित विधान नहीं बनाया जाता।

यह उल्लेखनीय है कि विशाखा मामले में सर्वोच्च न्यायालय द्वारा जो निर्देश जारी किये गये थे उसका संस्थाओं द्वारा अनुपालन नहीं किया जा रहा है। राष्ट्रीय मानवाधिकार आयोग ने अपनी 2000-01 की वार्षिक रिपोर्ट में प्रेक्षित किया है कि सर्वोच्च न्यायालय द्वारा जारी किए गए दिशा निर्देशों को पर्याप्त ढंग से लागू नहीं किया जा रहा है, चाहे वे सार्वजनिक निकाय हों या व्यक्तिगत निकाय हो। बहुत से संस्थाओं ने शिकायत . समिति ही नहीं बनाई है, जो निर्णय के अधीन आवश्यक थी, जिससे कार्यस्थल पर यौन उत्पीड़न की शिकायतों का समाधान किया जा सके।

विशाखा मामले के मार्गदशकों को विधि के रूप में रूपान्तरण करने के लिये राष्ट्रीय महिला आयोग (National Women Commission) ने वर्ष 2004 से ही प्रयत्न करना आरम्भ कर दिया था। बाद में इस विषय को सदन के समक्ष पेश किया गया और 2013 में कार्यस्थल पर महिलाओं के यौन उत्पीड़न (निवारक, प्रतिशोध और प्रतितोषक) पर अधिनियम (Sexual Harassment of Women at Work Place (Prevention, Prohibition and Redressal Act, 2013) बनाया गया। इस अधिनियम में यौन उत्पीड़न को धारा 2 (n) में परिभाषित किया गया है जिसमें निम्न में से एक या उससे अधिक

अवांछित कृत्य या व्यवहार शामिल किया गया है। (1) शारीरिक सम्बन्ध या अनचाही पहल, शारीरिक सम्बन्ध के लिए माँग या अनुमोदन करना या यौन उत्पीड़न सम्बन्धी अभद्र छींटाकशी या अश्लील साहित्य को दिखाना या अन्य कोई शारीरिक, मौखिक या गैर-मौखिक यौन तरीके से सम्बन्धित व्यवहार। इस अधिनियम में यौन उत्पीड़न को रोकने के लिये आन्तरिक परिवाद कमेटी (Internal Complaint Committee) तथा लोकल परिवाद कमेटी (Local Complain Committee) के बनाने का प्रावधान किया गया।

1. एप्पल एक्सपोर्ट प्रमोशन काउंसिल बनाम ए० के० चोपड़ा (ए० आई० आर० 1999 एस० सी० 625) के प्रकरण में उच्चतम न्यायालय ने कहा है कि अन्तर्राष्ट्रीय लिखतों को संदेश जैसे कि महिलाओं के विरुद्ध सभी प्रकार के भेदभाव की समाप्ति पर अभिसमय और बीजिंग घोषणा जो सभी राज्य पक्षकारों को उचित कार्यवाही करने का निर्देश देती है कि महिलाओं के विरुद्ध सभी प्रकार के भेदभाव को रोका जाय और इसके अतिरिक्त महिलाओं के सम्मान और गरिमा की रक्षा की जाय। यह स्पष्ट है कि ये अन्तर्राष्ट्रीय लिखतें भारतीय राज्य पर प्रभाव डालती हैं कि वे अपनी विधियाँ सही करें और न्यायालय इस दायित्व के अधीन हैं कि अन्तर्राष्ट्रीय लिखतों का यह संदेश लुप्त न हो। न्यायालयों का यह कर्तव्य है कि वे राष्ट्रीय विधियों को निर्मित करने में अन्तर्राष्ट्रीय अभिसमय और मानकों का उचित ध्यान रखें जब कि उनके मध्य असमानता न हो और जहाँ राष्ट्रीय विधि में शून्यता हो।
2. अधिनियम पर राष्ट्रपति की स्वीकृति 23 फरवरी, 2013 को प्राप्त हुई और अधिनियम 9 दिसम्बर, 2013 को लागू हुआ।

भारत और महिलाओं के विरुद्ध सभी प्रकार के भेदभाव को समाप्त करने का अभिसमय (India and the Convention on the Elimination of Discrimination Against Women)

भारत ने 9 जुलाई, 1993 को महिलाओं के विरुद्ध भेदभाव की समाप्ति पर अभिसमय, 1979 का अनुसमर्थन किया। अभिसमय के अनुसमर्थन से भारत अभिसमय द्वारा लिखित कर्तव्यों को पालन करने के लिए बाध्य हो गया है।

मधु किश्वार बनाम बिहार राज्य में उच्चतम न्यायालय द्वारा यह निर्णय दिया गया कि महिलाओं के विरुद्ध सभी प्रकार के भेदभाव की समाप्ति पर अभिसमय मूल अधिकारों और निदेशक सिद्धान्तों की अविभाज्य योजना है। अभिसमय का अनुच्छेद 2 (ङ) राज्य पक्षकारों को आदेश देता है कि वे अपने संविधान में अन्तर्राष्ट्रीय अभिसमय और मानवाधिकार संरक्षण अधिनियम लिंग भेद पर आधारित भेदभाव को रोकें। अत: यह आवश्यक है कि अभिसमय को विधिक रूप में प्रभावकारी बनाने के लिए सक्षम विधान का अधिनियमन किया जाय जिससे महिलाओं के विरुद्ध भेदभाव जो विधिक, सामाजिक तथा सांस्कृतिक परम्परा के कारण विद्यमान है, समाप्त किये जा सकें।

भारत ने अभिसमय का अनुसमर्थन करते समय दो घोषणाएँ (declarations) की थीं और एक निर्बन्धन (reservation) किया था। प्रथम घोषणा में अभिसमय के अनुच्छेद 5(क) और 16(1) के सम्बन्ध में यह कहा गया था कि भारतीय गणतन्त्र की सरकार किसी समुदाय के व्यक्तिगत मामले में हस्तक्षेप न करने की अपनी नीति के अनुरूप प्रावधानों का अनुपालन करेगा और उन्हें सुनिश्चित करेगा। दूसरी घोषणा अभिसमय के अनुच्छेद 16(2) के सम्बन्ध में अधिकथित की गयी थी कि जिसमें यह कहा गया कि यद्यपि सिद्धान्ततः वह विवाह के अनिवार्य पंजीकरण के सिद्धान्त का समर्थन करता है. फिर भी भारत जैसे विस्तृत राज्य में उसकी रूढ़ि, और धर्म, की भिन्नता और साक्षरता का स्तर के साथ साध्य नहीं है। उक्त घोषणाओं के अतिरिक्त भारत ने यह अभिकथित करते हुए निर्बन्ध किया था कि वह स्वयं अभिसमय के अनुच्छेद 29 के पैरा 1 द्वारा बाध्य नहीं है, जो माध्यस्थम के माध्यम से विवाद के निपटारे से सम्बन्धित है।

यह उल्लेख किया जाना चाहिए कि विवाह के अनिवार्य पंजीकरण से सम्बन्धित घोषणा सीमा बनाम अश्विनी कुमार ? में उच्चतम न्यायालय की विनिश्चय के बाद अर्थहीन हो गयी है, जिसमें न्यायालय ने अभिनिर्धारित किया है कि सभी व्यक्तियों को, जो विभिन्न धर्मों से सम्बन्धित भारत के नागरिक हैं, विवाह उनके राज्य में अनिवार्य रूप से पंजीकरण योग्य बनाया जाना चाहिए, जहाँ विवाह सम्पन्न किया जाता है। राज्य ने तीन मास के भीतर पंजीकरण को अधिसूचित करने के लिए राज्यों से कहा था। अधिकारी की नियुक्ति नियमावली के अधीन विवाहों को पंजीकृत करने के लिए की जाएगी। जैसे और जब केन्द्रीय सरकार व्यापक नियम अधिनियमित करती है, वैसे ही इसे संवीक्षा के लिए उच्चतम न्यायालय के समक्ष रखा जाएगा। राज्यों के अधिवक्ता सुनिश्चित करेंगे कि निर्देशों का पालन तत्काल किया जाता है।

यद्यपि संविधान द्वारा महिलाओं की समानता को स्वीकार किया गया है किन्तु यह महिलाओं के लिए कल्पना के समान है जो घरों के अन्दर, कार्यस्थलों पर तथा शिक्षा पद्धति में विविध प्रकार की हिंसा का शिकार बनती हैं। वे अब भी दमन के अध्यधीन हैं। महिलाओं की दशा सुधारने के लिए लम्बे वादे 2001 में किये गये थे जो महिला शक्ति वर्ष (Women's Empowerment Year) के रूप में घोषित किया गया था। महिलाओं की शक्ति के लिए राष्ट्रीय नीति (National Policy for the Empowerment of Women) मन्त्रियों के समूह के समक्ष रखी गयी थी किन्तु नीति स्वीकार नहीं की गयी। महिलाओं की दशा को प्रभावित करने वाले विषयों पर कई गोष्ठियाँ आयोजित की गयीं किन्तु कोई विकास नहीं हुआ।

घरेलू हिंसा से महिलाओं का संरक्षण अधिनियम, 2005 (Protection of Women from Domestic Violence Act, 2005)

बीजिंग उद्घोषणा एवं कार्य योजना में महिलाओं पर घरेलू हिंसा को स्वीकार किया गया था तथा महिलाओं के विकास के लिए इस पर चिन्ता व्यक्त की गयी थी। महिलाओं के अधिकारों को प्रभावशाली संरक्षण उपलब्ध कराने के लिए, जो कि परिवार में किसी भी प्रकार की हिंसा का शिकार होती हैं, घरेलू हिंसा से महिलाओं का संरक्षण अधिनियम, 2005 संसद द्वारा अधिनियमित किया गया, जो 26 अक्टूबर, 2006 को लागू हुआ।

(2) शिशु (Child)

मानव अधिकारों की सार्वभौमिक घोषणा के अनुच्छेद 25 के परिच्छेद 2 के अन्तर्गत यह प्रावधान किया गया था कि शैशवावस्था विशेष देखभाल एवं सहायता की हकदार है। शिशु के सम्बन्ध में सार्वभौमिक घोषणा के अन्य सिद्धान्तों के साथ उपर्युक्त सिद्धान्त महासभा द्वारा दिनांक 20 नवम्बर, 1959 को अंगीकार किये गये अधिकारों की घोषणा (Declaration on the Rights of the Child) में शामिल किये गये थे। सिविल एवं राजनैतिक अधिकारों पर अन्तर्राष्ट्रीय प्रसंविदा के अनुच्छेद 23 एवं 24 तथा आर्थिक, सामाजिक एवं सांस्कृतिक अधिकारों पर अन्तर्राष्ट्रीय प्रसंविदा के अनुच्छेद 10 के अन्तर्गत शिशुओं की देखभाल के लिए प्रावधान किये गये थे। कई अन्य अन्तर्राष्ट्रीय दस्तावेजों में भी यह कहा गया है कि किसी शिशु की देखभाल पारिवारिक स्नेह और प्रसन्नता के वातावरण एवं प्यार एवं समझ में होनी चाहिए। यद्यपि शिशुओं की देखभाल एवं विकास के लिए सिद्धान्तों की उद्घोषणा की गयी, किन्तु ये सिद्धान्त राज्यों पर बाध्यकारी नहीं थे। अत: यह महसूस किया गया था कि एक ऐसा अभिसमय तैयार किया जाय जो राज्यों पर विधिक रूप से बाध्यकारी हो।

शिशुओं के अधिकार पर अभिसमय (Convention on Rights of the Child) महासभा द्वारा दिनांक 20 नवम्बर, 1989 को शिशुओं की सार्वभौमिक घोषणा की 30वीं वर्षगांठ पर सर्वसम्मति से अंगीकार किया गया, जो दिनांक 2 सितम्बर, 1990 को लागू हुआ। अभिसमय के 3 फरवरी, 2016 तक 196 राज्य पक्षकार बन चुके हैं। अभिसमय में 54 अनुच्छेद हैं और यह तीन खण्डों में विभाजित है। अभिसमय शिशुओं के सिविल, राजनैतिक, आर्थिक, सामाजिक तथा सांस्कृतिक अधिकारों को संरक्षण प्रदान करने के लिये विश्व की पहली सन्धि है। अभिसमय को सही माने में शिशुओं के अधिकारों का बिल (Bill of Rights for Children) कहा जा सकता है। अभिसमय के अनुच्छेद 1 के अन्तर्गत यह कहा गया है कि शिशु ऐसे प्रत्येक मानव को कहा जायेगा जिसकी आयु 18

वर्ष से कम हो, यदि शिशुओं पर लागू किसी विधि के अन्तर्गत वयस्कता इससे पूर्व नहीं प्राप्त हो जाती।

शिशु के अधिकार (Rights of the Child) - अभिसमय में शिशुओं के बहुत से अधिकार निर्दिष्ट किये गये हैं जिनमें निम्नलिखित सम्मिलित हैं-

1. प्राण का अधिकार (अनुच्छेद 6, परिच्छेद 1)
2. राष्ट्रीयता अर्जित करने का अधिकार (अनुच्छेद 7)
3. अभिव्यक्ति की स्वतन्त्रता का अधिकार (अनुच्छेद 13, परिच्छेद 1)
4. विचार, अंत:करण एवं धर्म की स्वतन्त्रता का अधिकार (अनुच्छेद 14, परिच्छेद 1)
5. संगम की स्वतन्त्रता एवं शांतिपूर्ण सभा करने का अधिकार. (अनुच्छेद 15, परिच्छेद 1)
6. शिक्षा का अधिकार (अनुच्छेद 28, परिच्छेद 1)
7. सामाजिक सुरक्षा से लाभ का अधिकार (अनुच्छेद 26, परिच्छेद 1)
8. शिशु के शारीरिक, मानसिक, आध्यात्मिक एवं सामाजिक विकास हेतु पर्याप्त जीवन स्तर का अधिकार (अनुच्छेद 27, परिच्छेद 1)
9. स्वास्थ्य के उच्चतम प्राप्य स्तर के उपभोग तथा बीमारी के उपचार एवं स्वास्थ्य की पुनर्स्थापना हेतु सुविधाओं का अधिकार (अनुच्छेद 24, परिच्छेद 1)
10. शिशु की एकान्तता, परिवार; गृह या पत्राचार में मनमाना एवं विधि विरुद्ध हस्तक्षेप के विरुद्ध विधिक संरक्षण का अधिकार (अनुच्छेद 16, परिच्छेद 1)

क्रियान्वयन प्रक्रिया (Implementation Procedure) - शिशुओं के अधिकार पर एक समिति अभिसमय का अनुश्रवण 1991 से कर रही है। अभिसमय के अनुच्छेद 43 के अनुसार समिति उच्च नैतिक, स्थिति एवं मान्य क्षमता वाले दस विशेषज्ञों से मिलकर गठित होती है। समिति के सदस्यों का निर्वाचन चार वर्षों के लिए होता है और वे पुन: निर्वाचन के लिए अर्ह होते हैं। अभिसमय के राज्य पक्षकारों का सम्मेलन 12 दिसम्बर, 1995 को हुआ और उसने अनुच्छेद 43 के एक संशोधन को अंगीकार किया जिसके अनुसार समिति की सदस्यता 18 विशेषज्ञों तक बढ़ा दी गयी। संशोधन को महासभा द्वारा दिनांक 21 दिसम्बर, 1995 को स्वीकृति दी गयी। समिति के सदस्यों का निर्वाचन गुप्त मतदान द्वारा राज्य पक्षकारों द्वारा नामित सदस्यों की सूची से किया जायेगा। प्रत्येक राज्य पक्षकार अपने स्वयं के राष्ट्रिकों के बीच एक व्यक्ति को नामांकित कर सकता है।

राज्य पक्षकारों ने संयुक्त राष्ट्र के महासचिव के माध्यम से समिति को अपने द्वारा किये गये उपायों की रिपोर्ट प्रस्तुत करने का वचन दिये हैं जो उसमें मान्य अधिकारों तथा उन अधिकारों के उपभोग पर की गयी प्रगति को प्रभावी बनायेगा। राज्य पक्षकारों से पहली रिपोर्ट अभिसमय लागू होने के दो वर्ष के भीतर तथा बाद में हर पांच वर्ष में देने की अपेक्षा की जाती है। राज्यों की रिपोर्ट में बाध्यताओं को पूरा करने के लिए प्रभावित करने वाले कारकों एवं कठिनाइयों, यदि कोई हों, का भी संकेत किया जायेगा। रिपोर्ट में सम्बन्धित राज्य में अभिसमय के कार्यान्वयन से सम्बन्धित पर्याप्त सूचना समिति को उपलब्ध कराने के लिए अंतर्निविष्ट होगी। समिति राज्य पक्षकारों से यह निवेदन कर सकेगी कि वे कार्यान्वयन से सुसंगत और भी सूचनाएँ प्रदान करें। - समिति से यह अपेक्षा की जाती है कि वह प्रत्येक दो वर्षों में आर्थिक एवं सामाजिक परिषद के माध्यम से महासभा को अपने क्रियाकलापों पर रिपोर्ट प्रस्तुत करे। अभिसमय में शिशुओं अथवा उनके प्रतिनिधियों से व्यक्तिगत परिवाद (individual complaints) के लिये किसी भी प्रक्रिया को निर्दिष्ट नहीं किया गया है।

शिशु के अधिकारों पर अभिसमय ने अधिकतर राज्यों का अनुसमर्थन प्राप्त किया है। अभिसमय ने एक अंतर्राष्ट्रीय मानक प्रदान किया है जिसके विरुद्ध राष्ट्रों के व्यवहार की माप की जा सकती है और उसमें सुधार किया जा सकता है। सदस्य राज्यों द्वारा अनुसमर्थन के समय से अपनाये गये उल्लेखनीय उपाय हैं-वियतनाम में किशोर न्याय प्रणाली में सुधार; बारबाडोस में अल्पवयों के फांसी देने (execution) का प्रतिषेध तथा नामीबिया के संविधान में अभिसमय के एक भाग को शामिल किया जाना। भारत ने दिसम्बर 2000 में शिशु अधिकार अभिसमय द्वारा निर्धारित न्यूनतम मामलों को प्रभावी बनाने के लिए और शिशुओं के हितों एवं कल्याण के संरक्षण एवं अनुरक्षण के लिए किशोर न्याय (शिशुओं की देखभाल एवं संरक्षण) अधिनियम 2000 [Juvenile Justice (Care and Protection of Children) Act, 2000] पारित किया है। अधिनियम के द्वारा दोनों लिंगों के किशोरों की आयु 18 वर्ष निर्धारित की गयी है। भारतीय विधि को अभिसमय से अभिपुष्टि प्रदान करने के लिए अधिनियम में विभिन्न प्रकार के अनुकल्पों का प्रावधान किया गया है जो किसी शिशु को उसके पुनर्वास एवं पुनर्एकीकरण के लिए उपलब्ध करवाये गये हैं तथा दत्तकग्रहण, पालन सम्बन्धी देखभाल का प्रावधान किया गया है। अनाथ परित्यक्त, उपेक्षित एवं शोषित बच्चों के पुनर्वास के लिए पद्धतियों में से किसी एक के प्रायोजित किये जाने का भी प्रावधान किया गया है।

शिशु के अधिकार अन्य संक्राम्य (inalienable) हैं और वह राज्य जो उनके अधिकारों की उपेक्षा करता है, निश्चित रूप से, मानवता की कमी का दोषी है। 4 फिर भी मानव

अधिकारों के करोड़ों पीड़ित व्यक्तियों में से शिशु ही हैं। वे समाज के सर्वाधिक दुर्बल वर्ग के हैं विशेष रूप से संघर्ष अथवा अन्य आपातकाल की . स्थितियों में राज्यों एवं अंतर्सरकारी संस्थाओं से ऐसे अग्रिम पहल के लिए प्रयास जरूरी है जो शिशुओं के

अधिकारों के संरक्षण पर ध्यान दें।

शिशु के अधिकारों पर अभिसमय के ऐच्छिक नवाचार (Optional Protocols to the Convention on the Rights of the Child)-

शिशु के अधिकारों पर अभिसमय के तीन ऐच्छिक नवाचार अंगीकार किये गये हैं जो निम्नवत् हैं-

(i) सशस्त्र संघर्ष में शिशुओं की अन्तर्प्रस्तता पर ऐच्छिक नवाचार (Optional Protocol on the Involement of Children in Armed Conflict) - जिनेवा अभिसमय 1949 के अन्तर्गत शिशुओं के लिए सशस्त्र संघर्ष में भाग लेने के लिये कोई प्रावधान नहीं किया गया था। 1877 में अंगीकृत जिनेवा अभिसमय 1949 पर अतिरिक्त नवाचार I में यह प्रावधान बनाया गया था कि संघर्ष करने वाले राज्य इस बात को देखेंगे कि 15 वर्ष से कम आयु वाले शिशु संघर्ष में प्रत्यक्ष रूप से भाग नहीं लेंगे। राज्य ऐसे शिशुओं को सेना में भर्ती नहीं करेंगे। किन्तु अतिरिक्त नवाचार का शिशुओं की भर्ती पर कोई विशेष प्रभाव नहीं पड़ा।

अत: शिशुओं के अधिकारों के अभिसमय पर एक ऐच्छिक नवाचार बनाया गया जिससे सशस्त्र संघर्ष में शिशुओं की भर्ती पर रोक लगाई जा सके तथा विशेषकर भर्ती की न्यूनतम आयु-सीमा को बढ़ाया जाये और शतु कार्यों (hostilities) में 18 वर्ष से कम आयु के व्यक्तियों को भाग लेने पर नियंत्रण लगाया जाये। नवाचार में गैर-राजकीय पक्षकारों द्वारा 18 वर्ष से कम आयु के व्यक्तियों की भर्ती को प्रतिषिद्ध किया गया है। इसमें राज्यों पर यह बाध्यता अधिरोपित की गयी है कि भर्ती की न्यूनतम आयु को शिशु के अधिकारों पर अभिसमय द्वारा निर्धारित आयु से अधिक बढ़ायेंगे। नवाचार 12 फरवरी, 2002 को लागू हुआ और 3 फरवरी, 2016 तक नवाचार के 162 राज्य पक्षकार थे।

ऐच्छिक नवाचार राज्यों पर यह बाध्यता भी अधिरोपित करता है कि वे 18 वर्ष से कम आयु के व्यक्तियों द्वारा शतु- कार्यों में बिना इच्छा से भाग लेने पर रोकने के लिए समस्त सम्भाव्य उपायों को अपनायेंगे। नवाचार में राज्यों से यह भी अपेक्षा की गयी है कि वे 18 वर्ष से कम आयु के शिशुओं को अपनी इच्छा से भर्ती होने से बचायेंगे। ऐच्छिक नवाचार का अनुच्छेद 3 पैरा 3 यह प्रावधान करता है कि राज्य पक्षकार न्यूनतम

रक्षा उपरकण प्रदान करने के पश्चात् 18 वर्ष से कम की आयु के बालकों को राष्ट्रीय सशस्त्र बलों में स्वैच्छिक भर्ती को अनुमति प्रदान कर सकते हैं यदि - (क) ऐसी भर्ती यथार्थ रूप से स्वैच्छिक है; (ख) ऐसी भर्ती को व्यक्ति के माता-पिता या विधिक संरक्षकों की सूचित किये गये सहमति के साथ कार्यान्वित किया जाता है; (ग) ऐसी व्यक्तियों को ऐसी सेना सेवा में अन्तर्गस्त किये गये कर्तव्यों की पूर्णतया सूचना दी जाती है; (घ) ऐसा व्यक्ति राष्ट्रीय सेना सेवा में प्रतिग्रहण के पूर्व आयु का विश्वसनीय सबूत प्रदान करते हैं। नवाचार राज्यों पर यह बाध्यता भी अधिरोपित करता है कि वे नवाचार के क्रियान्वयन पर शिशु के अधिकारों पर समिति (Committee on the Rights of the Child) को रिपोर्ट देंगे।

सुरक्षा परिषद ने बाल सैनिकों की भर्ती को रोकने के लिए बाल सैनिकों की भर्ती के लिए उत्तरदायी उन सभी राज्यों को मॉनिटर करने, रिपोर्ट करने तथा दण्ड देने के लिए एक यान्त्रिकी के स्थापना के लिए 2005 में संकल्प 1612 को अंगीकार किया। बाद में, परिषद् ने 2009 में संकल्प 1882 को अंगीकार किया जिसमें इसने महासचिव से पक्षकारों की अपनी सूची को विस्तारित करने की माँग की जिसमें सशस्त्र संघर्ष में शिशुओं की अन्तर्ग्रस्तता की सूची में बाल सैनिकों की भर्ती, या सशस्त्र संघर्षों में बालकों का वध, या उनके साथ बलात्संग या अन्य प्रकार की लैंगिक हिंसा करते हैं को सम्मिलित करने के लिये कहा गया। परिषद ने बालकों के साथ इस प्रकार के किये गये कार्यों का अन्तर्राष्ट्रीय विधि का उल्लंघन माना है।

(ii) शिशुओं के विक्रय, बाल वेश्यावृत्ति, बाल अश्लील साहित्य पर ऐच्छिक नवाचार (Optional Protocol on the Sale of Children, Child Prostitution and Child Pronography) - नवाचार जनवरी 18, 2002 को लागू हुआ और 3 फरवरी, 2016 तक नवाचार के 171 राज्य पक्षकार बन चुके थे। ऐच्छिक नवाचार बच्चों के विक्रय, बाल वेश्यावृत्ति तथा बाल अश्लील साहित्य के सम्बन्ध में शिशुओं के अधिकारों के उल्लंघन के अपराधीकरण की विस्तृत अपेक्षाओं को प्रदान करके शिशु के अधिकारों पर अभिसमय के प्रावधानों की अनुपूर्ति करता है। नवाचार में शिशुओं के विक्रय, बाल वेश्यावृत्ति तथा बाल अश्लील साहित्य के अपराधों की परिभाषा उपबंधित है। इसमें अपराधियों, पीड़ितों के संरक्षण तथा निवारक उपायों समेत राष्ट्रीय विधि के अधीन उल्लंघन में उपचार के मानकों को निर्धारित किया गया है। नवाचार में इन क्षेत्रों में, विशेषकर अपराधियों के अभियोजन के लिए अन्तर्राष्ट्रीय सहयोग प्राप्त करने के लिये भी प्रावधान किया गया है।

(iii) शिशुओं के अधिकारों पर संरचना प्रक्रिया पर ऐच्छिक नवाचार (Optional Protocol to the Rights of the Child on a Communication Procedure) - शिशुओं को संसूचना के अधिकार की प्रक्रिया प्रदान करने के लिए महासभा द्वारा एक ऐच्छिक नवाचार 19 दिसम्बर, 2011 को अंगीकार किया गया जो 10 राज्यों के पक्षकार बन जाने के बाद 14 अप्रैल, 2014 को लागू हुआ। इस नवाचार को 3 फरवरी, 2016 तक 24 राज्यों द्वारा अनुसमर्थित किया जा चुका है। इस नवाचार द्वारा पक्षकार राज्यों के शिशुओं को लिखित रूप से समिति को संसूचना देने का अधिकार होगा यदि उनके उन अधिकारों का उल्लंघन किया जाता है जो शिशुओं के अधिकार के अभिसमय में लिखित हैं। इस नवाचार के अन्तर्गत शिशुओं द्वारा संसूचना प्राप्त होने पर समिति राज्य सरकार से यह सूचना प्राप्त करती है कि उसने शिशु द्वारा किये गये परिवाद पर क्या कदम उठायें हैं। समिति को राज्य के विरुद्ध गोपनीय तरीके से जाँच करने का भी अधिकार प्राप्त है।

बाल श्रम (Child Labour)

बाल श्रम उन गम्भीर समस्याओं में से एक समस्या है, जिनका अंतर्राष्ट्रीय समुदाय काफी समय से सामना कर रहा है। अंतर्राष्ट्रीय श्रम संगठन (ILO) के प्राक्कलन के अनुसार 5 से 14 वर्ष आयु के बीच के कतिपय 250 करोड़ बच्चे विकासशील देशों में कार्य करते हैं, जिसमें से लगभग आधे पूरे समय कार्य करते हैं। अंतर्राष्ट्रीय श्रम संगठन (ILO) के एक दूसरे सर्वेक्षण से यह निष्कर्ष निकलता है कि 5 से 11 वर्ष की आयु के बीच के लगभग 50 से 60 करोड़ बच्चे पूरे विश्व में खतरनाक परिस्थितियों में कार्य कर रहे हैं।

संयुक्त राष्ट्र का लक्ष्य बाल श्रम के सम्बन्ध में काम करने वाले बच्चों का शोषण एवं ऐसी खतरनाक दशाओं में कार्य करने से संरक्षण करना है जिससे उनके शारीरिक अथवा मानसिक विकास के लिए खतरा पैदा होता है। बच्चों को शिक्षा के न्यूनतम स्तर, पोषण, स्वास्थ्य संरक्षण सुनिश्चित करना एवं बाल श्रम की समाप्ति करना भी संयुक्त राष्ट्र का लक्ष्य है। उपर्युक्त लक्ष्यों को प्राप्त करने के लिए संयुक्त राष्ट्र के विभिन्न निकायों ने कई उपाय किये हैं जिसमें निम्नलिखित शामिल हैं-

1. अन्तर्राष्ट्रीय श्रम संगठन आरम्भ से ही युवा एवं शिशुओं के अधिकारों के संरक्षण के लिए तथा उन्हें सामाजिक न्याय उपलब्ध कराने के लिए प्रतिबद्ध था। समय के साथ संगठन ने 12 प्रमुख अभिसमयों को अंगीकार किया, जो कि या तो शिशुओं को रोजगार देने से प्रतिबन्धित करता है या रोजगार के विभिन्न निकायों में उन्हें एक निश्चित उम्र सीमा के ऊपर होने पर रोजगार की अनुमति देता है। अंतर्राष्ट्रीय

श्रम संगठन ने 1990 में एक बाल श्रम की समाप्ति पर अंतर्राष्ट्रीय कार्यक्रम (International Programme on the Elimination of Child Labour (IPEC) की शुरुआत की है।

2. महासभा ने 1992 में सरकारों एवं मानव अधिकार आयोग से गलियों के ऐसे बच्चों (street children) की समस्याओं पर कार्यवाही करने के लिए कहा जो गम्भीर अपराध, नशे सम्बन्धी आदतों, हिंसा एवं वेश्यावृत्ति जैसे कार्यों द्वारा प्रभावित एवं अंतर्ग्रस्त हैं।

3. भेदभाव के निवारण एवं अल्पसंख्यकों के संरक्षण हेतु उप-आयोग (Sub-Commission on Prevention of Discrimination and Protection of Minorities) ने बच्चों के सशस्त्र बलों पर अनिवार्य भर्ती के चयन पर रोक लगाने के लिए कदम उठाने की अपेक्षा की है।

4. मानव अधिकार आयोग ने एक विशेष रिपोर्टर (Rapporteur) की नियुक्ति बच्चों के विक्रय, बाल-वेश्यावृत्ति, बाल-अश्लील साहित्य (Child Pornography) और वाणिज्यिक उद्देश्य हेतु दत्तक ग्रहण के प्रयोग के लिए की है।

5. श्रम संगठन द्वारा सर्वाधिक प्रभावी कदम 17 जून, 1999 को जिनेवा में बाल श्रम के सर्वाधिक कुत्सित रूप (Worst Forms of Child Labour Convention) पर एक अभिसमय बना कर उठाया। अभिसमय राज्यों से यह अपेक्षा करता है कि 18 वर्ष से कम आयु के बच्चों से बाल श्रम के सर्वाधिक कुत्सित रूप को शीघ्रतापूर्वक प्रतिषिद्ध एवं समाप्त कर दें। संधि में दासता, श्रम-बंधन एवं बाल - वेश्यावृत्ति तथा बाल सैनिकों के बलात् चयन जैसी शोषक प्रवृत्ति के प्रतिषेध का प्रावधान किया गया है। संधि में अनुसमर्थन करने वाले देशों से यह भी अपेक्षा की गयी है कि वे बच्चों को खतरनाक श्रम से हटाने के लिए समर्थन प्रदान करें तथा शिक्षा अथवा व्यावसायिक प्रशिक्षण तक उनकी पहुँच को सुनिश्चित करें। यह उल्लेखनीय है कि शिक्षा बालश्रम के निवारण के लिए अत्यधिक प्रभावी साधनों में से एक है। सभी के लिए शिक्षा प्राप्त करने का प्रयास (Efforts to Education for All) और बालश्रम उन्मूलन (Elimination of Child Labour) का नजदीकी सम्बन्ध है। नियोजन प्राप्त करने के लिए न्यूनतम आयु तक नि:शुल्क तथा अनिवार्य शिक्षा बालश्रम का निवारण करने में प्रमुख उपकरण है।

भारत में बाल श्रम (Child Labour in India) - भारत का संविधान अनुच्छेद 24 के अन्तर्गत उपबन्ध करता है कि 14 वर्ष से कम आयु के बालक किसी कारखाना

या खान में अथवा किसी संकट कारक नियोजन में नियुक्त नहीं किये जायेंगे। संविधान के निर्मातागण इस बात की जानकारी रखते थे कि केवल श्रम का निषेध ही पर्याप्त नहीं है अत: अनुच्छेद 45 में प्रावधान किया गया कि राज्य सभी बालकों के लिए स्वतन्त्र तथा अनिवार्य शिक्षा की व्यवस्था करेगा जब तक कि वे 14 वर्ष की आयु पूरी न कर लें। बाल श्रमिक पर उपर्युक्त पूर्ण प्रतिषेध के होते हुए भी बालक संकट पूर्ण कार्य में बहुत बड़ी संख्या में कार्यरत हैं।

भारत में बाल नियोजन अधिनियम, 1938 प्रथम सांविधिक अधिनियम था, जो बाल श्रम से सम्बन्धित था। अधिनियम ने रेलवे तथा परिवहन के अन्य साधनों में 14 वर्ष की आयु के नीचे के बालकों के नियोजन का प्रतिषेध किया था। किन्तु अधिनियम में अनुबंध सूची ने बहुत से अन्य उद्योगों का निर्धारण नहीं किया है, जो असंदिग्ध रूप में संकट कारक हैं। पीपुल्स यूनियन फॉर डेमोक्रेटिक राइट्स बनाम यूनियन आफ इण्डिया, के प्रकरण में यह तर्क किया गया था कि 1938 का अधिनियम दिल्ली में एशियाई प्रयोजन के निर्माण कार्य में बालकों के नियोजन में लागू नहीं होता है। क्योंकि अधिनियम में संलग्न अनुसूची इसे निर्धारित नहीं करती है, जहाँ बालकों का नियोजन प्रतिषिद्ध है। उच्चतम न्यायालय ने इस तर्क को अस्वीकार कर दिया और निर्णय दिया कि निर्माण कार्य संकट कारक नियोजन है और इसलिए संविधान के अनुच्छेद 24 के अन्तर्गत 14 वर्ष से कम आयु का बालक निर्माण कार्य में नियुक्त नहीं किया जा सकता यद्यपि निर्माण उद्योग अधिनियम में संलग्न अनुसूची में निर्धारित नहीं है। न्यायाधीश भगवती ने कहा है कि राज्य सरकार को अधिनियम की अनुसूची में निर्माण कार्य सम्मिलित करना चाहिए और यह सुनिश्चित करना चाहिए कि अनुच्छेद 24 संवैधानिक अनुदेश का उल्लंघन देश के किसी भाग में नहीं हुआ है। उच्चतम न्यायालय ने लेबर वर्किंग ऑन सलाल हाइड्रो प्रोजेक्ट बनाम जम्मू तथा कश्मीर ने यह बात फिर से कही है कि निर्माणकार्य एक संकटपूर्ण कार्य है और 14 वर्ष से कम आयु के बच्चे इसमें नियुक्त नहीं हो सकते।

स्वतन्त्रता के पश्चात् अधिनियमित विधायी अधिनियमों की कुछ संख्या प्रभावी है जो विभिन्न प्रकार के कार्यों में बाल श्रमिक के नियोजन का निषेध करती है। ये हैं- भारतीय कारखाना अधिनियम, 1948; भारतीय खान अधिनियम, 1952; मोटर परिवहन कर्मचारी अधिनियम, 1961; बीड़ी तथा सिगार कर्मकार (नियोजन की शर्त अधिनियम (1966) और प्रशिक्षु अधिनियम (1961), दुकान तथा वाणिज्य स्थापना अधिनियम जो भिन्न राज्यों में भिन्न नामों से प्रचलित हैं, बालकों के नियोजन का निषेध करते हैं।

बालश्रम (प्रतिषेध तथा विनियम) अधिनियम, 1986 (Child Labour (Prohibition and Regulation) Act) वास्तव में बालश्रम का प्रतिषेध करने के लिए साहसिक कदम है। अधिनियम की धारा 3- ने कुछ उपजीविकाओं और प्रक्रियाओं में बाल नियोजन का निषेध किया है। अधिनियम की अनुसूची का भाग 1 उपजीविकाओं के नामों का उल्लेख करता है, जिनमें कोई बालक काम में नियोजित नहीं किया जा सकता अथवा अनुमति नहीं दी जा सकती है। ये हैं- (1) रेलवे द्वारा यात्रीगण, माल अथवा मेल के परिवहन से सम्बन्धित उपजीविकायें, (2) राख के गड्ढों में सफाई और सिंडर पिकिंग का कार्य, (3) रेलवे स्टेशन पर भोजन प्रबन्ध के कार्य जिसमें विक्रेता अथवा स्थापन के किसी अन्य कर्मचारी की गतिशीलता एक प्लेटफार्म से दूसरे प्लेटफार्म पर जाने की होती है अथवा गाड़ी के एक डिब्बे में जाना और उससे बाहर निकलना होता है, (4) रेलवे स्टेशन के निर्माण से सम्बन्धित कार्य अथवा कोई अन्य कार्य जो रेलवे लाइन के एकदम पास किया जाता है अथवा रेलवे लाइनों के बीच किया जाता है, तथा (5) बन्दरगाह प्राधिकारी का कार्य किसी बन्दरगाह की सीमाओं के अन्तर्गत कार्य; भाग ख के अन्तर्गत दूसरे संसाधन आते हैं जहाँ किसी व्यक्ति को कार्य करने के लिए नियुक्त नहीं किया जाता है अथवा अनुमति नहीं दी जाती है। ये हैं-बीड़ी बनाना, कालीन बुनना, सीमेंट निर्माण, बोरियों में सीमेण्ट भरना, कपड़े में छपाई का काम करना, रंगाई तथा बुनाई का काम करना, दियासलाई बनाना, विस्फोटक तैयार करना, पटाखे तैयार करना। अभ्रक काटना तथा बिखेरना, शेलैक निर्माण, साबुन बनाना, चमड़ा पकाने का काम, ट्रेन साफ करने का काम और उद्योग के लिए भवन निर्माण। अधिनियम की धारा 14 एक वर्ष (कम से कम तीन मास) के कारावास तथा अर्थदण्ड 20,000 रूपये तक (कम से कम 10,000 रूपये) अथवा दोनों उस व्यक्ति को दण्डित करते हैं जो धारा 3 के उल्लंघन में बालकों से कार्य लेता है।

यह अधिनियम इस अर्थ में सीमित था कि बच्चे कार्य करना जारी रख सकते हैं, यदि वे परिवार की आय के मुख्य स्रोत होते हैं। इसके अतिरिक्त बालक ऐसे उद्योग में कार्य कर सकते हैं जो अधिनियम से संलग्न अनुसूची के भाग के तथा भाग ख में निर्धारित हैं। अधिनियम बालक के पुनर्वास की व्यवस्था नहीं करता।

सरकार द्वारा सन् 2006 में बालश्रम (प्रतिषेध एवं विनिमय) अधिनियम, 1986 में संशोधन कर विज्ञप्ति (notification) जारी की गई। इस विज्ञप्ति में 14 वर्ष से कम आयु के बच्चों को घरेलू नौकरों के रूप में लगाए जाने के लिए प्रतिबन्धित किया गया है। ढाबों में, सड़क के किनारे भोजनालयों में, रेस्त्राँ में, होटलों में, चाय की दुकानों, सैरगाहों एवं मनोरंजन केन्द्रों पर शिशुओं के नियोजन पर प्रतिबन्ध लगा दिया गया है। यह प्रतिबन्ध

सजा के उपबन्धों के साथ लागू किया गया है जो कि एक वर्ष तक कारावास की सजा एवं 20,000 रूपये तक जुर्माने का प्रावधान करता है। उपरोक्त विज्ञप्ति 11 अक्टूबर, 2006 से लागू हो गई है।

एम० सी० मेहता बनाम तमिलनाडु राज्य में, उच्चतम न्यायालय ने कुछ व्यापक सिद्धान्त निरूपित किये हैं जिससे राज्य अधिकारी लाखों बालकों के आर्थिक, सामाजिक और मानवीय अधिकारों का संरक्षण कर सकें; जो संकटपूर्ण या संकटापन्न कार्यो में काम करते हैं। न्यायालय ने निर्देश दिया है कि संकटपूर्ण कार्य के लिए कारखाने का नियोजक जहाँ बालक कार्य कर रहे हैं, नियुक्त प्रत्येक बालक के लिए अधिनियम के उल्लंघन में 20,000 रूपये का हर्जाना देगा जो ऐसे कोष में जमा किया जायगा जिसे बाल श्रमिक पुनर्वास तथा कल्याण कोष (Child Labour Rehabilitation-cum-Welfare Fund) के नाम से जाना जायेगा। इस प्रकार का कोष ऐसा निकाय निर्मित करेगा जिसकी आय सम्बन्धित बालक के लिए उपयोग की जायेगी। न्यायालय ने यह भी निर्देश दिया है कि नियोजक का दायित्व समाप्त नहीं होगा जो पूर्व नियुक्त बालक को कार्य से मुक्त करने की इच्छा करेगा।

न्यायालय ने सरकार को यह सुनिश्चित करने का निदेश दिया है कि परिवार का वयस्क सदस्य जिसका बालक कारखाने में नियुक्त है अथवा खान में नियुक्त है अथवा अन्य संकट कार्य करता है, बालक के बदले कार्य प्राप्त करता है। उन मामलों में जहाँ बालक के वयस्क सदस्य को कार्य देना सम्भव नहीं होगा तो सरकार कोष से प्रत्येक बालक के लिए जो कारखाने अथवा खान में अथवा किसी अन्य परिसंकटमय कार्य में नियुक्त है, 25,000 रूपये की धनराशि जमा करेगा। उपर्युक्त का यह अर्थ हो सकता है कि सम्बन्धित अधिकारी दो विकल्प रखेगा कि वह या तो वयस्क के लिए वैकल्पिक नियोजन सुनिश्चित करेगा जिसका नाम सम्बन्धित माता-पिता/ संरक्षक द्वारा बताया जायेगा जो कार्य के बदले कार्य प्राप्त कर रहा है अथवा 25,000 रूपये की धनराशि बाल श्रमिक पुनर्वास तथा कल्याण कोष में जमा करेगा। वयस्क द्वारा नियोजन प्राप्त करने की दशा में माता-पिता/संरक्षक कार्य से अपने बालक को वापस ले लेगा। जहाँ तक बिना संकट के कार्यो का सम्बन्ध है, निरीक्षक को यह देखना होगा कि बालक के कार्य के घंटे प्रतिदिन चार या छ: से अधिक नहीं हैं और वह प्रतिदिन कम से कम दो घंटे शिक्षा प्राप्त करता है। शिक्षा का सम्पूर्ण व्यय नियोजक द्वारा प्रदान किया जायेगा।

उपर्युक्त निर्देशन तथा पथ-प्रदर्शन उस समय लाभदायक होता यदि उनका प्रभावपूर्ण रूप में अनुपालन किया गया होता। आज बालक एक बड़ी संख्या में परिसंकटमय और

गैर परिसंकटमय कार्यों में नियुक्त किये जाते हैं क्योंकि वे गरीब हैं और इसलिए भी कि वे सरलता से उपलब्ध हो जाते हैं। माता-पिता की निरक्षरता और अज्ञानता और बालकों को शिक्षित करने का उनका दृष्टिकोण भी बाल श्रम के लिए उत्तरदायी है। इस प्रकार निर्धन परिवारों के लिए बाल श्रम केवल एक आर्थिक रूप में आवश्यक नहीं है। यह सामाजिक तथा आर्थिक शोषण का परिणाम भी है।

बाल श्रम निवारण एक बहुत बड़ा कार्य है। यह देखने की आवश्यकता है कि बालकों की सुकुमार आयु का दुरुपयोग नहीं किया जा रहा है तथा आर्थिक विवशता के कारण उन्हें उनकी आयु तथा शक्ति के प्रतिकूल उप-व्यवसाय में नहीं लगाया जा रहा है और बालकों को ऐसी सुविधाएं तथा अवसर दिये जाने चाहिए; जिससे उनकी स्वतन्त्रता व गरिमा का विकास हो सके। यह आवश्यक है कि बाल्यावस्था को शोषण से बचाया जाय। इसका केवल एक ही प्रकार से निवारण किया जा सकता है कि बालकों को शिक्षा दी जाय। बाल श्रम को रोकने के लिए यही सबसे प्रभावकारी तरीका है। जिन बालकों की प्राथमिक शिक्षा नहीं होती है उनके पास बहुत कम विकल्प होता है अथवा कोई विकल्प नहीं होता है सिवाय इसके कि वे श्रम बाजार में प्रवेश करें जहाँ उन्हें परिसंकटमय कार्यों में लगाया जाता है और उनका शोषण होता है। बाल श्रम नष्ट करने के लिए अन्तर्राष्ट्रीय कार्यक्रम ने यह प्रदर्शित किया है कि शिक्षा के द्वारा ही बाल श्रम को दूर किया जा सकता है तथा रोका जा सकता है। सबको शिक्षा देने का प्रयत्न तथा बाल श्रम दूर करने का प्रयत्न घनिष्ठता से सम्बन्धित है।

भारत में बालकों की संख्या 38 करोड़ है जो विश्व में बालकों की सबसे बड़ी संख्या है। इनमें 6 वर्ष से 14 वर्ष के बालकों की सर्वाधिक संख्या है। उन्हें नि:शुल्क शिक्षा देना एक बड़ा कार्य है। यह अनुमान किया गया है कि अगले पाँच वर्षों में नि:शुल्क शिक्षा देने में 40 हजार करोड़ रुपये व्यय होंगे। सरकार से आशा नहीं की जाती है कि वह इस बृहत् आर्थिक स्रोतों का उपबन्ध करेगी। माता-पिता तथा संरक्षक लोग जिन्हें यह कार्य दिया गया है कि वे संविधान के अनुच्छेद 51 (ए) (के) के अन्तर्गत अपने बच्चों को शिक्षा दें किन्तु दु:ख की बात यह है कि वे शिक्षा के लिए अपने बच्चों को विद्यालय भेजने के लिए अनिच्छुक हैं क्योंकि वे अपने परिवारों के लिए आर्थिक रूप से मदद करते हैं। माता-पिता के मध्य ऐसी सजगता होनी चाहिए कि वे बच्चों को शिक्षा दें। यह बाल श्रम रोकने के लिए पूर्व अपेक्षा है। श्रम पर द्वितीय राष्ट्रीय आयोग ने यह सुझाव दिया था कि बाल श्रम रोकने के लिए पहला कदम है कि सभी बालक को अनिवार्य प्राथमिक शिक्षा सुनिश्चित हो। यह एन० जी० ओ० (N.G.O.) और माता-पिता की सहायता से अनुपालन किया जायेगा। यह माता-पिता, एन० जी० ओ० और सरकार का कर्तव्य है कि वे देखें कि हर बालक विद्यालय जाता है।

भारत ने 1989 के बाल अधिकार अभिसमय का अनुसमर्थन किया है जिसने अनुच्छेद 28 (1) में अनिवार्य प्राइमरी शिक्षा का उपबन्ध किया गया है जो सबको नि:शुल्क प्राप्त होगी। अत: भारत का कर्तव्य है कि अभिसमय के उपर्युक्त उपबन्ध का पालन करे। इसमें संदेह नहीं है कि पहले की अपेक्षा अब अधिक बच्चे विद्यालय जाते हैं। फिर भी सभी बच्चों को नि:शुल्क प्राथमिक शिक्षा अन्य भारी सामाजिक और आर्थिक समस्याओं के कारण उप-बन्धित नहीं की जा सकती।

बाल अधिकारों के संरक्षण के अधिनियम पर आयोग (Act on Commission for the Protection of Child Rights Act) 2005

शिशुओं के अधिकारों के संरक्षण के लिए भारत सरकार द्वारा अपनायी गयी नीतियों को प्रभावशाली ढंग से लागू करने के लिए बाल अधिकारों के संरक्षण के लिए आयोग की व्यवस्था करने का अधिनियम 2005 बनाया, जो 20 जनवरी, 2006 से लागू हुआ।

आयोग में एक अध्यक्ष होगा जिसने शिशुओं के कल्याण के लिए सर्वोत्तम काम किया हो या विख्यात व्यक्ति हो एवं आयोग के 6 अन्य सदस्य होंगे जिसमें से कि कम से कम दो महिलाएँ होंगी, जिनकी नियुक्ति भारत सरकार द्वारा ऐसे व्यक्तियों में से की जायेगी, जिन्हें बाल स्वास्थ्य, शिक्षा, बाल विकास, असमर्थ बच्चे, बाल श्रम, बाल मनोविज्ञान का अच्छा ज्ञान एवं अनुभव हो तथा इस क्षेत्र में जिन्होंने प्रमुख योगदान दिया हो। आयोग का कार्यालय नई दिल्ली में स्थित होगा। आयोग अधिनियम की धारा 13 के अन्तर्गत उप-बन्धित बहुत से कार्यो को सम्पादित करेगा, जिसमें प्रमुख हैं- (a) शिशुओं के अधिकारों के लिए समय-समय पर लागू. किए जाने वाले कानूनों के अन्तर्गत अथवा उसमें उप-बन्धित प्रावधानों की निगरानी की समीक्षा एवं परीक्षण करना; (b) सरकार को इस निगरानी के कार्यो की वार्षिक रिपोर्ट पर जैसा आयोग उचित समझे ऐसे अन्य समयान्तरालों पर रिपोर्ट प्रस्तुत करना; (c) शिशुओं के अधिकारों के उल्लंघन की जाँच करना एवं ऐसे मामलों में प्रारम्भिक कार्यवाही की संस्तुति करना; (d) शिशुओं के अधिकारों के उपयोग को सीमित करने वाले कारकों जैसे-आतंकवाद, सामुदायिक हिंसा, दंगा, प्राकृतिक आपदा, घरेलू हिंसा, एच० आई० वी० एड्स, मानव दुर्व्यवहार, यातना, शोषण, वेश्यावृत्ति के द्वारा किए जाने वाले अधिकारों के उल्लंघन करने वाले कारकों की जाँच करना एवं उपयुक्त उपचारात्मक मानकों की संस्तुति करना; (e) शिशुओं की विशेष आवश्यकताओं से सम्बन्धित सुविधाओं एवं संरक्षण से सम्बन्धित मामलों की देखभाल करना; (f) शिशुओं के अधिकारों की अन्तर्राष्ट्रीय संधियों तथा गतिविधियों की एक नीतियों और कार्यक्रमों का आवर्ती अध्ययन करना; (g) शिशुओं के अधिकारों की प्रोत्साहन वाले क्षेत्रों में अनुसंधान

करना; (h) समाज के विभिन्न समूहों के मध्य शिशुओं की साक्षरता का विस्तार करना; (i) किसी बाल अभिरक्षण गृह या किसी अन्य आवास या संस्था में बाल अभिरक्षण की जाँच करना; (i) शिशुओं के अधिकारों के हनन एवं दुश्चरित्रतापूर्ण व्यवहार से सम्बन्धित मामलों की शिकायतों की एवं स्वप्रेरणा से जाँच करना; (k) ऐसे अन्य कार्यों को सम्पादित करना जो शिशुओं के अधिकारों के संरक्षण एवं संवर्धन हेतु आवश्यक समझे जाएँ।

अधिनियम धारा 25 के अन्तर्गत यह भी अभिकथित करता है कि शिशुओं के अधिकारों के उल्लंघन के या शिशुओं के विरुद्ध किए गए अपराधों का शीघ्र विचारण करने के उद्देश्य से, राज्य सरकार, उच्च न्यायालय के मुख्य न्यायाधीश की सहमति से, विज्ञप्ति द्वारा, कम से कम राज्य में एक न्यायालय की स्थापना पर प्रत्येक जिले में, शिशुओं के अपराधों के लिए एक सेशन न्यायालय कथित अपराधों के विचारण हेतु स्थापित करे; प्रत्येक शिशु न्यायालय के लिए, राज्य सरकार, विज्ञप्ति द्वारा एक लोक अभियोजक या एक, अधिवक्ता को नियुक्त करेगी जिसने कम से कम 7 वर्ष तक एक अधिवक्ता के रूप में कार्य किया हो, उस न्यायालय में ऐसे मामले को सम्पादित करने के लिए विशेष लोक अभियोजक के रूप में नियुक्त कर सकेगी।

(3) प्रवासी कर्मचारियों के अधिकार (Rights of the Migrant Workers)

प्रवासी कर्मचारियों एवं उनके परिवारों के सदस्यों के विरुद्ध व्यापक भेदभाव तथा उनकी स्थिति को सुधारने के लिए और प्रयास करने की आवश्यकता के कारण 18 दिसम्बर, 19901 को महासभा द्वारा एक अभिसमय अंगीकार किया गया जिसे सभी प्रवासी कर्मचारियों एवं उनके परिवार के सदस्यों के अधिकारों के संरक्षण पर अन्तर्राष्ट्रीय अभिसमय (International Convention on the Protection of All Migrant Workers and Members of Their Families) के नाम से जाना जाता है। अभिसमय के अनुच्छेद 87 के परिच्छेद 1 के अनुसार यह उस समय लागू होगा जब इसे 20 राज्यों द्वारा अनुसमर्थित अथवा स्वीकृत कर दिया जायेगा। तद्नुसार, अभिसमय जुलाई 1, 2003 को लागू हुआ। 3 फरवरी, 2016 तक अभिसमय के 48; राज्य पक्षकार बन चुके हैं। 93 अनुच्छेदों का अभिसमय 9 भागों में विभाजित किया गया है जिसमें इसके क्षेत्र एवं परिभाषा, भेदभाव, सभी प्रवासी कर्मचारियों की प्रस्थिति पर बिना विचार किये हुये उनके लिए मानव अधिकार, तथा उन व्यक्तियों के लिए अन्य अधिकार जो प्रालेखित अथवा नियमित स्थिति' में हैं, समाविष्ट हैं।

प्रवासी कर्मचारियों की परिभाषा
(Definition of Migrant Workers)

अभिसमय के अनुच्छेद 2 के अन्तर्गत प्रवासी कर्मचारी की परिभाषा एक ऐसे व्यक्ति के रूप में की गयी है, जिसे किसी ऐसे राज्य में पारिश्रमिक क्रिया-कलाप में लगाया गया है अथवा लगाया जायेगा; जिसका वह राष्ट्रिक नहीं है। अनुच्छेद 4 के अन्तर्गत 'परिवार के सदस्यों' को ऐसे व्यक्तियों के रूप में परिभाषित किया गया

1. महासभा संकल्प 457158 दिनांक 18 दिसम्बर, 1990.

है जिन्होंने प्रवासी कर्मचारियों से विवाह किया है। अथवा उनसे ऐसे सम्बन्ध रखते हैं जो प्रयुक्त विधि के अनुसार विवाह के ही समतुल्य प्रभाव उत्पन्न करते हैं। साथ ही साथ 'परिवार के सदस्यों' की परिभाषा के अन्तर्गत उनके आश्रित बच्चे एवं अन्य आश्रित व्यक्ति भी आते हैं जो प्रयुक्त विधायन अथवा सम्बन्धित राज्यों के मध्य प्रयुक्त द्विपक्षीय अथवा बहुपक्षीय करारों द्वारा परिवार के सदस्य के रूप में मान्य ठहराये गये हों।

प्रवासी कर्मचारियों के अधिकार (Rights of Migrant Workers)

सभी प्रवासी कर्मचारियों एवं उनके परिवारों के सदस्यों के लिए कई अधिकारों का प्रावधान किया गया है जिनमें निम्नलिखित शामिल हैं-

1. वे बिना किसी प्रतिबन्ध के किसी भी राज्य को छोड़ने के लिए स्वतन्त्र होंगे जिसमें उनके मूल राज्य भी सम्मिलित होंगे (अनुच्छेद 8 परिच्छेद 1) तथा उन्हें अपने मूल राज्य में प्रवेश करने एवं बने रहने का अधिकार होगा। (अनुच्छेद 8 परिच्छेद 2)
2. विधि के अधीन प्राण के अधिकार का संरक्षण।
3. यातना अथवा कूर, अमानवीय अथवा अपमानजनक व्यवहार अथवा दण्ड की अधीनता से निवारण (अनुच्छेद 10)
4. दास प्रथा या गुलामी का निषेध। (अनुच्छेद 11 परिच्छेद 1)
5. बलात् अथवा अनिवार्य श्रम का निषेध। (अनुच्छेद 11 परिच्छेद 2)
6. विचार, अन्त: करण और धर्म की स्वतन्त्रता का अधिकार। (अनुच्छेद 12)
7. बिना किसी हस्तक्षेप के विचार व्यक्त करने का अधिकार। (अनुच्छेद 13 परिच्छेद 1) और अभिव्यक्ति की स्वतन्त्रता का अधिकार (अनुच्छेद 13 परिच्छेद 2)

8. एकान्तता, गृह, पत्राचार या अन्य सूचनाओं पर मनमानेपूर्ण अथवा विधिविरुद्ध हस्तक्षेप से संरक्षण। (अनुच्छेद 14)

9. सम्पत्ति से मनमानेपूर्ण तरीके से वंचित किये जाने से संरक्षण। (अनुच्छेद 14)

10. व्यक्ति की स्वतन्त्रता एवं सुरक्षा का अधिकार। (अनुच्छेद 16 परिच्छेद 1)

11. हिंसा, शारीरिक आघात, धमकी अथवा अभित्रास चाहे ये लोक अधिकारियों द्वारा हों या गैर-सरकारी व्यक्तियों द्वारा, के विरुद्ध संरक्षण। (अनुच्छेद 16 परिच्छेद 2)

12. मनमानेपूर्ण गिरफ्तारी अथवा निरोध से संरक्षण। (अनुच्छेद 16 परिच्छेद 4)

13. गिरफ्तारी या निरोध के अधीन (अनुच्छेद 16 परिच्छेद 5) विधिक अधिकारों के सम्बन्ध में सूचना; तथा जब विचारण के लम्बित रहने पर कारागार अथवा अभिरक्षा में सुपुर्द कर दिया जाय तब विधिक अधिकारों के सम्बन्ध में सूचना। (अनुच्छेद 16 परिच्छेद 7)

14. न्यायालयों एवं अधिकरणों के समक्ष सम्बन्धित राज्य के राष्ट्रिकों के साथ समानता का अधिकार।

15. किसी प्रवासी कर्मचारी अथवा उसके परिवार के सदस्य को केवल इस आधार पर बन्दी नहीं बनाया जायेगा कि वह किसी संविदात्मक बाध्यता को पूरा करने में असफल हो गया था। (16) निष्कासन के प्रत्येक मामले की परीक्षा एवं विनिश्चय व्यक्तिगत रूप से किया जायेगा।

कर्मचारियों के सामूहिक निष्कासन को अवैध घोषित किया गया है। (अनुच्छेद 22)

कार्यान्वयन प्रक्रिया (Implementation Procedure)

अभिसमय में प्रवासी कर्मचारियों और उनके परिवार के सदस्यों के अधिकारों के क्रियान्वयन के लिए प्रावधान किया गया है। समस्त प्रवासी कर्मचारी गण एवं उनके परिवार के सदस्यों के अधिकारों के संरक्षण पर एक समिति स्थापित की गयी है जिसमें आरम्भ में 10 सदस्य थे। समिति में अभिसमय के प्रवर्तन के पश्चात् चार अतिरिक्त विशेषज्ञ को शामिल किया गया। इन सदस्यों का निर्वाचन राज्य पक्षकारों द्वारा नामांकित व्यक्तियों की सूची से राज्य पक्षकारों द्वारा गुप्त मतदान द्वारा होगा। वे अपनी व्यक्तिगत क्षमता पर चार वर्षों तक सेवा करेंगे। समिति राज्य सरकारों द्वारा अभिसमय के प्रावधानों की बाध्यताओं का पर्यवेक्षण करेगी। समिति की पहली मीटिंग मार्च 1, 2004 को हुई जिसमें समिति के सभापति और उपसभापति का चुनाव किया गया।

रिपोर्टिंग प्रणाली (Reporting Procedure)

अभिसमय के राज्य पक्षकारों को उन विधायी, न्यायिक, प्रशासनिक एवं अन्य ऐसे उपायों पर, जिन्हें उन्होंने अभिसमय के प्रावधानों के अनुसार अपनाया है, उस देश में इसके प्रवर्तित होने के पश्चात् एक वर्ष के भीतर और उसके पश्चात् प्रत्येक पाँच वर्षों पर तथा जब कभी भी समिति इस प्रकार का निवेदन करेगी, समिति को रिपोर्ट देनी होगी। रिपोर्ट में अभिसमय के क्रियान्वयन को प्रभावित करने वाले कारणों एवं मौजूदा कठिनाइयों का संकेत होगा और उसमें होने वाले ऐसे प्रवास की विशेषताओं की सूचना शामिल होगी जिसमें सम्बन्धित राज्य पक्षकार अन्तर्ग्रस्त होगा।

समिति राज्य पक्षकार द्वारा प्रस्तुत की गयी रिपोर्ट का परीक्षण करेगी और ऐसी टिप्पणियाँ संप्रेषित करेगी जिन्हें वह सम्बन्धित राज्य पक्षकार के लिए उपयुक्त समझेगी। समिति वर्तमान अभिसमय के क्रियान्वयन पर संयुक्त राष्ट्र महासभा को एक वार्षिक रिपोर्ट प्रस्तुत करेगी जिसमें रिपोर्ट के परीक्षण एवं राज्य पक्षकारों द्वारा प्रस्तुत किये गये रिपोर्ट पर विशिष्ट रूप से आधारित उसके स्वयं के विचार एवं सिफारिशें अन्तर्विष्ट होंगी।

अन्तर्राज्यीय संसूचना प्रणाली (Inter-State Communication System)

अन्तर्राज्यीय संसूचना प्रणाली को अभिसमय के अनुच्छेद 76 के अन्तर्गत मान्यता प्रदान की गयी है जिसमें यह निर्धारित किया गया है कि कोई राज्य पक्षकार किसी भी समय यह घोषणा कर सकता है कि यह संसूचना को इस प्रभाव से प्राप्त करने एवं विचार करने के लिए समिति की क्षमता को मान्यता देता है कि एक राज्य पक्षकार यह दावा करता है कि दूसरा राज्य पक्षकार अभिसमय के अन्तर्गत अपनी बाध्यताओं को पूरा नहीं कर रहा है। संसूचना को केवल तभी प्राप्त किया जा सकेगा और उस पर विचार किया जा सकेगा जब उसे किसी ऐसे राज्य पक्षकार द्वारा प्रस्तुत किया गया है जिसने समिति की क्षमता के सम्बन्ध में मान्यता देते हुए घोषणा की है। समिति द्वारा कोई संसूचना नहीं प्राप्त की जा सकेगी यदि इसका सम्बन्ध ऐसे राज्य पक्षकार से होगा जिसने इस प्रकार की घोषणा न की हो। अन्तर्राज्यीय संसूचना प्रणाली ऐच्छिक है और यह तब लागू होगी जब दस पक्षकार इसकी घोषणा कर देंगे।

व्यक्ति की संसूचना प्रणाली
(Individual's Communication System)

समिति ऐसे व्यक्तियों से अथवा उनकी ओर से भी संसूचना प्राप्त करने एवं विचार करने में सक्षम है जो यह दावा करते हैं कि उनके व्यक्तिगत अधिकारों का राज्य पक्षकार

द्वारा उल्लंघन किया गया है। समिति द्वारा कोई संसूचना नहीं प्राप्त की जायेगी यदि इसका सम्बन्ध एक ऐसे राज्य पक्षकार से होगा जिसने इस प्रकार की घोषणा न की हो। समिति किसी व्यक्ति से प्राप्त किसी संसूचना पर तब तक विचार नहीं कर सकती है जब तक यह सुनिश्चित न हो गया हो कि (क) उसी मामले पर अन्तर्राष्ट्रीय बाध्यता अथवा निपटारे की किसी दूसरी प्रक्रिया के अन्तर्गत परीक्षण नहीं किया गया है या परीक्षण नहीं किया जा रहा है; (ख) उस व्यक्ति ने उपलब्ध समस्त घरेलू उपायों का उपयोग कर लिया है। समिति संसूचना पर व्यक्ति द्वारा अथवा उसकी ओर से तथा सम्बन्धित राज्य पक्षकार द्वारा उपलब्ध समस्त सूचनाओं के परिप्रेक्ष्य में विचार करेगी। अभिसमय के अन्तर्गत व्यक्तियों की याचिका प्रणाली उस समय प्रवर्तित होगी जब अभिसमय के दस राज्य पक्षकार घोषणा कर देंगे।

यद्यपि अभिसमय को 1990 में अंगीकार कर लिया गया था, किन्तु यह अनुच्छेद 87 परिच्छेद 1 के अन्तर्गत प्रावधानित राज्यों की अपेक्षित संख्या द्वारा अनुसमर्थन न किये जाने के कारण प्रवर्तित नहीं हो सका। पिछले आठ वर्षों में, अभिसमय का अनुसमर्थन केवल नौ राज्यों द्वारा किया गया है जबकि इसके प्रवर्तित होने के लिए अनुसमर्थन की अपेक्षित संख्या बीस है। ऐसा प्रतीत होता है कि निकट भविष्य में इसके लागू होने के आसार बहुत कम हैं।

(4) शरणार्थी (Refugees)

शरणार्थियों से तात्पर्य उन व्यक्तियों से है, जिन्होंने अपने उस राज्य को सताये जाने अथवा सैन्य कार्यवाही से बचने के लिए छोड़ दिया हो; जिसमें वे स्थायी रूप से निवास करते रहे हों। शरणार्थियों की प्रस्थिति से सम्बन्धित 1951 के अभिसमय में यह कहा गया है कि शरणार्थी वह व्यक्ति होता है जो अपने मूल देश से राज नैतिक अथवा अन्य प्रकार के अत्याचारों के कारण दूसरे राज्य में भाग जाता है और देश के संरक्षण को प्राप्त करने में असमर्थ या अनिच्छुक रहता है और इस प्रकार से अपनी राष्ट्रीयता खो देता है।।

उपर्युक्त परिभाषा यह कथन करती है कि केवल उन्हीं व्यक्तियों को शरणार्थी माना जायेगा, जिन्हें साधारण प्रवासियों अथवा आर्थिक शरणार्थियों के विपरीत राजनीतिक शरणार्थी कहा जाता है। परिभाषा में सबसे महत्वपूर्ण शब्द यह है कि "उत्पीड़ित किये जाने का सुस्थापित भय'' (well founded fear of being persecuted) जिसमें शरणार्थियों की ओर से व्यक्तिनिष्ठ दशायें (भय) शामिल हैं और उस देश के प्रति वस्तुनिष्ठ तथ्य शामिल होते हैं; जहाँ से शरणार्थी भाग रहा होता है। यद्यपि उत्पीड़ित और सुस्थापित भय शब्दों की परिभाषा अभिसमय द्वारा नहीं दी गयी है फिर भी, ये ऐसे व्यक्ति के लिए सामान्य परीक्षण

हैं, जिसका न्याय निर्णय शरणार्थी (Refugee) के रूप में किया जाना है। इस प्रकार वे राजनीतिक उत्पीड़न से भागने वाले केवल वे व्यक्ति शरणार्थी की प्रस्थिति के लिए प्रभावी रूप से अर्ह होंगे क्योंकि उत्पीड़न मानव अधिकारों का प्रत्याख्यान होता है। कोई व्यक्ति अपना देश इसलिए छोड़ देता है क्योंकि उसे मूलभूत मानव अधिकारों से वंचित कर दिया जाता है। एक दूसरे राज्य में भागने वाले किसी व्यक्ति को आर्थिक प्रवासी समझा जायेगा, यदि वह आर्थिक प्रतिफलों से अभिप्रेरित होता है।

फिर भी कतिपय अवसरों पर आर्थिक कारणों से भागने वाले किसी व्यक्ति को भी शरणार्थी कहा जा सकता है यदि उसके आर्थिक प्रतिफलों का सम्बन्ध उसके राज्य के राजनीतिक प्रतिफलों से मिश्रित हैं। राज्य की राजनैतिक-आर्थिक प्रणाली (Political-economic system) का परिणाम किसी व्यक्ति को अपने स्वयं के राज्य से भाग जाने के लिए प्रेरित कर सकता है। उदाहरण के लिए यदि किसी राज्य में किसी निश्चित जातीय अल्पसंख्यक को सरकार की नीति के कारण जो किसी जाति समूह को निष्कासित करने की हो (उदाहरण के लिए युगांडा में एशियाई) और व्यापार एवं आर्थिक अधिकारों से वंचित कर दिये जाते हैं, और वे अन्य राज्यों में भाग जाते हैं क्योंकि उनके पास रोजी-रोटी का उपयुक्त साधन नहीं रह जाता है, तो उन्हें राजनैतिक-आर्थिक प्रवासी माना जा सकता है। इस तरह के मामले में, नीति यद्यपि आर्थिक होती है, वे पूर्ण रूप से राजनीतिक उद्देश्यों से निर्धारित की जाती है और केवल किसी निश्चित जातीय समूह के सदस्यों के लिए ही निर्देशित होती है। इस प्रकार के व्यक्ति 1951 के अभिसमय के अनुसार विशुद्ध राजनीतिक शरणार्थी होते हैं और उन्हें वह प्रस्थिति इस बात से बिना कोई सम्बन्ध रखे हुए प्रदान की जा सकती है कि उनका प्रस्थान सहसा था या पूर्वानुमानित।

शरणार्थी विधि का विकास (Evolution of Refugee Law)

शरणार्थियों के लिए अन्तर्राष्ट्रीय स्तर पर कार्य का प्रारम्भ 1920 तक नहीं हुआ था। शरणार्थियों की सहायता का कार्य सर्वप्रथम वर्ष 1920 में नार्वे के डॉ0 फ्रिक्षेफ नैनसेन (Dr. Fridtjof Nansen) के द्वारा किया गया था। उनके परिश्रम से यह धारणा होने लगी कि शरणार्थियों की सहायता के लिए एक अंतर्राष्ट्रीय तन्त्र बनाया जाये। अत: राष्ट्रसंघ द्वारा शरणार्थियों के लिए उच्चायुक्त (High Commissioner for Refugees) की स्थापना की गयी जिसमें नैनसन को उच्चायुक्त के रूप में नियुक्त किया गया। उन्होंने राष्ट्र संघ पासपोर्ट (नैनसेन पासपोर्ट) का उपाय सुझाया था, जो एक ऐसा दस्तावेज था जिसके द्वारा उसके धारक को ऐसे अधिकार प्रदान किये गये जो राष्ट्रीय सीमाओं के बाहर स्वतंत्रता से आ-जा सके।

1. शरणार्थियों की प्रस्थिति से सम्बन्धित 1951 के अभिसमय के अनुच्छेद 1 के अधीन शरणार्थी शब्द की परिभाषा दी गयी है- शरणार्थी शब्द किसी ऐसे व्यक्ति पर लागू होगा जो मूलवंश, धर्म, राष्ट्रीयता, किसी विशिष्ट सामाजिक समूह अथवा राजनैतिक विचार की सदस्यता के कारण, हत्या किये जाने के सुस्थापित भय के कारण अपनी राष्ट्रीयता के देश के बाहर चला जाता है और इस प्रकार के भय के कारण उस देश के संरक्षण को प्राप्त करने में असमर्थ होता है अथवा जो राष्ट्रीयता न होने के कारण अथवा इस प्रकार की घटनाओं के परिणामस्वरूप अपने पहले के निवास स्थान के देश से बाहर रहने के कारण उस देश में लौटने में असमर्थ होता या लौटना नहीं चाहता है। "

अफ्रीकी एकता संगठन (OAU) के शरणार्थी समस्या 1969 के विनिर्दिष्ट पहलू से सम्बन्धित अभिसमय के अनुच्छेद 1 को भी देखें।

2. देखें--अनिमेष घोषाल एवं थामस एम० क्रोवली रिफ्यूजीन एण्ड इमीग्रान्ट्स: ऐ ह्यूमन राइट्स डेलिमा, इन ह्यूमन राइट्स एवं वर्ल्ड कम्युनिटी, रिचर्ड पिपरे क्लाडेड एवं बर्न एच० बेस्टन द्वारा संपादित, पृष्ठ 99.

नैनसेन की 1930 में मृत्यु के पश्चात् उच्चायुक्त के पद को समाप्त कर दिया गया। शरणार्थियों का संरक्षण 1931 में शरणार्थियों के नैनसेन अंतर्राष्ट्रीय कार्यालय (Nansen International Office for Refugees) को सौंप दिया गया जिसमें सभा के द्वारा नामांकित प्रेसिडेंट प्रमुख होता था। शरणार्थियों की समस्या ने 1933 में हिटलर के सत्ता सम्भालने तथा उसके द्वारा आस्ट्रिया को (1938) में अपने राज्य में मिला लेने तथा 1939 में चेकोस्लोवाकिया को मिला लेने और द्वितीय विश्वयुद्ध, जिसके द्वारा सिविलियन जनसंख्या विस्थापित हो गयी थी, के पश्चात् और अधिक विस्तृत हो गयी थी।

संयुक्त राष्ट्र अनुतोष एवं पुनर्वास प्रशासन (United Nations Relief and Rehabilitation Administration (UNRRA)

शरणार्थियों की समस्या इस माने में अन्तर्राष्ट्रीय मानी जाती है क्योंकि इसमें दो या दो से अधिक राज्य प्रभावित होते हैं। अत: इनकी समस्या का समाधान बिना अन्तर्राष्ट्रीय सहयोग से नहीं हो सकता। द्वितीय विश्व युद्ध के प्रारम्भ होने के पश्चात् शरणार्थियों एवं विस्थापितों की समस्याओं से सम्बन्धित प्रथम अंतर्राष्ट्रीय अभिकरण संयुक्त राष्ट्र अनुतोष एवं पुनर्वास प्रशासन (UNRRA) था। इसकी स्थापना 9 नवम्बर, 1943 को 44 राज्यों के करार द्वारा हुयी थी। इसके विस्तृत उद्देश्यों में संयुक्त राष्ट्र के ऐसे राष्ट्रिकों के लिए अनुतोष, भरण-पोषण, पुनर्वास (repatriation) शामिल था जिन्हें युद्ध के

परिणामस्वरूप विस्थापित कर दिया गया था। अनुतोष एवं पुनर्वास प्रशासन (UNRRA) ने अपना ध्यान भोजन, वस्त्र, ईंधन, शरण एवं दवाओं जैसी अनुतोष की आपूर्ति के वितरण में लगाया। इसने प्रशिक्षित कर्मियों द्वारा अनुतोष सेवाओं की आपूर्ति किया और कृषि सम्बन्धी एवं आर्थिक पुनर्वास की सहायता की। संयुक्त राष्ट्र अनुतोष एवं पुनर्वास प्रशासन ने युद्ध के पश्चात् हुये करोड़ों विस्थापितों एवं शरणार्थियों की देखभाल के लिए शिविर और भोजन की व्यवस्था प्रदान किया। इसके क्रियाकलापों को 1947 में समाप्त कर दिया गया था।

अंतर्राष्ट्रीय शरणार्थी संगठन (International Refugee Organisation (IRO)

आर्थिक और सामाजिक परिषद् द्वारा स्थापित शरणार्थियों और विस्थापितों की विशेष समिति (Special Committee on Refugees and Displaced Persons) ने फरवरी 16, 1946 को शरणार्थियों की सहायता के संदर्भ में एक नये अन्तर्राष्ट्रीय संगठन के प्रारूप को परिषद् के समक्ष पेश किया। उसी प्रारूप के आधार पर महासभा ने अंतर्राष्ट्रीय शरणार्थी संगठन (IRO) का सृजन किया जिसके गठन की स्वीकृति 15 दिसम्बर, 1946 को दी गयी। अंतर्राष्ट्रीय शरणार्थी संगठन (IRO) के लिए एक प्रारंभिक आयोग (Preparatory Commission) का निर्माण किया गया, जिसमें अनुतोष एवं पुनर्वास प्रशासन (UNRRA) द्वारा पहले से कार्यान्वित किये जाने वाले कार्यो एवं क्रियाकलापों को शरणार्थियों एवं विस्थापितों के लिये ग्रहण कर लिया गया था। अंतर्राष्ट्रीय शरणार्थी संगठन (IRO) ने आयोग (Preparatory Commission) का स्थान 20 अगस्त, 1948 को ले लिया। इसके कार्यो को फरवरी, 1952 में समाप्त कर दिया गया। अंतर्राष्ट्रीय शरणार्थी संगठन (IRO) ने कम ही समय में एक करोड़ से अधिक शरणार्थियों एवं विस्थापित व्यक्तियों को सम्पूर्ण विश्व में नये घरों में स्थापित किया था। इसने लगभग 73,000 व्यक्तियों को उनके भूतपूर्व घरों में फिर से विस्थापित किया और 16,00,000 से अधिक व्यक्तियों को किसी अन्य प्रकार से सहायता प्रदान की।

संयुक्त राष्ट्र शरणार्थी उच्चायुक्त (United Nations High Commissioner for Refugees (UNHCR)

महासभा ने दिसम्बर 3, 1949 को संकल्प 319 (w) पारित कर शरणार्थी उच्चायुक्त बनाने का निश्चय किया और 14 दिसम्बर, 1950 को संयुक्त राष्ट्र शरणार्थी उच्चायुक्त के पद के स्टैट्यूट (Statute) को अंगीकार किया। संयुक्त राष्ट्र शरणार्थी उच्चायुक्त

(UNHCR) दिनांक 1 जनवरी, 1951 को अस्तित्व में आया। इसका मुख्यालय जिनेवा में है। शरणार्थी उच्चायुक्त प्रारम्भ में 3 वर्ष की अवधि के लिए बनाया गया

1. अभिसमय को शरणार्थियों की प्रस्थिति पर पूर्णाधिकारियों के संयुक्त राष्ट्र सम्मेलन द्वारा - दिनांक 28 जुलाई, 1951 को अंगीकार किया गया और राष्ट्रिकताविहीन (Stateless) व्यक्तियों को दिनांक 14 दिसम्बर, 1950 के महासभा प्रस्ताव 429 (v) के अधीन संयोजित किया गया था। बाद में, महासभा ने इसकी अवधि 5 वर्ष के लिए और बढ़ा दी, और 1 जनवरी, 1954 से समय-समय पर इसकी अवधि बढ़ायी जा रही है। महासभा ने 2002 में उच्चायुक्त की अवधि जनवरी 1, 2004 से पाँच वर्ष के लिए बढ़ा दी है। पुर्तगाल के एन्टोनियो गुटेरस को 15 जून, 2005 को पाँच वर्ष के लिये उच्चायुक्त नियुक्त किया गया। उनको अप्रैल 2010 में पाँच वर्ष के लिये पुन: नियुक्त किया गया। शरणार्थी उच्चायुक्त महासभा का एक सहायक अंग है और यह महासभा के अधीन कार्य करता है। शरणार्थी उच्चायुक्त से यह अपेक्षा की जाती है कि वह आर्थिक व सामाजिक परिषद् के माध्यम से महासभा को अपनी वार्षिक रिपोर्ट भेजे। उच्चायुक्त का निर्वाचन महासभा द्वारा महासचिव के नामांकन के आधार पर होता है और वह महासभा के प्रति उत्तरदायी होता है।

संयुक्त राष्ट्र शरणार्थी उच्चायुक्त (United Nations High Commissioner for Refugees)

UNHCR के स्टैट्यूट में यह प्रावधान किया गया है कि उच्चायुक्त शरणार्थी परामर्श समिति (Advisory Committee on Refugees) की राय लेगा यदि इसकी स्थापना हो गयी हो। वर्ष 1951 में, आर्थिक व सामाजिक परिषद् (ECOSOC) ने उच्चायुक्त को उसके कार्यों में, उसकी प्रार्थना पर, दिशा-निर्देश देने के लिए शरणार्थी परामर्श समिति (Advisory Committee on Refugees) की स्थापना किया। समिति में 15 राज्य थे जिसमें से 12 संयुक्त राष्ट्र के सदस्य थे और तीन गैर-सदस्य राज्य थे। उन्हें शरणार्थी समस्या के समाधान पर उनकी निष्ठा के बल पर चुना गया था। महासभा आर्थिक व सामाजिक परिषद द्वारा वर्ष 1955 में परामर्श समिति का पुनर्गठन किया गया। कार्यपालक समिति (Executive Committee) जिसको संयुक्त राष्ट्र शरणार्थी निधि कार्यपालक समिति (UNRFE Committee) के नाम से जाना जाता था निर्मित की गयी। समिति के परामर्श समिति के 15 मूल सदस्य थे तथा 5 अतिरिक्त सदस्य थे जो 1957 में बढ़कर छ: हो गये। वर्ष 1958 में संयुक्त राष्ट्र शरणार्थी निधि कार्यपालक समिति (UNRFE Committee) का स्थान उच्चायुक्त कार्यक्रम कार्यपालक समिति (Executive Committee of the High Commissioner's Programme) (EXCOM) ने ले लिया।

एक्सकॉम (EXCOM) न केवल उच्चायुक्त को उसकी प्रार्थना पर परामर्श देता है बल्कि यह आपातकालीन निधि के प्रयोग का भी पुनरावलोकन करता है।

उच्चायुक्त के कार्यक्रम का प्रशासन एक तीस सदस्यीय कार्यपालक समिति द्वारा किया जाता है जिसकी सामान्यतया एक वर्ष में दो बार बैठक जिनेवा में होती है। इसमें संयुक्त राष्ट्र के सदस्यों के प्रतिनिधि तथा विशिष्टीकृत अभिकरणों के सदस्य प्रतिनिधि शामिल होते हैं जिनका निर्वाचन आर्थिक एवं सामाजिक परिषद् द्वारा उन राज्यों के बीच से विस्तृत भौगोलिक आधार पर निरूपित हित के साथ शरणार्थी समस्या के हल के सम्बन्ध में निष्ठा के आधार पर किया जाता है।

संयुक्त राष्ट्र शरणार्थी उच्चायुक्त (UNHCR) में परिभाषित अनिवार्य शरणार्थी (mandated refugee) ऐसे व्यक्ति होते हैं जो मूल वंश, धर्म, राष्ट्रीयता अथवा राजनीतिक दृष्टिकोण के कारणों से उत्पीड़न के सुस्थापित भय की वजह से अपने मूल देश से बाहर रहते हैं और इस तरह के भय के चलते, उस राज्य का संरक्षण प्राप्त नहीं करना चाहते।

वस्तुतः संयुक्त राष्ट्र शरणार्थी उच्चायुक्त का सम्बन्ध सारे विश्व में सभी शरणार्थियों से नहीं होता है। उदाहरण के लिए, ऐसे शरणार्थी जिनको राज्यों ने शरण दे दिया है और जिनको राज्यों ने अपना नागरिक मान लिया है, उच्चायुक्त की जिम्मेदारी के अंतर्गत नहीं आते। शरणार्थी उच्चायुक्त का सम्बन्ध ऐसे शरणार्थियों से भी नहीं होता जिनके विषय में संयुक्त राष्ट्र के किसी दूसरे निकाय ने जिम्मेदारी ले रखी हो, जैसे कि, फिलिस्तीन के अरब शरणार्थी, संयुक्त राष्ट्र उत्तर-पूर्व फिलिस्तीनी शरणार्थी ले रखी हो, जैसे कि, फिलिस्तीन के अरब शरणार्थी, संयुक्त राष्ट्र उत्तर-पूर्व फिलिस्तीनी शरणार्थी अनुतोष कार्य अभिकरण (United Nations Relief and Works Agency for Palestine Refugees in the North East) (UNRWA) अनुदेश के अन्तर्गत रहते हैं।

संयुक्त राष्ट्र शरणार्थी उच्चायुक्त के कार्य मानवीय, सामाजिक एवं गैर-राजनीतिक हैं। इसका मूलभूत'कार्य शरणार्थियों को उच्चायुक्त के अधिदेश (Mandate) के अंतर्गत शरणार्थियों को अंतर्राष्ट्रीय संरक्षण प्रदान करना और उनके स्वैच्छिक देश वापसी एवं नये राष्ट्रीय समुदायों के भीतर समावेशन की सुविधा प्रदान करके उनकी समस्या का स्थायी समाधान ढूँढना है। शरणार्थी उच्चायुक्त (UNHCR) ने प्रारम्भ में अपने प्रयास द्वितीय विश्वयुद्ध के पश्चात् यूरोप में शरणार्थियों एवं विस्थापित व्यक्तियों की सहायता करने में किया था, किन्तु बाद के दशकों में प्रयास ऐसे शरणार्थियों को पुनः स्थापित करने के लिए किया गया जो युद्ध, राजनीतिक उथल-पुथल अथवा अफ्रीका एवं एशिया तथा अमेरिका के भागों में प्राकृतिक घोर आपदा के शिकार हुए थे। संयुक्त राष्ट्र शरणार्थी उच्चायुक्त को

उसके उत्कृष्ट कार्य के लिए वर्ष 1954 एवं 1981 में दो बार नोबेल शांति पुरस्कार प्रदान किया गया। शरणार्थी उच्चायुक्त (UNHCR) ने 1997 का 12 मिलियन से अधिक ऐसे व्यक्तियों को आंतरिक संरक्षण एवं सहायता प्रदान की जो युद्ध अथवा उत्पीड़न के कारण भाग गये थे। संयुक्त राष्ट्र शरणार्थी उच्चायुक्त (UNHCR) का शरणार्थियों के कार्य के लिए एक सक्रिय कार्यालय है।

संयुक्त राष्ट्र शरणार्थी उच्चायुक्त (UNHCR) का अधिदेश (mandate) शरणार्थियों का संरक्षण करने के लिए था, किन्तु पिछले कुछ वर्षों से यह विस्थापितों (Internally Displaced Persons - IDP) हेतु कार्यक्रमों में भी अंतर्ग्रस्त हैं। यह अभिकरण संयुक्त राष्ट्र के महासचिव अथवा संयुक्त राष्ट्र के एक सक्षम प्रधान अंग की प्रार्थना और अंतर्ग्रस्त देश की सरकार की सहमति पर सहायता के लिए कार्यवाही करेगा। विभिन्न अवसरों पर और विविध महत्ता की संक्रियाओं पर संयुक्त राष्ट्र शरणार्थी उच्चायुक्त ने अफगानिस्तान, अंगोला, अजरबेजान, बोस्निया एवं हर्जगोविना, क्रोशिया, एल-सल्वाडोर, इथियोपिया, जार्जिया एवं ईराक में विस्थापितों (I.D. P.) की सहायता की है।

शरणार्थियों की प्रस्थिति पर अभिसमय (Convention on the Status of Refugees)

शरणार्थियों की समस्या से सम्बन्धित सर्वाधिक महत्वपूर्ण अंतर्राष्ट्रीय लिखित शरणार्थियों की प्रस्थिति से सम्बन्धित 1951 का अभिसमय है, जिसे ये विचार करने के पश्चात् अंगीकार किया गया था; मानव अधिकार की सार्वभौमिक घोषणा एवं संयुक्त राष्ट्र चार्टर ने इस सिद्धान्त को अभिपुष्ट किया है कि मानव प्राणी बिना किसी भेदभाव के मौलिक अधिकारों एवं स्वतंत्रता का उपभोग करेंगे। अभिसमय 22 अप्रैल, 1954 को लागू हुआ। जून 15, 2000 तक अभिसमय के 136 राज्य पक्षकार थे। अभिसमय अनुच्छेद 1 के परिच्छेद 2 के अनुसार केवल उन व्यक्तियों पर लागू हुआ होगा जो 1 जनवरी, 1951 के पहले शरणार्थी बने थे। अभिसमय के क्षेत्र को विस्तृत करने के लिए शरणार्थियों की प्रस्थिति से सम्बन्धित 1967 में एक नवाचार बनाया गया? जिसके अनुच्छेद 1 के परिच्छेद 2 के अधीन "1 जनवरी, 1951 के पूर्व होने वाली घटनाओं के परिणामस्वरूप" तथा" इस प्रकार की घटनाओं के परिणामस्वरूप" शब्दों को हटा दिया गया। शरणार्थियों की विधिक प्रस्थिति की परिभाषा उपर्युक्त अंतर्राष्ट्रीय संधियों में दी गयी है। उनमें शरणार्थियों के अधिकारों एवं कर्त्तव्यों को अधिकथित किया गया है और काम के अधिकार, शिक्षा, सार्वजनिक सहायता एवं सामाजिक सुरक्षा तथा यात्रा करने के अधिकार को शामिल किया गया है। इसके साथ ही साथ शरणार्थियों के दिन-प्रतिदिन के जीवन के

विभिन्न पहलुओं के लिए भी प्रावधान किये गये हैं। वर्ष 1951 के अभिसमय के मुख्य प्रावधान अग्रलिखित हैं-

1. **शरणार्थियों की व्यक्तिगत प्रस्थिति (Personal Status of Refugees)** - किसी शरणार्थी की व्यक्तिगत प्रस्थिति उसके निवास करने वाले राज्य की विधि द्वारा किया जायेगा तथा किसी शरणार्थी तथा उसके आश्रितों द्वारा उसकी व्यक्तिगत प्रस्थिति के आधार पर प्राप्त अधिकारों का सम्मान विशेष रूप से विवाह से सम्बन्धित अधिकार संविदाकारी पक्षकारों द्वारा किया जायेगा।

2. **चल एवं अचल सम्पत्ति (Movable and Immovable Property)** - संविदाकारी राज्य यथासंभव शरणार्थियों को चल और अचल सम्पत्ति के अर्जन तथा उससे सम्बन्धित अधिकारों को उसी प्रकार से देंगे जैसा कि अन्य देशीय (aliens) को दिये जाते हैं।

3. **सिविल अधिकार (Civil Rights)** - अभिसमय में यह कहा गया है कि संविदाकारी राज्य शरणार्थियों को न्यूनतम अधिकार प्रदान करेंगे - जैसे कि, काम का अधिकार, शिक्षा एवं सामाजिक सुरक्षा का अधिकार, धार्मिक स्वतंत्रता एवं न्यायालय में जाने का अधिकार, मूल वंश, धर्म के आधार पर भेद-भाव के बिना प्रदान करेंगे।

4. **शरणार्थियों के साथ व्यवहार (Treatment of Refugees)** - अभिसमय के अध्याय IV के अनुच्छेद 20 से 33 में शरणार्थियों के'कल्याण' के सम्बन्ध में अभिकथन किया गया है। शरणार्थियों के लिए यह अपेक्षित होता है कि राज्य पक्षकारों द्वारा उनके साथ विभिन्न पहलुओं पर स्वयं के राष्ट्रिकों जैसा व्यवहार किया जायगा। उदाहरण के लिए जहाँ कम आपूर्ति वाले उत्पादों के वितरण के लिए राशनिंग प्रणाली अपनायी गयी हो, वहाँ शरणार्थियों को राष्ट्रिकों के समान ही समझा जायगा।' संविदाकारी राज्य शरणार्थियों के साथ उसी प्रकार का व्यवहार करेंगे जैसा वे बुनियादी शिक्षा के सम्बन्ध में राष्ट्रिकों के साथ करते हैं। पक्षकार राज्य जैसा व्यवहार अपने राष्ट्रिकों के साथ सार्वजनिक अनुतोष एवं सहायता, श्रम विधान एवं सामाजिक सुरक्षा के सम्बन्ध में करते हैं, वैसा ही व्यवहार शरणार्थियों के साथ भी करेंगे। प्रत्येक संविदाकारी राज्य शरणार्थियों को अपना निवास स्थान चुनने और स्वतंत्रतापूर्वक आवागमन के अधिकार को उसी प्रकार प्रदान करेगा जैसा कि सामान्यतया अन्य देशवासियों को दिया जाता है। संविदाकारी राज्य शरणार्थियों पर ऐसे शुल्क या कर आदि का अधिरोपण नहीं करेंगे जो उसके राष्ट्रिकों से अधिक होंगे।

5. **शरणार्थियों की अवैध प्रविष्टि (Illegal Entry of Refugees)** - संविदाकारी राज्य उन शरणार्थियों पर शास्ति का अधिरोपण नहीं करेंगे, जिन्होंने किसी ऐसे राज्यक्षेत्र से प्राधिकार के बिना ही उनके राज्य क्षेत्र में अवैध रूप से प्रवेश ले लिया हो जहाँ उनके प्राण एवं स्वतंत्रता को धमकी दी जाती थी, बशर्ते कि वे बिना किसी विलम्ब के स्वयं को प्राधिकारियों के समक्ष प्रस्तुत कर दें और सही कारण बतला कर दें। अनुच्छेद 31 के परिच्छेद 2 में यह प्रावधान किया गया है कि संविदाकारी राज्य इस प्रकार के शरणार्थियों पर ऐसे किसी भी आवागमन पर प्रतिबन्ध नहीं लगायेंगे, जब तक वे आवश्यक नहीं होंगे और इस प्रकार के प्रतिबंधों को केवल तब तक लागू किया जायेगा जब तक देश में उनकी प्रस्थिति नियमित न कर दी गयी हो अथवा वे किसी दूसरे देश में प्रवेश प्राप्त नहीं कर लेते। संविदाकारी राज्य इस प्रकार के शरणार्थियों से युक्तियुक्त समय में दूसरे देश में स्वीकृति प्राप्त करने के लिए सभी आवश्यक सुविधाओं की स्वीकृति प्रदान करेंगे।

6. **शरणार्थियों का निष्कासन (Expulsion of Refugees)** - अभिसमय के अनुच्छेद 32 के अंतर्गत यह प्रावधान किया गया है कि संविदाकारी राज्य किसी विधिपूर्वक शरणार्थी को उनके राज्य से राष्ट्रीय सुरक्षा एवं लोक व्यवस्था के आधारों को छोड़कर किसी अन्य आधार पर निष्कासित नहीं करेंगे। उपर्युक्त अनुच्छेद के परिच्छेद 2 में यह कहा गया है कि इस प्रकार के किसी शरणार्थी का निष्कासन विधि की सम्यक प्रक्रिया के अनुसार दिये गये किसी निर्णय के अनुसरण में ही किया जा सकता है। इस प्रकार के शरणार्थियों को राज्य पक्षकार एक ऐसे युक्तियुक्त समय की स्वीकृति प्रदान करेंगे जिसके भीतर वे किसी दूसरे देश में विधिक स्वीकृति ले लेंगे। संविदाकारी राज्य उस समय के दौरान ऐसे आन्तरिक उपायों को लागू करने के अधिकार को आरक्षित रखेंगे जिन्हें वे आवश्यक समझेंगे।

7. **यात्रा दस्तावेज (Travel Documents)** - अभिसमय के अनुच्छेद 28 में यह अधिकथित किया गया है कि संविदाकारी राज्य शरणार्थी को अपने राज्य क्षेत्र में विधिपूर्वक ठहरने एवं अपने राज्य क्षेत्र से बाहर यात्रा करने के उद्देश्य से यात्रा दस्तावेज जारी करेगा जब तक कि राष्ट्रीय सुरक्षा अथवा लोकव्यवस्था के लिए विनाशकारी कारणों से अन्यथा अपेक्षित न हो। संविदाकारी राज्य अपने राज्य क्षेत्र में किसी अन्य शरणार्थी के ऐसे यात्रा सम्बन्धी दस्तावेज जारी कर सकेगा। वे विशेष रूप से इस प्रकार के यात्रा सम्बन्धी दस्तावेज अपने राज्य क्षेत्र के उन शरणार्थियों को जारी करने पर सहानुभूति पूर्वक विचार करेंगे जो अपने विधिपूर्वक निवास के देश से यात्रा सम्बन्धी दस्तावेज प्राप्त करने में अक्षम हों।

8. **सामान्य बाध्यतायें (General Obligations)** - अभिसमय में अनुच्छेद 2 के अंतर्गत यह अभिकथित है कि प्रत्येक शरणार्थी का उस देश के प्रति कर्तव्य है, जिस देश में वह स्वयं को पाता है जिसके लिए विशेष रूप से वह अपेक्षित है कि वह उसके विधियों, विनियमों के साथ-साथ लोक व्यवस्था को तथा बनाये रखने हेतु अपनाये गये उपायों को अभिपुष्ट करे।

9. **निष्कासन अथवा वापसी का प्रतिषेध (Prohibition of Expulsion or Return (refoulment)** - अभिसमय के अनुच्छेद 33 के अन्तर्गत यह कहा गया है कि कोई भी संविदाकारी राज्य किसी शरणार्थी को ऐसे राज्य क्षेत्र की सीमाओं पर किसी भी तरीके से निष्कासित अथवा वापस नहीं करेगा जहाँ उसके प्राण अथवा स्वतंत्रता को उसके मूल वंश, धर्म, राष्ट्रीयता, किसी विशेष सामाजिक समूह की सदस्यता अथवा राजनीतिक राय (दृष्टिकोण) के कारण, धमकियाँ दी जा रही हों।

   तथापि, उपर्युक्त अनुच्छेद के पैरा 2 में यह प्रावधान किया गया है कि ऐसा कोई शरणार्थी इस लाभ का दावा नहीं कर सकता जिससे देश की सुरक्षा के खतरे के सम्बन्ध में युक्तियुक्त आधार हो अथवा जिसे किसी गम्भीर अपराध के लिए दोषसिद्ध किया गया हो और वह उस देश के समुदाय के लिए खतरा पैदा कर रहा हो।

10. **न्यायालयों में पहुँच (Access to Courts)** - अभिसमय में अनुच्छेद 16 पैरा 1 के अन्तर्गत यह अधिकथित है कि किसी शरणार्थी की सभी संविदाकारी राज्यों के राज्य क्षेत्र के न्यायालयों में पहुँच की स्वतंत्रता होगी।

यह उल्लेखनीय है कि अभिसमय के उपर्युक्त प्रावधान आतंकवादियों के लिए उपलब्ध नहीं है और न ही यह उनकी दाण्डिक अभियोजना से ही संरक्षण करता है। अभिसमय का निर्माण बड़ी ही सावधानीपूर्वक ऐसे व्यक्तियों को अपवर्जित करने के लिए किया गया है जो विशिष्ट रूप से गम्भीर अपराध कारित करते हैं। सुरक्षा परिषद् ने 12 सितम्बर, 2001 को न्यूयार्क एवं वाशिंगटन पर 11 सितम्बर, 2001 को हुए आतंकवादी हमले के पश्चात् एक प्रस्ताव अंगीकार किया था जिसमें राज्यों को ऐसे व्यक्तियों को संरक्षण प्रदान करने से प्रत्याख्यान करने का प्रावधान किया गया है जो आतंकवादी गतिविधियों में लगे हुए हों। अत: सभी राज्यों का यह कर्तव्य है कि वे किसी भी व्यक्ति को शरण देने के पहले इस बात से सन्तुष्ट हो जायें कि शरण दिये जाने वाला व्यक्ति आतंकवादी गतिविधियों में नहीं लगा है।

यद्यपि कुछ अन्य अन्तर्राष्ट्रीय परिस्थितियों जैसे कि मानव अधिकारों की सार्वभौमिक घोषणा, सिविल एवं राजनीतिक अधिकार प्रसंविदा तथा आर्थिक, सामाजिक एवं सांस्कृतिक अधिकार प्रसंविदा द्वारा शरणार्थियों की प्रस्थिति को प्रभावित करने वाले प्रावधान किये गये हैं, किन्तु शरणार्थियों के संरक्षण हेतु विधिक आधार, वर्तमान समय में संयुक्त राष्ट्र शरणार्थी उच्चायुक्त (UNHCR) (1950) के कार्यालय के स्टैट्यूट में तथा शरणार्थी अभिसमय 195.1 एवं नवाचार 1967 में स्थापित है।

शरणार्थी अभिसमय 1951 के संविदाकारी पक्षकारों से यह अपेक्षा की जाती है कि वे संयुक्त राष्ट्र शरणार्थी उच्चायुक्त के कार्यालय का उसके कार्यों में सहयोग करें और अभिसमय के प्रावधानों को लागू करने के पर्यवेक्षण के कर्तव्यों का पालन करें। उनकी यह भी बाध्यता होगी कि वे संयुक्त राष्ट्र शरणार्थी उच्चायुक्त को शरणार्थियों की दशा, अभिसमयों के क्रियान्वयन, शरणार्थियों से सम्बन्धित प्रवर्तित विधियों एवं विनियमों से सम्बन्धित सांख्यकीय आंकड़े एवं सूचना प्रदान करें। नवाचार के अनुच्छेद 2 के अधीन इसी प्रकार के प्रावधानों का अभिकथन किया गया है। उपर्युक्त से यह स्पष्ट है कि शरणार्थियों की समस्याओं को नियंत्रित करने के सम्बन्ध में अभिसमय के संविदाकारी पक्षकारों, नवाचार एवं संयुक्त राष्ट्र शरणार्थी उच्चायुक्त के कार्यालय के बीच गहरा सम्बन्ध है। 1

फिर भी ये लिखित शरणार्थियों की समस्या का हल करने में सक्षम नहीं रहे हैं। शरणार्थियों की समस्या उनको विश्व समुदाय को चुनौती देते हुए अब भी है। शरणार्थियों की संख्या (जिसमें आश्रय की ईप्सा करने वाले भी शामिल हैं) वर्ष 2000 में लगभग 21.1 मिलियन थी। 2 जब किसी राज्य में शरणार्थी आ जाते हैं, शरणार्थियों के संरक्षण के प्रति अपनी प्रतिबद्धता को बनाये रखना चाहिए और विविधता के प्रति सहिष्णुता को बढ़ावा देना चाहिए। शरणार्थी जिस राज्य से आते हैं उनका यह कर्तव्य है कि वे ऐसे कृत्यों को रोकें जो उनकी जनसंख्या को दूसरे राज्यों में जाने के लिए प्रेरित करते हैं। अंतर्राष्ट्रीय समुदाय से यह अपेक्षा की जाती है कि वह शरणार्थियों के नये प्रवाह को रोकने के लिए प्रभावशाली कदम उठावें। शरणार्थी होने के मूल कारणों का अध्ययन भी किया जाना चाहिए।

शरणार्थियों की प्रस्थिति से सम्बन्धित अभिसमय को 28 जुलाई, 2001 को 50वीं वर्षगांठ के रूप में चिह्नित किया गया। अभिसमय द्वारा शरणार्थियों के लिये अंतर्राष्ट्रीय विधि प्रणाली के आधार की रचना की गयी है जो ऐसे लोगों को संरक्षित करने के लिए रचित हैं जिन्हें अपने देशों से उत्पीड़न अथवा संघर्ष के कारण भागना पड़ता है। तथापि,

अभिसमय की सतत् विधि मान्यता पर कतिपय दृष्टिकोणों से इस आधार पर प्रश्नचिह्न लगाया गया है कि अभिसमय का सम्बन्ध प्राथमिक रूप से आश्रय की ईप्सा करने वाले लोगों की वृद्धि से है।

भारत में शरणार्थी (Refugees in India) भारत न तो 1951 के शरणार्थी अभिसमय का पक्षकार है, न तो 1967 के उसके नवाचार का पक्षकार है। इसने इस तथ्य के बावजूद शरणार्थियों से सम्बन्धित कोई राष्ट्रीय विधि अधिनियमित नहीं किया है कि उसने तिब्बत, बंगलादेश, श्रीलंका और अफगानिस्तान से भागने वाले अधिकतम लोगों को शरण प्रदान किया है। किसी निश्चित विधि के अभाव में यह स्पष्ट नहीं है कि शरणार्थी को कौन-सी विधिक स्थिति या अधिकार प्रभूत होता है। यह भी स्पष्ट नहीं है कि कैसे शरणार्थियों की उचित रूप से शिनाख्त की जाएगी। लेकिन भारतीय संविधान प्रावधान करता है कि संविधान के भाग तीन के अधीन प्रत्याभूत मूल अधिकारों में से कुछ सभी व्यक्तियों को उपलब्ध होंगे और परिणामस्वरूप वे शरणार्थियों को भी उपलब्ध हैं। इस प्रकार अनुच्छेद 14 के अधीन प्रत्याभूत विधि के समान संरक्षण का अधिकार, अनुच्छेद 20 के अधीन अपराधों से दोष सिद्धि के सम्बन्ध में संरक्षण, अनुच्छेद 21 के अधीन प्रत्याभूत प्राण और स्वतन्त्रता का अधिकार और अनुच्छेद 22 के अधीन उपबन्धित मनमाने पूर्ण गिरफ्तारी और निरोध के विरुद्ध संरक्षण का अधिकार शरणार्थियों को उपलब्ध है।

भारत के उच्चतम न्यायालय ने लुइस डे रीट बनाम यूनियन आफ इण्डिया, 3 में यह निर्णय दिया है कि संविधान का अनुच्छेद 21 सभी व्यक्तियों के प्राण और व्यक्तिगत स्वतंत्रता की रक्षा करता है और इसलिए भारतीय क्षेत्र में विदेशी लोग विधि द्वारा स्थापित प्रक्रिया के सिवाय इन अधिकारों से वंचित नहीं लिये जायेंगे किन्तु प्राण और स्वतन्त्रता का अधिकार इस देश में रहने और बसने के अधिकार को सम्मिलित नहीं करता है। जैसा कि अनुच्छेद 19 (1) (ग) में उल्लिखित है जो इस देश के नागरिकों के लिए प्रयोजनीय है। अरुणाचल प्रदेश बनाम खुदीराम चकमा 4 में यह वर्णन किया गया था कि नागरिकता अधिनियम, 1955 के अनुसार चकमा लोग विदेशी हैं और इसलिए वे संविधान के भाग 3 में सम्मिलित सभी मूल अधिकारों को पाने के लिए अधिकारी नहीं हैं।

नेशनल मैन कमीशन बनाम स्टेट ऑफ अरुणाचल प्रदेश में उच्चतम न्यायालय का विनिश्चय शरणार्थियों के अधिकारों में से कुछ के संरक्षण के सम्बन्ध में सुसंगत है और उल्लेखनीय है। इस मामले में यह निर्दिष्ट किया गया था कि पूर्वी पाकिस्तान (अब बांग्लादेश) से काफी संख्या में चकमा 1964 में कप्ताई जल विद्युत परियोजना द्वारा विस्थापित किए गये थे। वे असम और त्रिपुरा में शरण लिए थे। इनमें से अधिकतर

इन राज्यों में बस गये और समय के सम्यक अनुक्रम में भारतीय नागरिक हो गये। चूँकि काफी संख्या में शरणार्थी आसाम में शरण लिए हुए हैं; इसलिए राज्य सरकार ने उनमें से सभी को पुनर्वास प्रदान करने में अपनी असमर्थता व्यक्त की। लेकिन लगभग 4012 चकमा अरुणाचल प्रदेश में बस गये थे उन्हें स्थानीय आदिवासियों से परामर्श करके कुछ भूमि भी आवंटित की गयी थी। भारत सरकार ने भी प्रति परिवार 4200 रु० की दर पर पुनर्वास सहायता स्वीकार की थी। अरुणाचल प्रदेश में चकमाओं की जनसंख्या लगभग 65000 होना प्राक्कलित है। बाद में अरुणाचल प्रदेश के नागरिकों और चकमाओं के बीच सम्बन्ध खराब हो गये और चकमाओं ने परिवाद किया कि अरुणाचल प्रदेश राज्य से उन्हें बलपूर्वक निकालने के लिए उनके साथ दंडात्मक कार्यवाही की जा रही है।

चकमा नागरिक अधिकार समिति [Committee for Citizenship Right of Chakmas (CCRC)] ने चकमाओं के उत्पीड़न का परिवाद करते हुए राष्ट्रीय मानवाधिकार आयोग के समक्ष अभ्यावेदन दाखिल किया। राष्ट्रीय मानवाधिकार आयोग ने सन्देह करने के बाद कि उनका प्रयास चकमाओं को उनके अपने आवास में बनाये रखने के लिए अपर्याप्त होगा, मामले को उच्चतम न्यायालय के समक्ष लाने का विनिश्चय किया।

उच्चतम न्यायालय ने सम्परीक्षण किया कि अरुणाचल प्रदेश में काफी संख्या में चकमा लोगों का निवास उसके जातीय सन्तुलन में व्यवधान उत्पन्न करेगा और उसकी संस्कृति तथा पहचान को विनष्ट करेगा। संविधान में किया गया विशेष उपबन्ध व्यर्थ हो जाएगा, यदि राज्य की आदिवासी जनसंख्या पर बाहरी लोगों द्वारा आक्रमण किए जाने की अनुज्ञा दी जाती है। इसलिए आदिवासी चकमा लोगों को उनकी परम्परा और संस्कृति के प्रति भावी खतरा समझते हैं और इसलिए उत्सुक हैं कि चकमा लोग स्वयं को राज्य में समाहित न करें। लेकिन न्यायालय ने अधिकथित किया कि अरुणाचल प्रदेश राज्य में प्रचलित स्थिति की दृष्टि में चकमा लोगों के जीवन और व्यक्तिगत स्वतन्त्रता के लिए स्पष्ट खतरा विद्यमान है।

न्यायालय ने अधिकथित किया कि हमारा देश विधि के शासन द्वारा शासित है। हमारा संविधान प्रत्येक मानव को कतिपय अधिकार और नागरिकों को कतिपय अन्य अधिकार प्रदान करता है। प्रत्येक विधि के समक्ष समानता और विधि के समान संरक्षण का हकदार है (अनुच्छेद 14)। इसी तरह विधि द्वारा स्थापित प्रक्रिया के अनुसार के सिवाय अपने प्राण या दैहिक स्वतन्त्रता से वंचित नहीं किया जा सकता (अनुच्छेद 21)। इस प्रकार राज्य प्रत्येक मानव के प्राण और स्वतन्त्रता का संरक्षण करने के लिए बाध्य है, चाहे वह

नागरिक हो या अन्यथा और वह किसी व्यक्ति या व्यक्तियों के समूह को चकमा लोगों को राज्य छोड़ने की धमकी देने की अनुमति नहीं दे सकता

न्यायालय ने अरुणाचल प्रदेश में रहने वाले चकमा शरणार्थियों के सम्बन्ध में कतिपय मार्ग निर्देश भी अधिकथित किया। राज्य सरकार को इस प्रभाव का विनिर्दिष्ट निर्देश जारी किया गया कि राज्य यह सुनिश्चित करेगा कि राज्य के भीतर निवास करने वाले प्रत्येक चकमा के प्राण और दैहिक स्वतन्त्रता की संरक्षा की जाएगी और उन्हें बलपूर्वक बेदखल करने या राज्य से बाहर निकालने के किसी प्रयास को अमान्य किया जाएगा, यदि आवश्यकता हो तो अर्ध-सैनिक बल या पुलिस बल की सहायता लेकर ऐसा किया जा सकता है। इसके अतिरिक्त सिवाय विधि के शासन के अनुसार चकमा लोगों को उनके घर से बेदखल नहीं किया जायेगा और उन्हें घरेलू जीवन से वंचित नहीं किया जाएगा।

उच्च न्यायालय के इस विनिश्चय का स्वागत शरणार्थियों को शामिल करके विदेशियों के मूल संवैधानिक अधिकारों की संरक्षा करने के सम्बन्ध में महत्वपूर्ण निर्णय के रूप में किया गया है।

मानव अधिकार संरक्षण अधिनियम, 1993 द्वारा स्थापित राष्ट्रीय मानवाधिकार आयोग भी शरणार्थियों के मानवीय अधिकारों का संरक्षण करने में सक्रिय भूमिका अदा कर सकता है। आयोग स्वप्रेरणा से या याचिका के आधार पर किसी व्यक्ति के मानव अधिकारों के उल्लंघन का अन्वेषण करने के लिए समर्थ है। आयोग द्वारा चकमा शरणार्थियों के, जो भारत के उत्तर-पूर्वी राज्यों और त्रिपुरा में शरण की ईप्सा करते हैं, संरक्षण के सम्बन्ध में विनिर्दिष्ट हस्तक्षेप किए हैं। आयोग ने तमिलनाडु राज्य में लंका के शरणार्थियों के अवैध निरोध के मामले में प्रभावी ढंग से हस्तक्षेप किया है।

राष्ट्रीय मानवाधिकार आयोग ने सन् 2000-01 की रिपोर्ट में अपनी राय अभिव्यक्त की थी कि शरणार्थियों की समस्या से निपटने के लिए एक व्यापक राष्ट्रीय कानून की आवश्यकता है तथा यह कानून सर्वोच्च न्यायालय के निर्णयों को एवं साथ ही साथ 1951 के शरणार्थी अभिसमय एवं 1967 के नवाचार के प्रावधानों को ध्यान में रख कर बनाया जाना चाहिये। भारत सरकार ने आयोग को सूचित किया कि विदेश मन्त्रालय ने राष्ट्रीय कानून को लागू करने के लिए विभिन्न सम्भावनाओं के अन्तर्गत शरणार्थियों के व्यवहार के सम्बन्ध में प्रश्न पूछकर परीक्षण की प्रक्रिया प्रारम्भ कर दी है तथा सरकार के सम्बन्धित मंत्रालय/विभाग के साथ सम्पर्क करके शरणार्थियों के अभिसमय एवं नवाचार पर अनुसमर्थन किया जायेगा। सरकार ने आयोग से कहा कि इस प्रक्रिया में समय

लगेगा। सरकार द्वारा प्रारम्भ की गई कार्यवाही एक समय-सीमा के अन्तर्गत समाप्त होनी चाहिए क्योंकि वर्तमान समय में शरणार्थियों से सम्बन्धित कानून, नियम एवं प्रथाएँ पर्याप्त नहीं है। इस क्षेत्र को विशेष प्राथमिकता दिया जाना आवश्यक है ताकि शरणार्थियों से सम्बन्धित मामलों को मानवाधिकार को अपेक्षित तरीके से लागू किया जा सके जिससे शरणार्थी समझौता 1951 एवं इसके नवाचार 1967 तथा सर्वोच्च न्यायालय के निर्णयों एवं संविधान में अभिकथित प्रासंगिक बातों को लागू किया जा सके।

विस्थापित व्यक्ति (Internally Displaced Persons-IDP) – विस्थापित व्यक्ति ऐसे व्यक्तियों को कहा जाता है जो अपने ही राज्य की सीमा के अन्तर्गत एक क्षेत्र से दूसरे क्षेत्र पर राजनैतिक अथवा अन्य अत्याचारों के कारण भाग जाने के लिए मजबूर हो जाते हैं। विधिक रूप से ऐसे व्यक्ति, राज्य की प्रभुत्व सम्पन्नता के कारण, सरकारों से ही संरक्षण की अपेक्षा कर सकते हैं। विस्थापित व्यक्तियों को शरणार्थी नहीं कहा जा सकता, क्योंकि 1951 के शरणार्थी अभिसमय में शरणार्थी उसी व्यक्ति को परिभाषित किया गया है। जो अपने मूल राज्य से, जिसका कि वह नागरिक है, दूसरे राज्य में भाग जाता है। अत: विस्थापित व्यक्तियों को शरणार्थियों की प्रस्थिति प्राप्त नहीं होती और इसी कारण अभिसमय में लिखित प्रावधान उन पर लागू नहीं होते इसके बावजूद कि उनके कई मानव अधिकारों का उल्लंघन उनके विस्थापित होने के कारण होता है।

संयुक्त राष्ट्र के महासचिव कोफी अन्नान ने प्रतिनिधि, जो विस्थापितों की समस्याओं का विचारण कर रहे हैं, के अनुसार 1993 में विश्व भर में 40 राज्यों में 20-25 मिलियन व्यक्ति विस्थापित व्यक्तियों की श्रेणी में आते हैं। उस समय से विस्थापित व्यक्तियों की संख्या बढ़ती जा रही है और ऐसा अनुमान है कि वर्ष 2001 में विश्व में 50 मिलियन व्यक्ति ऐसे हैं जिन्होंने युद्ध, अत्याचार और अन्य कारणों से, जिसमें प्राकृतिक कारण भी शामिल हैं, अपने निवास स्थान को छोड़ने पर विवश हो चुके हैं।

अन्तर्राष्ट्रीय विधि के अन्तर्गत विस्थापित व्यक्तियों की समस्या पर न तो कोई अभिसमय है और न ही कोई घोषणा पत्र। इसका मुख्य कारण यह था कि विस्थापित व्यक्ति का मामला राज्य की आन्तरिक समस्या समझी जाती है और अन्तर्राष्ट्रीय स्तर पर कार्यवाही राज्य के अन्दर मध्य आक्षेप माना जायेगा। इसके बावजूद संयुक्त राष्ट्र शरणार्थी उच्चायुक्त (UNHCR) ने 1993 में विस्थापितों के लिए मार्गदर्शक सिद्धान्तों (Guiding Principles) को तैयार किया जिसमें विस्थापितों की समस्याओं को उसी समय सुलझाने का प्रयत्न किया जायेगा जब कुछ शर्तें पूरी होंगी। जैसे, जब विस्थापित व्यक्ति उसी क्षेत्र में जाने को तैयार हों जहाँ से वे भागे हैं। बाद में संयुक्त राष्ट्र के महासचिव कोफी अन्नान के विस्थापित व्यक्तियों

के प्रतिनिधि फ्रांसिस डेंग (Francis Deng) ने भी विस्थापितों के लिए मार्गदर्शिका को तैयार कि या जिसको उन्होंने 1996 में मानव अधिकार आयोग को पेश किया। आयोग ने उनके द्वारा तैयार किये हुए मार्गदर्शिका में और सुधार करने के लिए कहा। उन्होंने इसमें सुधार कर 1998 में फिर से आयोग के समक्ष पेश किया। आयोग ने डेंग से इस मार्गदर्शिका के प्रावधानों पर राज्यों की सरकारों तथा अन्तर्राज्यीय संगठनों से वार्ता करने के लिए कहा। ऐसी आशा की जाती है कि विस्थापितों के सम्बन्ध में विधि बनाने में, डेंग के बनाये गये सिद्धान्तों का काफी योगदान रहेगा।

संयुक्त राष्ट्र ने वर्ष 2001 में विस्थापित व्यक्तियों पर यूनिट (Unit on Internal Displacement) की स्थापना की है जिसका कार्य संयुक्त राष्ट्र के सचिवालय को विस्थापित व्यक्तियों की स्थिति पर राय तथा सहायता देना होगा। यूनिट से यह अपेक्षा की जाती है कि वह विस्थापितों के सम्बन्ध में संयुक्त राष्ट्र के महासचिव के प्रतिनिधि से सम्पर्क बनाये रहेंगे।

(5) अन्यदेशीय (Aliens)

अंतर्देशीय शब्द का तात्पर्य उन व्यक्तियों से है जो किसी ऐसे राज्य में निवास करते हैं जिस राज्य के वे राष्ट्रिक नहीं हैं। इस प्रकार से एक राज्य के राष्ट्रिकों की दूसरे राज्य में उपस्थिति को विधिक रूप से अन्यदेशीय कहा जाता है। अन्यदेशीयों के अधिकारों के विषय में विधि सुस्थापित नहीं है। फिर भी राज्यों के अभ्यास में उन्हें अभिसमय एवं करार पर आधारित ऐसे अधिकार प्रदान किये जाते हैं जो उनके स्वयं के नागरिकों को प्राप्त अधिकारों के समान होते हैं। महासभा में मानव अधिकारों की उस सार्वभौमिक घोषणा पर विचार करने के उपरान्त जिसमें यह उद्घोषणा की गयी है कि प्रत्येक व्यक्ति को हर जगह विधि के समक्ष व्यक्ति के रूप में मान्यता प्राप्त है। ऐसे व्यक्तियों के मानव अधिकारों की घोषणा को 13 दिसम्बर, 1985 को अंगीकार किया है जो उस देश के राष्ट्रिक नहीं होते, जिसमें वे निवास कर रहे होते हैं, घोषणा के अनुच्छेद। के अधीन यह प्रावधान किया गया है कि अन्यदेशीय से तात्पर्य ऐसे किसी व्यक्ति से है जो उस राज्य का राष्ट्रिक नहीं होता है जहाँ वह उपस्थित होता है। घोषणा में अन्यदेशीयों को बहुत से अधिकार प्रदान किये गये हैं जो निम्नवत् हैं-

1. प्राण एवं दैहिक सुरक्षा का अधिकार (अनु० 5 परि० 1 (क))
2. एकान्तता, परिवार, गृह अथवा पत्र-व्यवहार पर मनमाने पूर्ण अथवा विधि विरुद्ध हस्तक्षेप के विरुद्ध संरक्षण का अधिकार (अनुच्छेद 5 परिच्छेद 1 (ख))

3. सभी न्यायालयों, अभिकरणों एवं न्याय का प्रशासन करने वाले अन्य सभी अंगों एवं प्राधिकारियों के समक्ष समान समझे जाने अधिकार (अनुच्छेद 5 परिच्छेद 1 (ग))

4. जीवन साथी (पति या पत्नी) चुनने, विवाह करने और परिवार स्थापित करने का अधिकार - (अनुच्छेद 5 परिच्छेद 1 (घ))

5. विचार, राय, अंत:करण एवं धर्म की स्वतंत्रता का अधिकार (अनुच्छेद 5 परिच्छेद 1 (ङ))

6. अपनी स्वयं की भाषा, संस्कृति एवं परम्परा को बनाये रखने का अधिकार (अनुच्छेद 5 परिच्छेद 1 (च))

7. विदेश में अपनी कमाई, बचत, अथवा अन्य मौद्रिक सम्पत्तियों को देशी मुद्रा विनियमन के अधीन अंतरित करने का अधिकार (अनुच्छेद 5 परिच्छेद 1 (छ))

8. देश छोड़ने का अधिकार, दमन से स्वतंत्रता का अधिकार, शांतिपूर्ण सभा करने का अधिकार तथा सम्पत्ति के स्वामित्व का अधिकार (अनुच्छेद 5 परिच्छेद 2)। इन अधिकारों का उपभोग ऐसे प्रतिबंधों के अधीन किया जायेगा जो विधि के द्वारा निर्धारित हैं और जो किसी प्रजातांत्रिक समाज में राष्ट्रीय सुरक्षा, लोक सुरक्षा, लोक स्वास्थ्य अथवा नैतिकता अथवा अन्यों के अधिकारों एवं स्वतंत्रता के संरक्षण के लिए आवश्यक होते हैं।

9. अन्यदेशीय किसी राज्य के राज्य क्षेत्र में विधिपूर्ण तरीके से संचरण करने की भी स्वतंत्रता तथा राज्य की सीमाओं के भीतर अपने आवास चुनने की स्वतंत्रता के अधिकार का उपभोग करेंगे।

10. यातना अथवा क्रूर, अमानवीय अथवा अपमानजनक व्यवहार अथवा दण्ड से स्वतंत्रता (अनुच्छेद 6)

11. चिकित्सकीय अथवा वैज्ञानिक प्रयोग किये जाने से स्वतंत्रता (अनुच्छेद 6)

12. सुरक्षित एवं स्वस्थ कार्य दशाओं, उचित मजदूरी एवं समान मूल्य के कार्य के लिए किसी भी प्रकार के भेदभाव के बिना समान पारिश्रमिक का अधिकार (अनु० 8 परि० 1 (ख))

13. श्रम संघों एवं अपनी पसंद के अन्य संगठनों अथवा संघों में शामिल होने और उनके क्रियाकलापों में भाग लेने का अधिकार (अनु० 8 परिच्छेद 1 (ख))

14. स्वास्थ्य संरक्षण, चिकित्सा सम्बन्धी देखभाल, सामाजिक सुरक्षा, सामाजिक सेवाओं, शिक्षा, आराम एवं अवकाश का अधिकार (अनुच्छेद 8 परिच्छेद 1 (ग))

15. मूल वंश, रंग, धर्म, संस्कृति, कुल अथवा राष्ट्रीय एवं जातीय उद्भव के आधारों पर अन्यदेशीयों के व्यक्तिगत एवं सामूहिक निष्कासन का प्रतिषेध (अनुच्छेद 7)

16. उसके/उसकी विधिपूर्ण तरीके से अर्जित की गयी सम्पत्ति से मनमानेपूर्ण ढंग से वंचित किये जाने से स्वतंत्रता (अनुच्छेद 9)

(6) विराष्ट्रिक व्यक्ति (Stateless Persons)

जब कोई व्यक्ति किसी भी राज्य की राष्ट्रीयता धारण नहीं करता है तो उसे विराष्ट्रिक कहा जाता है। कोई व्यक्ति विराष्ट्रिक जानबूझ कर अथवा अनजाने में या आशय पूर्वक अथवा बिना अपनी किसी तुटि के हो सकता है। उदाहरणार्थ, जब कोई अधर्मज शिशु (illegitimate child) किसी ऐसे राज्य में जन्म लेता है जिसके राष्ट्रीय विधि के अधीन वह अपनी माता की राष्ट्रीयता को अर्जित नहीं करता है, या जहाँ धर्मज पुत्र ऐसे राज्य में जन्म लेता है, जहाँ उसके माता-पिता की स्वयं कोई राष्ट्रीयता नहीं है, वहाँ शिशु विराष्ट्रिक होगा। विराष्ट्रिकता जन्म के पश्चात् भी हो सकती है। उदाहरणार्थ, यह दण्ड अथवा अन्य किसी कारण से राष्ट्रीयता से वंचित हो जाने अथवा खोने के परिणामस्वरूप भी हो सकती है। सभी व्यक्ति जिन्होंने किसी अन्य राष्ट्रीयता को अर्जित किये बिना ही अपनी मूल राष्ट्रीयता को खो दिया है, वस्तुत: विराष्ट्रिक होते हैं। विराष्ट्रिक उन अधिकारों का उपभोग नहीं करता है जो किसी व्यक्ति को अन्तर्राष्ट्रीय विधि के द्वारा प्रदान किये जाते हैं। उदाहरण के लिए, उनके हित का किसी राज्य द्वारा संरक्षण नहीं किया जाता है; उन्हें उन अधिकारों के उपभोग से वंचित कर दिया जाता है जो पारस्परिकता (reciprocity) पर आधारित होते हैं।

राष्ट्रविहीनता की स्थिति को समाप्त करने के लिए कुछ प्रयास किये गये हैं। पहली बार 'राष्ट्रीयता विधियों के संघर्ष पर अभिसमय 1930' (Convention on Conflict of Nationality Laws, 1930) अंगीकार किया गया जिसके अनुच्छेद 1 के अन्तर्गत यह प्रावधान किया गया कि संविदाकारी राज्य अपने भूभाग में जन्मे किसी ऐसे व्यक्ति को राष्ट्रीयता प्रदान करने के लिए सहमत है जो अन्यथा विराष्ट्रिक होगा तथा अनुच्छेद 4 के द्वारा किसी ऐसे व्यक्ति को राष्ट्रीयता प्रदान करने के लिए सहमत हैं, जो संविदाकारी राज्यों के भूभाग में न जन्मा हो, और यदि उस व्यक्ति के जन्म के समय उसके माता-पिता में से एक की राष्ट्रीयता उस राज्य की रही हो। उपर्युक्त प्रावधान प्रभावी नहीं हो सका और विराष्ट्रिक व्यक्ति की समस्या का हल नहीं निकला।

मानव अधिकारों की सार्वभौमिक घोषणा द्वारा, समस्या की गम्भीरता पर विचार करने के पश्चात् अनुच्छेद 15 के अन्तर्गत यह प्रावधान किया गया था कि प्रत्येक व्यक्ति राष्ट्रीयता धारण करने का हकदार है और किसी भी व्यक्ति की राष्ट्रीयता को मनमाने पूर्ण तरीके से नहीं छीना जा सकता।

विराष्ट्रिक व्यक्तियों की प्रस्थिति को विनियमित करने एवं सुधार करने के लिए विराष्ट्रिक व्यक्तियों की प्रस्थिति से सम्बन्धित अभिसमय (Convention Relating to the Status of Stateless Persons) दिनांक 28 सितम्बर, 1954 को आर्थिक एवं सामाजिक परिषद् द्वारा 'पूर्णाधिकारी सम्मेलन' (Conference of Plenipotentiaries) द्वारा अंगीकार किया गया। अभिसमय दिनांक 6 जून, 1960 को लागू हुआ और 31 अक्टूबर, 1999 तक इसके 44 राज्य पक्षकार बन चुके हैं। अभिसमय में विराष्ट्रिक व्यक्ति की परिभाषा ऐसे व्यक्ति के रूप में की गयी है जिसे किसी विधि के अन्तर्गत राष्ट्रिक नहीं माना जाता। अभिसमय में इस प्रकार के व्यक्तियों को न्यायिक प्रस्थिति प्रदान की गयी थी किन्तु विराष्ट्रिकता को कम करने अथवा समाप्त करने के लिए कोई प्रावधान नहीं किया गया था।

महासभा ने दिनांक 4 दिसम्बर, 1954 को अपनी इच्छा व्यक्त की थी कि भविष्य में विराष्ट्रिकता की कमी अथवा समाप्ति के लिए अभिसमय के निर्माण हेतु पूर्णाधिकारियों का एक अन्तर्राष्ट्रीय सम्मेलन, जैसे ही कम से कम बीस राज्य महासचिव को इस प्रकार के सम्मेलन में सहयोग करने की अपनी इच्छा से संसूचित कर देंगे, बुलाया जाय। जेनेवा में आयोजित दिनांक 24 मार्च से 18 अप्रैल, 1959 तक सम्मेलन आयोजित किया गया जिसमें ऐसे प्रावधानों को स्वीकार किया गया जिनका लक्ष्य जन्म पर विराष्ट्रिकता में कमी करना था लेकिन सम्मेलन ऐसे किसी करार पर पहुँचने में असफल रहा कि कैसे राज्यों की स्वतन्त्रता अपनी राष्ट्रीयता से राष्ट्रिकों को वंचित करने से सीमित किया जाय। परिणामस्वरूप; सम्मेलन में यह सिफारिश की गयी थी कि कार्यों को पूरा करने के लिए इसका फिर से आयोजन किया जाय। सम्मेलन का दिनांक 15 अगस्त, 1961 से 28 अगस्त, 1961 तक न्यूयार्क में पुन: आयोजन किया गया और उसमें विराष्ट्रिकता की कमी पर अभिसमय (Convention on the Reduction of Statelessness) अंगीकार किया गया। अभिसमय पर हस्ताक्षर हेतु दिनांक 30 अगस्त, 1961 को खोला गया और यह दिनांक 13 दिसम्बर, 1975 को लागू हुआ।

अभिसमय के अनुच्छेद 1 के अन्तर्गत यह कहा गया है कि संविदाकारी राज्य अपने राज्यक्षेत्र में जन्मे किसी ऐसे व्यक्ति को अपनी राष्ट्रीयता प्रदान करेगा जो अन्यथा विराष्ट्रिक होगा: (क) जन्म के समय विधि के प्रवर्तन द्वारा अथवा (ख) सम्बन्धित व्यक्ति द्वारा

अथवा उसकी ओर से, उपयुक्त प्राधिकारी के पास दाखिल किये गये आवेदन पर प्रदान करेंगे। अनुच्छेद 1 के परिच्छेद 3 में आगे कहा गया है कि संविदाकारी राज्य के राज्यक्षेत्र में वैवाहिक बन्धन के फलस्वरूप जन्मा बालक तथा जहाँ माता उसकी नागरिक है उस राष्ट्रीयता को अर्जित कर लेगा, यदि वह किसी अन्यथा विराष्ट्रिक होगा। अभिसमय ने 1930 के अभिसमय द्वारा अंगीकृत विचार का अनुसरण किया जिसमें प्रावधान किया गया कि यदि किसी संविदाकारी राज्य की विधि, विवाह के अनुक्रम या विवाह का समापन के परिणामस्वरूप राष्ट्रीयता समाप्त हो जाती है, तो इस प्रकार की राष्ट्रीयता का खोना अन्य राष्ट्रीयता की प्राप्ति अथवा अर्जन पर सशर्त होगी। अभिसमय के अनुच्छेद 6 में यह कहा गया है कि यदि किसी संविदाकारी राज्य की विधि किसी व्यक्ति, पति-पत्नी अथवा शिशु द्वारा अपनी राष्ट्रीयता के खोने के लिए प्रावधान करता है जिसके परिणामस्वरूप वह व्यक्ति उस राष्ट्रीयता को खो देता है अथवा उस राष्ट्रीयता से वंचित हो जाता है, तो इस प्रकार से राष्ट्रीयता का खोना किसी अन्य राष्ट्रीयता के उनके द्वारा प्राप्ति अथवा अर्जन पर सशर्त होगा।

विराष्ट्रिकता को समाप्त करने अथवा कम करने के लिए किये गये प्रयासों का केवल सीमित प्रभाव रहा है क्योंकि अब भी राष्ट्रीयता का निर्धारण प्रत्येक राज्य की क्षमता के अन्तर्गत आता है।

(7) देशी लोग (Indigenous Peoples)

देशी लोगों से अभिप्राय उन व्यक्तियों से है जो किसी देश के ऐतिहासिक रूप से (उपनिवेश साम्राज्य से भी पहले) मूल निवासी हैं और वे स्वयं को उन राज्य क्षेत्रों में रहने वाले समाजों के अन्य वर्गों से पृथक् समझते हैं। विश्व के अधिकांश हिस्सों में देशी एवं जनजातीय लोग उस राज्य में रहने वाली शेष जनसंख्या के ही समान अपने मौलिक अधिकारों का उपभोग नहीं कर पाते हैं। अपनी निर्धनता एवं अशिक्षा के कारण वर्तमान समय में, वे समाज के दुर्बल वर्ग कहे जाते हैं। यह प्राक्कलन किया गया है कि देशी लोगों की संख्या लगभग 30 करोड़ है और वे आस्ट्रेलिया से लेकर आर्कटिक (Artic) तक 70 देशों में फैले हुये हैं। उनमें आधे से अधिक चीन एवं भारत में रहते हैं, और करीब 1 करोड़ म्यांमार (बर्मा) में तथा 3 करोड़ दक्षिण अफ्रीका में रहते हैं। यद्यपि इन लोगों के इतिहास एवं परिस्थितियों में अनेक विभिन्नताएं हैं, फिर भी उनकी समस्याएं समान हैं। उनकी सामान्य समस्याओं में से प्रमुख इनकी जन्मजात भूमि का छिन जाना या ह्रास होना है जो औपनिवेशीकरण अथवा विकास के परिणामस्वरूप इनके चारों ओर प्रभुत्वशाली वर्गों द्वारा इनकी भूमि के अवांछित सम्मिश्रण अथवा हड़प लेने के रूप में सामने आती है। वर्तमान

समय में, सम्बन्धित राज्यों द्वारा उन्हें सांस्कृतिक संरक्षण, भूमि एवं मानव अधिकार प्रदान किये जाने की आवश्यकता है। वियना घोषणा में देशी (आदिम) लोगों के अधिकारों की अभिवृद्धि एवं संरक्षण के महत्व को मान्यता दी गयी है तथा यह कहा गया है कि राज्यों को अन्तर्राष्ट्रीय विधि के अनुसार देशी (आदिम) लोगों के सभी मानव अधिकारों तथा मूलभूत स्वतंत्रता के सम्मान को समानता एवं बिना भेदभाव के आधार पर सुनिश्चित करने के लिए सकारात्मक कदम उठाना चाहिए और उनकी पृथक् पहचान, संस्कृति एवं सामाजिक संगठन के मूल्य को मान्यता देनी चाहिए।

देशी लोगों के मानव अधिकारों के संरक्षण उपलब्ध कराने के प्रयास सीमित रहे हैं। पहली बार 1953 में अन्तर्राष्ट्रीय श्रम संगठन (ILO) ने देशी एवं जनजातीय जनसंख्या के अधिकारों पर अभिसमय संख्या 107 (Rights of Indigenous and Tribal Populations Convention No. 107) को अंगीकार किया। अभिसमय देशी लोगों को अधिकार प्रदान करवाने में बहुत कम प्रभावी रहा और इसीलिए वर्ष 1989 में अन्तर्राष्ट्रीय श्रम संगठन ने एक दूसरा अभिसमय अंगीकार किया जिसे स्वतंत्र देशों में देशी (आदिम) एवं जनजातीय लोगों से सम्बन्धित अभिसमय (सं० 169) 1 (Convention (No. 169) Concerning Indigenous and Tribal Peoples in Independent Countries) के रूप में जाना जाता है। यह अभिसमय 5 सितम्बर, 1991 को प्रवर्तित हुआ। यह अभिसमय स्वतंत्र देशों के ऐसे जनजातीय लोगों पर लागू होता है जिन्हें उनकी सामाजिक, सांस्कृतिक एवं आर्थिक दशा के कारण राष्ट्रीय समुदाय के अन्य वर्गों से पृथक् रखा जाता है, और जिनकी प्रस्थिति का विनियमन पूर्णतया अथवा आंशिक रूप से रूढ़ियों या प्रथाओं द्वारा अथवा विशेष विधियों या विनियमों द्वारा होता है।2 अभिसमय स्वतंत्र देशों के ऐसे लोगों पर भी लागू होता है जिनका देश में निवास करने वाले जनसंख्या से उद्भव हुआ हो अथवा वर्तमान राज्य सीमाओं की स्थापना अथवा औपनिवेशीकरण अथवा विजय के समय के किसी ऐसे भौगोलिक क्षेत्र के जिससे वह देश सम्बन्धित हो निवासी हो, और जो अपनी विधिक प्रस्थिति से बिना सम्बन्ध रखे हुये अपनी स्वयं की सामाजिक, आर्थिक, सांस्कृतिक अथवा राजनैतिक संस्थाओं को बनाये रखते हैं। अभिसमय में अन्य बातों के साथ-साथ इन लोगों के परम्परागत, सामूहिक एवं व्यक्तिगत भूमि सम्बन्धी अधिकार एवं प्राकृतिक संसाधनों के स्वामित्व के विषय में भी कहा गया था।

संयुक्त राष्ट्र प्रणाली के अन्तर्गत देशी व्यक्तियों के प्रश्नों पर विचार तीन निकायों द्वारा किया जाता है। ये हैं-

1. देशी जनसंख्या पर कार्यकारी वर्ग (Working Group)

2. देशी व्यक्तियों के मानवाधिकार तथा मूल स्वतन्त्रता की स्थिति पर विशेष रिपोर्टियर (Special Rapporteur)

3. देशी प्रश्नों पर स्थायी मंच (Permanent Forum)।

कार्यकारी वर्ग देशी लोगों के मानवाधिकार का परिवीक्षण करता है तथा उनकी स्थिति सुधारने के लिए मानवीय स्तर विकसित करता है। विशेष रिपोर्टियर दोषों के आरोपों तथा अत्याचारों का अन्वेषण भ्रमण कार्य करके पूरा करता है तथा सरकार से तथा स्थानीय देशी वर्गों से सीधे पत्र व्यवहार करता है। देशी व्यक्ति के प्रश्नों पर स्थायी मंच आर्थिक तथा सामाजिक परिषद् को सीधे रिपोर्ट प्रस्तुत करता है तथा इस प्रकार मानवाधिकार की श्रेणी से बाहर आने वाले पहलुओं को आवृत्त करता है। प्रत्येक निकाय भिन्न अधिदेश रखता है।

देशी लोगों के अधिकारों पर सार्वभौमिक घोषणा (Universal Declaration on the Rights of Indigenous Peoples)

देशी लोगों पर कार्यकारी समूह अल्पसंख्यकों की रक्षा और भेद-भाव निवारण उप-आयोग द्वारा स्थापित किया गया था जिसने 1982 में देशी व्यक्तियों के विरुद्ध भेद-भाव का अध्ययन आरम्भ किया था। कार्यकारी समूह ने देशी लोगों के अधिकारों पर सार्वभौमिक घोषणा का प्रारूप (Draft on the Universal Declaration on the Rights of Indigenous Peoples) तैयार किया।'अल्पंख्यकों के संरक्षण एवं भेद-भाव निवारण उप-आयोग' ने कार्यकारी समूह तैयार किये गये प्रारूप घोषणा पर विचार करने के पश्चात् 1994 में देशी लोगों के अधिकारों पर संयुक्त राष्ट्र प्रारूप घोषणा (United Nations Draft Declaration on the Rights of Indigenous Peoples) को अंगीकार किया। बाद में, 13 सितम्बर, 2007 को महासभा ने देशी लोगों के अधिकारों पर घोषणा (Declaration on the Rights of Indigenous Peoples) को अंगीकार किया जो कि देशी लोगों के सामूहिक अधिकारों एवं व्यक्तिगत अधिकारों को प्रदर्शित करता है। घोषणा के मुख्य प्रावधान निम्नवत् हैं-

1. देशी लोगों को व्यक्तिगत या सामूहिक रूप से समस्त मानवाधिकारों एवं मूल स्वतन्त्रताओं का पूर्ण उपयोग करने का अधिकार है। (अनुच्छेद 1)

2. देशी लोग तथा समस्त मानव स्वतन्त्र हैं तथा सभी लोग समान हैं तथा समस्त लोग किसी भी प्रकार के भेदभाव से स्वतन्त्र हैं अपने अधिकारों के प्रयोग में विशेष रूप में, जो उनके देशी मूल या पहचान पर आधारित है। (अनुच्छेद 2)

3. देशी लोगों को आत्म-निर्णय का अधिकार है जिसके द्वारा वे अपने राजनीतिक स्तर का निर्धारण करते हैं (अनुच्छेद 3)। उनके पास अपने आन्तरिक एवं स्थानीय मामलों के सम्बन्ध में स्वयं की स्वायत्त सरकार का अकार है, साथ-साथ उनके वित्तीय कार्यों के स्वायत्त निष्पादन हेतु संसाधन है। (अनुच्छेद 4)

4. देशी लोगों को अपने विशेष, राजनीतिक, विधिक, आर्थिक, सामाजिक एवं सांस्कृतिक संस्थाओं के पोषण का अधिकार है। (अनुच्छेद 5)

5. प्रत्येक देशी लोगों के पास राष्ट्रीयता का अधिकार है। (अनुच्छेद 6)

6. देशी लोगों को लोगों की सुरक्षा तथा स्वतन्त्रता शारीरिक एवं मानसिक सत्यनिष्ठा एवं अखण्डता जैसे अधिकार हैं। उनके पास विशेष लोगों के रूप में सुरक्षित तथा शान्ति के साथ स्वतन्त्रतापूर्वक जीने का सामूहिक अधिकार है और वे किसी तरह के नरसंहार या किसी अन्य प्रकार के हिंसा, विशेष रूप से बच्चों को एक समूह से दूसरे समूह में बलपूर्वक हटाने का विषय नहीं है। (अनुच्छेद 7)

7. देशी लोगों को बलपूर्वक कुछ भी आत्मसात न करने एवं अपनी संस्कृति को नष्ट न करने का अधिकार है। (अनुच्छेद 8)

8. देशी लोगों को उनकी क्षेत्रीयता या भूमि से बलपूर्वक हटाया नहीं जा सकेगा। (अनुच्छेद 10)

9. देशी लोगों को अपनी सांस्कृतिक परम्पराओं एवं प्रथाओं को लागू करने एवं प्रवर्तित करने का अधिकार है। (अनुच्छेद 11 (1))

10. देशी लोगों को अपने आध्यात्मिक एवं धार्मिक प्रथाओं, परम्पराओं एवं समारोहों को मनाने का, प्रकट करने का, विकसित करने का एवं शिक्षित करने का अधिकार है। (अनुच्छेद 12)

11. देशी लोगों को अपनी भाषा में शिक्षा प्रदान करने के लिए अपनी शैक्षिक व्यवस्था एवं संस्थानों को स्थापित करने तथा संचालित करने एवं नियन्त्रित करने का अधिकार है। ये कार्य वे अपने ज्ञान या वे अपने अध्ययन को उपयुक्त सांस्कृतिक तरीकों से कर सकते हैं। (अनुच्छेद 14)

12. देशी लोगों को अपनी भाषा में अपना प्रेस स्थापित करने की स्वतन्त्रता है तथा बिना किसी भेदभाव के गैर-देशी लोगों के प्रेस तक पहुँच का अधिकार है। (अनुच्छेद 16)

13. देशी लोगों को अन्तर्राष्ट्रीय एवं देशीय श्रम कानूनों के अन्तर्गत स्थापित समस्त अधिकारों के पूर्ण उपभोग का अधिकार है। (अनुच्छेद 17)

14. देशी लोगों को भूमि, क्षेत्र या संसाधन जो कि परंपरागत रूप में उनके अपने हैं, उन्होंने अर्जित किया है या किसी अन्य तरीके से प्राप्त किया है, तो उसे बनाए रखने का अधिकार है। (अनुच्छेद 26)

उद्घोषणा यह भी अभिकथित करती है कि सभी मान्यता प्राप्त अधिकार विश्व के देशी लोगों के लोक, कल्याण के लिए तथा उनकी प्रतिष्ठा एवं न्यूनतम स्तर के अस्तित्व का गठन करती है। ये समस्त अधिकार एवं स्वतन्त्रताएँ जिन्हें उद्घोषणा में मान्यता प्रदान की गयी है; सभी देशी लोगों के पुरुषों एवं महिलाओं पर समान रूप से लागू करने की गारण्टी प्रदान की गई है।

(8) वयोवृद्ध व्यक्ति (Older Persons)

संयुक्त राष्ट्र का सम्बन्ध न केवल व्यक्तियों के जीवन की गुणवत्ता से सम्बन्धित है बल्कि समान रूप से इसका सम्बन्ध उनके दीर्घायु से भी है। मृत्यु दर में धीरे-धीरे कमी आ जाने के फलस्वरूप और जीवन की प्रत्याशा में वृद्धि हो जाने के कारण, यह आशा की जाती है कि अगले दो दशकों के दौरान विश्व के सभी देशों की जनसंख्या में 60 वर्ष अथवा उससे अधिक आयु के लोगों के अनुपात में वृद्धि हो जायेगी। संयुक्त राष्ट्र उन राज्यों की सहायता करने के लिए प्रतिबद्ध है जो वयोवृद्ध लोगों की आवश्यकताओं की चुनौतियों का सामना कर रहे हैं और विकास के लिए अपने योगदान का प्रभावी रूप से प्रयोग कर रहे हैं।

संयुक्त राष्ट्र के समक्ष वयोवृद्ध व्यक्तियों के सम्बन्ध में पहली बार अर्जेन्टीना की पहल पर चर्चा 1948 में हुई। बाद में माल्टा के कहने पर भी चर्चा हुई। महासभा वृद्ध व्यक्तियों की समस्याओं का निपटारा करने के लिए 1971 से ही सक्रिय बनी हुई है जब इसने महासचिव से वयोवृद्ध लोगों पर व्यापक रिपोर्ट तैयार करने के लिए और राष्ट्रीय एवं अन्तर्राष्ट्रीय कार्य के लिए दिशा निर्देश सुझाने हेतु कहा था। महासभा ने 1978 में वृद्धजनों (Ageing) पर एक विश्व सम्मेलन आयोजित करने का निश्चय किया और तदनुसार, वृद्धजनों पर विश्व सभा (World Conference on Ageing) का आयोजन वियना में 26 जुलाई, 1982 से लेकर 6 अगस्त, 1982 तक हुआ। सभा में वृद्धजनों पर एक अन्तर्राष्ट्रीय कार्ययोजना (International Plan of Action) अंगीकार की गई। योजना का लक्ष्य यह था कि देशों को उनकी जनसंख्या के वृद्धजनों को प्रभावी रूप से निष्पादित करने की क्षमता को मजबूत

बनाया जाय और यह कार्य वृद्धजनों की आवश्यकताओं को ध्यान में रखकर किया जाना चाहिए। महासभा द्वारा अन्तर्राष्ट्रीय कार्ययोजना को अंगीकार किया गया और महासभा ने राज्यों की सरकारों से यह अपेक्षा की थी कि वह इसके सिद्धान्तों एवं सिफारिशों के क्रियान्वयन को जारी रखें। महासभा ने महासचिव से भी इस सम्बन्ध में अपने प्रयास जारी करने के लिए कहा।

वयोवृद्ध व्यक्तियों के सम्बन्ध में सिद्धान्त (Principles for Older Person) – महासभा ने 16 दिसम्बर, 1991 को संकल्प (46/91) द्वारा'वयोवृद्ध व्यक्तियों' के लिए सिद्धान्तों (Principles for Older Persons) को अंगीकार किया। ये सिद्धान्त जिनकी संख्या 18 थी, वयोवृद्ध व्यक्तियों की स्वतंत्रता एवं गरिमा से सम्बन्धित थे। इन सिद्धान्तों में से कुछ सिद्धान्त निम्नलिखित हैं-

1. वयोवृद्ध व्यक्तियों को कार्य करने का अवसर तथा कार्य छोड़ने का अवसर प्रदान किया जाना चाहिए।
2. वयोवृद्ध व्यक्तियों को समाज में अभिन्न रूप से बने रहना चाहिए तथा ऐसी नीतियों के सृजन के समय सक्रिय रूप से भाग लेना चाहिए जो उनके कल्याण को प्रभावित करती हों।
3. वयोवृद्ध व्यक्तियों के शारीरिक, मानसिक एवं भावनात्मक कल्याण के उच्चतम स्तर को बनाये रखने में सहायता प्रदान करने के लिए स्वास्थ्य सम्बन्धी देखभाल तक पहुँच होनी चाहिए।
4. वयोवृद्ध व्यक्तियों को अपनी सभ्यताओं के पूर्ण विकास का अवसर तथा समाज के शैक्षणिक, सांस्कृतिक, आध्यात्मिक एवं मनोरंजन सम्बन्धी संसाधनों तक पहुँच होनी चाहिए।
5. वयोवृद्ध व्यक्तियों को गरिमा एवं सुरक्षा से रहने के लिए सक्षम होना चाहिए तथा शोषण एवं मानसिक और शारीरिक दुरूपयोग से स्वतंत्र होना चाहिए।

सरकारों को इन सिद्धान्तों को अपने राष्ट्रीय कार्यक्रमों में शामिल किये जाने हेतु प्रोत्साहित किया गया। महासभा ने 15 एवं 16 अक्टूबर, 1992 को दसवीं वार्षिकी को चिह्नित करने के लिए विशेष अन्तर्राष्ट्रीय सम्मेलन (Special International Conference) बुलाया। बाद में, 11 नवम्बर, 1992 को महासभा ने वृद्धजनों पर उद्घोषणा को अंगीकार (Proclamation on Ageing) किया जिसके द्वारा इसने वर्ष 1992 को वयोवृद्ध व्यक्तियों के अन्तर्राष्ट्रीय वर्ष के रूप में मनाने का विनिश्चय किया।

घोषणा में यह अपेक्षा की गयी है कि जीवनपर्यन्त स्वास्थ्य, आय की उत्पत्ति (Income generation) एवं उन्नतिशील युग के नये रूपों की अभिवृद्धि के लिए अंतर्राष्ट्रीय सहयोग किया जाय। इसमें राष्ट्रीय पहल कर्ताओं (National initiatives) से यह कहा गया है कि वे वृद्ध व्यक्तियों को समाज के योगदानकर्ता समझें तथा भार न समझें तथा सम्पूर्ण जनसंख्या को जीवन की बाद की अवस्थाओं की तैयारी में लगायें तथा वृद्ध एवं तरुण पीढ़ी की परम्परा एवं आर्थिक, सामाजिक एवं सांस्कृतिक विकास में परिवर्तन के बीच संतुलन का सृजन करने में सहयोग करने में सहायता करें ।

वयोवृद्ध व्यक्तियों पर द्वितीय विश्व सभा (Second World Assembly on Ageing) (2002) – वयोवृद्ध व्यक्तियों के अन्तर्राष्ट्रीय सम्मेलन की बीसवीं वर्षगाँठ के अवसर पर द्वितीय विश्व सभा (Second World Assembly) का आयोजन वर्ष 2002 में मैड्रिड में किया गया। सभा में अन्तर्राष्ट्रीय कार्य योजना (International Plan of Action) और राजनैतिक घोषणा (Political Declaration) अंगीकृत किये गये जिसमें वयोवृद्ध व्यक्तियों के विकास से सम्बन्धित कई महत्वपूर्ण पहलुओं पर प्रकाश डाला गया। कार्य योजना के अन्तर्गत वयोवृद्ध व्यक्तियों के लिए तीन प्राथमिकता उल्लिखित की गयीं-वयोवृद्ध व्यक्ति और विकास (Older Persons and Development), वयोवृद्ध व्यक्ति और स्वास्थ्य (Older Persons and Health) तथा वयोवृद्ध व्यक्ति और उनके सहायक पर्यावरण (Older Persons and supportive environment)। जिसमें समाज में उनके योगदान के प्रति जागरूकता पैदा करना तथा उनके जीवन स्तर को उच्चतर बनाना आदि बातें उल्लिखित हैं। कार्य योजना के आखिरी भाग में इस बात के लिये जोर दिया गया है कि कार्य योजना में लिखित प्रावधानों को कार्यान्वित करने के लिए सभी राष्ट्रीय और अन्तर्राष्ट्रीय उपायों को अपनाया जाना चाहिए।

(9) असमर्थ व्यक्ति (Disabled Persons)

वर्तमान समय में 500 करोड़ व्यक्तियों से अधिक विश्व की 10 प्रतिशत जनसंख्या असमर्थ व्यक्तियों की है। उनमें से अनुमानित रूप से 80% व्यक्ति विकासशील देशों में रहते हैं, तथा वे मानसिक या शारीरिक अक्षमता से ग्रस्त हैं। वे बुनियादी शैक्षणिक अवसरों से वंचित रहते हैं तथा बहुधा उन्हें तुच्छ अथवा कम वेतन वाला कार्य मिलता है। सामाजिक दृष्टिकोण उन्हें सांस्कृतिक जीवन तथा सामान्य सामाजिक सम्बन्धों से अलग कर देता है।

असमर्थ व्यक्तियों में ऐसे व्यक्ति सम्मिलित होते हैं जो कि अन्य लोगों के साथ समानता के आधार पर प्रभावशाली सहभागिता निभाने में एवं अपनी आन्तरिक प्रतिभा का पूर्ण प्रयोग करने में असमर्थ होते हैं एवं जो लम्बे समय तक शारीरिक, मानसिक, बौद्धिक या संवेदनात्मक बाधाओं को बर्दाश्त करते हैं।

असमर्थ व्यक्तियों के अधिकारों के सम्बन्ध में महासभा ने दिसम्बर 9, 1975 को असमर्थ व्यक्तियों के अधिकारों की घोषणा (Declaration on the Rights of Disabled Persons) को अंगीकार किया था। महासभा ने 19 दिसम्बर, 2001 को असमर्थ व्यक्तियों की गरिमा एवं अधिकारों की अभिवृद्धि एवं संरक्षण के लिए एक तदर्थ समिति (Adhoc Committee) की स्थापना की थी। तदर्थ समिति को असमर्थ व्यक्तियों के अधिकारों के अभिवृद्धि एवं संरक्षण के लिए अन्तर्राष्ट्रीय अभिसमय तैयार करने के लिये कहा गया। तदर्थ समिति ने जून, 2003 में अभिसमय पर एक मूल पाठ तैयार करने एवं प्रस्तुत करने के उद्देश्य से एक कार्यकारी समूह (Working Group) गठित करने का निर्णय किया। तदर्थ समिति में अभिसमय के प्रारूप को स्वीकार करने के पश्चात इसे महासभा के पास भेज दिया। महासभा ने 13 दिसम्बर, 2006 को सर्वसम्मति से असमर्थ व्यक्तियों के अधिकारों के अभिसमय को अंगीकार किया। यह अभिसमय 20 राज्यों के अनुसमर्थन के पश्चात् मई 3, 2008 को लागू हुआ। 3 फरवरी, 2016 तक अभिसमय के 161 राज्य पक्षकार बन चुके हैं।

यह अभिसमय असमर्थ व्यक्तियों के लिए बहुत से अधिकारों को उपलब्ध कराने के लिए अभिकथित करता है जैसे जीवन का अधिकार, विधि के समक्ष समान व्यवहार, न्याय तक पहुँच, व्यक्ति की स्वतंत्रता एवं सुरक्षा, निर्दयतापूर्ण एवं कूर व्यवहार से स्वतंत्रता, अमानवीय एवं अपमानजनक व्यवहार एवं दण्ड तथा शोषण से मुक्ति, हिंसा से मुक्ति, राष्ट्रीय भ्रमण की स्वतंत्रता, सलाह एवं अभिव्यक्ति की स्वतंत्रता, सूचनाओं की जानकारी एवं व्यक्तिगत एवं एकान्तता की स्वतंत्रता आदि। अभिसमय ने यह भी निश्चित किया कि असमर्थ व्यक्तियों को शिक्षा, स्वास्थ्य एवं काम पाने का भी अधिकार होगा। वे सार्वजनिक एवं राजनीतिक एवं सांस्कृतिक गतिविधियों में दूसरे लोगों के साथ समानता के आधार पर सहभागिता कर सकेंगे। यह उल्लेखनीय है कि अभिसमय असमर्थ व्यक्तियों के लिए किसी नए अधिकार की रचना नहीं करता है। अभिसमय इन अधिकारों को विशेष रूप से इसलिए वर्णित करता है ताकि राज्य पक्षकार समाज में अभिसमय के प्रति जागरूकता उत्पन्न कर सकें एवं असमर्थ व्यक्तियों की गरिमा एवं अधिकारों को सामाजिक प्रोत्साहन दे सकें।

अभिसमय सभी असमर्थ व्यक्तियों के लिए पूर्ण मौलिक स्वतंत्रता एवं मानवाधिकारों के उपयोग करने के लिए राज्य पक्षकारों पर सामान्य बाध्यता अधिरोपित करता है। उदाहरणार्थ, राज्य पक्षकार वचनबद्ध होंगे कि (a) अधिकारों के प्रयोग के लिए अन्य मानकों एवं प्रशासनिक तथा उपयुक्त विधियों को स्वीकार करेंगे; (b) समस्त प्रकार के ऐसे कानूनों, विधियों, परम्पराओं एवं प्रथाओं को हटाने एवं निरस्त करने का पूरा प्रयास करेंगे जो असमर्थ व्यक्तियों के साथ भेद-भावपूर्ण व्यवहार को मान्यता प्रदान करते हैं; (c) अपनी

समस्त नीतियों एवं कार्यक्रमों में असमर्थ व्यक्तियों के अधिकारों के अभिवृद्धि एवं संरक्षण के लिए पूरा प्रयास करेंगे; (d) जो भी अधिनियम या प्रथा अभिसमय से असंगत होगी उसको समाप्त करने की कोशिश करेंगे तथा आश्वासन देंगे कि सार्वजनिक प्राधिकारी एवं संस्थाएं अभिसमयों के साथ राजनीतिक, आर्थिक, सांस्कृतिक एवं सामाजिक अधिकारों के संरक्षण के लिए सहयोग करेंगे; प्रत्येक पक्षकार, जहाँ आवश्यकता होगी, अपने उपलब्ध अधिकतम संसाधनों के साथ, अन्तर्राष्ट्रीय सहयोग के कार्यक्रमों के मध्य, इन अधिकारों के पूर्ण एवं उन्नतिशील उपलब्धियों की दृष्टि से सहयोग करने के लिए बाध्य होगा एवं बिना किसी पूर्वाग्रह के ये बाध्यताएँ वर्तमान अभिसमय में सम्मिलित की गयी हैं जो शीघ्र अन्तर्राष्ट्रीय विधि के अनुसार प्रयोज्य हैं।

असमर्थ व्यक्तियों के अधिकारों की समिति (Committee on the Rights of Persons with Disabilities)

असमर्थ व्यक्तियों के अधिकारों के लिए एक समिति (Committee on the Rights of Persons with Disabilities) की स्थापना की गयी है। इस समिति में, अभिसमय के लागू होने पर 12 विशेषज्ञ होंगे। जब 60 अतिरिक्त राज्यों द्वारा अभिसमय का अनुसमर्थन हो जायेगा तो इसमें सदस्यों की संख्या 18 होगी। समिति के सदस्य राज्य पक्षकारों द्वारा चुने जायेंगे। इनका चुनाव चार वर्ष की अवधि के लिये किया जायेगा। यह समिति अभिसमय के अन्तर्गत अपने उत्तरदायित्व के निर्वहन के लिए अपनाएँ गये मानकों पर एवं इस सम्बन्ध में हुई उन्नति पर जो रिपोर्ट देंगे उस पर विचार करेगी। राज्य पक्षकारों के लिए यह आवश्यक होगा कि वे अपनी रिपोर्ट अभिसमय के लागू होने के पश्चात दो वर्ष के अवधि के भीतर प्रस्तुत करें। तत्पश्चात् राज्य पक्षकार चार वर्षो में रिपोर्ट प्रस्तुत करेंगे। उसके बाद राज्य पक्षकार उस समय रिपोर्ट देंगे जब समिति उनसे आग्रह करेगी। हर एक रिपोर्ट पर समिति के द्वारा विचार किया जायेगा, समिति तत्पश्चात् राज्य पक्षकारों को यदि उपयुक्त समझे तो सुझाव दे सकती है या सामान्य संस्तुति प्रस्तुत कर सकती है। सभी राज्य पक्षकार समिति को सहयोग प्रदान करेंगे जिससे समिति अपने कार्य का ठीक प्रकार से निर्वहन कर सके।

असमर्थ व्यक्तियों के अधिकारों के अभिसमय पर ऐच्छिक नवाचार (Optional Protocol to Convention on the Rights of Persons with Disabilities)

असमर्थ व्यक्तियों के अधिकारों के अभिसमय पर ऐच्छिक नवाचार महासभा द्वारा दिसम्बर 13, 2006 को अंगीकृत किया गया। ऐच्छिक नवाचार मई 3, 2008 को लागू

हुआ। ऐच्छिक नवाचार के 3 फरवरी, 2016 तक 88 राज्य पक्षकार बन चुके हैं। नवाचार को इसलिये अंगीकृत किया गया था जिससे व्यक्तियों द्वारा समिति को संसूचना देने का अधिकार मिल सके।

ऐच्छिक नवाचार का अनुच्छेद 1 पैरा 1 यह प्रावधान करता है कि असमर्थ व्यक्तियों के अधिकारों को समिति ऐसे व्यक्तियों या व्यक्तियों के समूह की ओर से संसूचना प्राप्त करने एवं विचार करने के लिये सक्षम होगी जो यह दावा करते हैं कि उनके अधिकारों का राज्य पक्षकार द्वारा उल्लंघन किया गया है। समिति ऐसी संसूचनाओं को स्वीकार नहीं करेगी जो बिना नाम की हो या जब सभी उपलब्ध घरेलू उपायों का उपयोग नहीं कर लिया गया हो। राज्य पक्षकार 6 महीने के अन्दर लिखित कथन द्वारा समिति को मामले के सम्बन्ध में अपना स्पष्टीकरण पेश करेंगे। यदि अभिसमय में लिखित अधिकारों का गम्भीर अथवा व्यवस्थित उल्लंघन की विश्वसनीय सूचना समिति को प्राप्त होती है तब समिति उस राज्य पक्षकार को मामले के सम्बन्ध में विस्तृत जानकारी प्राप्त करने के लिये आमन्त्रित कर सकती है। राज्य पक्षकारों से यह अपेक्षा की जाती है कि वे समिति को सहयोग प्रदान करेंगे। समिति एक या एक से अधिक सदस्यों को मामले की जाँच के लिये नियुक्त करेगी तथा उनसे अविलम्ब अपनी रिपोर्ट प्रस्तुत करने के लिये कहेगी। समिति रिपोर्ट को सम्बन्धित राज्य पक्षकार को अवगत करायेगी जिसे राज्य पक्षकार ऐसे निष्कर्ष, टिप्पणी अथवा अनुशंसा पर अपनी प्रक्रिया समिति को पेश करेंगे।

(10) मजबूरी में विलुप्त होना (Enforced Disappearance)

मजबूरी में विलुप्त होने को गिरफ्तारी निरोध, अपहरण या राज्य के अभिकरणों या व्यक्तियों के समूहों जो राज्य की प्राधिकृति, समर्थन या सहमति से कार्य कर रही हैं, के द्वारा स्वतन्त्रता से वंचित किये जाने के सभी अन्य प्रारूपों, जो स्वतन्त्रता के वंचित किये जाने की अभिस्वीकृति करने से इनकार या तथ्यों या अनुपस्थित व्यक्ति के पता को छिपाना द्वारा अनुसारित है जो ऐसे व्यक्ति को विधि की संरक्षा से बाहर कर देती है, के रूप में परिभाषित किया गया है। मजबूरी में विलुप्ति एक अपराध का गठन करती है और संयुक्त राष्ट्र संघ मजबूरी में विलुप्ति को रोकने के लिये प्रयास कर रही थी। महासभा ने 18 दिसम्बर, 1992 का एक संकल्प 47/133 पारित कर मज़बूरी में विलुप्ति से सभी व्यक्तियों की संरक्षा का घोषणा को अंगीकृत किया। बाद में मजबूरी में विलुप्ति से सभी व्यक्तियों की संरक्षा हेतु एक अभिसमय अंगीकार किया जो 23 दिसम्बर, 2010 को लागू हुआ। 3 फरवरी, 2016 तक 51 राज्यों के द्वारा इसका अनुसमर्थन किया जा चुका है।

अभिसमय प्रावधान करता है कि कोई भी मजबूरी में विलुप्ति के अधीन नहीं होगा, (अनुच्छेद 1, पैरा 1) मजबूरी में विलुप्त होने के लिये कोई आपवादिक स्थिति, चाहे कैसी भी या युद्ध की दशा में या युद्ध की धमकी, आन्तरिक राजनैतिक स्थायित्व या कोई अन्य सार्वजनिक आकस्मिकता को न्यायोचित नहीं ठहराया जा सकता। मजबूरी में विलुप्ति मानवता के विरुद्ध एक अपराध का गठन करती है और प्रत्येक राज्य पक्षकार यह सुनिश्चित करने के लिये उपाय करेगी कि मजबूरी में विलुप्ति इसकी दाण्डिक विधि के अधीन एक अपराध हो। अभिसमय राज्य पक्षकारों को मजबूरी में विलुप्ति का अपराध का निवारण करने के लिये सामान्य दायित्व का प्रावधान करती है जो मजबूरी में विलुप्ति का अपराध और एक दूसरे के साथ सहयोग के सम्बन्ध में लायी गयी दाण्डिक कार्यवाहियों के सम्बन्ध में पारस्परिक विधिक सहायता को शामिल करती है।

क्रियान्वयन प्रक्रिया

अभिसमय का अनुच्छेद 26 में प्रावधान करता है कि मजबूरी में विलुप्ति पर एक समिति (committee) स्थापित होगी। समिति में उच्च नैतिक चरित्र के और मानव अधिकारों के क्षेत्र में मान्यता प्राप्त सक्षम 10 व्यक्ति हों। समिति के सदस्यगण अपनी व्यक्तिगत क्षमता में सेवा करेंगे और स्वतन्त्र और निष्पक्ष होंगे।

अभिसमय के राज्य पक्षकार संयुक्त राष्ट्र संघ के महासचिव के माध्यम से अभिसमय के प्रवृत्त होने के दो वर्षो पश्चात् अभिसमय के अधीन अपने दायित्वों को प्राथमिकता देने के लिये उठाये गये उपायों पर रिपोर्ट प्रस्तुत करेंगे। प्रत्येक रिपोर्ट पर समिति द्वारा विचारण किया जायेगा जो ऐसी टिप्पणियाँ या संस्तुतियाँ निर्मित करेगी जैसी वह उचित समझे। समिति राज्य पक्षकारों को अभिसमय के क्रियान्वयन पर अतिरिक्त सूचनायें प्रदान करने के लिये निवेदन कर सकती है।

मजबूरी में विलुप्त व्यक्ति के संबंधीजन या उनके विधिक प्रतिनिधिगण, उनके अधिवक्ता या उनके द्वारा प्राधिकृत किसी व्यक्ति और इसी प्रकार एक विधि सम्मत हित रखने वाला किसी व्यक्ति के द्वारा एक निवेदन समिति को प्रस्तुत किया जाना चाहिये।

समिति निवेदन प्राप्त होने पर सम्बन्धित राज्य पक्षकारों से इसको समिति द्वारा स्थापित एक समय सीमा के भीतर व्यक्ति की ईप्सित स्थिति पर सूचनायें प्रदान करने के लिये निवेदन कर सकती हैं। सम्बन्धित राज्य पक्षकार के द्वारा प्रदत्त सूचनायें के आधार पर समिति संस्तुतियां एक निवेदन को सम्मिलित करती हुयीं, सम्बन्धित राज्य पक्षकार को प्रेषित कर देगी कि राज्य पक्षकार को अंतरिम उपायों को सम्मिलित करते हुये, अभिसमय

के अनुसरण में सम्बन्धित व्यक्ति को स्थिति का निरूपण और संरक्षा हेतु समस्त आवश्यक उपाय करने चाहिये और समिति को एक विनिर्दिष्ट समय के भीतर स्थिति की अति आवश्यकता पर विचारण करते हुये किये गये उपायों के बारे में सूचना देने के लिये।

समिति को अभिसमय के प्रावधानों की राज्य पक्षकार द्वारा एक उल्लंघन का पीड़ित होने का दावा करने'वाले व्यक्तियों की ओर से या संचारणों को प्राप्त करने और विचारण करने के लिये प्राधिकृत किया गया है। तथापि, वैयक्तिक संचारण केवल उन राज्यों से उपलब्ध होगा, जिन्होंने अभिसमय के समर्थन के समय या तत्पश्चात् किसी समय घोषणा करते हैं यह व्यक्तियों से संचारणों को प्राप्त करने और पर विचारण करने की क्षमता को यह मान्यता प्रदान करती है। यदि समिति विचारण करती है कि संचारण अनुच्छेद 31 का प्रस्तर 2 में स्थापित अपेक्षाओं की पूर्ति करती है, तो यह संचारण को सम्बन्धित राज्य पक्षकार को उससे समिति द्वारा स्थापित एक समय सीमा के भीतर सम्प्रेक्षणों एवं टिप्पणियाँ प्रदान करने के लिये निवेदन करते हुये प्रेषित कर देगी। राज्य पक्षकार से टिप्पणियाँ प्राप्त करने के पश्चात् समिति बन्द कमरे में बैठकें, परीक्षा के लिये करेगी और संचारण के लेखक और राज्य पक्षकार को अपने अभिमतों के बारे में सूचित करेगी।

अन्तर्राज्यीय संचारण (Inter State Communications) तन्त्र भी सम्मेलन के अधीन मान्यता प्राप्त है। अभिसमय के एक राज्य पक्षकार किसी समय घोषणा कर सकती है कि यह संचारणों जिसमें एक राज्य पक्षकार दावा करती है कि एक अन्य राज्य पक्षकार अभिसमय के अधीन अपने दायित्वों को पूरा कर रही है, को प्राप्त करने और विचारण करने के लिये यह मान्यता प्राप्त है। इस प्रकार अन्तर्राज्यीय संचारण तन्त्र वैकल्पिक है।

(11) राष्ट्रीय अथवा जातीय, धार्मिक एवं भाषायी अल्पसंख्यकों से सम्बन्धित व्यक्तियों के अधिकार (Rights of Persons Belonging to National or Ethnic, Religious, and Linguistic Minorities)

जातीय, धार्मिक अथवा भाषायी अल्पसंख्यकों से सम्बन्धित व्यक्तियों के अधिकारों से सम्बन्धित अन्तर्राष्ट्रीय सिविल एवं राजनैतिक अधिकार प्रसंविदा के अनुच्छेद 27 के प्रावधानों द्वारा प्रेरित होकर महासभा ने 18 दिसम्बर, 1992 को'जातीय, धार्मिक अथवा भाषायी अल्पसंख्यकों से सम्बन्धित व्यक्तियों के अधिकारों की घोषणा' (Declaration on the Rights of Persons belonging to National or Ethnic, Religious or Linguistic Minorities) को अंगीकार किया।' घोषणा में यह उद्घोषित किया गया था कि इस प्रकार

के अल्पसंख्यकों के अधिकारों की अभिवृद्धि एवं संरक्षण उन राज्यों के राजनैतिक एवं सामाजिक स्थिरता में योगदान करेगा जिनमें वे रहते हैं। घोषणा में निम्नलिखित अधिकारों का कथन किया गया है-

1. अल्पसंख्यकों का अस्तित्व और राष्ट्रीय अथवा जातीय, सांस्कृतिक, धार्मिक एवं भाषायी पहचान को विधियों एवं अन्य उपायों द्वारा उनके सम्बन्धित राज्यक्षेत्रों के भीतर संरक्षित किया जायेगा। (अनुच्छेद 1)
2. अल्पसंख्यकों से सम्बन्धित व्यक्तियों को उनकी अपनी संस्कृति के उपभोग करने, अपने धर्म को मानने एवं व्यवहार करने तथा अपनी भाषा का प्रयोग करने का अधिकार प्राप्त है। (अनुच्छेद 2)
3. अल्पसंख्यक अपने अधिकारों का प्रयोग व्यक्तिगत रूप से करने के साथ-साथ बिना किसी भेदभाव के साथ समुदाय में भी कर सकेंगे। (अनुच्छेद 3)
4. राज्यों को अल्पसंख्यकों को अपनी मातृभाषा के सीखने और अपने देश की आर्थिक प्रगति एवं विकास में पूर्ण रूप से भाग लेने के लिए पर्याप्त अवसर प्रदान करना चाहिए। (अनुच्छेद 4)
5. अल्पसंख्यक समुदाय से सम्बन्धित व्यक्तियों को अपने स्वयं के संगठनों को स्थापित करने एवं रखरखाव करने का अधिकार प्राप्त है। (अनुच्छेद 2 परिच्छेद 4)
6. अल्पसंख्यक समुदाय से संबंधित व्यक्तियों को यह अधिकार होगा कि वे बिना किसी भेदभाव के अपने समूह के अन्य सदस्यों के साथ तथा अन्य अल्पसंख्यक समूहों के साथ स्वतंत्र एवं शांतिपूर्ण सम्बन्ध स्थापित कर सके। (अनुच्छेद 2 परिच्छेद 5)
7. अल्पसंख्यक अपने अधिकारों का प्रयोग व्यक्तिगत रूप से तथा बिना किसी भेदभाव के अपने समूह के अन्य सदस्यों के साथ समुदाय में कर सकते हैं। (अनुच्छेद 3)
8. राज्यों के अल्पसंख्यक समुदाय से सम्बन्धित व्यक्तियों को अपनी मातृभाषा सीखने के लिए तथा अपने देश की आर्थिक उन्नति एवं विकास में पूर्णरूपेण भाग लेने के लिए उपयुक्त अवसर प्रदान करना चाहिए। (अनुच्छेद 1)

राज्यों से यह अपेक्षा की जाती है कि वे पारस्परिक समझ एवं विश्वास में अभिवृद्धि करने के लिए अल्पसंख्यकों से सम्बन्धित व्यक्तियों से सम्बन्धित प्रश्नों पर अन्य बातों के साथ-साथ सूचना एवं अनुभवी के आदान-प्रदान पर सहयोग करें। अधिकारों के प्रभावी

उपभोग को सुनिश्चित करने के लिए राज्यों द्वारा ग्रहण किये गये उपायों को मानव अधिकारों की सार्वभौमिक घोषणा में अंतर्निविष्ट समानता के सिद्धान्तों के प्रथम दृष्टव्य विरुद्ध नहीं माना जायेगा।

मानव अधिकारों की सार्वभौमिक घोषणा में यह उद्घोषणा करते हुये कि सभी मानव प्राणी गरिमा एवं अधिकारों की दृष्टि में स्वतंत्र एवं समान पैदा हुये हैं, यह स्पष्ट किया है कि राज्यों ने राष्ट्रीय समूह के अन्य समूह पर संख्यात्मक शक्ति के आधार पर नेतृत्व न करने के लिए सहमत हो गये हैं। बाद में, 25 नवम्बर 1981 को, संयुक्त राष्ट्र महासभा ने धर्म अथवा विश्वास पर आधारित सभी प्रकार की असहिष्णुता एवं भेदभाव की समाप्ति के लिए घोषणा (Declaration on the Elimination of All Forms of Intolerance and Discrimination Based on Religion or Belief) की है, जिसमें स्पष्ट शब्दों में यह बताया गया है कि धर्म अथवा विश्वास के आधार पर मानव प्राणियों के बीच भेदभाव करना मानव गरिमा एवं संयुक्त राष्ट्र चार्टर के सिद्धान्तों के विपरीत है।

पैन एम एअर लाइनर तथा यू० टी० ए० के विनाश के लिए उत्तरदायित्व (Responsibility for the Destruction of Pan Am Air Airliner and UTA)

पैन एम उड़ान पर 1988 में स्काटलैण्ड के लाकर बाई नगर के ऊपर विस्फोट हुआ जिसमें 270 व्यक्ति मारे गये। वायुयान के विनाश के लिए उत्तरदायी व्यक्तियों में लीबिया का होने की आशंका व्यक्त की गयी। आतंकवादी सम्बन्धी कार्यों के लिए उत्तरदायित्व को स्थापित करने में लीबिया ने पूर्णतया सहयोग नहीं किया। किन्तु, इसने नीदरलैण्ड में स्काटलैण्ड के न्यायाधीशों द्वारा विचारण हेतु दो संदिग्ध व्यक्तियों को सौंपने को तैयार हो गया। न्यायालय ने वर्ष 2001 में अपराध के लिए उनमें से एक अब्देल बासेट अली को दोषसिद्ध किया। 2003 में लीबिया की सरकार ने बस गिराने के दायित्व को स्वीकार किया और आहतों के कुटुम्बों को प्रतिकर देने को तैयार हो गया। लीबिया के विदेश मन्त्री मोहम्मद अबदेर रहमान चालगाम ने कथित किया कि "अन्तर्राष्ट्रीय विधि के आधार पर कर्मचारियों द्वारा किये गये कार्यों के लिए हम उत्तरदायित्व को ग्रहण करते हैं। जिसके अनुसार इसमें मारे गये व्यक्तियों को 2.70 बिलियन डॉलर का संदाय करने का करार किया। "

लीबिया नाइजर में 19 सितम्बर, 1989 पर फ्रेंच यूनियन ट्रांसपोर्ट एरियन (U.T.A.) उड़ान के विनाश के लिए भी उत्तरदायी थी। 1999 में फ्रांस एवं लीबिया के बीच एक

करार के निष्कर्ष पर पहुँचा गया जिसमें यह उल्लेखित था कि कथित मामले को निपटाने के लिए लीबिया 30 मिलियन डालर का संदाय करेगा। चूँकि रकम पैन ऐम उड़ान में निपटाये गये प्रतिकर के रूप से बहुत कम थी, इसलिए फ्रांस ने उच्चतर प्रतिकर की माँग की।

समाधान (Satisfaction)

समाधान की परिभाषा किसी ऐसे उपाय के रूप में दी जा सकती है, जिसे कर्तव्य का उल्लंघन करने वाला व्यक्ति रूढ़िगत विधि के अधीन या विवाद के पक्षकारों के मध्य करार के अधीन अपनाने के लिए बाध्य है, तथा जो प्रतिस्थापन (restitution) या प्रतिकर के अतिरिक्त है। 1 प्रतिकर के रूप में समाधान को उन मामलों में उपयुक्त माना जाता है, जहाँ राज्य की गरिमा या व्यक्तित्व को क्षतिग्रस्त किया गया है। ऐसे मामलों में, मूर्त (material) क्षति उपलब्ध नहीं होती तथा इसलिए, राज्य ऐसा कार्य करता है, जो अन्य राज्य को संतुष्ट कर सके। ऐसे कार्य में शासकीय खेद प्रकाश (regret) तथा क्षमा याचना शामिल है।

आई एम एलोन (I am alone) वाद 2 में कनाडा सरकार ने आरोप लगाया कि संयुक्त राज्य तट रक्षक (coastguard) जलयान ने सरगर्मी से पीछा करने की पराकाष्ठा (climax) के रूप में कनाडा में पंजीकृत मादक द्रव्य तस्करी करने वाले जलयान को खुले समुद्र में डुबो दिया। आरोप में यह भी कहा गया था कि पीछा करने की कार्यवाही संयुक्त राज्य के राज्य क्षेत्रीय समुद्र से बाहर किन्तु उस निरीक्षण क्षेत्र के अन्तर्गत प्रारम्भ की गयी थी, जिसके लिए संयुक्त राज्य तथा ग्रेट ब्रिटेन के मध्य मादक द्रव्य सन्धि में प्रावधान किया गया है। 3 कनाडा के दावे को सम्बद्ध अभिसमय के अधीन नियुक्त आयुक्त को निर्दिष्ट किया गया। आयुक्त ने अपने प्रतिवेदन में कहा कि- "संयुक्त राज्य तट रक्षक अधिकारियों द्वारा जलयान को डुबोने की कार्यवाही विधि-विरुद्ध कार्य है, जैसा कि पहले ही निश्चित किया गया है और हम समझते हैं कि संयुक्त राज्य को अपने अवैध कार्य की अभिस्वीकृति करनी चाहिए तथा इसके लिए कनाडा सरकार से क्षमा माँगनी चाहिए तथा दोषपूर्ण कार्य के सम्बन्ध में संयुक्त राज्य को कनाडा सरकार को 25,000 डालर की धनराशि देनी'चाहिए।''

अन्तर्राष्ट्रीय विधि में व्यक्ति का स्थान (Place of Individuals in International Law)

प्राचीन अन्तर्राष्ट्रीय विधि में, व्यक्तियों को अन्तर्राष्ट्रीय विधि का उद्देश्य (object) माना जाता था, न कि अन्तर्राष्ट्रीय विधि का विषय। परिणामस्वरूप, उनका अन्तर्राष्ट्रीय विधि की दृष्टि से कोई महत्व नहीं था क्योंकि वे नागरिकता या राष्ट्रीयता के माध्यम से

किसी राज्य से सम्बन्धित होते थे तथा अन्य राज्यों के साथ उनका सम्बन्ध अन्यदेशीयों की भूमिका तक ही सीमित था। यदि किसी व्यक्ति को कोई क्षति होती थी तो उसकी ओर से उसका राज्य अन्तर्राष्ट्रीय विधि के अधीन अन्य राज्य के प्रति उत्तरदायी होता था। इस प्रकार, यदि किसी विराष्ट्रिक (stateless) व्यक्ति को क्षति हो जाती थी, तो उसके लिये कोई उत्तरदायित्व नहीं होता था। लेकिन. संयुक्त राष्ट्र की स्थापना के बाद व्यक्तियों की इस स्थिति में काफी परिवर्तन हुआ है। संयुक्त राष्ट्र ने अपने चार्टर की उद्देशिका में "हम संयुक्त राष्ट्र के लोग" शब्दों का प्रयोग करके व्यक्तियों को महत्वपूर्ण स्थान दिया है। लेकिन इससे अन्तर्राष्ट्रीय विधि के क्षेत्र में व्यक्तियों की स्थिति में कोई परिवर्तन नहीं हुआ। अन्तर्राष्ट्रीय विधि में व्यक्तियों का कोई स्थान है या नहीं, यह ऐसा प्रश्न है जो इस बात पर आधारित है कि क्या उनको अन्तर्राष्ट्रीय विधि के अन्तर्गत अधिकार और कर्तव्य प्रदान किये गये हैं?

इस पर कोई विवाद नहीं है कि अन्तर्राष्ट्रीय विधि प्राथमिक रूप से राज्यों के सम्बन्ध को विनियमित करती है तथा ये अन्तर्राष्ट्रीय विधि के प्राथमिक विषय हैं। किन्तु ये अन्तर्राष्ट्रीय विधि के अकेले विषय नहीं हैं। इनके अतिरिक्त व्यक्तियों को भी अन्तर्राष्ट्रीय विधि के नियमों के अनुसार कतिपय अधिकार तथा कर्तव्य प्रदान किये गये हैं। ओपेन हाइम ने उचित ही कहा है कि अन्तर्राष्ट्रीय विधि अब ऐसी विधि नहीं रह गई है जो वह एकमात्र राज्यों से सम्बन्धित है, जैसा कि वह पहले थी। इसके कई नियम प्रत्यक्षत: व्यक्तियों की स्थिति तथा कार्यो को विनियमित करने से सम्बन्धित हैं तथा कई नियम अप्रत्यक्षत: उन्हें प्रभावित करते हैं। इसके नियम व्यक्तियों के अन्तर-सम्बन्धों में भी लागू होंगे, यदि ऐसा अन्तर सम्बन्ध अन्तर्राष्ट्रीय सम्बन्ध के मामलों को शामिल करता है। लेकिन, यह बात ध्यान देने की है कि जब तक अन्तर्राष्ट्रीय समुदाय राज्यों से गठित है, व्यक्तियों को अधिकार एवं कर्तव्य उन्हीं के माध्यम से प्राप्त हो सकता है। अन्तर्राष्ट्रीय विधि में व्यक्तियों के निम्नलिखित अधिकार तथा कर्तव्य हैं-

व्यक्तियों के अधिकार (Rights of Individuals)

अन्तर्राष्ट्रीय अभिसमयों के माध्यम से अन्तर्राष्ट्रीय विधि में व्यक्तियों को कई अधिकार प्रदान किये गये हैं, जो निम्न प्रकार हैं-

(1) मानवाधिकार (Human Rights)

संयुक्त राष्ट्र के सिद्धान्तों में से एक है, सभी व्यक्तियों के मानव अधिकारों तथा मूल स्वतन्त्रताओं में अभिवृद्धि करना तथा प्रोत्साहित त करना। महासभा द्वारा मानव अधिकारों की सार्वभौमिक घोषणा (Universal Declaration of Human Rights) को **1948** में

स्वीकार किया गया, जो व्यक्तियों को विभिन्न अधिकार प्रदान करता है। लेकिन, चूँकि घोषणा महासभा द्वारा स्वीकृत की गयी थी, इसलिए यह राज्यों पर इसके प्रावधानों को करने हेतु कोई विधिक बाध्यता अधिरोपित नहीं करती। इसके बाद, 1966 में दो प्रसंविदायें लागू: सिविल तथा राजनैतिक अधिकारों की प्रसंविदा (Covenant on Civil and Political Rights) तथा आर्थिक, सामाजिक तथा सांस्कृतिक अधिकारों की प्रसंविदा (Covenant on Economic, Social and Cultural Rights) तथा सिविल और नागरिक अधिकारों के प्रसंविदा का ऐच्छिक नवाचार (Optional Protocol to the Covenant on Civil and Political Rights) महासभा द्वारा स्वीकार किये गये। जिनमें संविदाकारी पक्षकारों ने घोषणा की कि वे व्यक्तियों को प्रसंविदा में यथा अनुबन्धित (as stipulated) विभिन्न अधिकारों को प्रदान करेंगे। पुन: महासभा द्वारा 20 नवम्बर, 1989 को अंगीकृत बाल अधिकार अन्तर्राष्ट्रीय (ention on the Rights of the Chil Rights of the Child) ने अठारह वर्ष से कम आयु के अभिसमय बालकों को कई अधिकार प्रदान किये हैं।

(2) याचिका दाखिल करने का अधिकार (Right to make Petitions)

मानवाधिकार के विकास ने कई अन्तर्राष्ट्रीय मंचों के समक्ष व्यक्तियों को याचिका दाखिल करने का अधिकार प्रदान किया है, यदि उनके अधिकारों का उल्लंघन किया जाता है। उदाहरण के लिए, सिविल तथा राजनैतिक अधिकारों की प्रसंविदा का ऐच्छिक नवाचार, 1966 (Optional Protocol to the Covenant on Civil and Political Rights of 1966) व्यक्तियों द्वारा स्वयं अपने राज्य के विरुद्ध मानवाधिकार समिति (Human Rights Committee) के सामने याचिका दाखिल करने के लिए प्रावधान करता है। 2 इसी जातीय विभेद के सभी रूपों का उन्मूलन अभिसमय, 1966 (Convention on the Elimination of All Forms of Racial Discrimination of 1966) भी अभी अनुच्छेद 14 के अधीन ऐसा ही प्रावधान करता है। जातीय विभेद उन्मूलन समिति (Committee on the Elimination of Racial Discrimination) अभिसमय में वर्णित अधिकारों के उल्लंघन के लिए व्यक्तियों या व्यक्तियों के समूह से संसूचना प्राप्त करेगी। पुन: उत्पीड़न तथा अन्य कूरता, अमानवीय, या अमानवोचित व्यवहार या दण्ड के विरुद्ध अभिसमय, 1984 (Convention Against Torture and Other Cruel, Inhuman or Degrading Treatment or के Punishment of 1984) अनुच्छेद 22 के अधीन भी व्यक्तिगत याचिका का प्रावधान किया गया है। अन्तर्राष्ट्रीय मंचों के सामने याचिका दाखिल करने का व्यक्तियों का अधिकार केवल राज्य के निर्देश पर ही उपलब्ध है। दूसरे शब्दों में, यदि

राज्य अभिसमय के पक्षकार नहीं बनते हैं तब सामान्यतया व्यक्ति राज्य के विरुद्ध अपने अधिकारों का दावा नहीं कर सकते।

अन्तर्राष्ट्रीय अभिसमयों के अतिरिक्त, कुछ क्षेत्रीय अभिसमय भी याचिका प्रक्रिया के लिए प्रावधान करते हैं। उदाहरण के लिए, मानव अधिकार यूरोपीय अभिसमय (European Convention on Human Rights), जो मानव अधिकारों के संरक्षण के लिए क्षेत्रीय अभिकरण है, भी वर्णन करता है कि आयोग उच्च संविदाकारी पक्षकारों में से एक द्वारा उल्लंघन से पीड़ित होने का दावा करने वाले किसी व्यक्ति, गैर-सरकारी संगठनों या व्यक्तियों के समूह से याचिका स्वीकार कर सकता है, परन्तु सम्बन्धित राज्य, जिसके प्रति याचिका दाखिल की जाती है, उसने घोषणा की हो कि वह ऐसी याचिका को स्वीकार करने के लिए आयोग की समर्थता को मान्यता देता है। मानवाधिकार अमेरिकी अभिसमय, 1969 (American Convention on Human Rights of 1969) भी यूरोपीय अभिसमय के समान व्यवस्था करता है, सिवाय इसके कि इसका व्यक्तिगत याचिका खण्ड ऐच्छिक नहीं है। पुनः वे अमेरिकी देश, जिन्होंने अभिसमय का अनु समर्थन नहीं किया है, अमेरिकी राज्यों के संगठन के चार्टर (Charter of the Organization of the American States) तथा मनुष्य के अधिकार तथा कर्तव्य पर अमेरिकी घोषणा, 1948 (American Declaration on the Rights Man of 1948) के व्यापक आधार पर अन्तर- अमेरिकी आयोग (Inter-American and Duties of Commission) की व्यवस्था के अन्तर्गत आते हैं।

(3) समझौता तथा माध्यस्थम कार्यवाही का अधिकार (Right to Conciliation and Arbitration Proceeding)

राज्यों तथा अन्य राज्यों के नागरिकों के मध्य निवेश विवाद निपटारा अभिसमय (Convention for the Settlement of Investment Disputes between States and Nationals of other States), जिसको 18 मार्च, 1965 को बनाया गया था, सहमति के आधार पर समझौता तथा माध्यस्थम की प्रक्रिया के लिए प्रावधान करता है, जिससे विदेशी निवेशकों का निवेश प्राप्त करने वाले राज्यों के साथ विधिक विवादों को निपटाने के लिए उन तक प्रत्यक्ष रूप से पहुँच हो।

व्यक्तियों के कर्तव्य (Duties of Individuals)

अन्तर्राष्ट्रीय विधि व्यक्तियों पर निम्नलिखित कर्तव्यों को अधिरोपित करती है-

(1) जलदस्युता का अपराध (Offence of Piracy)

परम्परागत रूप से जलदस्युता के अपराध को अन्तर्राष्ट्रीय विधि के विरुद्ध अपराध माना गया है। इस अपराध को करने वाले को किसी भी राज्य द्वारा, जो अपराधी को गिरफ्तार करता है दण्ड दिया जा सकता है। राष्ट्रों की विधि के अनुसार जलदस्युता के अपराध के लिए मृत्यु दण्ड दिया जा सकता है। किन्तु दण्ड इससे कम भी हो सकता है। यह सभी विभिन्न राज्यों की राष्ट्रीय विधि पर आधारित होता है। समुद्र विधि अभिसमय, 1982 (Convention on the Law of the Sea of 1982) ने इस रूढ़िगत विधि को अनुच्छेद 101 के अधीन प्रावधान करके संधिगत विधि में परिवर्तित कर दिया है, जिसमें प्रावधान किया गया है कि जलदस्युता निम्नलिखित अपराधों में से किसी एक को शामिल करती है: (क) प्राइवेट जलयान या प्राइवेट वायुयान के कर्मीदल या, यात्रियों द्वारा व्यक्तिगत लाभ के लिए कारित उल्लंघन, या निरोध का कोई अवैध कार्य, या लूटपाट का कोई कार्य तथा जो (i) खुले समुद्र पर अन्य जलयान या वायुयान के विरुद्ध अथवा ऐसे जलयान या वायुयान पर पाये जाने वाले व्यक्तियों या सम्पत्ति के विरुद्ध, (ii) किसी राज्य की अधिकारिता के बाहर के स्थान में जलयान, वायुयान, व्यक्तियों या सम्पत्ति के विरुद्ध निर्दिष्ट है, (ख) जलयान या वायुयान को प्राइवेट जलयान या वायुयान बनाने के तथ्य के ज्ञान सहित उसकी क्रिया में ऐच्छिक भागीदारी का कोई कार्य, (ग) क भागी उप-परिच्छेद (क) तथा (ख) में वर्णित कार्य को उकसाने या आशय पूर्वक सुविधापूर्ण बनाने (facilitating) का कोई कार्य। अनुच्छेद 100 के अधीन अभिसमय पुन: प्रावधान करता है कि सभी राज्य खुले समुद्र पर या किसी राज्य की अधिकारिता के बाहर किसी अन्य स्थान में जलदस्युता के दमन में पूर्ण सम्भव सहयोग करेंगे।

(2) युद्ध के नियमों का उल्लंघन (Violations of the Rules of Warfare)

युद्धरत राज्यों के सशस्त्र बलों के व्यक्तिगत सदस्य युद्ध के नियमों के उल्लंघन के लिए आपराधिक रूप से उत्तरदायी होते हैं तथा अन्य युद्धरत राज्यों द्वारा दण्डित किये जा सकते हैं। कुछ मामलों में, अपराध करने वाले व्यक्तियों पर उन्हें अभिरक्षा (custody) में रखने वाले राज्यों द्वारा राष्ट्रीय अधिकारिता के प्रयोग द्वारा तथा कुछ मामलों में अन्तर्राष्ट्रीय प्रक्रिया द्वारा अधिरोपित किया जाता है। दूसरे विश्व युद्ध के बाद कुछ ऐसे मामले हुए, जिनमें अन्तर्राष्ट्रीय विधि के अधीन उत्तरदायित्व सीधे व्यक्तियों पर आरोपित किया गया तथा जिन्हें अन्तर्राष्ट्रीय प्रक्रिया के अधीन दण्डित किया गया। अन्तर्राष्ट्रीय

सैनिक अधिकरण (International Military Tribunal) के चार्टर के अनुसार अधिकरण की अधिकारिता को शान्ति के विरुद्ध अपराध (Crime against Peace), युद्ध अपराध (War Crimes) तथा मानवता के विरुद्ध अपराध (Crimes against Humanity) के लिए व्यक्तियों पर लागू किया गया है। राज्य प्रमुख या सरकार की सशस्त्र सेना के उत्तरदायी अधिकारी के रूप में अभियुक्त की शासकीय स्थिति का विचारण दायित्व से उन्हें मुक्त नहीं कर पायेगा, यद्यपि यह दण्ड को कम कर सकता है। अधिकरण ने 1946 में दिये गए अपने निर्णय में निम्नलिखित शब्दों में व्यक्तियों के उत्तरदायित्व की अवधारणा को न्यायोचित ठहराया- "अन्तर्राष्ट्रीय विधि व्यक्तियों पर तथा राज्यों पर कर्तव्य तथा दायित्वों को अधिरोपित करती है, जिन्हें दीर्घकाल से मान्यता दी गयी है। अन्तर्राष्ट्रीय विधि के विरुद्ध अपराध मनुष्यों द्वारा कारित किया जाता है न कि अमूर्त इकाइयों द्वारा तथा केवल व्यक्तियों, जो ऐसे अपराध को कारित करते हैं, को दण्डित करके अन्तर राष्ट्रीय विधि के प्रावधानों को लागू किया जाता है। "

जापानी प्रमुख युद्ध अपराधियों का विचारण (टोकियो विचारण) [The Trial of Japanese Major War Criminals (Tokyo Trial)] भी इसी सिद्धान्त पर संचालित किया गया था। 2 संयुक्त राष्ट्र की महासभा ने न्यूरेमबर्ग चार्टर (Nuremberg Charter) में मान्य सिद्धान्तों की अभिपुष्ट किया है। अन्तर्राष्ट्रीय विधि आयोग ने 1950 में शान्ति तथा मानव जाति की सुरक्षा के विरुद्ध अपराध प्रारूप संहिता (Draft Code of Offences against Peace and Security of Mankind) तैयार किया था, जिसमें कतिपय अपराधों के लिए व्यक्तियों के उत्तरदायित्व को वर्णित किया गया है।

व्यक्तिगत उत्तरदायित्व की अभिपुष्टि भी जेनेवा अभिसमय, 1949 और जेनेवा अभिसमय, 1949 के अतिरिक्त नवाचार I और II के, जो सशस्त्र संघर्ष के सम्बन्ध में प्रावधान करता है, गम्भीर उल्लंघन के सम्बन्ध में भी की गयी है। विनिर्दिष्ट रूप से यह प्रावधान किया गया है कि उच्च संविदाकारी पक्षकार गम्भीर उल्लंघन की श्रृंखला में से किसी को कारित करने वाले या कारित किये जाने का आदेश देने वाले व्यक्तियों के लिए प्रभावी दाण्डिक प्रतिबन्ध का उपबन्ध करने के लिए आवश्यक किसी विधान को अधिनियमित करने का वचन देते हैं। ऐसे गम्भीर उल्लंघन में जानबूझकर मारने, उत्पीड़न या अमानवीय व्यवहार, व्यापक विवश और सम्पत्ति का विनियोजन जो सैन्य आवश्यकता के लिए न्यायोचित नहीं है और केवल विधिविरुद्ध ढंग से तथा आवश्यकता के लिए किया जाता है, विधि विरुद्ध निर्वसन और संरक्षित व्यक्तियों का अन्तरण तथा बन्धक बनाना शामिल है।

(3) जासूसी का अपराध (Offence of Espionage)

हेग विनियम का अनुच्छेद 24 प्राचीन रूढ़िगत नियम को अधिनियमित करता है कि शतु तथा किसी राज्य के बारे में सूचना प्राप्त करने के आवश्यक ढंगों के नियोजन की मनाही नहीं है। लेकिन, यह उन व्यक्तियों को दण्ड से नहीं बचा सकता, जो सूचनाओं को प्राप्त करने में संलग्न हैं। जासूसी तथा युद्ध राजद्रोह करने वाले व्यक्तियों को युद्ध अपराधी माना जाता है तथा दण्डित किया जा सकता है। जासूसी के अपराध का सामान्य दण्ड फाँसी देना या गोली से मारना है। कभी-कभी इससे कम कठोर दण्ड भी दिया जाता है।

(4) नरसंहार का अपराध (Crime of Genocide)

नरसंहार को अन्तर्राष्ट्रीय विधि के अधीन अपराध माना जाता है, जिसके लिए अपराधियों को दण्डित किया जाता है, चाहे वे राजनेता हों या लोक अधिकारी हों या व्यक्ति हों। यह नियम महासभा द्वारा 11 दिसम्बर, 1946 को स्वीकृत संकल्प में बनाया गया था। पुन: महासभा द्वारा 9 दिसम्बर, 1948 को सामान्य रूप से नरसंहार अभिसमय के रूप में ज्ञात नरसंहार के अपराध का निवारण तथा दण्ड अभिसमय (Convention on the Prevention and Punishment of the Crime of Genocide) स्वीकार किया गया, जिसे 12 जनवरी, 1951 को प्रवर्तित किया गया। ? यह अभिसमय अनुच्छेद 1 के अधीन प्रावधान करता है कि संविदाकारी पक्षकार इसकी पुष्टि करते हैं कि नरसंहार, चाहे शांति काल में किया जाय या युद्ध काल में, अन्तर्राष्ट्रीय विधि के अधीन अपराध है, जिसे वे निवारित करने तथा दण्डित करने के लिए वचनबद्ध हैं। अभिसमय यह प्रावधान भी करता है कि जो नरसंहार करने के अपराध का दोषी है, उसे दण्डित किया जाना चाहिए, चाहे वह संवैधानिक रूप से उत्तरदायी शासक, लोक अधिकारी हो या गैर सरकारी व्यक्ति हो।

(5) वायुयान अपहरण (Aircraft Hijacking)

व्यक्तियों को वायुयान अपहरण के लिए तथा नागरिक विमानन की सुरक्षा के विरुद्ध कारित विधिविरुद्ध कार्यों के लिए दण्डित किया जा सकता है।

(6) राजनयिक कर्मचारियों तथा अन्य व्यक्तियों का व्यपहरण (Kidnapping of Diplomatic Personnel and other persons)

राजनयिक अभिकर्ताओं समेत अन्तर्राष्ट्रीय रूप से संरक्षित व्यक्तियों के विरुद्ध अपराध का निवारण तथा दण्ड अभिसमय, 1973 (Convention on Prevention and Punishment of Crimes against Internationally Protected Persons Including

Diplomatic Agents of 1973) तथा बन्धक बनाने पर अभिसमय, 1979 (Convention on Taking of Hostages of 1979) अभिव्यक्त रूप से उक्त अभिसमय में वर्णित कार्यों के लिए व्यक्तियों के लिए दण्ड का प्रावधान करता है। 2

(7) रंगभेद (Aparthied)

रंगभेद अफ्रीकी शब्द है, जिसका तात्पर्य पृथकता या वियोजन (regregation) है। यह दक्षिण अफ्रीका द्वारा अपनी जातीय नीति को दिया गया शासकीय नाम है। रंगभेद का उद्देश्य सम्पूर्ण अफ्रीका में उत्पन्न राष्ट्रीयता के बावजूद उसके अवयस्क गोरों द्वारा देश के शासन को शाश्वत बनाये रखना है। यह नीति मानवाधिकार, नर-संहार, पराधीनता की विधि का उल्लंघन करती है और यह मानवता के विरुद्ध अपराध है। इसे समाप्त करने तथा इसके करने वाले को दण्ड प्रदान करने के लिए महासभा द्वारा 30 नवम्बर, 1973 को एक अभिसमय + अंगीकार किया गया था, जो अनुच्छेद III के अधीन प्रावधान करता है कि व्यक्ति, संगठनों तथा संस्थानों के सदस्य और राज्यों के प्रतिनिधि, चाहे उस राज्य में जिसमें अपराध किये जाते हैं, निवास करते हों या किसी अन्य राज्य में, हेतुक के बावजूद, उत्तरदायी होंगे, यदि वे रंगभेद का अपराध करते हैं, या उसमें भाग लेते हैं या प्रत्यक्षत: दुष्प्रेरित करते हैं या प्रोत्साहित करते हैं या उसके करने में सहयोग देते है। अभिसमय अनुच्छेद XI के अधीन प्रावधान करता है कि ऐसे अपराध प्रत्यर्पण के लिए राजनीतिक अपराध नहीं माना जाएगा। अनुच्छेद V प्रावधान करता है कि जिस व्यक्ति पर रंगभेद के अपराध का आरोप लगाया गया है, उसका विचारण उस राज्य के अधिकरण द्वारा किया जा सकता है, जो अभियुक्त पर अधिकारिता अर्जित व्यक्ति करता है।

यह उल्लेखनीय है कि पिछले कुछ वर्षों में कई व्यक्तियों को भिन्न-भिन्न अपराधों को करने के लिये गिरफ्तार किया गया है। उदाहरण के लिये चिली के पूर्व राष्ट्रपति अगस्टो पिनोचेट को लंदन में गिरफ्तार किया गया। उनके ऊपर अपनी पदावधि के समय हत्या एवं यातना के आरोप थे। इसी प्रकार जनवरी, 2000 में चाड के पूर्व राष्ट्रपति हिने हब्ने को उसी प्रकार के अपराधों के लिये सेनेगल के राज्य अभियोजक (state prosecutor) द्वारा अभियोजित किया गया। मई, 1999 में युगोस्लाविया (पूर्व) के राष्ट्रपति मिलोसेविक को अन्तर्राष्ट्रीय आपराधिक अधिकरण द्वारा अभियोजित किया गया।

उक्त अधिकारों तथा कर्तव्यों के अतिरिक्त, राज्यों द्वारा सन्धि का निर्माण करके व्यक्तियों को अन्य राज्यों में कतिपय सुविधा प्रदान की गयी है, जिसे वे अन्यथा प्राप्त नहीं कर पाते। उदाहरण के लिए, राज्यों पर ऐसे विदेशी राज्यों के प्रमुखों तथा राजनयिक दूतों को कुछ विशेषाधिकार तथा ऐसे विदेशी नागरिकों, जो उनके राज्यक्षेत्र में हों, को कुछ अधिकार प्रदान करने के लिए कर्तव्य अधिरोपित किये गये हैं। तदनुसार, प्रत्येक राज्य

को यह माँग करने का अधिकार है कि उसके प्रमुख, उसके राजनयिक दूतों तथा उसके नागरिकों को विदेशी राज्यों द्वारा जब वे उनके राज्यक्षेत्र में हों, तब कतिपय अधिकार प्रदान किये जायें। विदेशी व्यक्तियों को इन अधिकारों को प्रदान करने वाले राज्य इसे अपनी राष्ट्रीय विधियों द्वारा करते हैं। ये अधिकार कुछ हद तक अन्तर्राष्ट्रीय अधिकार नहीं हैं बल्कि राष्ट्रीय विधियों से व्युत्पन्न अधिकार हैं। अन्तर्राष्ट्रीय विधि वास्तव में इन अधिकारों का आधार है क्योंकि अन्तर्राष्ट्रीय विधि द्वारा ही उन्हें राज्यों पर अधिरोपित किया गया है। 2 ये अधिकार विभिन्न राज्यों के राष्ट्रीय न्यायालयों के अपने राष्ट्रीय विधि के अधीन सृजित किये जाने के पूर्व लागू नहीं थे।

सुझाव

व्यक्तियों को अन्तर्राष्ट्रीय विधि में अधिकार तथा कर्तव्य प्रदान किये गये हैं तथा इसलिए उनका विधिक महत्व है। विभिन्न अन्तर्राष्ट्रीय दस्तावेजों में उनके बढ़े हुए महत्व के कारण भविष्य में उन्हें अधिक अधिकार तथा कर्तव्य अर्जित होने की सम्भावना है। लेकिन उनकी भूमिका उस समय तक कमजोर बनी रहेगी तथा उनकी स्थिति अपूर्ण बनी रहेगी, जब तक अन्तर्राष्ट्रीय न्यायालय के समक्ष उनकी पहुँच नहीं होगी। न्यायालय के स्टैट्यूट का अनुच्छेद 34 (1) प्रावधान करता है कि केवल राज्य न्यायालय के पक्षकार हो सकते हैं। न तो न्यायालय की संविधि न तो न्यायालय के नियम व्यक्तियों को न्यायालय के समक्ष याचिका दाखिल करने की अनुज्ञा देते हैं। वर्तमान समय में, व्यक्तियों के मामलों को न्यायालय के समक्ष लाया जा सकता है, यदि मामले को उनके राज्यों द्वारा लाया जाता है। यह वांछनीय है कि व्यक्तियों को न्यायालय के समक्ष पक्षकार होने का अधिकार दिया जाय, जिससे अन्तर्राष्ट्रीय विधि द्वारा प्रदत्त उनके अधिकारों में से किसी का उल्लंघन होने पर, वे विश्व न्यायालय के समक्ष उसकी याचना कर सकें। यह न्यायालय की संविधि में संशोधन की अपेक्षा करता है, जो राज्यों की इच्छा पर आधारित है। यदि राज्य, स्वयं पर परिसीमा अधिरोपित करके, व्यक्तियों को अधिकार प्रदान करने के लिए सहमत हुए हैं, तो उन मामलों में उपचार प्रदान करने से व्यक्तियों को निवारित करने का कोई कारण नहीं है, जिसमें उनके अधिकारों का उल्लंघन किया जाता है।

राष्ट्रीयता (Nationality)

राष्ट्रीयता की परिभाषा

राष्ट्र के व्यक्तियों से अपने राज्यों के प्रति निष्ठा (allegiance) धारण करने की अपेक्षा की जाती है। जो व्यक्ति राज्य के प्रति स्थायी निष्ठा धारण करते हैं, उन्हें राज्य के राष्ट्रिक

के रूप में जाना जाता है। इसलिए राष्ट्रीयता को व्यक्ति की प्रस्थिति, जो निष्ठा के बन्धन द्वारा राज्य से सम्बद्ध है"" के रूप में परिभाषित किया जा सकता है। इस प्रकार, शब्द "राष्ट्रीयता" व्यक्तियों तथा राज्य के मध्य विधिक सम्बन्ध को व्यक्त करता है। ओपेन हाइम ने उचित रूप से ही कहा है कि व्यक्ति की राष्ट्रीयता किसी राज्य के नागरिक होने का उसका गुण है

व्यक्तियों की राष्ट्रीयता का निर्धारण राष्ट्रीय विधि के नियमों के अनुसार किया जाता है। स्थायी अन्तर्राष्ट्रीय न्यायालय ने 1923 में घोषणा की थी कि अन्तर्राष्ट्रीय विधि की वर्तमान स्थिति में, राष्ट्रीयता का प्रश्न एकमात्र राज्य की आन्तरिक अधिकारिता के अन्तर्गत आता है। ऐसी विधियों को अन्य राज्यों द्वारा मान्यता दिये जाने की अपेक्षा की जाती है। हेग संहिताकरण सम्मेलन, 1930 (Hague Codification Conference of 1930) द्वारा स्वीकृत राष्ट्रीय विधियों के संघर्ष से सम्बन्धित कुछ प्रश्नों पर अभिसमय (Convention on Certain Questions relating to the Conflict of Nationality Laws) का अनुच्छेद 1 प्रावधान करता है कि प्रत्येक राज्य अपनी विधि के अधीन यह निर्धारित कर सकता है कि कौन उसका राष्ट्रिक होगा। ऐसी विधि को अन्य राज्यों द्वारा केवल तब मान्यता दी जाएगी, जब यह अन्तर्राष्ट्रीय अभिसमयों, अन्तर्राष्ट्रीय रूढ़ियों तथा राष्ट्रीयता के सम्बन्ध में सामान्यत: मान्य विधि के सिद्धान्तों से संगत होगा। इसका तात्पर्य यह है कि अन्तर्राष्ट्रीय विधि की सीमाओं के अन्तर्गत, राज्य यह निश्चित करने के लिए स्वतन्त्र हैं कि किसे वह अपने राष्ट्रिक के रूप में चुने और किसे अपने राष्ट्रिक के रूप में नामंजूर करे। अन्तर्राष्ट्रीय विधि द्वारा ये परिसीमायें अन्य राज्यों के हित में निर्धारित की जाती है न कि व्यक्तियों के हित के लिये।

राष्ट्रीयता वह प्रमुख कड़ी है जिसके माध्यम से व्यक्ति अन्तर्राष्ट्रीय विधि की सुविधाओं का उपभोग कर सकते हैं। राज्य अपने राष्ट्रिकों पर अधिकारिता का प्रयोग करता है, तथा विदेश में यात्रा करने वाले या निवास करने वाले उसके राष्ट्रिक उसकी व्यक्तिगत सर्वोच्चता के अधीन रहते हैं। अन्तर्राष्ट्रीय विधि ऐसी अधिकारिता के

आडवाणी ने कहा था कि अर्जेन्टीना के साथ (ब्रिटिश) भारत द्वारा 1899 में हस्ताक्षरित सन्धि अब भी प्रवर्तन में है क्योंकि इसका उल्लेख स्वतन्त्रता पूर्व सन्धियों की सूची में किया गया है। ऐसा प्रतीत होता है कि भारत स्वयं इस सम्बन्ध में पूर्णतया निश्चित नहीं है कि स्वतन्त्रता पूर्व की कौन से राज्यों के साथ सन्धि लागू है।

1962 के अधिनियम की धारा 3 (1) के प्रावधान के अनुसार भारत सरकार से उन सभी राज्यों को अधिसूचित करने की अपेक्षा की जाती है, जिनके साथ स्वतन्त्रता के

पहले से प्रत्यर्पण सन्धि थी। ऐसी अधिसूचना के अभाव में, स्वतन्त्रता के पूर्व की सन्धियाँ किसी व्यावहारिक उपयोग की नहीं होंगी। यह वांछनीय है कि सरकार को सन्देह तथा अनिश्चितता को दूर करने के लिए ऐसे अवसरों की प्रतीक्षा किए बिना इसे करना चाहिए, जो व्यक्तिगत मामलों में उत्पन्न हो सकती है।

भारतीय प्रत्यर्पण अधिनियम, 1962 को प्रत्यर्पण संशोधित अधिनियम (Extradition Amendment Act, 1993) के द्वारा संशोधित किया गया है जिसमें कई ऐसे अपराध लिखित हैं जिनको राजनैतिक अपराध नहीं माना जायेगा। अपराधों की सूची में अपहरण विरोधी अधिनियम, 1982 (Anti-Hijacking Act, 1982) तथा सिविल विमानन की सुविधा के विरुद्ध विधि विरुद्ध कार्य दमन अधिनियम, 1982 (Suppresion of Unlawful Acts Against Safety of Civil Aviation Act, 1982) में लिखित अपराध हैं जिनको राजनैतिक अपराध नहीं माना जायेगा।

आश्रय
(Asylum)

आश्रय (asylum) शब्द लैटिन भाषा का है, जो ग्रीक शब्द 'एसाइलीया' (asylia) से व्युत्पन्न हुआ है, जिसका तात्पर्य अलंघनीय स्थान (inviolable place) से है। यह शब्द उन मामलों में प्रयोग किया जाता है, जिनमें क्षेत्रीय राज्य (territorial state), निवेदक राज्य (requesting state) के किसी व्यक्ति को सौंपने से इनकार कर देता है तथा उसे अपने राज्यक्षेत्र में शरण तथा सुरक्षा प्रदान करता है। इस प्रकार, आश्रय दो तत्वों को शामिल करता है। प्रथम, आश्रय (shelter), जो अस्थायी शरण से अधिक है तथा दूसरे, आश्रय देने वाले राज्य के प्राधिकारियों की ओर से सक्रिय सुरक्षा का अंश।' ये दोनों तत्व आश्रय को अप्रवासन (immigration) से अलग करते हैं। जिस व्यक्ति को आश्रय दिया जाता है उसको आश्रयी (asylee) कहा जाता है। आश्रय प्राप्त किये हुये व्यक्ति को शरणार्थी कहना उचित नहीं है। ऐतिहासिक रूप से आश्रय की अवधारणा बहुत प्राचीन तथा परम्परागत (traditional) है जो प्रत्यर्पण के सिद्धान्त के विपरीत है। जहाँ अन्यदेशीय को परम्परागत आश्रय नहीं प्रदान किया जाता है, वहाँ इस कार्य को परम्परा से भिन्न (extradition) अर्थात् प्रत्यर्पण के रूप में माना जाता है।

आश्रय की विधि (Law on asylum)

राज्यों द्वारा आश्रय देने का अभ्यास काफी समय से किया जाता रहा है क्योंकि यह या तो कुछ प्रत्यर्पण सन्धियों में या राष्ट्रीय विधियों में निर्दिष्ट है। कभी-कभी इसे किसी उचित

विधिक आधार के बिना भी प्रदान किया जाता है। तथापि, आश्रय की अवधारणा को अब भी आवश्यक स्पष्टता नहीं प्राप्त हो पायी है। राज्यों के अभ्यास उस प्रकार की रूढ़ि का गठन नहीं करते, जिसे अन्तर्राष्ट्रीय विधि में रूढ़िगत कहा जाता है। इस कारण, अन्तर्राष्ट्रीय विधि आयोग आश्रय के विषय को संहिताकरण की अपनी औपबन्धिक सूची (Provisional list) में शामिल करने के लिए उत्प्रेरित हुआ। महासभा ने 1959 में आयोग से अनुरोध किया कि'जब आयोग आवश्यक समझे, तब वह आश्रय के अधिकार से सम्बन्धित अन्तर्राष्ट्रीय विधि के सिद्धान्तों तथा नियमों के संहिताकरण का उत्तरदायित्व ग्रहण करे।' तदनुसार, 1962 में, आयोग ने अपनी योजना में आश्रय के विषय को शामिल करने का निश्चय किया, किन्तु अपने विचारण को प्रारम्भ करने की किसी तिथि का निश्चय नहीं किया।2 किसी विधि के अभाव में, वर्तमान समय में, इस विषय को मुख्य रूप से राज्य अभ्यास तथा न्यायिक विनिश्चयों के आधार पर शासित किया जाता है।

आश्रय का आधार (Basis of asylum)

राज्य को किसी व्यक्ति को आश्रय प्रदान करने का अधिकार इस सिद्धान्त पर आधारित है कि उसे अपने राज्यक्षेत्र में पाये जाने वाले सभी व्यक्तियों पर नियन्त्रण करने का प्रभुत्व सम्पन्न अधिकार है। इस प्रकार, राज्य को राज्यक्षेत्रीय आश्रय (territorial asylum) का अधिकार अपने राज्यक्षेत्र पर उसके प्रभुत्व सम्पन्नता के आधार पर प्रदान किया गया है। यह अधिकार इस अर्थ में अनन्य है कि अन्य राज्य उस राज्य पर अपनी

अधिकारिता का प्रयोग करने से वर्जित किये जाते हैं। महासभा द्वारा 1974 में स्वीकृत राज्यक्षेत्रीय आश्रय प्रारूप अभिसमय (Draft Convention on Territorial Asylum) ने अनुच्छेद 1 के अधीन मान्यता दी है कि आश्रय प्रदान करना राज्य का प्रभुत्व सम्पन्न अधिकार है। राज्यक्षेत्रीय अधिकारिता राज्यक्षेत्र के अतिरिक्त दूतावासों, प्रतिनिधि मण्डलों (legations) समुद्री जहाज तथा वायुयानों पर भी होता है। अत: किसी राज्य की प्रभुत्व सम्पन्नता राज्यक्षेत्र के बाहर भी उसी सिद्धान्त पर आधारित है, जैसे कि राज्य क्षेत्रीयता का सिद्धान्त। तथापि, राज्य का अपने राज्यक्षेत्र पर तथा उसके राज्यक्षेत्र के बाहर (अर्थात् बाह्य राज्यक्षेत्रीय) के स्थान पर विधिक नियन्त्रण का स्रोत भिन्न-भिन्न है। राज्यक्षेत्रीय आश्रय के राष्ट्रीय विधियों के आधार पर दिया जाता है, जबकि बाह्य राज्यक्षेत्रीय आश्रय अन्तर्राष्ट्रीय विधि के नियमों पर आधारित है।

राज्यों को सन्धियों का निर्माण करके अपने राज्यक्षेत्रीय अधिकारिता के आधार पर रोक लगाने की पूर्ण स्वतन्त्रता है। इस प्रकार, यदि राज्य फरार अपराधी (fugitive criminal) के प्रत्यर्पण के लिए सन्धियों को बनाते हैं, तो उन्हें ऐसे व्यक्तियों का प्रत्यर्पण करने की

उसकी ओर से विधिक बाध्यता उत्पन्न हो जाती है। ऐसे व्यक्तियों को आश्रय प्रदान करने के प्रभुत्व सम्पन्न अधिकार का प्रयोग नहीं किया जा सकता है। इसी तरह, अन्य अमानवीय तथा घृणित अपराधों के सम्बन्ध में भी आश्रय प्रदान करने के राज्यों के प्रभुत्व सम्पन्न अधिकार पर उनके द्वारा रोक लगाये गये हैं। फिर भी, यह परिसीमा राज्यों द्वारा स्वविवेक के आधार पर स्वयं लगायी जाती है।

आश्रय के कारण (Reasons for Asylum)

राज्य निम्नलिखित कारणों से अन्यदेशीयों को आश्रय प्रदान करता है।

1. आश्रय किसी व्यक्ति को स्थानीय अधिकारियों (local authorities) की अधिकारिता से बचाने के लिए प्रदान किया जाता है। यह आशंका भी की जाती है कि उसके राजनीतिक या धार्मिक कार्यों के सम्बन्ध में विचारों में विभिन्नता होने के कारण उसको प्रत्यर्पण करने पर निष्पक्ष परीक्षण (fair trial) नहीं मिल पायेगा।

2. व्यक्ति को विधि के अतिरिक्त आधारों पर अर्थात् मानवीय अधिकारों पर आश्रय प्रदान किया जा सकता है। कार्फ् चैनल वाद' (Corfu Channel Case) में अन्तर्राष्ट्रीय न्यायालय ने कहा था कि "राष्ट्रिकों के अनुत्तरदायी अनुभाग के हिंसक तथा अव्यवस्थित कार्यों के विरुद्ध राजनीतिक अपराधियों का संरक्षण प्रदान करने के लिए मानवीय आधारों पर आश्रय प्रदान किया जा सकता है।" न्यायालय ने कहा कि "आश्रय स्पष्टत: अतिरिक्त विधिक प्रकृति के किसी उपाय के विरुद्ध राजनीतिक अपराधी को संरक्षण प्रदान करता है, जिसे सरकार अपने राजनीतिक विरोधियों के विरुद्ध प्रयोग कर सकती है या प्रयोग करने का प्रयास कर सकती है।" अत: मानव अधिकारों के उल्लंघन को रोकने के लिये आश्रय प्रदान किया जाता है।

3. आश्रय प्रदान करने में राष्ट्रीय सुरक्षा भी महत्वपूर्ण भूमिका अदा करती है। जो अपराधी उस राज्य में आज विद्रोही के रूप में है, वह भविष्य में शासक भी हो सकता है। ऐसा होने पर यदि आज उसका प्रत्यर्पण कर दिया जाता है तो भविष्य में सम्बन्ध तनावपूर्ण हो सकते हैं।

यद्यपि, राज्य उक्त कारकों में से किसी को भी विचरण में लेने के बाद आश्रय प्रदान कर सकता है, फिर भी राज्य ऐसा करने के पूर्व सावधानी बरतते हैं। जिस राज्य के व्यक्ति को आश्रय प्रदान किया जाता है, राज्य के साथ विद्यमान सम्बन्ध पर उसके प्रभाव का अच्छी तरह अध्ययन किया जाता है क्योंकि यह सामान्यतया दोनों राज्यों के मैत्रीपूर्ण सम्बन्धों

को प्रभावित करता है। यद्यपि राज्य क्षेत्रीय आश्रय घोषणा (Declaration on Territorial Asylum) में स्पष्ट प्रावधान है कि आश्रय प्रदान करने को मैत्रीपूर्ण कार्य नहीं माना जाएगा। फिर भी, अभ्यास में सम्बन्धों में प्रभाव पड़ता है। भारत द्वारा दलाई लामा तथा उनके अनुयायियों को प्रदान किए गए आश्रय के बाद भारत तथा चीन के मध्य सम्बन्ध अत्यधिक तनाव पूर्ण हो जाना इसका एक उदाहरण है।

क्या आश्रय प्राप्त करना व्यक्ति का अधिकार है (Is Asylum a Right of a Person)?

यह कहा जाता है कि व्यक्तियों को अन्य राज्यों में आश्रय प्राप्त करने का अधिकार है। मानव अधिकारों की सार्वभौमिक घोषणा (Universal Declaration of Human Rights) अनुच्छेद 14(1) के अधीन प्रावधान करता है कि "प्रत्येक व्यक्ति को उत्पीड़न से दूसरे देश में शरण माँगने तथा ऐसी शरण का उपभोग करने का अधिकार (Everyone has a right to seek and enjoy in other countries asylum from persecution) प्राप्त है।" इस अधिकार को द्वितीय विश्व युद्ध के बाद शरणार्थियों तथा विराष्ट्रिकों के लिए आवश्यकता को ध्यान में रख कर अभिव्यक्त किया गया था। इस प्रावधान से यह आभास होता है कि व्यक्तियों को किसी राज्य में आश्रय प्राप्त करने का अधिकार है। किन्तु इस घोषणा को महासभा द्वारा घोषणाओं के रूप में स्वीकार किया गया है, अत: इसका विधिक प्रभाव नहीं है। राज्य किसी प्रकार से उक्त प्रावधानों को स्वीकार करने के लिए विधिक रूप से बाध्य नहीं है।

इंस्टीट्यूट डी ड्राइट इंटरनेशनल (Institute De Droit International) (1950) ने आश्रय की प्रकृति की पुष्टि प्रभुत्व सम्पन्न राज्यों के विवेकाधीन अधिकारों से सम्बन्धित होने के रूप में की है। मानव अधिकारों की सार्वभौमिक घोषणा अनुच्छेद 14 के अन्तर्गत आश्रय माँगने तथा उसके उपभोग के अधिकार (seek and enjoy) के लिए प्रावधान किया गया है। किन्तु कोई व्यक्ति आश्रय केवल माँग सकता है, और माँगने के बाद उसका उपभोग केवल तब कर सकता है, जब वह राज्य द्वारा प्रदान किया जाता है। पुन:, यदि आश्रय को व्यक्ति का अधिकार माना जाय, तो इसका तात्पर्य यह है कि आश्रय प्रदान करना राज्य का तत्समान कर्तव्य है। अन्तर्राष्ट्रीय विधि में आश्रय देना राज्यों का कर्तव्य नहीं है। राज्य इस सम्बन्ध में अपने स्वविवेक निर्णय का प्रयोग करते हैं। कई राज्यों के संविधान अभिव्यक्त रूप से राजनीतिक कारणों से उत्पीड़ित व्यक्तियों को आश्रय का अधिकार प्रदान करते हैं किन्तु फिर भी यह नहीं कहा जा सकता कि यह अधिकार सभ्य राज्यों द्वारा मान्य विधि का सामान्य सिद्धान्त बन गया है और इस प्रकार अन्तर्राष्ट्रीय विधि का भाग हो गया है। 1

आश्रय प्रदान करने का अधिकार राज्य में निहित है। इसका प्रयोग राज्यक्षेत्रीय प्रभुत्व सम्पन्नता के सिद्धान्त पर किया जाता है। यद्यपि राज्यक्षेत्रीय आश्रय प्रारूप अभिसमय (Draft Convention on Territorial Asylum) प्रावधान करता है कि अभिसमय के पक्षकार प्रारूप अभिसमय के अधीन योग्य व्यक्ति को अपने राज्यक्षेत्र में आश्रय प्रदान करने के लिए मानवता के आधार पर प्रयास करेंगे, फिर भी इसका अर्थ इस प्रकार नहीं किया जा सकता कि राज्य उन्हें आश्रय प्रदान करने के लिए किसी विधिक बाध्यता के अधीन हैं।

आश्रय के प्रकार (Kinds of Asylum)

राज्य किसी व्यक्ति को दो प्रकार से आश्रय प्रदान कर सकता है। ये है: राज्यक्षेत्रीय आश्रय तथा बाह्य राज्यक्षेत्रीय आश्रय।

(1) राज्यक्षेत्रीय आश्रय (Territorial asylum)

जब राज्य द्वारा अपने राज्यक्षेत्र में आश्रय प्रदान किया जाता है, तो इसे राज्यक्षेत्रीय आश्रय कहा जाता है। राज्य द्वारा अपने राज्यक्षेत्र में व्यक्ति को आश्रय प्रदान करने का अधिकार इस तथ्य से उत्पन्न होता है कि प्रत्येक राज्य अपने राज्यक्षेत्र में सभी व्यक्तियों पर राज्यक्षेत्रीय प्रभुत्व सम्पन्नता का प्रयोग करता है, चाहे वे व्यक्ति उसके राष्ट्रिक हों या अन्यदेशीय हों। राज्य को अपने राज्यक्षेत्र में पाये गये किसी व्यक्ति को स्वीकार करने या उसे निष्कासित करने का अधिकार है। इसलिए राज्यक्षेत्रीय आश्रय प्रदान करना राज्य के स्वविवेक निर्णय पर आधारित है।

राज्यक्षेत्रीय आश्रय घोषणा (Declaration on Territorial Asylum) - राज्यक्षेत्रीय आश्रय को प्रदान करने के सम्बन्ध में सामान्यत: स्वीकृत नियम के अभाव ने महासभा को 1959 में आश्रय के अधिकार के सम्बन्ध में अन्तर्राष्ट्रीय विधि के सिद्धान्तों तथा नियमों के संहिताकरण का उत्तरदायित्व ग्रहण करने के लिए अन्तर्राष्ट्रीय विधि आयोग से अपील करने के लिए उत्प्रेरित किया। संहिताकरण होने के पहले ही महासभा ने 14 दिसम्बर, 1967 को एक संकल्प स्वीकार किया था, जिसे राज्यक्षेत्रीय आश्रय घोषणा (Declaration on Territorial Asylum) कहा जाता है। घोषणा में उद्देशिका तथा चार अनुच्छेद हैं, जो आश्रय की स्वीकृति या इनकार से तथा आश्रय के प्रश्न में अन्तर्राष्ट्रीय समुदाय के हित से सम्बन्धित सिद्धान्तों के सम्बन्ध में प्रावधान करता है। घोषणा का अनुच्छेद 1 प्रावधान करता है कि राज्य द्वारा प्रदान किये गये आश्रय का सम्मान अन्य सभी राज्यों द्वारा किया जाएगा। यह भी प्रावधान किया गया है कि आश्रय की माँग करने या उसके उपभोग करने के अधिकार की माँग किसी ऐसे व्यक्ति द्वारा नहीं की जा सकती है, जिसके सम्बन्ध में यह

विचारण करने का गम्भीर कारण है कि उसने शान्ति के विरुद्ध, युद्ध अपराध या मानवता के विरुद्ध अपराध किया है। अनुच्छेद 2 प्रावधान करता है कि आश्रय की माँग करने वाले तथा उसका उपभोग करने वाले व्यक्ति का सम्बन्ध अन्तर्राष्ट्रीय समुदाय से है। अनुच्छेद 3 के अनुसार इस घोषणा के अन्तर्गत आने वाले किसी व्यक्ति का सीमा पर अधिग्रहण, निष्कासन या ऐसे राज्य में अनिवार्य वापसी नहीं होगी, जहाँ उसका उत्पीड़न किया जा सकता है। इस सिद्धान्त का अपवाद केवल राष्ट्रीय सुरक्षा के प्रबल कारणों से या व्यक्तियों को सुरक्षित करने के लिए, जैसे व्यक्तियों के सामूहिक आगमन (mass influx) के मामलों में बनाया जा सकता है। अनुच्छेद 4 प्रावधान करता है कि आश्रय प्रदान करने वाले राज्य, आश्रय प्राप्त व्यक्तियों को संयुक्त राष्ट्र के उद्देश्यों तथा सिद्धान्तों के प्रतिकूल कार्यों में संलग्न होने की अनुज्ञा नहीं देंगे।

उपरोक्त प्रावधानों से यह विदित होता है कि एक राज्य को आश्रय देने का पूर्ण रूप से अधिकार नहीं है। नरसंहार करने वाले व्यक्ति को या अन्तर्राष्ट्रीय अपराध करने वाले व्यक्ति को आश्रय नहीं दिया जा सकता; किन्तु महासभा द्वारा अधिकृत घोषणा राज्यों के ऊपर बाध्यकारी नहीं है अत: राज्यों को इस बात की पूर्ण स्वतन्त्रता है कि वह किसी भी व्यक्ति को आश्रय दे सकते हैं। सऊदी अरब द्वारा ईदी अमीन को तथा फ्रांस द्वारा बेबी डाक को आश्रय दिया जाना इस आधार के प्रमाण हैं। इन दोनों व्यक्तियों को दण्ड इसी कारण से नहीं दिया जा सका क्योंकि उनको अपने राज्यों में वापिस भेजा नहीं जा सका।

राज्यक्षेत्रीय आश्रय पर प्रारूप अभिसमय (Draft Convention Territorial Asylum) यद्यपि उपर्युक्त घोषणा के प्रावधान उस मानक को अधिकथित करते हैं, जिसके अनुपालन की राज्य से अपेक्षा की जाती है, फिर भी ये किसी भी रूप में विधिक रूप से राज्यों पर आबद्ध कर नहीं हैं। आश्रय प्रदान करने के लिए विधिक आधार प्रस्तुत करने के लिए, इस विषय पर अभिसमय का निर्माण करने के प्रयास किए गए हैं। महासभा द्वारा 10 दिसम्बर, 1974 को राज्य क्षेत्रीय आश्रय प्रारूप अभिसमय (Draft Convention on Territorial Asylum) स्वीकृत किया गया किन्तु इससे स्थिति में सुधार नहीं हुआ। प्रारूप अभिसमय का अनुच्छेद 1 मान्यता देता है कि आश्रय प्रदान करना राज्य का प्रभुत्व सम्पन्न अधिकार है किन्तु राज्य पक्षकार अपने राज्यक्षेत्र में आश्रय प्रदान करने के लिए मानवता के आधार पर प्रयास करेंगे। महासभा ने 9 दिसम्बर, 1975 को राज्यक्षेत्रीय आश्रय पर प्रारूप अभिसमय के विस्तार के लिए एक संकल्प स्वीकृत किया जिसमें महासचिव से राज्यक्षेत्रीय आश्रय पर राज्यक्षेत्रीय आश्रय प्रारूप अभिसमय पर विचार करने तथा उसे अंगीकृत करने के लिए पूर्णाधिकारी दूतों (plenipotentiaries) का सम्मेलन आयोजित करने का अनुरोध किया। तदनुसार, 10 जनवरी, 1977 से 4 फरवरी, 1977 तक

जेनेवा में राज्य क्षेत्रीय आश्रय पर एक सम्मेलन (Conference on Territorial Asylum) 2 आयोजित किया गया, किन्तु विभिन्न देशों के प्रतिनिधि इस विषय में एकमत पर पहुँचने में सफल नहीं हो सके। इस प्रकार, राज्यक्षेत्रीय आश्रय के विषय पर किसी अभिसमय का निर्माण नहीं हो सका।

(2) बाह्य राज्यक्षेत्रीय आश्रय (Extra-territorial Asylum)

जब राज्य द्वारा अपने राज्यक्षेत्र के बाहर किसी स्थान पर आश्रय प्रदान किया जाता है, तब उसे बाह्य राज्यक्षेत्रीय आश्रय कहा जाता है। मैकनायर (McNair) के अनुसार, "सामान्यतया बाह्य राज्यक्षेत्रीय आश्रय का वर्णन उन मामलों के लिये किया जाता है, जिनमें राज्य माँगे गये उन व्यक्तियों का समर्पण करने से इनकार करता है, जो उसके राज्यक्षेत्र के अन्तर्गत नहीं हैं किन्तु विदेशी राज्यक्षेत्रीय समुद्र में पड़े हुए उसके सार्वजनिक जलयानों (public ships) में से एक पर, या विदेशी राज्यक्षेत्र के अन्तर्गत उसके राजनयिक (या कभी-कभी वाणिज्य दूतावास) परिसरों पर हैं। इस प्रकार, दूतावासों, वाणिज्य दूतावासों के परिसरों तथा युद्ध पोतों पर दिये गए आश्रय बाह्य राज्यक्षेत्रीय आश्रय के उदाहरण हैं। इनका पृथक रूप से विवेचन किया जा रहा है।

(क) दूतावास में आश्रय (Asylum in Legation)

जब राज्य द्वारा किसी व्यक्ति को विदेशों में स्थित अपने दूतावास परिसरों के अन्तर्गत आश्रय प्रदान किया जाता है, तो इसे दूतावास में आश्रय या राजनयिक आश्रय (diplomatic asylum) के रूप में जाना जाता है। राजनयिक आश्रय इस बात पर आधारित है कि दूतावास परिसरों को राज्यक्षेत्रीय राज्य की अधिकारिता से बाहर माना जाता है, इसलिए यह अलंघनीय (inviolable) है। दूतावास का प्रमुख परिसर व्यक्ति को आश्रय प्रदान कर सकता है, लेकिन राजनयिक आश्रय का नियम अन्तर्राष्ट्रीय विधि का सामान्य सिद्धान्त नहीं है और इसीलिये राज्य अपने दूतावासों में आश्रय प्रदान करने के लिए बाध्य नहीं है। ओपेन हाइम ने उचित रूप से ही कहा है कि विशेष परिस्थितियों में राजनयिक आश्रय प्रदान करने का अभ्यास दीर्घकाल से प्रचलित है किन्तु यह विवाद का विषय है कि किस सीमा तक यह सामान्य नियम अन्तर्राष्ट्रीय विधि का भाग है। 4

1. महासभा संकल्प 3456 (XXX), 9 दिसम्बर, 1975.
2. यू० एन० मन्थली क्रोनिकल, मार्च 1977, पृ० 41.
3. मैकनायर के शब्दों में, "(Extra-territorial asylum is usually described to those cases in which a state declines to surrender a person demanded

who is not upon its own physical territory but is upon one of its public ships lying in foreign territorial waters or upon its diplomatic (or rarely consular) premises within foreign territory) इक्स्ट्राडिशन एण्ड इक्स्ट्राडिशनल एसाइलम", बी०वाई० आई०एल०, खण्ड 28 (1951) पृ० 172.

4. ओपेनहाइम, op. cit., पृ० 1082.

5. वाद का तथ्य निम्न प्रकार है-

विक्टर रौल हया डी ला टोरा, जो पेरू का राष्ट्रिक था, सैनिक विद्रोह को दुष्प्रेरित करने का अभियुक्त था। आपराधिक आरोप पर उसकी गिरफ्तारी के लिए वारण्ट जारी किया गया। वह कोलम्बिया के दूतावास में भाग गया, जहाँ उसे कोलम्बिया द्वारा 1949 में लीमा में अपने पेरू के दूतावास में आश्रय प्रदान किया गया। कोलम्बिया ने हया डीला टोरा को देश के बाहर सुरक्षित जाने देने की अनुज्ञा की माँग की, लेकिन पेरू ने नामंजूर कर दिया। कोलम्बिया ने पेरू के विरुद्ध वाद संस्थित किया और न्यायालय से यह निर्णय करने का अनुरोध किया कि आश्रय प्रदान करने वाले राज्य के रूप में कोलम्बिया उक्त आश्रय के उद्देश्य से अपराध को सीमित करने में सक्षम है। ऐसे निर्णय के लिए सन्धि प्रावधानों तथा सामान्य अमेरिकी अन्तर्राष्ट्रीय विधि के आधार पर अनुरोध किया गया। आई०सी० जे० रिपोर्ट्स (1950) पृ० 274.

कोलम्बिया तथा पेरू के बीच 'आश्रय के मामले' (Asylum case) में अन्तर्राष्ट्रीय न्यायालय ने निर्णय दिया था कि "अन्तर्राष्ट्रीय विधि के सिद्धान्त राजनयिक आश्रय प्रदान करने वाले राज्य द्वारा एकपक्षीय तथा निश्चयात्मक प्रतिबन्ध को मान्यता नहीं देते।" न्यायालय ने आगे कहा कि इस सम्बन्ध में राज्यों के अभ्यास राजनयिक आश्रय के प्रयोग में इतने अधिक अनिश्चित तथा विरोधी हैं, तथा विभिन्न अवसरों पर अभिव्यक्त शासकीय मतों में इतनी अधिक अनिश्चितता तथा असंगति है, व कुछ राज्यों द्वारा अनुसमर्थित तथा अन्य राज्यों द्वारा नामंजूर किये जाने से आश्रय अभिसमय में इतनी अधिक असंगतता है, तथा विभिन्न मामलों में अभ्यास राजनीतिक औचित्य के विचारण द्वारा इतना अधिक प्रभावित हुए हैं कि इसे कोई स्थिर तथा समान प्रथा मानना सम्भव नहीं है, जिसे अपराध के एकपक्षीय तथा निश्चित शर्त के अधिकथित नियम के सम्बन्ध में विधि के रूप में स्वीकार किया जाय।। तथापि, निम्नलिखित मामलों में आश्रय दूतावास परिसर में व्यक्तियों को प्रदान किया जा सकता है: प्रथम, व्यक्तियों को शारीरिक खतरे से, भीड़ से, या उसकी सरकार के डर से, अस्थायी उपाय के रूप में प्रदान किया जा सकता है।

इसका तात्पर्य यह है कि आश्रय उस व्यक्ति को प्रदान किया जाता है, जिसका जीवन सुरक्षित नहीं रह गया है। किन्तु यह अस्थायी उपाय के रूप में स्वीकार किया जाता है, अर्थात् आश्रय तब तक दिया जा सकता है, जब तक डर का तत्व अस्तित्व में रहता है। दूसरे, आश्रय उन राज्यों द्वारा प्रदान किया जाता है, जिसमें इस सम्बन्ध में बाध्यकारी स्थानीय रूढ़ि है, 2 तथा तीसरे, जब राज्यक्षेत्रीय राज्य तथा आश्रय का निवेदन करने वाले राज्य के बीच सन्धि हो।

इस प्रकार, राज्य अपने दूतावास में व्यक्ति को आश्रय प्रदान करने के लिए बाध्य नहीं है। सन्धि या रूढ़ि के अभाव में, दूतावास को व्यक्ति को अभियोजित करने वाली सरकार को उसके अनुरोध पर सौंप देना चाहिए। 3 यदि समर्पण से इनकार किया जाता है, तो राज्य द्वारा ऐसा करने के लिए प्रपीड़क उपाय अपनाये जा सकते हैं। जिसमें सैनिकों द्वारा दूतावास को घेरना भी शामिल है। अपराधियों को बलपूर्वक दूतावास से बाहर भी निकाला जा सकता है। किन्तु ये उपाय केवल तब न्यायोचित हो सकते हैं, जब मामला अत्यावश्यक हो तथा राजदूत से अपराधी को समर्पण करने का अनुरोध बेकार हो गया हो। "तथापि, राष्ट्रिकों के अनुत्तरदायी अनुभाग के हिंसक तथा अव्यवस्थित कार्य के विरुद्ध अस्थायी आश्रय प्रदान करना विधिक अधिकार है, जिसका प्रयोग, मानवता के आधार पर 7 सन्धियों के न होने पर भी किया जा सकता है। ऐसे मामलों में, राज्यक्षेत्रीय राज्य के प्राधिकारी व्यक्ति को शरण देने वाले विदेशी दूतावास को सुरक्षा प्रदान करने के लिए बाध्य है। ओपेन हाइम ने उचित ही कहा है कि मानवता के अत्यधिक विवशकारी विचारणों के अपवाद के अतिरिक्त किसी अन्य कारणों से दूतावास परिसर में प्रदान किये गये आश्रय में, राज्यक्षेत्रीय राज्य को उन व्यक्तियों को समर्पण करने से इनकार करने का अधिकार नहीं है। फिर भी, वहाँ स्थिति भिन्न होती है, जहाँ आश्रय प्रदान करने के अधिकार तथा राज्यक्षेत्रीय राज्य द्वारा इसका सम्मान करने के कर्तव्य को सन्धि में अभिव्यक्त रूप से मान्यता दी गयी है।" मानवीय आधार पर आश्रय प्रदान किया जाय या नहीं, यह ऐसा प्रश्न है, जिसका निर्धारण कुछ निष्पक्ष न्यायिक या अन्य अभिकरण द्वारा किया जाना चाहिए, न कि राज्यक्षेत्रीय राज्य द्वारा। यह वांछनीय है कि इस प्रश्न का विनिश्चय शान्तिपूर्ण ढंग से राजनयिक माध्यम से किया जाय। यदि एक बार आश्रय दूतावास में प्रदान कर दिया जाता है, तो दूतावास के प्रमुख से अपेक्षा की जाती है कि वह इस तथ्य की सूचना राज्यक्षेत्रीय राज्य को दे!

दूतावास में आश्रय प्रदान करना एक ऐसा प्रश्न है, जिसका निर्धारण मुख्य रूप से अन्तर्राष्ट्रीय विधि में नहीं किया जा सकता क्योंकि राज्यों के अभ्यास एक समान नहीं हैं। बहुधा, राजनीतिक विचारण आश्रय प्रदान करने में या शरणार्थियों को सौंपने में प्रमुख

भूमिका अदा करता है। इस विवाद को स्पष्ट करने के लिए, संयुक्त राष्ट्र महासभा ने एक संकल्प 2 स्वीकार किया था, जिसमें इसने सदस्य राज्यों को राजनयिक आश्रय पर महासचिव को अपने विचारों से संसूचित करने को कहा था। बाद में, महासचिव से इस विषय के विश्लेषण को शामिल करने वाले रिपोर्ट को परिचालित करने का अनुरोध किया गया। महासचिव द्वारा तैयार की गई रिपोर्ट एक विश्वसनीय अध्ययन है तथा इस क्षेत्र में विधि के विकास की ओर एक कदम है।

दूतावास में आश्रय के सम्बन्ध में भारत का मत-भारत ने 30 दिसम्बर, 1967 को भारत में स्थित सभी विदेशी दूतावासों को परिपत्र (circular) जारी करके राजनयिक आश्रय के सम्बन्ध में अपनी स्थिति स्पष्ट कर दिया था। परिपत्र में यह कहा गया था कि भारत दूतावासों के ऐसे अधिकार को मान्यता नहीं देगा जिससे वे अपने परिसर के अन्तर्गत किसी व्यक्ति या व्यक्तियों को आश्रय प्रदान करें। परिपत्र में, दूतावासों से अनुरोध किया गया था कि यदि वे आश्रय या अस्थायी आश्रय या शरण के लिए अनुरोध प्राप्त करते हैं, तो उन्हें ऐसे अनुरोध को स्वीकार नहीं करना चाहिए। इस मत को पुन: राजनयिक आश्रय से सम्बन्धित मामले पर छठी समिति में 3 नवम्बर, 1975 को भारतीय प्रतिनिधि डॉ0 सैयद मुहम्मद द्वारा स्पष्ट किया गया। उन्होंने कहा था कि राजनयिक आश्रय राज्यक्षेत्रीय राज्य की प्रभुत्व सम्पन्नता का अनादर (derogation) है तथा उन मामलों के मध्य आक्षेप है, जो अनन्य रूप से उस राज्य के सामर्थ्य के अन्तर्गत है। उन्होंने आगे कहा कि "दूतावासों को उनके द्वारा किये जाने वाले कार्यों के कारण वे विशेषाधिकार तथा उन्मुक्तियाँ प्रदान की गयी हैं, जो स्पष्ट रूप से राजनयिक सम्बन्ध वियना अभिसमय (Vienna Convention on Diplomatic Relations) में वर्णित है।" यह अभिसमय स्पष्ट रूप से राजनयिक अभिकर्ताओं के कार्यों का वर्णन करता है। दूतावास द्वारा इन कार्यों के किसी एकपक्षीय विस्तार को राज्यक्षेत्रीय राज्य द्वारा अपने प्राधिकार पर अतिक्रमण (encroachment) माना जाएगा। फिर भी, राज्य अभ्यास दूतावास को अपने परिसर के अन्तर्गत अस्थायी शरण उस व्यक्ति को देने की अनुज्ञा देते हैं, जिसका जीवन निकट खतरे में है तथा जब तक ऐसा खतरा बना रहता है। अस्थायी शरण का अभ्यास मानवीय विचारण के आधार पर स्पष्ट रूप से न्यायोचित है। इसमें महत्वपूर्ण बात यह है कि यह अभ्यास किसी प्रकार से राज्यक्षेत्रीय राज्य की अधिकारिता से सम्बद्ध व्यक्तियों की वापसी को शामिल नहीं करता। वास्तव में, यह राज्यक्षेत्रीय राज्य की सहायता करता है क्योंकि शरणार्थी अपने जीवन पर आसन्न खतरे के बाद उसमें वापस लौट आता है। राजनयिक आश्रय के सम्बन्ध में भारतीय मत अन्तर्राष्ट्रीय विधि के नियमों अनुरूप है।

(ख) वाणिज्य दूतावास में आश्रय (Asylue in Consulates)

वाणिज्य दूतावास में आश्रय से सम्बन्धित नियम दूतावास परिसर में आश्रय के नियम के समान है।

(ग) युद्धपोतों में आश्रय (Asylum, in Warships)

जब विदेशी राज्यों के युद्ध तथा सरकारी जलयान अन्य राज्य के बन्दरगाहों या आन्तरिक जल में हों, तब उनके कर्मचारी कतिपय प्रयोजनों के लिए अन्य राज्य की अधिकारिता से मुक्त रहते हैं। वे ध्वज धारण करने वाले राज्य (Flag State) की अधिकारिता के अधीन बने रहते हैं। तथापि, ऐसे जलयान बन्दरगाह के सामान्य विधियों का अनुपालन करने के लिए बाध्य हैं। जहाँ तक युद्धपोत में आश्रय का सम्बन्ध है, यह आश्रय की इच्छा करने वाले व्यक्ति को अत्यधिक खतरे के मामले में मानवता के आधार पर प्रदान किया जा सकता है।

इस प्रकार, युद्धपोत पर आश्रय प्रदान करने का अधिकार उसी प्रकार प्रदान किया जा सकता है, जिस- प्रकार- दूतावास के मामले में। जलयान का फरारी राज्यक्षेत्रीय राज्य द्वारा शायद अधिग्रहण से उन्मुक्त होता है किन्तु केवल शरण प्रदान करना जलयान के प्राधिकारी को अपराधी को सौंपने के कर्तव्य से मुक्त नहीं कर देता।

(घ) व्यापारिक जलयान में आश्रय (Asylum in Merchant Vessels)

व्यापारिक जलयान स्थानीय अधिकारिता से मुक्त नहीं होते, इसलिए इस पर अपराधी को आश्रय प्रदान नहीं किया जा सकता। इस प्रकार, यदि कोई व्यक्ति समुद्र के किनारे पर अपराध करने के बाद विदेशी व्यापारिक जलयान पर आश्रय की माँग करता है, तब वह या तो जलयान के बन्दरगाह छोड़ने के पूर्व स्थानीय पुलिस द्वारा गिरफ्तार किया जा सकता है, या तब गिरफ्तार किया जा सकता है जब वह उसी राज्य के दूसरे बन्दरगाह पर आता है। इसलिए ऐसा नियम है कि व्यापारिक जलयानों पर आश्रय नहीं प्रदान किया जाता। 2 तथापि, राज्य आश्रय प्रदान कर सकते हैं, यदि उन्होंने इस प्रकार की सन्धि निर्मित की हों। उदाहरण के लिए, केन्द्रीय अमेरिकी गणतन्त्र (Central American Republics) ने व्यापारिक जलयानों को जो उनके सागर खण्ड में लंगर डाले हों, चाहे वे जिस किसी राष्ट्रीयता के हों, आश्रय को प्रदान करने के संविदा द्वारा बाध्य हैं, लेकिन यह केवल सन्धि के हस्ताक्षर कर्ताओं पर ही आबद्धकारी होती है।

अन्तर्राष्ट्रीय संस्थानों के परिसर में आश्रय (Asylum in the Premises of International Institutions)

क्या अन्तर्राष्ट्रीय संस्था या संगठन के परिसर में शरण लेने वाले व्यक्ति को आश्रय प्रदान किया जाएगा? यह ऐसा प्रश्न है, जिसका उत्तर इस सम्बन्ध में किसी नियम या प्रथा के

अभाव में निश्चित रूप से नहीं दिया जा सकता। फिर भी, भीड़ के कारण उत्पन्न खतरे के गम्भीर मामले में अस्थायी शरण प्रदान करने के अधिकार से इनकार नहीं किया जा सकता।

आश्रय तथा प्रत्यर्पण (Asylum and Extradition)

एक राज्य को शरणार्थियों को आश्रय प्रदान करने की अवधारणा अत्यन्त प्राचीन तथा परम्परागत (traditional) है। किन्तु इस परम्परागत प्रणाली में अठारहवीं शताब्दी के अन्त में उन व्यक्तियों के सम्बन्ध में काफी परिवर्तन हुआ, जो अपराध के अभियुक्त थे या अपराधी थे। ऐसे व्यक्ति उस राज्य को सौंप दिये जाते थे, जिससे वे सम्बन्धित होते थे। इस प्रकार, "जिन मामलों में पुराने समय से चली आ रही परम्परा (tradition) का अनुसरण नहीं किया गया, उसे प्रत्यर्पण (extradition) कहा जाने लगा।"

प्रत्यर्पण तथा आश्रय की प्रथा एक-दूसरे के प्रतिकूल है। यदि किसी व्यक्ति को राज्यक्षेत्रीय राज्य द्वारा निवेदक राज्य को सौंप दिया जाता है, तो इसे प्रत्यर्पण कहा जाता है। यदि उसको राज्यक्षेत्रीय राज्य द्वारा सौंपा नहीं जाता है, बल्कि शरण तथा सुरक्षा प्रदान किया जाता है, तो इसे आश्रय कहा जाता है। इस प्रकार, जिन व्यक्तियों का प्रत्यर्पण नहीं किया जाता है, उन्हें आश्रय प्रदान किया गया कहा जाता है। इसका तात्पर्य यह है कि आश्रय सामान्यतया राजनीतिक अपराधियों तथा धार्मिक एवं सैनिक अपराधियों को प्रदान किया जाता है क्योंकि अन्तर्राष्ट्रीय विधि के सामान्य नियमानुसार उनका प्रत्यर्पण नहीं किया जाता। फिर भी, जहाँ व्यक्ति अपराध के लिए दोषसिद्ध हुआ है या अपराध करने का उस पर आरोप है, वहाँ उसका प्रत्यर्पण किया जाता है। इसलिए स्टार्क कहा है कि, "आश्रय वहाँ समाप्त होता है, जहाँ प्रत्यर्पण प्रारम्भ होता है।"

आश्रय तथा भारत (Asylum and India)

भारत ने 1955 में दलाई लामा तथा उनके अनुयायियों को आश्रय प्रदान किया था, जो चीन की दमनात्मक (repressive) नीतियों से उत्पीड़ित (oppressed) थे। यद्यपि उनके आश्रय की आलोचना चीन द्वारा इस आधार पर की गयी कि आश्रय प्रदान करके भारत ने उसके आन्तरिक मामलों में मध्यक्षेप किया है, फिर भी भारत राज्यक्षेत्रीय प्रभुत्व सम्पन्नता के नियम के कारण ऐसा करने के लिए पर्याप्त रूप से समर्थ था। इसको चीन के आन्तरिक मामलों में मध्यक्षेप नहीं कहा जा सकता। राज्यक्षेत्रीय आश्रय की स्वीकृति को चीन द्वारा अमैत्रीपूर्ण कार्य नहीं मानना चाहिए।

भारत बाह्य राज्यक्षेत्रीय आश्रय को मान्यता नहीं देता। यह 30 दिसम्बर, 1967 को भारत में सभी दूतावासों को जारी किये गए परिपत्र से तथा राजनयिक आश्रय से सम्बन्धित

मद पर छठी समिति (Sixth Committee on the Item Concerning Diplomatic Asylum) में 3 नवम्बर, 1975 को भारतीय प्रतिनिधि डॉ0 सैयद मुहम्मद के कथन से भी स्पष्ट है। फिर भी, भारत ने नेपाल के पूर्व नरेश त्रिभुवन को तब राजनयिक आश्रय प्रदान किया था, जब उसने अपने विरुद्ध राणा क्रान्ति की पराकाष्ठा पर आश्रय की माँग की थी। इसी प्रकार 2013 में मालदीव के पूर्व राष्ट्रपति मोहम्मद नाशीद को गिरफ्तारी से बचने के लिये माले स्थित भारतीय उच्चायोग में शरण दिया गया। वे ग्यारह दिन रहने के बाद अपने से उच्चायोग से चले गये।

विश्व युद्ध के दौरान (सन् 1914-18) में हुआ व्यय मित्र राष्ट्रों का व्यय (डॉलर में)

संयुक्त राज्य अमेरिका	22,625,253,000
ग्रेट ब्रिटेन	35,334,012,000
फ्रांस	24,265, 523,000
रूस	22,293,950,000
इटली	12,413,998,000
रूमानिया	1,600,000,000
बेल्जियम	1,154,468,000
जापान	40,000,000
सर्बिया	399,400,000
ग्रीस	270,000,000
कनाडा	1,665,576,000.
ऑस्ट्रेलिया	1,423,208,000
न्यूजीलैंड	378,750,000

भारत	601,279,000
दक्षिण अफ्रीका	300,000,000
ब्रिटिश उपनिवेश	500,000,000
कुल	125,690,477,000

विश्व युद्ध के दौरान सन् 1914-18 के बीच धुरी राष्ट्रों का व्यय (डॉलर में)

जर्मनी	37,775,000,000
ऑस्ट्रिया-हंगरी	20,622,960,000
तुर्की	1,430,000,000
बुल्गारिया	815,200,000
कुल	-60,643,160,000

प्रथम विश्व युद्ध में हुई कुल मानवीय क्षति

देश	मौतें	गंभीर घायल	अन्य घायल	कैदी या लापता
रूस	2,762,064	1,000,000	3,950,000	2,500,000
जर्मनी	1,611,104	1,600,000	2,183,143	772,522
फ्रांस	1,427,800	700,000	2,344,000	453,500
ऑस्ट्रिया-हंगरी	911,000	850,000	2,150,000	443,000
ग्रेट ब्रिटेन	807,451	617,714	1,441,394	64,907
सर्बिया	707,343	322,000	28,000	100,000
इटली	507,160	500,000	462,196	1,359,000
तुर्की	436,924	107,772	300,000	103,731
रूमानिया	267,000	339,117	200,000	116,000
बेल्जियम	107,284	40,000	100,000	10,000

अमेरिका	101,224	43,000	148,000	4,912
बुल्गारिया	15,000	300,000	852,339	10,825
ग्रीस	4000	10,000	30,000	45,000
पुर्तगाल	300	5,000	12,000	200
जापान			907	3
कुल	**9,998,771**	**6,295,512**	**14,002,039**	**5,983,600**

10,000,000	मृत सैनिक
3,000,000	अनुमानित मृत सैनिक
13,000,000	नागरिक मौतें
20,000,000	घायल
3,000,000	कैदी
9,000,000	बेघर अनाथ
5,000,000	युद्ध विधवा
10,000,000	शरणार्थी

प्रथम विश्व युद्धः युद्ध-विवरण घोषणा।

28 जून, 1914: ऑस्ट्रिया-हंगरी के युवराज फ्रांज फर्डिनेंड की सर्बिया में हत्या।

23 जुलाई, 1914: ऑस्ट्रिया-हंगरी की सर्बिया को चेतावनी।

28 जुलाई, 1914: ऑस्ट्रिया-हंगरी को सर्बिया के खिलाफ युद्ध की।

1 अगस्त, 1914: जर्मनी ने रूस के खिलाफ युद्ध की घोषणा की।

3 अगस्त, 1914: जर्मनी ने फ्रांस के खिलाफ युद्ध की घोषणा की।

4 अगस्त, 1914: जर्मनी का बेल्जियम पर हमला। इसकी प्रतिक्रिया स्वरूप ब्रिटेन का जर्मनी पर हमला।

अगस्त 1914: टेनिनबर्ग का युद्ध।

10 अगस्त, 1914: ऑस्ट्रिया-हंगरी ने रूस के विरुद्ध युद्ध की घोषणा की।

13 अगस्त, 1914: जापान ने जर्मनी के विरुद्ध युद्ध की घोषणा की।

सितंबर 1914: ब्रिटेन, रूस और फ्रांस के बीच संधि।

9 अक्तूबर, 1914: बेल्जियम पर जर्मन कब्जा। एंट्रेप पर घेरा।

29 अक्तूबर, 1914: ऑटोमन साम्राज्य ऑस्ट्रिया-हंगरी तथा जर्मनी के पक्ष में युद्ध में कूदा।

2 नवंबर, 1914: ऑटोमन साम्राज्य पर रूसी हमला।

5 नवंबर, 1914: ब्रिटेन और फ्रांस ने तुर्की तथा ऑटोमन साम्राज्य के खिलाफ युद्ध की घोषणा की।

फरवरी 1915: ब्रिटिश प्रधानमंत्री विंस्टन चर्चिल का इस्तीफा।

25 अप्रैल, 1915: गॉलीपॉली अभियान। तुर्की ने मित्र राष्ट्रों को भारी शिकस्त दी।

26 अप्रैल, 1915: ब्रिटेन, फ्रांस तथा रूस से इटली की गुप्त संधि, जिसे 'लंदन पैक्ट' नाम दिया गया।

प्रथम विश्व युद्ध

23 मई, 1915: ऑस्ट्रिया-हंगरी के विरुद्ध इटली की युद्ध घोषणा। बुल्गारिया ने धुरी राष्ट्रों के समर्थन में सर्बिया के विरुद्ध युद्ध की घोषणा की।

9 मार्च, 1916: पुर्तगाल के विरुद्ध जर्मनी की युद्ध घोषणा।

अप्रैल 1916: रूमानिया का धुरी राष्ट्रों के पक्ष में युद्ध में प्रवेश।

31 मई, 1916: जटलैंड का युद्ध।

28 अगस्त, 1916: इटली ने जर्मनी के विरुद्ध युद्ध की घोषणा की।

28 नवंबर, 1916: पहला हवाई हमला।

21 फरवरी - नवंबर, 1916: वर्दून का युद्ध।

1 जुलाई - नवंबर, 1916: सोम्मे का युद्ध।

दिसंबर 1916: लॉयड जॉर्ज ब्रिटिश प्रधानमंत्री बने।

16 जनवरी, 1917: जर्मनी ने मेक्सिको को तार भेजकर संयुक्त राज्य अमेरिका के विरुद्ध संधि की पेशकश की। तार अमेरिका के हाथ लगा।

6 अप्रैल, 1917: अमेरिका ने जर्मनी के खिलाफ युद्ध की घोषणा की।

27 जून, 1917: ग्रीस जर्मनी के विरुद्ध युद्ध में कूदा।

14 अगस्त, 1917: चीन मित्र राष्ट्रों के समर्थन में युद्ध में उतरा।

26 अक्तूबर, 1917: दक्षिण अमेरिकी देश ब्राजील धुरी राष्ट्रों के विरुद्ध युद्ध में कूदा।

दिसंबर 1917: ब्रेस्ट लिटोवस्क की संधि हुई। रूस युद्ध से हटा।

अप्रैल 1918: रैपिड एक्शन फोर्स का गठन।

8-11 अगस्त, 1918: आमीन्स का युद्ध।

अक्तूबर, 1918: फ्रांस एवं बेल्जियम पर पुन: मित्र राष्ट्रों का कब्जा।

30 अक्तूबर, 1918: तुर्की से संधि। मित्र राष्ट्रों को तुर्की साम्राज्य से होकर हमला करने की छूट।

नवंबर 1918: हिंडनबर्ग लाइन ध्वस्त ।

9 नवंबर, 1918: जर्मन सम्राट् कैसर ने पद छोड़ा।

11 नवंबर, 1918: दोनों पक्षों के बीच संधि और युद्ध समाप्ति की घोषणा।

प्रथम विश्व युद्ध: मुख्य तथ्य

प्रथम विश्व युद्ध आधिकारिक रूप से सन् 1914 में आरंभ हुआ।

इस युद्ध में 4 करोड़ से अधिक लोग मारे गए।

जर्मन युद्धपोत एमडेन ने मित्र राष्ट्रों के 23 पोत डुबोए।

विश्व युद्ध के दौरान जर्मन पनडुब्बियों ने मित्र राष्ट्रों के 2,600 से अधिक जहाजों को समुद्र में डुबो दिया।

विश्व युद्ध में 124 देशों ने पक्ष/विपक्ष में युद्ध किया।

जून 1918 का 'बेलेयू वुड' का युद्ध इतना भयानक था कि प्रति वर्ग मील क्षेत्र में अमेरिका के हताहत सैनिकों की संख्या 5,200 तक जा पहुँची थी।

युद्ध के दौरान जर्मनी ने 123 जेपलिन और इसी तरह के वायुयान बनाए थे।

युद्ध दौरान ब्रिटेन ने 5,400 कैमल युद्धक विमान बनाए थे।

सोम्मे के युद्ध में पहले ही दिन लगभग 58,000 ब्रिटिश सैनिक हताहत हुए थे।

वर्दून के युद्ध में 3 करोड़ 20 लाख तोप के गोले चलाए गए थे।

लगभग 2,75,000 इतालवी कैदियों को कापोरेटो ले जाया गया।

सन् 1918 में साइबेरिया में 75,000 जापानी सैनिकों को भेजा गया।

वारसा की संधि के तहत जर्मन सेना 1 लाख सैनिकों तक सीमित कर दी गई।

प्रथम विश्व युद्ध के दौरान घायल सैनिकों की संख्या 2 करोड़ के लगभग थी।

इस युद्ध में अनुमानित 200 अरब डॉलर खर्च हुए।

प्रथम विश्व युद्ध में भारत की भूमिका

प्रथम विश्व युद्ध में भारत ने महत्त्वपूर्ण भूमिका का निर्वाह किया था, जिसे प्राय: अनदेखा किया गया, क्योंकि उन दिनों भारत देश गुलाम था। सन् 1914 में जब प्रथम विश्व युद्ध छिड़ा, भारत में राजनीतिक अस्थिरता का दौर था। इंडियन नेशनल कांग्रेस कई खेमों में बँटी हुई थी, जिनमें कुछ 'स्वराज' के पक्ष में थे और कुछ ब्रिटिश शासन के।

युद्ध की शुरुआत से पहले जर्मनी ने ब्रिटिश विरोधी माहौल बनाने के लिए भारत में अपनी काफी ऊर्जा खर्च की थी। कई राष्ट्रवादियों को आशा थी कि ब्रिटेन पर मुसीबत आएगी तो भारत में आजादी के आंदोलन को बल मिलेगा। युद्ध के दौरान उन्होंने आजादी की माँग में इस दबाव को शामिल भी किया।

सन् 1914 में युद्ध के शुरुआती दिनों में भारतीय सैनिकों की तैनाती पश्चिमी मोरचे पर फ्रांस और बेल्जियम में की गई और उन्होंने 'थेर्ल्स' के पहले समर में हिस्सा लिया। सन् 1915 तक असंख्य भारतीय रण- बाँकुरों की शहादत के कारण उन्हें वहाँ के मोरचे से पीछे हटा लिया गया।

गैलिपॉली और उत्तरी तथा पूर्वी अफ्रीका के मोरचे पर भी भारतीय सैन्य दल ने लड़ाई में हिस्सा लिया। तकरीबन 8 लाख भारतीय सैनिक इस लड़ाई का हिस्सा बने, जिनमें से लगभग 47,746 शहीद हुए और लगभग 65,000 जख्मी।

भारतीय सैनिकों को 13,000 वीरता पदक और 12 विक्टोरिया क्रॉस हासिल हुए। पहला विक्टोरिया क्रॉस खुदादाद खान को प्राप्त हुआ।

पश्चिमी मोरचे पर लगभग 1,40,000 भारतीय सैनिक तैनात किए गए थे, जिनमें से 90,000 अग्रिम मोरचे पर और 50,000 सहायक के रूप में तैनात थे। थेल्र्स के मोरचे पर सिपाही खुदादाद खान ने परम वीरता का परिचय दिया। 129वीं बलूची बटालियन का काम था - घायल या अग्रिम पंक्ति से हटे ब्रिटिश सैनिकों की जगह लेना और जर्मन सेना को फ्रांस तथा बेल्जियम में घुसने से रोकना। अगर जर्मन सेना फ्रांस के बोलोग्ने और बेल्जियम के न्यूपूर्ट शहर हथिया लेती तो अंग्रेज सेना की रसद और युद्ध सामग्री की आपूर्ति ठप पड़ जाती। इस मोरचे पर मशीन गनर खुदादाद खान ने अपनी अद्भुत सूझ-बूझ से जर्मन सेना को छका दिया। उनकी सारी बटालियन मारी गई, लेकिन उन्होंने मोरचा नहीं छोड़ा। बाद में पीछे से सहायता आ गई और सैनिकों ने जर्मनों को पीछे खदेड़ दिया।

लगभग 7 लाख भारतीय सैनिक मध्यपूर्व के मोरचे पर डटे हुए थे। उन्होंने मेसोपोटामिया अभियान में तुर्कों को कड़ी टक्कर दी। कई हिंदुस्तानी बटालियन गैलिपॉली प्रायद्वीप में, कई पूर्वी और पश्चिम अफ्रीका में, कुछ चीन तक आगे बढ़ी हुई थीं।

मार्च 1915 में ब्रिटिश और भारतीय सैन्य टुकड़ियों ने जर्मनी के न्यूवे चैपल पर हमला करके जर्मन की अग्रिम पंक्ति को बुरी तरह से ध्वस्त कर दिया और युद्ध के पहले दिन ही नगर पर कब्जा कर लिया। लेकिन अगले दिन जर्मनी ने अतिरिक्त बल के साथ हमला बोल दिया। तीन दिन चले इस युद्ध में 13,000 ब्रिटिश और हिंदुस्तानी सैनिक शहीद हुए। रसद खत्म होने पर मित्र सेना को पीछे हटना पड़ा। यहाँ भी भारतीय फौजियों ने अपने दमखम को इतिहास में दर्ज करा दिया।

विश्व युद्ध की समाप्ति पर भारत की अर्थव्यवस्था कंगाली के कगार पर पहुँच गई। भारतीय नेताओं को उम्मीद थी कि युद्ध में अंग्रेजों का साथ देने के एवज में वे भारत को गुलामी की जंजीरों से आजाद नहीं करेंगे तो कम-से-कम 'स्वराज' तो दे ही देंगे; लेकिन वैसा नहीं हुआ - शायद दूसरे विश्व युद्ध का इंतजार था।

द्वितीय विश्व युद्ध के दौरान अनुमानित मानवीय क्षति

देश	जनसंख्या 1939 में	सैनिक मौतें	नागरिक मौतें
अल्बानिया	10,73,000	30,000	
ऑस्ट्रेलिया	69,98,000	40,500	700
ऑस्ट्रिया	66,53,000	-	40,500
बेल्जियम	83,87,000	12,100	49,600

ब्राजील	4,02,89,000	1,000	1,000
बुल्गारिया	64,58,000	22,000	3,000
बर्मा	1,61,19,000	22,000	2,50,000
कनाडा	1,12,67,000	45,300	
चीन	51,75,68,000	38,00,000	16,200,000
क्यूबा	42,35,000	100	
चेकोस्लोवाकिया	1,53,00,000	25,000	43,000
डेनमार्क	37,95,000	2,100	1,000
डच ईस्ट इंडीज	6,94,35,000		40,00,000
इस्टोनिया	1,134,000		50,000
इथोपिया	1,77,00,000	5,000	95,000
फिनलैंड	3700,000	95,000	2,000
फ्रांस	4,17,00,000	2,17,600	2,67,000
फ्रांसीसी इंडो-चाइना	2,46,00,000		10,00,000
जर्मनी	6,96,23,000	55,33,000	15,40,000
ग्रीस	72,22,000	20,000 2,	20,000
हंगरी	91,29,000	3,00,000	80,000
आइसलैंड	1,19,000		200
भारत	37,80,00,000	87,000	15,00,000
ईरान	1,43,40,000	200	
ईराक	36,98,000	1,000	
आयरलैंड	29,60,000		200
इटली	4,43,94,000	3,01,400	1,45,100
जापान	7,13,80,000	2,120,000	5,80,000

कोरिया	2,34,00,000		3,78,000
लातविया	19,95,000		1,47,000
लिथुआनिया	25,75,000		2,12,000
लक्समबर्ग	295,000		1,300
मलाया	43,91,000		100,000
माल्टा	2,69,000		1,500
मेक्सिको	1,93,20,000		100
माइक्रोनीशिया	19,00,000		57,000
मंगोलिया	8,19,000	300	
नीदरलैंड	87,29,000	21,000	176,000
न्यूफाउंडलैंड	3,00,000	1,000	100
न्यूजीलैंड	1,629,000	11,900	
नॉर्वे	2,945,000	3,000	5,800
पापुआ न्यू गिनी	12,92,000		15,000
फिलीपीन्स	1,60,00,000	57,000	90,000
पोलैंड	3,48,49,000	2,40,000	27,60,000
पुर्तगाली तिमोर	500,000		55,000
रूमानिया	1,99,34,000	300,000	64,000
सिंगापुर	7,28,000		20,000
दक्षिण अफ्रीका	1,01,60,000	11,900	
सोवियत संघ	16,85,00,000	1,07,00,000	1,14,00,000
स्पेन	2,56,37,000	4,500	
स्वीडन	63,41,000	200	2,000
स्विट्जरलैंड	4,341,000		100

थाइलैंड	1,50,23,000	5,600	300
ब्रिटेन	4,77,60,000	3,82,700	67,100
अमेरिका	13,10,28,000	4,16,800	1,700
यूगोस्लाविया	15,400,000	4,46,000	514,000
कुल	1,963,205,000	2,52,82,100	4,21,68,400

प्रमुख देशों के सैनिकों की संख्या

जर्मनी

थलसेना	1,36,00,000
वायुसेना	25,00,000
नौसेना	12,00,000
वाफन एस.एस.	9,00,000

जापान

थलसेना	63,00,000
नौसेना	21,00,000

सोवियत संघ

कुल सेना	3,44,76,700

ब्रिटेन

कुल सेना	1,11,15,000

अमेरिका

आर्मी एवं नेवी	1,12,60,000
नेवी	41,83,446
मरीन सैनिक	6,69,100

कोस्ट गार्ड	2,41,093
मर्चेंट मरीन	2,43,000

द्वितीय विश्व युद्ध : युद्ध-विवरण

30 सितंबर, 1938	:	म्यूनिख संधि।
मार्च 1939	:	चेकोस्लोवाकिया पर हिटलर (जर्मनी) का हमला।
मार्च / अप्रैल 1939	:	ब्रिटेन ने पोलैंड को आश्वस्त किया।
अगस्त 1939	:	रूस और जर्मनी ने समझौते पर हस्ताक्षर किए।
1 सितंबर, 1939	:	पोलैंड पर हिटलर का हमला और द्वितीय विश्व युद्ध का आरंभ।
3 सितंबर, 1939	:	ब्रिटेन एवं फ्रांस ने युद्ध की घोषणा की।
मई 1940	:	छद्म युद्ध।
अप्रैल / मई 1940	:	डेनमार्क और नॉर्वे पर हिटलर का हमला।
10 मई, 1940	:	बम - वर्षा।
26 मई, 1940	:	ब्रिटिश प्रधानमंत्री चेंबरलेन का इस्तीफा।
11 जून, 1940	:	धुरी राष्ट्रों के पक्ष में इटली युद्ध में कूदा।
22 जून, 1940	:	फ्रांस की जर्मनी के साथ संधि।
10 जुलाई से 31 अक्तूबर, 1940	:	ब्रिटेन का युद्ध।
22 सितंबर, 1940	:	त्रिपक्षीय संधि।
दिसंबर 1940	:	ब्रिटेन ने उत्तरी अफ्रीका में इटालियनों को खदेड़ा।
1941 का आरंभ	:	इटली एवं जर्मनी का यूगोस्लाविया पर हमला।
21 जून, 1941	:	हिटलर ने रूस पर हमला किया- 'ऑपरेशन बारबरोसा'।
7 दिसंबर, 1941	:	पर्ल हार्बर पर जापान का हमला।

8 दिसंबर, 1941	:	ब्रिटेन और अमेरिका ने जापान के विरुद्ध युद्ध की घोषणा की।
फरवरी 1942	:	जापानियों ने सिंगापुर पर कब्जा किया।
जून 1942	:	मिडवे का युद्ध।
23 अक्तूबर, 1942	:	आमिए का युद्ध।
नवंबर 1942	:	स्टालिनग्राद का युद्ध।
नवंबर 1942	:	उत्तरी अफ्रीका में मित्र राष्ट्रों का वर्चस्व।
12 मई, 1943	:	उत्तरी अफ्रीका में धुरी राष्ट्रों का आत्मसमर्पण।
जुलाई 1943	:	मित्र राष्ट्रों का सिसली पर हमला।
अगस्त 1943	:	मित्र राष्ट्रों का सिसली पर नियंत्रण ।
3 सितंबर, 1943	:	इटली का आत्मसमर्पण ।
नवंबर 1943	:	तेहरान में मित्र राष्ट्रों की बैठक।
जनवरी 1944	:	लेनिनग्राद को छुड़ाया गया।
जून 1944	:	रोम मुक्त हुआ।
जुलाई 1944	:	जापान बर्मा से बेदखल ।
25 अगस्त, 1944	:	पेरिस मुक्त हुआ।
दिसंबर 1944	:	ब्लुज का युद्ध।
मार्च 1945	:	मित्र राष्ट्रों ने राइन नदी पार की।
अप्रैल 1945	:	अमेरिकी राष्ट्रपति रूजवेल्ट की मृत्यु।
अप्रैल, 1945	:	रूसी सैनिक बर्लिन में घुसे।
28 अप्रैल, 1945	:	मुसोलिनी को फाँसी पर चढ़ाया।
30 अप्रैल, 1945	:	हिटलर ने आत्महत्या की।
2 मई, 1945	:	जर्मन सेना का आत्मसमर्पण।
7 मई, 1945	:	डोनरिज ने बिना शर्त आत्मसमर्पण की पेशकश की।

6 अगस्त, 1945	:	हिरोशिमा पर एटम बम से हमला।
8 अगस्त, 1945	:	रूस ने जापान के विरुद्ध युद्ध की घोषणा की।
9 अगस्त, 1945	:	नागासाकी पर एटम बम से हमला।
14 अगस्त, 1945	:	जापान ने आत्मसमर्पण किया।
2 सितंबर, 1945	:	जनरल मैकआर्थर ने जापान का आत्मसमर्पण स्वीकार किया।युद्ध विधिवत् समाप्त।

द्वितीय विश्व युद्ध: मुख्य तथ्य

- द्वितीय विश्व युद्ध के आरंभ में जर्मन पनडुब्बियों ने मित्र राष्ट्रों की लगभग 7 लाख टन खाद्य सामग्री प्रतिमाह समुद्र में डुबोई।
- जर्मन सेना ने डेनमार्क और नॉर्वे पर इतना भयानक थल, जल और वायु हमला किया कि दोनों देशों ने 48 घंटे में घुटने टेक दिए।
- 19 जून, 1940 को जर्मन सेना ने पेरिस पर ऐसी जबरदस्त बमबारी की कि फ्रांस सरकार पेरिस छोड़कर भाग गई। 14 जून तक पेरिस बिलकुल खाली हो गया। 20 लाख नगरवासी पलायन कर गए।
- जर्मन सेना ने लंदन में इतना कहर मचाया कि वहाँ की 60 प्रतिशत से अधिक इमारतें नष्ट हो गईं। 60 हजार से अधिक ब्रिटिश नागरिक मारे गए और 87 हजार से अधिक घायल हुए।
- 14 नवंबर, 1940 को जर्मनी ने लंदन पर 449 लड़ाकू विमानों से 600 टन से अधिक विस्फोटक सामग्री गिराई।
- द्वितीय विश्व युद्ध के दौरान हिटलर ने सन् 1944 तक 14 लाख यहूदियों को मौत के घाट उतरवा दिया था।
- जापान ने 7 दिसंबर, 1941 को एकाएक अमेरिकी पर्ल हार्बर पर हमला करके कुछ ही घंटों में 8 लड़ाकू जहाजों, 3 युद्धपोतों, 3 विध्वंसक जहाजों और 343 विमानों को नष्ट कर दिया।
- 13-14 फरवरी, 1945 को मित्र राष्ट्रों ने जर्मनी के एक नगर ड्रेस्डन पर भारी बमबारी करके 3,20,000 जर्मन वासियों को मार डालने का दावा किया।

- 9 मार्च, 1945 को अमेरिकी बी-29 लड़ाकू विमानों ने टोकियो पर बमबारी करके 2,00,000 लोगों को मौत की नींद सुलाया।
- जर्मन पनडुब्बी यू-120 एक खराब शौचालय में डूब गई थी।
- युद्ध के आखिरी दिनों में (अप्रैल 1945) 16 लाख सैनिकों, 3,827 टैंकों, 4,500 एंटी टैंक गनों, 2,000 सैल्फ प्रॉपेल्ड गनों, 15,000 फील्ड गनों, 7,000 लड़ाकू विमानों तथा 97,000 अन्य वाहनों के साथ रूसी सेना ने बर्लिन पर हमला बोला।
- जापान के दो नगरों हिरोशिमा और नागासाकी पर गिराए गए एटम बमों ने 1.5 लाख से अधिक लोगों की जान ली और 1 लाख के लगभग लोग रेडियो विकिरण से बुरी तरह झुलसे।
- द्वितीय विश्व युद्ध में लगभग 5 करोड़ लोग मारे गए, जिनमें 3 करोड़ आम नागरिक और 2 करोड़ सैनिक शामिल हैं। इनमें से 1 करोड़ लोगों को तो हत्या शिविरों में यातना देकर मारा गया।
- सबसे अधिक रूसी सैनिक मारे गए। उनकी कुल संख्या 1.5 करोड़ के लगभग थी।
- मित्र राष्ट्रों के 1 करोड़ 70 लाख सैनिक मारे गए।
- धुरी राष्ट्रों के 60 लाख सैनिक मारे गए, जिनमें से 40 लाख जर्मन सैनिक थे।
- सैनिकों के अलावा रूस में 70 लाख आम नागरिक भी मारे गए।
- मित्र राष्ट्रों और धुरी राष्ट्रों की मौत के आँकड़े का अनुपात 5: 1 रहा।
- इस युद्ध में यूरोपीय देशों के 70 प्रतिशत उद्योग-धंधे नष्ट हुए।
- द्वितीय विश्व युद्ध के बाद दुनिया भर से साम्राज्यवाद का सफाया हो गया। ब्रिटेन के अधिकतर उपनिवेश स्वतंत्र हो गए; उनमें भारत भी शामिल था।

कुछ रोचक तथ्य

भालू सैनिक

मोंटे कैसिनो की लड़ाई के दौरान पोलिश सेना ने एक भालू को भी सहायक सैनिक के रूप में इस्तेमाल किया। 'वोजटेक' नाम का यह भूरा भालू गोला-बारूद के बक्से ढोने में उनकी मदद करता था।

सबसे भारी टैंक

द्वितीय विश्व युद्ध के दौरान जर्मनी ने सबसे भारी टैंक बनाया। 'मायुस 2' नामक यह टैंक 192 टन वजनी था। लेकिन जर्मनों के दुर्भाग्य से युद्ध के आखिरी दिनों तक यह संचालन योग्य नहीं हो सका था।

आत्मघाती हमलावर कुत्ते

सोवियत संघ की लाल सेना ने दुश्मन टैंकों को नष्ट करने के लिए कुत्तों को प्रशिक्षित किया। उनकी पीठ पर वजनी विस्फोटक बाँधकर शतु टैंकों के नीचे भेज दिया जाता था। वहाँ ट्रिगर दब जाने से विस्फोट होता था, जिससे टैंक नष्ट हो जाता था और हाँ, कुत्ता भी। स्टालिनग्राद और कुर्क की लड़ाइयों में इसी युक्ति से 25 जर्मन टैंक नष्ट किए गए।

फीनिक्स की किस्मत

सन् 1941 में जब पर्ल हार्बर पर जापानी हमला हुआ तो हलका अमेरिकी जहाज 'फीनिक्स' लंगर डाले खड़ा था। इस भयंकर हमले में फीनिक्स लगभग पूरा बच गया। लेकिन 40 साल बाद वही जहाज दक्षिणी अटलांटिक में ब्रिटिश पनडुब्बी 'कॉनक्वेयर' के तारपीडो हमले से सागर में डूब गया। उस वक्त फीनिक्स का नाम बदलकर 'जनरल बेलग्रानो' कर दिया गया था। क्या यह नाम का चमत्कार था कि 'फीनिक्स' बच गया था और 'जनरल बेलग्रानो' डूब गया?

चर्चिल बाल-बाल बचे

17 जनवरी, 1942 को ब्रिटिश प्रधानमंत्री चर्चिल पहले दुश्मन की गोली से, फिर अपनी वायु सेना के हाथों बाल-बाल बचे थे। संयुक्त राज्य अमेरिका से लौटते समय उनकी 'फ्लाइंग बोट' मार्ग से भटक गई और फ्रांस में जर्मन एंटी एयरक्राफ्ट गन की जद में आ गई। इस गलती को सुधारा गया तो उनकी फ्लाइंग बोट ब्रिटिश रडार ऑपरेटरों को दिखी। उन्होंने उसे दुश्मन बम हमलावर समझा। 6 आर.ए.एफ. फाइटर उसे गिराने के लिए उसकी ओर झपटे, लेकिन सौभाग्य से चर्चिल की फ्लाइंग बोट को खोजने में नाकाम रहे।

नागासाकी पर हमला

बी-29 बॉम्बर का नाम सभी जानते हैं, जिसने हिरोशिमा पर परमाणु बम गिराया था। लेकिन उसके बारे में नहीं जानते जिसने नागासाकी पर तीन दिन बाद परमाणु बम गिराया

था? दरअसल नागासाकी बी-29 का मूल लक्ष्य नहीं था, उसका अभीष्ट लक्ष्य काकुरा शहर था। बॉम्बर को सख्त आदेश दिया गया था कि सटीक लक्ष्य पर निशाना लगाए, लेकिन उस समय काकुरा शहर धुंध से ढका हुआ था। वैकल्पिक लक्ष्यों में अगला प्रथम लक्ष्य नागासाकी था, अत: उसे निशाना बना दिया गया।

हिमलर

नाजी एस. एस. वाहिनी का दुष्ट प्रमुख हेनरिय हिमलर पहले मुरगी पालन का धंधा करता था।

मुसोलिनी

आरंभिक जीवन में मुसोलिनी अध्यापक, मजदूर, समाजवादी, अवसरवादी, सैनिक, आवारा और न जाने क्या-क्या था। बाद में उसने फासीवादी दल का गठन किया। प्रथम विश्व युद्ध के दौरान वह इटली के अखबार में संपादक था। उस अखबार को ब्रिटेन और फ्रांस से आर्थिक सहायता मिलती थी। उस समय वह जर्मन के धुरी राष्ट्रों का विरोधी था।

तानाशाह हिटलर

हिटलर शाकाहारी था। वह शराब नहीं पीता था और बीड़ी-सिगरेट से भी दूर रहता था।

पैदल सेना

क्रीट (ग्रीस) पर कब्जे के दौरान हवाई हमलों में भारी घाटा उठाने के बाद हिटलर ने बड़े पैमाने पर हवाई हमलों से तौबा कर ली और उसके स्थान पर पैदल सेना के इस्तेमाल को बढ़ावा दिया।

स्टालिन का नाम

रूस के तानाशाह जोसेफ स्टालिन का मूल नाम जोसेफ डूगशविलि था। सन् 1913 से उसने अपना छद्म नाम 'स्टालिन' रख लिया, जिसका अर्थ है- 'स्टील का बना आदमी'।

द्वितीय विश्व युद्ध में भारत की भूमिका

द्वितीय विश्व युद्ध के समय भारत इंग्लैंड का एक उपनिवेश था और इसमें आज के बांग्लादेश, पाकिस्तान और म्यांमार शामिल थे। अत: सितंबर 1939 में जब द्वितीय विश्व युद्ध आरंभ हुआ, ब्रिटिश उपनिवेश होने के कारण भारत स्वत: ही युद्ध में शामिल हो

गया। हिटलर के नाज़ीवाद और फासीवाद के ख़ात्मे के लिए मित्र सेना को सभी भारतीय रियासतों ने दिल खोलकर धन और सैन्यबल दिया।

ब्रिटिश उपनिवेश के रूप में भारत मित्र सेना की ओर से लड़ा। इस लड़ाई में भारत के लगभग 20.5 लाख सैनिकों ने हिस्सा लिया। इनमें से 36,000 सैनिक शहीद हुए, 34,000 जख्मी और 67,000 को कैद कर लिया गया। भारत की ज्यादातर फौज जापान के विरुद्ध दक्षिण-पूर्व एशिया और उत्तरी तथा पूर्वी अफ्रीका में मोरचे पर रही।

सन् 1939 में जब युद्ध भड़का, ब्रिटिश सरकार ने भारतीय नेताओं की सलाह लिये बगैर भारत को भी युद्ध की आग में झोंक दिया। इससे क्षुब्ध होकर विरोध स्वरूप कांग्रेस के प्रांतीय मंत्रियों ने पदों से इस्तीफा दे दिया।

इधर राजनीति जारी थी और उधर मोरचा। 4, 5 और 8वीं भारतीय बटालियन्स इतालवी सैनिकों के विरुद्ध सोमालीलैंड, इरिट्रिया और अबिसीनिया में मोरचे पर डटी थीं। मेजर पी. पी. के. कुमार मंगलम् 41वीं फील्ड रेजीमेंट के बैटरी कमांडर थे। उन्होंने इतालवी टैंकों को ध्वस्त करने में महत्त्वपूर्ण भूमिका निभाई। बाद में, सन् 1967 में वे भारतीय सेना के मुखिया बने।

जापानी सेना को भारत में घुसने से रोकने के लिए भारतीय वायु सेना ने इम्फाल में जबरदस्त नाकेबंदी की और बर्मा तक घुस आई जापानी टुकड़ियों को पीछे खदेड़ दिया। कुछ जापानी टुकड़ियाँ कोहिमा तक आ घुसीं, उन्हें भी भारतीय फौजों ने बहादुरी से पीछे खदेड़ दिया।

अंग्रेजों की रसद को ठप करने के लिए जापान ने भारत को कब्जाने की नीति बनाते हुए अंडमान और निकोबार में भी टुकड़ियाँ भेजीं। पोर्ट ब्लेयर में जापानी सेना द्वारा गिराए बम के चिह्न आज भी देखे जा सकते हैं। इनसे कब्जा हटाने के लिए मित्र सेना ने मिलकर काम किया।

इटली को मुसोलिनी के फासीवाद से मुक्त कराने में भी भारतीय फौज ने निर्णायक भूमिका निभाई। 43वीं गोरखा इंफेंट्री ब्रिगेड ने यहाँ अमेरिकी और ब्रिटिश सेना के साथ बढ़त बनाई और मोंटे कैसिनो के प्रख्यात युद्ध में इतालवी अग्रिम पंक्ति को नेस्तनाबूद कर दिया।

भारतीय सैनिकों ने इथोपिया में इतालवी सेना को तथा मिस्र, लीबिया और ट्यूनीशिया में इतालवी और जर्मन दोनों सेनाओं से लोहा लिया। 8 दिसंबर, 1941 को जापानी सेना ने हाँगकाँग पर हमला किया। वहाँ राजपूत रेजीमेंट और पंजाब रेजीमेंट के सैनिक तैनात

थे। उन्होंने दो हफ्ते के भीतर ही जापानियों को आत्मसमर्पण करने के लिए मजबूर कर दिया।

इसके अलावा सिंगापुर, फ्रांस, ग्रीस, उत्तरी अफ्रीका, ईराक, पर्शिया आदि मोरचों पर भी भारतीय फौज ने दमखम का परिचय दिया। इस युद्ध असाधारण वीरता के प्रदर्शन के लिए भारतीय फौज को 4,000 वीरता पदक में और 31 विक्टोरिया क्रॉस प्राप्त हुए।

युद्ध की समाप्ति के फौरन बाद सन् 1942 में गांधीजी ने भारत छोड़ो आंदोलन छेड़ दिया। युद्ध की विभीषिका से टूटा इंग्लैंड ज्यादा समय तक भारत को गुलाम नहीं रख सका और 15 अगस्त, 1947 को देश आजाद हो गया।

शरणार्थियों का पुनर्वास

विभाजन से प्रभावित लोग 'शरणार्थी' थे, जिन्होंने अपनी जान बचाने के खातिर घर-बार छोड़ अपने देश की सीमाएं लांघी। शरणार्थियों का पुनर्वास दोनों सरकारों के लिए चुनौती बन गया। भारत सरकार ने दिल्ली में संकट के प्रबंध के लिए एक आपात समिति तैयार की, और शरणार्थियों का ध्यान रखने के लिए पुनर्वास मंत्रालय की स्थापना की। कुछ शरणार्थियों को अस्थायी रूप से शरणार्थी शिविरों में स्थान मिला। शहरी शरणार्थियों के लिए सरकार ने औद्योगिक और व्यावसायिक प्रशिक्षण योजनाएं चालू की। बंगाल में समस्या और भी जटिल थी। 1949 और 1950 में हिंसा के कारण कई किसान पूर्व पाकिस्तान छोड़ने लगे। दो देशों में साम्प्रदायिक शांति की स्थापना के लिए भारतीय प्रधानमंत्री जवाहरलाल नेहरू और पाकिस्तानी प्रधानमंत्री लियाकत अली खान ने 8 अप्रैल, 1950 को समझौता किया। दिल्ली में, लाजपत नगर, राजिंदर नगर, पंजाबी बाग़, निजामुद्दीन पूर्व और किंग्सवे कैम्प आदि कुछ क्षेत्र थे जहां शरणार्थियों को स्थायी रूप से बसाया गया। 1948 में, दक्षिण भारत में कानून और व्यवस्था की स्थिति को बनाए रखने के बहाने, भारतीय सेना ने हैदराबाद का नियंत्रण लिया।

शरणार्थी वह व्यक्ति है जिसने अपनी मौलिक सुरक्षा और स्वतंत्रता की खोज में अपने मूल देश को छोड़ दिया है। ऐसा तब होता है जब वे जातिभेद उत्पीड़न, संघर्ष, या अन्य मानवाधिकार संकटों के कारण अपने घर से पलायन करते हैं। इसके निवारण हेतु संयुक्त राष्ट्र शरणार्थी उच्चायुक्त (UNHCR) और संयुक्त राष्ट्र राहत और कार्य एजेंसी (UNRWA) स्थापित की गई थीं। संयुक्त राष्ट्र राहत और कार्य एजेंसी (UNRWA), जो फिलिस्तीनी शरणार्थियों के बड़े बहुमत का समर्थन करने के लिए पूरी तरह से जिम्मेदार है। 2017 में, वैश्विक तौर पर 25.4 मिलियन लोग शरणार्थी के रूप में पहचाने गए थे।

इनमें से 19.9 मिलियन लोग UNHCR के अधीन थे और 5.4 मिलियन लोग UNRWA के अधीन थे। जब हम जियोग्राफिक विविधता देखते हैं, तो उप-सहारा अफ्रीका में 6.236 मिलियन, यूरोप और उत्तरी एशिया में 6.088 मिलियन, एशिया और प्रशांत में 4.153 मिलियन, मध्य-पूर्व और उत्तरी अफ्रीका में 2.653 मिलियन और अमेरिका में 484,261 शरणार्थी थे। कोनराड शुमान जैसे व्यक्तियों की कहानियाँ हमें यह दिखाती हैं कि लोग कितनी चुनौतियों का सामना करते हैं और कितने बड़े जोखिम उठाते हैं अपनी स्वतंत्रता और सुरक्षा की खोज में। उनकी कहानियाँ हमें शरणार्थियों के मानवाधिकारों के प्रति संवेदनशीलता की याद दिलाती हैं।

व्युत्पत्ति और उपयोग

अंग्रेजी में 'Refugee' शब्द की उत्पत्ति पुरानी फ्रांसीसी शब्द 'refugier' से है जिसका अर्थ है 'सुरक्षा में जाना'। इतिहास में, यह शब्द फ्रांस में धार्मिक उत्पीड़न से भागते हुए प्रोटेस्टेंट ह्यूजेनॉट्स के लिए प्रयुक्त हुआ था। इस शब्द का मूल अर्थ बदलता रहा और पहली विश्व युद्ध के समय इसे उन लोगों के लिए भी प्रयोग किया गया जो युद्ध के कारण अपने घरों को छोड़कर भाग रहे थे। यह विचार अनेक भाषाओं और साहित्य में मिलता है। जैसे, बाइबिल में असीरियन विजय के बाद इज़राइलियों के प्रवास का उल्लेख है, या इस्लाम के पैगंबर मुहम्मद का मक्का से मदीना प्रवास। इस तरह, 'शरणार्थी' वह व्यक्ति है जो अपने घर, समाज और देश से भागकर जीवन की बेहतरी की तलाश में अन्य स्थान पर शरण लेता है। चाहे वह धार्मिक, सामाजिक, जातीय या राजनीतिक उत्पीड़न हो, उसका उद्देश्य अपने और अपने परिवार के लिए सुरक्षित और सम्मानित जीवन जीना होता है।

परिभाषाएं

अधिक जानकारी: अत्याचार के खिलाफ संयुक्त राष्ट्र कन्वेंशन

चाड में दारफुर शरणार्थी शिविर, 2005

संयुक्त राष्ट्र ने 1921 में शरणार्थी आयोग के माध्यम से इसकी पहली परिभाषा तैयार की थी। 1951 में, संयुक्त राष्ट्र ने व्यक्ति को शरणार्थी मान्यता दी जो अपनी नस्ल, धर्म, राष्ट्रीयता, सामाजिक समूह या राजनीतिक विचारधारा के कारण पीड़ित हो रहा हो। 1967 में इस परिभाषा को और विस्तार दिया गया था। 1969 में, अफ्रीकी एकता संगठन ने अफ्रीका के विशिष्ट संदर्भ में शरणार्थी की और अधिक व्यापक परिभाषा स्वीकार की, जिसमें वाह्य आक्रमण और संघर्ष समाहित थे।

शरणार्थियों के अधिकारों और स्थितियां को मान्यता देने के लिए कई अंतर्राष्ट्रीय समझौते किए गए हैं। 1984 की लैटिन-अमेरिकी कार्टाजेना घोषणा ने उन व्यक्तियों को पहचाना जिन्होंने सामान्यीकृत हिंसा, मानवाधिकार की उल्लंघन और अन्य कारणों से अपने मूल देश को छोड़ दिया। यूएनएचसीआर ने 2011 में उन व्यक्तियों को भी मान्यता दी जो सामान्य हिंसा और अन्य घातक परिस्थितियों के कारण अपने मूल देश या निवास स्थान को छोड़ना चाहते हैं। यूरोपीय संघ की परिभाषा ने 1951 की संयुक्त राष्ट्र कन्वेंशन की परिभाषा को पुन: प्रस्तुत किया, लेकिन यह भी स्वीकार करता है कि युद्ध और सामान्य हिंसा के कारण भागने वाले व्यक्ति भी सुरक्षा के अधिकारी हैं। उन्हें सहायक सुरक्षा की जरूरत होती है। वही सुरक्षा उन व्यक्तियों के लिए भी होनी चाहिए जो अपने देश लौटने पर मौत, यातना या अन्य कठिनाइयों का सामना कर सकते हैं।

शरणार्थी पुनर्वास एक संगठित प्रक्रिया है जिसमें व्यक्तियों का चयन, स्थानांतरण और दूसरे देश में स्थानांतरण होता है। जबकि शरणार्थी निपटान शरणार्थियों की मूल जरूरतों की पूर्ति को संदर्भित करता है, शरणार्थी एकीकरण उन्हें अपनाए जाने वाले समाज में पूरी तरह से समाहित करने की प्रक्रिया है। शरणार्थी कार्यबल एकीकरण उस प्रक्रिया को दर्शाता है जिसमें शरणार्थी अपनी योग्यता के हिसाब से रोजगार में समाहित होते हैं। शरणार्थी मामलों की पहली अंतर्राष्ट्रीय सहायता 1921 में राष्ट्रसंघ द्वारा प्रदान की गई थी, जिसमें रूस और अन्य देशों से आए शरणार्थियों की मदद की गई थी। 1923 में ग्रीस और तुर्की के बीच एक जनसंख्या विनिमय हुआ जिसमें करीब 20 लाख लोग शामिल थे। यह विनिमय लॉज़ेन संधि के तहत हुआ था। 1921 और 1924 में, अमेरिका ने विभिन्न प्रवासी कोटा और प्रतिबंधों के अधिनियम पारित किए, जिसका उद्देश्य कुछ विशिष्ट समुदायों को प्रवेश सीमित करना था। 1930 में, नानसेन कार्यालय स्थापित हुआ जिसका मुख्य उद्देश्य शरणार्थियों की सहायता करना था। नाजीवाद के प्रसार के साथ, जर्मनी से शरणार्थियों की संख्या बढ़ी और लीग ने इसके उचित प्रबंध के लिए एक उच्चायोग तैयार किया। नाजी कानूनों के चलते कई यहूदियों को जर्मन नागरिकता से वंचित किया गया था।

उच्चायोग का जनादेश बाद में ऑस्ट्रिया और सुडेटेनलैंड के नागरिकों को शामिल करने के लिए विस्तारित किया गया था, जिसे जर्मनी ने 1 अक्टूबर 1938 को म्यूनिख समझौते के तहत संचारित किया। शरणार्थी सहायता संगठन के अनुसार, 1 मार्च 1939 में चेकोस्लोवाकिया से शरणार्थियों की संख्या लगभग 150,000 थी। बीच 1933 और 1939 में, नाज़ी प्रभाव से बचने वाले लगभग 200,000 यहूदी फ्रांस में शरण प्राप्त कर सके थे, और ब्रिटिश प्रशासन ने 1939 में फिलिस्तीन में कम से कम 55,000 यहूदियों को शरण प्रदान किया था।

31 दिसंबर 1938 को, नानसेन प्रशासन और उच्चायोग दोनों को समाप्त कर दिया गया और लीग के अधीन शरणार्थी उच्चायुक्त कार्यालय की स्थापना की गई। इसने 1939 के स्पेनिश युद्ध में राष्ट्रवादियों द्वारा हार के बाद जिन स्पेनिश प्रजातांत्रिक की फ्रांस की ओर पलायन हुई थी, उससे मेल खाया। द्वितीय विश्व युद्ध के समय, युद्ध और राजनीतिक अस्थिरता ने बहुत सारे शरणार्थियों को जन्म दिया। 1943 में, सहयोगी देशों ने अक्ष शक्तियों से मुक्त क्षेत्रों में सहायता प्रदान करने के लिए UNRRA की स्थापना की। युद्ध के समाप्त होने पर, यूरोप में 40 लाख से ज्यादा शरणार्थी थे। UNRRA ने 7 लाख से अधिक शरणार्थियों को उनके मूल देश में वापस भेजा और उनमें से 1 लाख शरणार्थियों के लिए शिविर स्थापित किए जिन्होंने वापसी की अस्वीकृति दी। युद्ध के बाद के दो सालों में, पश्चिमी यूरोप में लगभग 8.5 लाख लोग डीपी शिविरों में थे। 1948 में, इज़राइल की स्थापना के बाद, इसने 1950 तक 6.5 लाख से अधिक शरणार्थियों को स्वीकार किया। 1953 में, यूरोप में अभी भी 2.5 लाख से ज्यादा शरणार्थी थे, जिनमें अधिकांश बूढ़े, कमजोर, विकलांग या अन्य विकलांग थे।

जब 1944 में सोवियत सेना ने पूर्वी पोलैंड में जर्मन सेना पर जीत प्राप्त की, तब सोवियत संघ ने बावजूद विरोध की जो पोलिश सरकार निर्वासित हुई थी और जो पश्चिमी देश थे, कर्जन रेखा को पोलैंड की नई सीमा के रूप में स्वीकार किया। यह निर्णय तेहरान और माल्टा सम्मेलन में भी पुष्टि हुई। 1945 में, जर्मनी के अत्यंत अंश पर अधिकार किया गया और इसे याल्टा सम्मेलन के अनुसार विभाजित कर दिया गया। जब द्वितीय विश्व युद्ध की समाप्ति हुई, तो जर्मन प्रांत पूर्वी पर्शिया, पोमेरानिया, और सिलेसिया के कई जर्मन नागरिक पूर्व की ओर बढ़ गए थे और उन्हें शरणार्थी की स्थिति में रहना पड़ा। बाद में, इन प्रांतों से बचे जर्मन नागरिकों को भी निष्कासित किया गया। पॉट्सडैम सम्मेलन में, पॉट्सडैम समझौते में इसे मान्यता दी गई कि पोलैंड की पश्चिमी सीमा 1937 में परिभाषित होगी और जर्मनी के कुछ क्षेत्र पोलैंड के प्रशासन के तहत होंगे। इसके अलावा, पूर्वी यूरोपीय देशों में बचे हुए जर्मन आबादी को भी स्थानांतरित किया जाएगा। हालांकि यह समझौता यूगोस्लाविया और रोमानिया में रहने वाले जर्मनों पर लागू नहीं हुआ था, फिर भी बहुत सारे जर्मन इन देशों से सोवियत संघ और अन्य मित्र देशों में स्थानांतरित हो गए। इतिहास में, यह सबसे बड़ा जनसंख्या स्थानांतरण माना जाता है, जिसमें करीब 15 मिलियन जर्मन प्रभावित हुए। इस प्रकार, युद्ध के बाद के समय में, बहुत सारे जर्मन पूर्वी जर्मनी से पश्चिमी जर्मनी में स्थानांतरित हो गए और इस प्रक्रिया को बर्लिन की दीवार का निर्माण 1961 में रोका गया।

द्वितीय विश्व युद्ध के बाद, अनेक पूर्व रूसी नागरिकों को उनकी मर्जी के बिना यूएसएसआर में वापस लाया गया। याल्टा सम्मेलन के बाद, अमेरिका और ब्रिटेन ने

इस पर सहमति दी। फलस्वरूप, अनेक लोगों को जबरन वापस लाया गया। युद्ध के अंत में, पश्चिमी यूरोप में 5 मिलियन से अधिक सोवियत नागरिक थे। जर्मनी में अनेक मजदूर बंधुआ बनाए गए थे और अनेक सोवियत सैनिकों को जर्मनों द्वारा पकड़ लिया गया था। जब ये सैनिक वापस आए तो उन्हें देशद्रोही माना गया और अनेकों को जेल में डाल दिया गया। पोलैंड और सोवियत यूक्रेन ने अपनी सीमा में बदलाव किया और इसके चलते जनसंख्या का आदान-प्रदान हुआ। अज़रबैजान में भी अनेक शरणार्थी थे, जिनमें से अधिकतर आर्मेनिया से आए थे। इस तरह, युद्ध के बाद अनेक देशों में जनसंख्या की स्थिति में बड़े परिवर्तन हुए।

अंतर्राष्ट्रीय शरणार्थी संगठन (IRO) का निर्माण 20 अप्रैल 1946 को हुआ और उसने संयुक्त राष्ट्र राहत और पुनर्वास प्रशासन की जिम्मेदारियों को संभाला, जिसे 1947 में समाप्त किया गया। IRO संयुक्त राष्ट्र का एक अस्थायी संगठन था जिसका मुख्य उद्देश्य यूरोपीय शरणार्थियों का पुनर्वास था। 1952 में, जब लगभग 10 लाख शरणार्थियों का पुनर्वास हो चुका था, तब इसे समाप्त कर दिया गया। अंतर्राष्ट्रीय शरणार्थी संगठन का संविधान 15 दिसंबर 1946 को स्वीकार किया गया, जिसमें जर्मन मूल के व्यक्तियों की चर्चा थी। कुछ विवाद के बावजूद, IRO का कार्यक्षेत्र केवल पश्चिमी सेनाओं द्वारा कब्जा किए गए क्षेत्रों में सीमित था।

शरणार्थी अध्ययन

संयुक्त राष्ट्र शरणार्थी एजेंसियां

यूएनएचसीआर (UNHCR)

जिनेवा, स्विट्जरलैंड में मुख्यालय, शरणार्थियों के लिए संयुक्त राष्ट्र उच्चायुक्त (यूएनएचसीआर) का कार्यालय 14 दिसंबर 1950 को स्थापित किया गया था। यह सरकार या संयुक्त राष्ट्र के अनुरोध पर शरणार्थियों की सुरक्षा और समर्थन करता है और टिकाऊ समाधान प्रदान करने में सहायता करता है, जैसे कि वापसी या पुनर्वास। दुनिया में सभी शरणार्थी यूएनएचसीआर जनादेश के तहत हैं, फिलिस्तीनी शरणार्थियों को छोड़कर, जो 1948 के फिलिस्तीन युद्ध के परिणामस्वरूप 1947 और 1949 के बीच इजराइल की वर्तमान स्थिति से भाग गए थे। इन शरणार्थियों को संयुक्त राष्ट्र राहत और कार्य एजेंसी द्वारा सहायता प्रदान की जाती है (UNRWA)। यूएनएचसीआर विस्थापित व्यक्तियों की अन्य श्रेणियों को भी सुरक्षा और सहायता प्रदान करता है: शरण चाहने वाले, शरणार्थी जो स्वेच्छा से घर लौट आए, लेकिन फिर भी उन्हें अपने जीवन के पुनर्निर्माण में मदद की ज़रूरत है, बड़े शरणार्थी आंदोलनों से सीधे प्रभावित स्थानीय नागरिक समुदाय, स्टेटलेस लोग और तथाकथित आंतरिक रूप से विस्थापित लोग (आईडीपी)), साथ ही शरणार्थी जैसी और आईडीपी जैसी स्थितियों में लोग। एजेंसी को शरणार्थियों की सुरक्षा और दुनिया भर में शरणार्थी समस्याओं को हल करने के लिए अंतर्राष्ट्रीय कार्रवाई का नेतृत्व और समन्वय करना अनिवार्य है। इसका प्राथमिक उद्देश्य शरणार्थियों के अधिकारों और

कल्याण की रक्षा करना है। यह सुनिश्चित करने का प्रयास करता है कि हर कोई शरण लेने के अधिकार का प्रयोग कर सके और दूसरे राज्य या क्षेत्र में सुरक्षित शरण पाएं और शरणार्थियों और शरणार्थी देशों को "टिकाऊ समाधान" प्रदान करें।

UNRWA (UNRWA)

अन्य शरणार्थी समूहों के विपरीत, संयुक्त राष्ट्र ने 1948 में अल-नकबा के बाद संयुक्त राष्ट्र रिलीफ एंड वर्क्स एजेंसी फॉर फिलिस्तीन रिफ्यूजी (UNRWA) नामक एक विशिष्ट इकाई बनाई, जिसके कारण अरब क्षेत्र में एक गंभीर शरणार्थी संकट पैदा हुआ, जो विस्थापन के लिए जिम्मेदार था। 700,000 फिलिस्तीनी शरणार्थियों में से। पिछले 70 वर्षों में यह संख्या कम से कम 5 मिलियन शरणार्थियों तक पहुंच गई है। संयुक्त राष्ट्र ने फ़िलिस्तीनी शरणार्थियों को"1 जून 1946 से 15 मई 1948 की अवधि के दौरान फ़िलिस्तीन में रहने वाले व्यक्तियों के रूप में परिभाषित किया है, और जिन्होंने 1948 के संघर्ष के परिणामस्वरूप घर और आजीविका के साधन दोनों खो दिए हैं। इस पीढ़ी के वंशज भी फिलिस्तीनी शरणार्थी की स्थिति में आते हैं। एक और शरणार्थी लहर 1967 में छह-दिवसीय युद्ध के बाद शुरू हुई, जहाँ गाजा और वेस्ट बैंक में रहने वाले ज्यादातर फिलिस्तीनी विस्थापन के शिकार थे। संयुक्त राष्ट्र के अनुसार, फिलिस्तीनी शरणार्थी स्वास्थ्य देखभाल, भोजन, स्वच्छ पानी, स्वच्छता, पर्यावरणीय स्वास्थ्य और बुनियादी ढांचे, शिक्षा और प्रौद्योगिकी तक पहुंच के लिए संघर्ष करते हैं। रिपोर्ट के अनुसार, भोजन, आश्रय और पर्यावरणीय स्वास्थ्य मनुष्य की मूलभूत आवश्यकताएँ हैं। संयुक्त राष्ट्र एजेंसी UNRWA (संयुक्त राष्ट्र राहत और कार्य एजेंसी फिलिस्तीन शरणार्थियों के लिए निकट पूर्व में) फिलिस्तीनियों को किसी भी नुकसान से राहत देने के लिए इन मुद्दों को संबोधित करने पर ध्यान केंद्रित करती है। UNWRA को एक अस्थायी एजेंसी के रूप में स्थापित किया गया था जो गाजा, वेस्ट बैंक, सीरिया, जॉर्डन और लेबनान में फिलिस्तीनी शरणार्थियों के लिए मानवीय प्रतिक्रिया जनादेश को पूरा करेगी। फिलिस्तीनी शरणार्थियों की सुरक्षा और मानव विकास के लिए सहायता की जिम्मेदारी मूल रूप से फिलिस्तीन के लिए संयुक्त राष्ट्र सुलह आयोग (यूएनसीसीपी) पर छोड़ दी गई थी। यह एजेंसी काम करने में विफल रही, जिसके कारण एजेंसी ने काम करना बंद कर दिया। UNRWA ने इन जिम्मेदारियों को संभाला और मानव विकास और फिलिस्तीनी समाज की सुरक्षा को शामिल करने के लिए सिर्फ मानवीय आपातकालीन राहत से अपने जनादेश का विस्तार किया। मेजबान देशों के साथ संचार जहाँ UNRWA (सीरिया, जॉर्डन और लेबनान) काम कर रहा है, बहुत महत्वपूर्ण है क्योंकि एजेंसी का जनादेश हर क्षेत्र में बदलता है।

UNRWA की मध्यम अवधि की रणनीति एक रिपोर्ट है जो उन सभी मुद्दों को सूचीबद्ध करती है जो फिलिस्तीनियों का सामना कर रहे हैं और मुद्दों की गंभीरता को कम करने के लिए UNRWA की योजना है। रिपोर्ट से पता चलता है कि UNRWA ज्यादातर फिलिस्तीनी शरणार्थियों के लिए खाद्य सहायता, स्वास्थ्य देखभाल, शिक्षा और आश्रय पर केंद्रित है। UNRWA ने 500,000 से अधिक छात्रों, 140 स्वास्थ्य केंद्रों, 113 महिला सामुदायिक केंद्रों के साथ 700 से अधिक स्कूलों को स्थापित करने में सफलता प्राप्त की है और 475,000 से अधिक ऋण प्रदान किए हैं। UNRWA की फंडिंग ज्यादातर स्वैच्छिक दान पर निर्भर करती है। इन दान में उतार-चढ़ाव के परिणामस्वरूप जनादेश को पूरा करने में बाधाएं आती हैं।

अस्थायी सुरक्षा शरणार्थी शिविर

सियरा लियोन के शरणार्थियों के लिए गिनी में एक शिविर

कांगो लोकतांत्रिक गणराज्य में शरणार्थी शिविर

एक शरणार्थी शिविर सरकारों या गैर सरकारी संगठनों (जैसे रेड क्रॉस) द्वारा शरणार्थियों, आंतरिक रूप से विस्थापित व्यक्तियों या कभी- कभी अन्य प्रवासियों को प्राप्त करने के लिए बनाया गया स्थान है। यह आमतौर पर तीव्र और अस्थायी आवास और सेवाओं की पेशकश करने के लिए डिज़ाइन किया गया है और किसी भी अधिक स्थायी सुविधाओं और संरचनाओं पर अक्सर प्रतिबंध लगा दिया जाता है। लोग इन शिविरों में कई वर्षों तक रह सकते हैं, आपातकालीन भोजन, शिक्षा और चिकित्सा सहायता प्राप्त कर सकते हैं जब तक कि यह अपने मूल देश में लौटने के लिए पर्याप्त सुरक्षित न हो। वहाँ, शरणार्थियों को बीमारी, बाल सैनिक और आतंकवादी भर्ती, और शारीरिक और यौन हिंसा का खतरा है। दुनिया भर में लगभग 700 शरणार्थी शिविर स्थान होने का अनुमान है।

यूएनएचसीआर द्वारा समर्थित सभी शरणार्थी शरणार्थी शिविरों में नहीं रहते हैं। एक महत्वपूर्ण संख्या, वास्तव में आधे से अधिक, शहरी सेटिंग्स में रहते हैं, जैसे दमिश्क (सीरिया) में ~ 60,000 इराकी शरणार्थी, और काहिरा (मिस्र) में ~ 30,000 सूडानी शरणार्थी। टिकाऊ समाधान अस्थायी यूएनएचसीआर संरक्षण के तहत मेजबान देश में निवास की स्थिति बहुत अनिश्चित है क्योंकि शरणार्थियों को केवल अस्थायी वीजा दिया जाता है जिसे नियमित रूप से नवीनीकृत करना होता है। अस्थायी आधार पर शिविरों या शहरी सेटिंग्स में शरणार्थियों के अधिकारों और बुनियादी कल्याण की रक्षा करने के बजाय, यूएनएचसीआर का अंतिम लक्ष्य शरणार्थियों के लिए तीन टिकाऊ समाधानों में से एक खोजना है: एकीकरण, प्रत्यावर्तन, पुनर्वास।

एकीकरण और प्राकृतिककरण

स्थानीय एकीकरण का लक्ष्य शरणार्थी को शरण के देश में रहने का स्थायी अधिकार प्रदान करना है, जिसमें कुछ स्थितियों में, एक प्राकृतिक नागरिक के रूप में भी शामिल है। यह शरण के देश द्वारा औपचारिक रूप से शरणार्थी का दर्जा देने का अनुसरण करता है। शरण के अपने पहले देश में बसने और एकीकृत होने वाले शरणार्थियों की संख्या को मापना मुश्किल है और केवल प्राकृतिककरण की संख्या ही एक संकेत दे सकती है। [उद्धरण वांछित] 2014 में तंजानिया ने बुरुंडी से 162,000 शरणार्थियों को और 1982 में 32,000 रवांडा शरणार्थियों को नागरिकता प्रदान की। मेक्सिको ने 2001 में 6,200 ग्वाटेमेले शरणार्थियों का देशीयकरण किया।

स्वैच्छिक वापसी

सुरक्षा और सम्मान में शरणार्थियों की उनके मूल देश में स्वैच्छिक वापसी, उनकी स्वतंत्र इच्छा और उनके सूचित निर्णय पर आधारित है। पिछले कुछ वर्षों में कुछ या यहां तक कि पूरी शरणार्थी आबादी अपने गृह देशों में लौटने में सक्षम थी: उदाहरण के लिए 120,000 कांगो शरणार्थी कांगो गणराज्य से डीआरसी में लौटे, [70] 30,000 अंगोलन डीआरसी से घर लौटे और बोत्सवाना, इवोरियन शरणार्थी लाइबेरिया से लौटे, अफगान पाकिस्तान से और ईराकी सीरिया से लौटे। 2013 में, केन्या और सोमालिया की सरकारों ने भी सोमालिया से शरणार्थियों के प्रत्यावर्तन की सुविधा के लिए एक त्रिपक्षीय समझौते पर हस्ताक्षर किए। यूएनएचसीआर और आईओएम उन शरणार्थियों को सहायता प्रदान करते हैं जो स्वेच्छा से अपने देश लौटना चाहते हैं। कई विकसित देशों में शरण चाहने वालों के लिए स्वैच्छिक वापसी (एवीआर) कार्यक्रम भी हैं जो वापस जाना चाहते हैं या शरण से इनकार कर दिया गया था।

तीसरा देश पुनर्वास

तीसरे देश के पुनर्वास में उस देश से शरणार्थियों का सहायता प्राप्त स्थानांतरण शामिल है जिसमें उन्होंने एक सुरक्षित तीसरे देश में शरण मांगी है जो उन्हें शरणार्थियों के रूप में स्वीकार करने के लिए सहमत हो गया है। यह स्थायी बंदोबस्त के लिए हो सकता है या कुछ निश्चित वर्षों तक सीमित हो सकता है। यह तीसरा टिकाऊ समाधान है और इस पर तभी विचार किया जा सकता है जब दो अन्य समाधान असंभव साबित हो जाएं। यूएनएचसीआर ने परंपरागत रूप से पुनर्वास को शरणार्थी स्थितियों के लिए"टिकाऊ समाधान" के रूप में सबसे कम प्राथमिकता के रूप में

देखा है। हालांकि, अप्रैल 2000 में शरणार्थियों के लिए संयुक्त राष्ट्र के तत्कालीन उच्चायुक्त, सदाको ओगाटा ने कहा, "पुनर्स्थापन को अब कम से कम पसंदीदा टिकाऊ समाधान के रूप में नहीं देखा जा सकता है; कई मामलों में यह एकमात्र शरणार्थियों के लिए समाधान।"

आंतरिक रूप से विस्थापित व्यक्ति

आंतरिक रूप से विस्थापित व्यक्तियों (IDPs) और IDP जैसी स्थितियों में लोगों की सुरक्षा और मानवीय सहायता प्रदान करने के लिए UNHCR के जनादेश का धीरे-धीरे विस्तार किया गया है। ये वे नागरिक हैं जो अपने घरों से भागने को मजबूर हुए हैं, लेकिन जो किसी पड़ोसी देश में नहीं पहुंचे हैं। IDPs 1951 रिफ्यूजी कन्वेंशन, 1967 प्रोटोकॉल और 1969 ऑर्गनाइज़ेशन फ़ॉर अफ़्रीकी यूनिटी कन्वेंशन के तहत शरणार्थी की कानूनी परिभाषा में फिट नहीं होते हैं, क्योंकि उन्होंने अपना देश नहीं छोड़ा है। जैसा कि पिछले कुछ दशकों में युद्ध की प्रकृति बदल गई है, अंतर्राज्यीय युद्धों की जगह अधिक से अधिक आंतरिक संघर्षों के साथ, आईडीपी की संख्या में काफी वृद्धि हुई है।

1998 और 2014 के बीच UNHCR द्वारा समर्थित शरणार्थियों और IDP की संख्या के बीच तुलना

अंत वर्ष	1996	2000	2002
	2004	2006	2008
	2010	2012	2014
RUN	11,480,900	12,129,600	10,594,100
	9,574,800	9,877,700	10,489,800
	10,549,700	10,498,000	14,385,30
आंतरिक रूप से विस्थापित		5,063,900	5,998,500
		4,646,600	

संयुक्त राज्य अमेरिका में, शरणार्थी शब्द को राष्ट्रीयता अधिनियम (आईएनए) के अप्रवासन के तहत परिभाषित किया गया है। अन्य देशों में, इसे अक्सर विभिन्न संदर्भों में प्रयोग किया जाता है: रोजमर्रा के उपयोग में यह एक जबरन विस्थापित व्यक्ति को संदर्भित करता है जो अपने मूल देश से भाग गया है; एक अधिक विशिष्ट संदर्भ में यह ऐसे व्यक्ति को संदर्भित करता है, जो इसके शीर्ष पर, उस देश में शरणार्थी का दर्जा प्रदान करता था, जहाँ वह भाग गया था। इससे भी अधिक विशिष्ट है कन्वेंशन शरणार्थी का दर्जा जो केवल

उन व्यक्तियों को दिया जाता है जो 1951 के कन्वेंशन और 1967 प्रोटोकॉल की शरणार्थी परिभाषा के अंतर्गत आते हैं।

शरणार्थी का दर्जा प्राप्त करने के लिए, एक व्यक्ति ने शरण के लिए आवेदन किया होगा, जिससे वह - निर्णय की प्रतीक्षा करते हुए - एक शरण साधक बन जाएगा। हालाँकि, एक विस्थापित व्यक्ति जो अन्यथा कानूनी रूप से शरणार्थी का दर्जा पाने का हकदार है, वह कभी भी शरण के लिए आवेदन नहीं कर सकता है, या उस देश में आवेदन करने की अनुमति नहीं दी जा सकती है जहाँ वे भाग गए हैं और इस प्रकार आधिकारिक शरण चाहने वाले का दर्जा नहीं हो सकता है। एक बार विस्थापित व्यक्ति को शरणार्थी का दर्जा दिए जाने के बाद उन्हें 1951 के शरणार्थी सम्मेलन में सहमति के अनुसार कुछ अधिकारों का आनंद मिलता है। सभी देशों ने इस कन्वेंशन पर हस्ताक्षर और पुष्टि नहीं की है और कुछ देशों में शरण चाहने वालों से निपटने के लिए कानूनी प्रक्रिया नहीं है।

शरण मांगना

मुख्य लेख: शरण साधक

एस्टफनाहमेलगर जेनफेल्डर मूरपार्क वियतनाम से शरणार्थी 1986 में कैप अनमूर पर हैम्बर्ग में उतरे एक शरण चाहने वाला एक विस्थापित व्यक्ति या अप्रवासी है जिसने औपचारिक रूप से उस राज्य की सुरक्षा की मांग की है जिसमें वे भाग गए हैं और साथ ही इस देश में रहने का अधिकार है और जो इस औपचारिक आवेदन पर निर्णय की प्रतीक्षा कर रहा है। एक शरण चाहने वाले ने कन्वेंशन शरणार्थी की स्थिति या सुरक्षा के पूरक रूपों के लिए आवेदन किया हो सकता है। शरण इस प्रकार एक श्रेणी है जिसमें सुरक्षा के विभिन्न रूप शामिल हैं। किस प्रकार की सुरक्षा प्रदान की जाती है यह कानूनी परिभाषा पर निर्भर करता हैयह शरण चाहने वाले के भागने के कारणों का सबसे अच्छा वर्णन करता है। एक बार निर्णय लेने के बाद शरण चाहने वाले को या तो कन्वेंशन शरणार्थी का दर्जा या सुरक्षा का एक पूरक रूप प्राप्त होता है, और वह देश में रह सकता है - या शरण देने से इनकार कर दिया जाता है, और फिर उसे अक्सर छोड़ना पड़ता है। केवल राज्य, क्षेत्र या यूएनएचसीआर-जहाँ भी आवेदन किया गया था- सुरक्षा आवश्यकताओं को मान्यता देने के बाद ही शरण चाहने वाले को आधिकारिक तौर पर शरणार्थी का दर्जा प्राप्त होता है। यह प्राप्त करने वाले देश के कानून के अनुसार कुछ अधिकारों और दायित्वों को वहन करता है।

तीसरे देशों में आगमन पर कोटा शरणार्थियों को शरण के लिए आवेदन करने की आवश्यकता नहीं है क्योंकि वे शरण के पहले देश में रहते हुए पहले ही यूएनएचसीआर शरणार्थी स्थिति निर्धारण प्रक्रिया से गुजर चुके हैं और यह आमतौर पर तीसरे देशों द्वारा स्वीकार किया जाता है।

शरणार्थी की स्थिति का निर्धारण

30 से अधिक वर्षों के लिए, हजारों सहरावी शरणार्थी टिंडौफ, अल्जीरिया के क्षेत्र में रेगिस्तान के बीच में रह रहे हैं। शरणार्थी का दर्जा प्राप्त करने के लिए, एक विस्थापित व्यक्ति को एक शरणार्थी स्थिति निर्धारण (RSD) प्रक्रिया से गुजरना होगा, जो शरण देने वाले देश की सरकार या UNHCR द्वारा संचालित होती है, और अंतर्राष्ट्रीय, क्षेत्रीय या राष्ट्रीय कानून पर आधारित होती है। आरएसडी केस-दर-मामला आधार पर और साथ ही लोगों के पूरे समूह के लिए किया जा सकता है। दोनों में से कौन सी प्रक्रिया अक्सर उपयोग की जाती है, यह विस्थापित व्यक्तियों की आमद के आकार पर निर्भर करता है।

रानी ईज़ेबेल को चुनौती देने के बाद, एलिय्याह एक गुफा में शरण लेता है जब तक कि भगवान की आवाज उसे 1860 में जूलियस नोर वॉन कैरोल्सफेल्ड द्वारा लकड़बग्घे में नहीं बुलाती। आरएसडी के लिए कोई विशिष्ट विधि अनिवार्य नहीं है (1951 शरणार्थी सम्मेलन के प्रति प्रतिबद्धता के अलावा) और यह देश की आंतरिक प्रशासनिक और न्यायिक प्रणाली की समग्र प्रभावकारिता के साथ-साथ शरणार्थी प्रवाह की विशेषताओं के अधीन है, जिस पर देश प्रतिक्रिया करता है। एक प्रक्रियात्मक दिशा की कमी एक ऐसी स्थिति पैदा कर सकती है जहाँ राजनीतिक और सामरिक हित आरएसडी प्रक्रिया में मानवीय विचारों पर हावी हो जाते हैं। 1951 के शरणार्थी सम्मेलन में तत्वों की कोई निश्चित व्याख्या भी नहीं है और देश उनकी अलग- अलग व्याख्या कर सकते हैं।

हालांकि, 2013 में, यूएनएचसीआर ने 50 से अधिक देशों में उनका संचालन किया और अन्य 20 देशों में सरकारों के समानांतर या संयुक्त रूप से उनका सह-संचालन किया, जिसने इसे दुनिया का दूसरा सबसे बड़ा आरएसडी निकाय बना दिया। यूएनएचसीआर एक सेट का अनुसरण करता है यह निर्धारित करने के लिए कि कौन से व्यक्ति शरणार्थी की स्थिति के लिए पात्र हैं, हैंडबुक में वर्णित दिशा निर्देश और शरणार्थी स्थिति निर्धारित करने के लिए प्रक्रियाओं और मानदंडों पर दिशा-निर्देश।

शरणार्थी अधिकार

मुख्य लेख: शरणार्थी कानून

शरणार्थी अधिकारों में प्रथागत कानून, स्थायी मानदंड और अंतर्राष्ट्रीय कानूनी साधन दोनों शामिल हैं। यदि शरणार्थी का दर्जा देने वाली संस्था एक राज्य है जिसने 1951 के शरणार्थी सम्मेलन पर हस्ताक्षर किए हैं तो शरणार्थी को रोजगार का अधिकार है। आगे के अधिकारों में शरणार्थियों के लिए निम्नलिखित अधिकार और दायित्व शामिल हैं:

वापसी का अधिकार

माना जाता है कि संघर्ष के बाद के माहौल में भी, शरणार्थियों के घर लौटने की कोई आसान प्रक्रिया नहीं है। संयुक्त राष्ट्र के सिद्धांत इस विचार से निर्देशित हैं कि लोगों को न केवल घर लौटने का अधिकार है, बल्कि समान संपत्ति का भी अधिकार है। यह पूर्व- संघर्ष यथास्थिति पर लौटने का प्रयास करता है और यह सुनिश्चित करता है कि हिंसा से किसी को लाभ न हो। फिर भी यह एक बहुत ही जटिल मुद्दा है और हर स्थिति अलग है; संघर्ष एक अत्यधिक परिवर्तनकारी शक्ति है और युद्ध-पूर्व यथास्थिति को कभी भी पूरी तरह से फिर से स्थापित नहीं किया जा सकता है, भले ही वह वांछनीय हो (यह पहली जगह में संघर्ष का कारण हो सकता है)। इसलिए, वापसी के अधिकार के लिए निम्नलिखित का विशेष महत्व है: हो सकता है कि उसके पास कभी संपत्ति न हो (उदाहरण के लिए, अफगानिस्तान में) उनके पास कौन सी संपत्ति है। (कोलंबिया, ग्वाटेमाला, दक्षिण अफ्रीका और सूडान) तक नहीं पहुंच सकते स्वामित्व स्पष्ट नहीं है क्योंकि परिवारों का विस्तार या विभाजन हो गया है और भूमि का विभाजन एक मुद्दा बन गया है। जमीन पर बसे लोग जानते हैं कि यह उनका नहीं है, लेकिन कहीं और नहीं जाना है (जैसे कोलंबिया, रवांडा और तिमोर-लेस्ते में)। राज्य और उसके विदेशी या स्थानीय व्यापार भागीदारों (जैसे आचे, अंगोला, कोलंबिया, लाइबेरिया और सूडान) सहित अन्य लोगों के साथ प्रतिस्पर्धात्मक दावे करें। शरणार्थी जिन्हें किसी तीसरे देश में फिर से बसाया गया था, यदि वे अपने मूल देश या पहली शरण वाले देश में लौटते हैं, तो इस देश में रहने के लिए अनिश्चितकालीन अवकाश खो देने की संभावना है।

गैर-रिफाउलमेंट का अधिकार

मुख्य लेख: गैर-रिफाउलमेंट

गैर-प्रतिशोधन उत्पीड़न के स्थान पर वापस न आने का अधिकार है और यह अंतर्राष्ट्रीय शरणार्थी कानून की नींव है, जैसा कि 1951 के कन्वेंशन में शरणार्थियों की स्थिति

से संबंधित बताया गया है। गैर-प्रतिशोध का अधिकार शरण के अधिकार से अलग है। शरण के अधिकार का सम्मान करने के लिए, राज्यों को वास्तविक शरणार्थियों को निर्वासित नहीं करना चाहिए। इसके विपरीत, गैर-प्रतिशोध का अधिकार राज्यों को सम्मानजनक मानवाधिकार रिकॉर्ड वाले तीसरे पक्ष के देशों में वास्तविक शरणार्थियों को स्थानांतरित करने की अनुमति देता है। राजनीतिक दार्शनिक एंडी लेमी द्वारा प्रस्तावित पोर्टेबल प्रक्रियात्मक मॉडल, शरणार्थियों को तीन प्रक्रियात्मक अधिकारों (मौखिक सुनवाई के लिए, कानूनी परामर्शदाता, और निरोध निर्णयों की न्यायिक समीक्षा) की गारंटी देकर और संविधान में उन अधिकारों को सुनिश्चित करके गैर-प्रतिशोध के अधिकार पर जोर देता है। यह प्रस्ताव राष्ट्रीय सरकारों के हितों और शरणार्थियों के हितों के बीच संतुलन बनाने का प्रयास करता है।

परिवार के पुनर्मिलन का अधिकार

मुख्य लेख: परिवार का पुनर्मिलन

पारिवारिक पुनर्मिलन (जो पुनर्वास का एक रूप भी हो सकता है) कई देशों में अप्रवास का एक मान्यता प्राप्त कारण है। विभाजित परिवारों को फिर से जुड़ने का अधिकार है यदि निवास के स्थायी अधिकार वाले परिवार के सदस्य पुनर्मिलन के लिए आवेदन करते हैं और यह साबित कर सकते हैं कि आवेदन पर लोग आगमन से पहले एक परिवार इकाई थे और अलगाव के बाद से एक परिवार इकाई के रूप में रहना चाहते हैं। यदि आवेदन सफल होता है तो यह परिवार के बाकी लोगों को भी उस देश में प्रवास करने में सक्षम बनाता है।

मुख्य लेख: शरणार्थी यात्रा दस्तावेज

वे राज्य जिन्होंने शरणार्थियों की स्थिति से संबंधित कन्वेंशन पर हस्ताक्षर किए हैं, वे अपने क्षेत्र में कानूनी रूप से रहने वाले शरणार्थियों को यात्रा दस्तावेज (कन्वेंशन ट्रैवल डॉक्यूमेंट) जारी करने के लिए बाध्य हैं। यह पासपोर्ट के स्थान पर एक वैध यात्रा दस्तावेज है, हालांकि, इसका उपयोग मूल देश की यात्रा के लिए नहीं किया जा सकता है, यानी जहाँ से शरणार्थी भाग गया था। आगे की आवाजाही पर प्रतिबंध एक बार शरणार्थियों या शरण चाहने वालों को अपने मूल क्षेत्र के बाहर एक सुरक्षित स्थान और किसी राज्य या क्षेत्र की सुरक्षा मिल जाती है, तो उन्हें फिर से छोड़ने और दूसरे देश में सुरक्षा की मांग करने से हतोत्साहित किया जाता है। यदि वे शरण के दूसरे देश में आगे बढ़ते हैं तो इस आंदोलन को यूएनएचसीआर द्वारा "अनियमित आंदोलन" भी कहा जाता है (शरण खरीदारी भी देखें)। दूसरे देश में UNHCR समर्थन पहले देश की तुलना में कम हो सकता है और उन्हें

पहले देश में वापस भी किया जा सकता है। विश्व शरणार्थी दिवस एक विशेष संयुक्त राष्ट्र महासभा संकल्प द्वारा 2000 से 20 जून को प्रतिवर्ष मनाया जाता है। 20 जून को पहले कई अफ्रीकी देशों में"अफ्रीकी शरणार्थी दिवस" के रूप में मनाया गया था।

यूनाइटेड किंगडम में विश्व शरणार्थी दिवस शरणार्थी सप्ताह के हिस्से के रूप में मनाया जाता है। शरणार्थी सप्ताह एक राष्ट्रव्यापी त्योहार है जिसे शरणार्थियों के सांस्कृतिक योगदान को समझने और मनाने के लिए डिज़ाइन किया गया है, और इसमें संगीत, नृत्य और रंगमंच जैसे कई कार्यक्रम शामिल हैं। रोमन कैथोलिक चर्च में, 1914 में पोप पायस एक्स द्वारा स्थापित किए जाने के बाद से, प्रत्येक वर्ष जनवरी में प्रवासियों और शरणार्थियों का विश्व दिवस मनाया जाता है।

मुद्देदीर्घ विस्थापन

अधिकांश शरणार्थियों के लिए विस्थापन एक लंबे समय तक चलने वाली वास्तविकता है। दुनिया भर के सभी शरणार्थियों में से दो-तिहाई तीन साल से अधिक समय से विस्थापित हुए हैं, जिसे'दीर्घ विस्थापन' के रूप में जाना जाता है। 50% शरणार्थी- लगभग 10 मिलियन लोग-दस वर्षों से अधिक समय से विस्थापित हैं। लंबे समय तक विस्थापन से शरणार्थी रोजगार और शरणार्थी कार्यबल एकीकरण पर हानिकारक प्रभाव पड़ सकता है, जिससे कैनवास सीलिंग का प्रभाव बढ़ सकता है। लंबे समय तक विस्थापन कौशल को शोष की ओर ले जाता है, अग्रणी योग्यताएं और अनुभव अप्रचलित हो जाते हैं और शरणार्थियों के पुनर्वास के समय प्राप्त करने वाले देशों के बदलते कामकाजी वातावरण के अनुकूल नहीं होते हैं। प्रवासी विकास संस्थान ने पाया है कि सहायता कार्यक्रमों को सहायता के अल्पकालिक मॉडल (जैसे भोजन या नकद हैंडआउट्स) से अधिक स्थायी दीर्घकालिक कार्यक्रमों में स्थानांतरित करने की आवश्यकता है जो शरणार्थियों को अधिक आत्मनिर्भर बनने में मदद करते हैं। इसमें सामाजिक सेवाओं, नौकरी के अवसरों और कानूनों में सुधार करके कठिन कानूनी और आर्थिक वातावरण से निपटना शामिल हो सकता है।

स्वास्थ्य समस्याएं

मुख्य लेख: शरणार्थी स्वास्थ्य

अगस्त 2013 में जॉर्डन के अर-रामथा में एक क्लिनिक में सीरिया के शरणार्थी बच्चे

शरणार्थी आमतौर पर अन्य अप्रवासियों और गैर-आप्रवासी आबादी की तुलना में स्वास्थ्य के खराब स्तर की रिपोर्ट करते हैं।

पीटीएसडी

शारीरिक घावों या भुखमरी के अलावा, शरणार्थियों का एक बड़ा प्रतिशत अभिघातजन्य तनाव विकार (PTSD) के लक्षण विकसित करता है, और अभिघातजन्य तनाव लक्षण (PTSS) या अवसाद दिखाता है। ये दीर्घकालिक मानसिक समस्याएं रोजमर्रा की स्थितियों में व्यक्ति की कार्यक्षमता को गंभीर रूप से बाधित कर सकती हैं; यह उन विस्थापित व्यक्तियों के लिए मामलों को और भी बदतर बना देता है जो एक नए वातावरण और चुनौतीपूर्ण परिस्थितियों का सामना कर रहे हैं। वे आत्महत्या के लिए भी उच्च जोखिम में हैं। अन्य लक्षणों में, अभिघातज के बाद के तनाव विकार में चिंता, अति-सतर्कता, नींद न आना, क्रोनिक थकान सिंड्रोम, मोटर कठिनाइयों, अल्पकालिक स्मृति का विफल होना, भूलने की बीमारी, बुरे सपने और नींद-पक्षाघात शामिल हैं। फ्लैशबैक विकार की विशेषता है: रोगी बार-बार दर्दनाक घटना, या उसके टुकड़ों का अनुभव करता है। पीटीएसडी रोगियों के लिए अवसाद और विशेषता भी हो सकता है।

PTSD का निदान 34.1% फिलिस्तीनी बच्चों में किया गया था, जिनमें से अधिकांश शरणार्थी, पुरुष और कामकाजी थे। प्रतिभागी पूर्वी यरुशलम में सरकारी, निजी और संयुक्त राष्ट्र राहत कार्य एजेंसी UNRWA स्कूलों और वेस्ट बैंक के विभिन्न गवर्नरों के 12 से 16 वर्ष की आयु के 1,000 बच्चे थे।

एक अन्य अध्ययन से पता चला है कि 28.3% बोस्नियाई शरणार्थी महिलाओं में स्वीडन आने के तीन या चार साल बाद PTSD के लक्षण थे। स्वीडिश मूल की महिलाओं की तुलना में इन महिलाओं में अवसाद, चिंता और मनोवैज्ञानिक संकट के लक्षणों का जोखिम भी काफी अधिक था। अवसाद के लिए बोस्नियाई महिलाओं के बीच अंतर अनुपात 9.50 था।

बोस्टन यूनिवर्सिटी स्कूल ऑफ मेडिसिन में बाल रोग और आपातकालीन चिकित्सा विभाग के एक अध्ययन से पता चला है कि संयुक्त राज्य में रहने वाले सूडानी शरणार्थी नाबालिगों में से 20 प्रतिशत को अभिघातजन्य तनाव विकार था। सभी बाल स्वास्थ्य प्रश्नावली उप-श्रेणियों पर उनके खराब स्कोर होने की भी अधिक संभावना थी।

यूनाइटेड किंगडम के लिए एक अध्ययन में, शरणार्थियों को गैर-आप्रवासी आबादी की तुलना में मानसिक स्वास्थ्य समस्या की रिपोर्ट करने की संभावना 4 प्रतिशत अंक अधिक पाई गई। यह अन्य अप्रवासी समूहों के परिणामों के विपरीत है, जो गैर-आप्रवासी आबादी की तुलना में मानसिक स्वास्थ्य समस्या की रिपोर्ट करने की संभावना कम थे।

कई और अध्ययन समस्या का वर्णन करते हैं। यूनाइटेड किंगडम के वॉर्नफोर्ड अस्पताल में ऑक्सफोर्ड विश्वविद्यालय के मनोचिकित्सा विभाग द्वारा एक मेटा-अध्ययन किया गया था। सात देशों के 6,743 वयस्क शरणार्थियों के लिए परिणाम प्रदान करते हुए, बीस सर्वेक्षणों का विश्लेषण किया गया। बड़े अध्ययनों में, 9% को पोस्ट-ट्रॉमैटिक स्ट्रेस डिसऑर्डर और 5% प्रमुख अवसाद के साथ निदान किया गया था, जिसमें बहुत अधिक मनोरोग सह-रुग्णता के प्रमाण थे। तीन देशों के 260 शरणार्थी बच्चों के पांच सर्वेक्षणों में व्यापकता आईअभिघातज के बाद के तनाव विकार के लिए 11%। इस अध्ययन के अनुसार, पश्चिमी देशों में बसे शरणार्थियों में उन देशों में आयु-मिलान सामान्य आबादी की तुलना में PTSD होने की संभावना लगभग दस गुना अधिक हो सकती है। दुनिया भर में, पश्चिमी देशों में बसे हजारों शरणार्थियों और पूर्व शरणार्थियों को संभवत: अभिघातज के बाद का तनाव विकार है।

मलेरिया

शरणार्थी अक्सर कई कारणों से बीमारी के प्रति अधिक संवेदनशील होते हैं, जिसमें मलेरिया और अन्य बीमारियों के स्थानीय उपभेदों के प्रति प्रतिरोधक क्षमता की कमी शामिल है। लोगों का विस्थापन रोग संचरण के लिए अनुकूल परिस्थितियों का निर्माण कर सकता है। शरणार्थी शिविर आमतौर पर खराब सैनिटरी स्थितियों के साथ भारी आबादी वाले होते हैं। अंतरिक्ष, निर्माण सामग्री या जलाऊ लकड़ी के लिए वनस्पतियों को हटाने से भी मच्छरों को उनके प्राकृतिक आवास से वंचित किया जाता है, जिससे वे मनुष्यों के साथ अधिक निकटता से संपर्क करते हैं। 1970 के दशक में, पाकिस्तान में स्थानांतरित किए गए अफगानी शरणार्थी एक प्रभावी मलेरिया नियंत्रण रणनीति वाले देश से कम प्रभावी प्रणाली वाले देश में जा रहे थे।

शरणार्थी शिविर नदियों के पास बनाए गए थे या सिंचाई स्थलों में सूखी भूमि पर बने शरणार्थी शिविरों की तुलना में मलेरिया का प्रसार अधिक था। शिविरों का स्थान मच्छरों के बेहतर प्रजनन के लिए उपयुक्त था, और इस प्रकार मलेरिया संचरण की एक उच्च संभावना थी। 1-15 आयु वर्ग के बच्चे मलेरिया संक्रमण के प्रति सबसे अधिक संवेदनशील थे, जो 5 वर्ष से कम उम्र के बच्चों में मृत्यु दर का एक महत्वपूर्ण कारण है। 5 वर्ष से कम उम्र के शरणार्थी बच्चों में 16% मौतों का कारण मलेरिया था। मलेरिया शरणार्थियों और विस्थापित व्यक्तियों में मृत्यु के सबसे सामान्य कारणों में से एक है। 2014 के बाद से, जर्मनी में मलेरिया के मामलों की रिपोर्ट पिछले वर्षों की तुलना में दोगुनी हो गई थी, अधिकांश मामले इरिट्रिया के शरणार्थियों में पाए गए थे।

विश्व स्वास्थ्य संगठन अनुशंसा करता है कि मलेरिया के लिए स्थानिक क्षेत्रों में सभी लोग लंबे समय तक चलने वाले कीटनाशक जाल का उपयोग करें। एक कोहोर्ट अध्ययन में पाया गया कि पाकिस्तान में शरणार्थी शिविरों के भीतर, मलेरिया के मामलों को कम करने के लिए कीटनाशक से उपचारित बिस्तर जाल बहुत उपयोगी थे। कीटनाशक पर्मेथ्रिन के साथ जल का एक ही उपचार पूरे 6 महीने के संचरण के मौसम में सुरक्षात्मक बना रहा।

स्वास्थ्य सेवाओं तक पहुंच

सेवाओं तक पहुंच कई कारकों पर निर्भर करती है, जिसमें यह भी शामिल है कि क्या एक शरणार्थी को आधिकारिक दर्जा प्राप्त हुआ है, एक शरणार्थी शिविर के भीतर स्थित है, या तीसरे देश के पुनर्वास की प्रक्रिया में है। यूएनएचसीआर प्राथमिक देखभाल और आपातकालीन स्वास्थ्य सेवाओं तक पहुंच को मेजबान देश के साथ यथासंभव

न्यायसंगत तरीके से एकीकृत करने की सिफारिश करता है। प्राथमिकता वाली सेवाओं में मातृ एवं शिशु स्वास्थ्य, टीका करण, तपेदिक जांच और उपचार, और एचआईवी/एड्स से संबंधित सेवाएं शामिल हैं। अंतर्राष्ट्रीय स्तर पर स्वास्थ्य देखभाल के लिए शरणार्थी पहुंच के लिए समावेशी घोषित नीतियों के बावजूद, उस पहुंच में संभावित बाधाओं में भाषा, सांस्कृतिक प्राथमिकताएं, उच्च वित्तीय लागत, प्रशासनिक बाधाएं और भौतिक दूरी शामिल हैं। मेजबान देश के संदर्भ के आधार पर स्वास्थ्य सेवा पहुंच से संबंधित विशिष्ट बाधाएं और नीतियां भी सामने आती हैं। उदाहरण के लिए, प्राइमाक्वीन, अक्सर अनुशंसित मलेरिया उपचार जर्मनी में उपयोग के लिए लाइसेंसीकृत नहीं है और इसे देश के बाहर से मंगवाना चाहिए।

कनाडा में, स्वास्थ्य देखभाल की पहुंच में बाधाओं में पर्याप्त रूप से प्रशिक्षित चिकित्सकों की कमी, कुछ शरणार्थियों की जटिल चिकित्सा स्थितियां और चिकित्सा कवरेज की नौकरशाही शामिल हैं। भाषा और परिवहन बाधाओं, संस्थागत बाधाओं जैसे नौकरशाही बोझ और पात्रता ज्ञान की कमी, और सिस्टम स्तर की बाधाओं जैसे परस्पर विरोधी नीतियों, नस्लवाद और चिकित्सक कार्यबल की कमी जैसी व्यक्तिगत बाधाएं भी हैं।

अमेरिका में, सभी आधिकारिक रूप से नामित इराकी शरणार्थियों के पास डियरबॉर्न, मिशिगन, अध्ययन में गैर-इराकी प्रवासियों के आधे से कुछ अधिक की तुलना में स्वास्थ्य बीमा कवरेज था। हालांकि, शरणार्थियों बनाम अन्य प्रवासियों के लिए परिवहन, भाषा और सफल तनाव से निपटने के तंत्र के आसपास अधिक बाधाएं मौजूद थीं, इसके अलावा, शरणार्थियों ने अधिक चिकित्सा स्थितियों का उल्लेख

किया। अध्ययन में यह भी पाया गया कि अध्ययन आबादी में अमेरिका की कुल आबादी (84.8%) और अप्रवासियों (58.6%)की तुलना में शरणार्थियों की स्वास्थ्य सेवा उपयोग दर (92.1%) अधिक थी।

ऑस्ट्रेलिया के भीतर, आधिकारिक तौर पर नामित शरणार्थी जो अस्थायी सुरक्षा और अपतटीय मानवीय शरणार्थियों के लिए अर्हता प्राप्त करते हैं, स्वास्थ्य मूल्यांकन, हस्तक्षेप और स्वास्थ्य बीमा योजनाओं और आघात से संबंधित परामर्श सेवाओं तक पहुंच के लिए पात्र हैं। सेवाओं तक पहुँचने के योग्य होने के बावजूद, बाधाओं में शरणार्थियों द्वारा वहन की जाने वाली और वास्तविक लागत के आसपास आर्थिक बाधाएं शामिल हैं। इसके अलावा, शरणार्थियों को शरणार्थी आबादी की अनूठी स्वास्थ्य आवश्यकताओं से अनजान एक स्वास्थ्य सेवा कार्यबल के साथ सामना करना होगा। ऐसी आशंका जैसी कानूनी बाधाएं हैं कि परिवार के सदस्यों के पुनर्मिलन पर रोक लगाने वाली चिकित्सा शर्तों का

खुलासा करने और सहायता कार्यक्रमों को कम करने वाली वर्तमान नीतियां भी स्वास्थ्य देखभाल सेवाओं तक पहुंच को सीमित कर सकती हैं।

संसाधन सीमित सेटिंग में संचालन करते समय मेजबान देशों की वर्तमान स्वास्थ्य प्रणालियों में एकीकरण के माध्यम से शरणार्थियों के लिए स्वास्थ्य सेवा तक पहुंच प्रदान करना भी मुश्किल हो सकता है। इस संदर्भ में, स्वास्थ्य सेवा की पहुंच में बाधाओं में मेजबान देश में राजनीतिक घृणा और मौजूदा स्वास्थ्य प्रणाली की पहले से ही तनावपूर्ण क्षमता शामिल हो सकती है। मौजूदा स्वास्थ्य प्रणाली में शरणार्थी पहुंच के लिए राजनीतिक घृणा शरणार्थी पुनर्वास के व्यापक मुद्दे से उपजी हो सकती है। ऐसी बाधाओं को सीमित करने के लिए एक दृष्टिकोण एक समानांतर प्रशासनिक प्रणाली से आगे बढ़ना है जिसमें यूएनएचसीआर शरणार्थियों को मेजबान नागरिकों की तुलना में बेहतर स्वास्थ्य सेवा मिल सकती है, लेकिन एक एकीकृत देखभाल के लिए वित्तीय और राजनीतिक रूप से अस्थिर है जहां शरणार्थी और मेजबान नागरिकों को समान और अधिक बेहतर देखभाल मिलती है। 1980 के दशक में, पाकिस्तान ने शिविरों के अंदर बुनियादी स्वास्थ्य इकाइयों के निर्माण के माध्यम से अफगान शरणार्थी स्वास्थ्य देखभाल की पहुंच को संबोधित करने का प्रयास किया। फंडिंग में कटौती ने इनमें से कई कार्यक्रमों को बंद कर दिया, जिससे शरणार्थियों को स्थानीय सरकार से स्वास्थ्य सेवा लेने के लिए मजबूर होना पड़ा। वेस्ट नाइल जिले में एक लंबी शरणार्थी स्थिति के जवाब में, यूएनएचसीआर के साथ युगांडा के अधिकारियों ने ज्यादातर के लिए एक एकीकृत स्वास्थ्य देखभाल मॉडल बनाया

सूडानी शरणार्थी आबादी और युगांडा के नागरिक। स्थानीय नागरिक अब शरणार्थियों के लिए शुरू में बनाई गई सुविधाओं में स्वास्थ्य देखभाल का उपयोग करते हैं।

स्वास्थ्य देखभाल के लिए शरणार्थी पहुंच को सीमित करने के लिए एक संभावित तर्क राज्यों के स्वास्थ्य व्यय बोझ को कम करने की इच्छा के साथ लागत से जुड़ा है। हालांकि, जर्मनी ने पाया कि शरणार्थी पहुंच को प्रतिबंधित करने से शरणार्थियों के सापेक्ष वास्तविक व्यय में वृद्धि हुई, जिनकी स्वास्थ्य सेवाओं तक पूर्ण पहुंच थी। जर्मनी में स्वास्थ्य देखभाल तक पहुंच पर कानूनी प्रतिबंध और प्रशासनिक बाधाओं की 1990 के दशक से आलोचना की जाती रही है क्योंकि इससे देखभाल में देरी हुई है, स्वास्थ्य देखभाल की प्रत्यक्ष लागत और प्रशासनिक लागत में वृद्धि हुई है, और देखभाल की जिम्मेदारी कम से कम है। महंगे प्राथमिक देखभाल क्षेत्र से माध्यमिक और तृतीयक क्षेत्र में गंभीर स्थितियों के लिए महंगा उपचार।

शोषण

मानव तस्करी

शरणार्थी आबादी में ऐसे लोग शामिल हैं जो भयभीत हैं और परिचित परिवेश से दूर हैं। प्रवर्तन अधिकारियों, मेजबान देश के नागरिकों और यहां तक कि संयुक्त राष्ट्र शांति सैनिकों के हाथों शोषण के उदाहरण भी हो सकते हैं। मानवाधिकारों के उल्लंघन, बाल श्रम, मानसिक और शारीरिक आघात / यातना, हिंसा से संबंधित आघात और यौन शोषण के उदाहरण, विशेष रूप से बच्चों की, प्रलेखित किया गया है। तीन युद्धग्रस्त पश्चिम अफ्रीकी देशों, सियरा लियोन, गिनी और लाइबेरिया में कई शरणार्थी शिविरों में, युवा लड़कियों को पैसे, मुट्ठी भर फल, या यहां तक कि साबुन की एक पट्टी के लिए सेक्स का आदान-प्रदान करते पाया गया। इनमें से ज्यादातर लड़कियों की उम्र 13 से 18 साल के बीच थी। ज्यादातर मामलों में, अगर लड़कियों को रहने के लिए मजबूर किया गया होता, तो उन्हें शादी के लिए मजबूर किया जाता। वे औसतन 15 वर्ष की आयु में गर्भवती हुईं। यह हाल ही में 2001 में हुआ था। माता-पिता ने आंखें मूंद लीं क्योंकि इन शिविरों में यौन शोषण "अस्तित्व का तंत्र" बन गया था।

राजनीतिक दुश्मनों या पड़ोसी देशों को धमकी देने के लिए विस्थापित व्यक्तियों के बड़े समूहों को "हथियार" के रूप में दुरुपयोग किया जा सकता है। यही कारण है कि संयुक्त राष्ट्र सतत विकास लक्ष्य 10 का उद्देश्य नियोजित और अच्छी तरह से प्रबंधित प्रवास नीतियों के माध्यम से लोगों की व्यवस्थित, सुरक्षित, नियमित और जिम्मेदार गतिशीलता की सुविधा प्रदान करना है।

अपराध

बहुत कम ही, शरणार्थियों को शरणार्थी उग्रवादियों या आतंकवादियों के रूप में इस्तेमाल और भर्ती किया गया है, और शरणार्थी राहत के लिए निर्देशित मानवीय सहायता का उपयोग बहुत कम ही हथियारों के अधिग्रहण के लिए किया गया है। शरणार्थी प्राप्त करने वाले राज्य से सहायता का उपयोग शायद ही कभी शरणार्थियों को सैन्य रूप से लामबंद करने के लिए किया जाता है, जिससे संघर्ष सीमाओं के पार फैल जाता है। ऐतिहासिक रूप से, शरणार्थी आबादी को अक्सर सुरक्षा खतरे के रूप में चित्रित किया गया है। अमेरिका और यूरोप में, इस कथा पर बहुत ध्यान दिया गया है कि आतंकवादी अंतर्राष्ट्रीय, शरणार्थी और प्रवासी आबादी के बीच नेटवर्क बनाए रखते हैं। इस डर को एक आधुनिक इस्लामी आतंकवाद ट्रोजन हॉर्स में बढ़ा दिया गया है जिसमें आतंकवादी

शरणार्थियों के बीच छिप जाते हैं और मेजबान देशों में घुस जाते हैं। 'मुस्लिम-शरणार्थी-एक-दुश्मन-भीतर' बयानबाजी अपेक्षाकृत नई है, लेकिन घरेलू सामाजिक समस्याओं, भय और जातीय-राष्ट्रवादी भावना के लिए बाहरी समूहों का अंतर्निहित बलि का बकरा नया नहीं है। 1890 के दशक में, पूर्वी यूरोपीय यहूदी शरणार्थियों के लंदन में आने के साथ-साथ शहर में अराजकतावाद के उदय के कारण शरणार्थी आउट-गुप के खतरे-धारणा और भय का संगम हुआ। लोक-लुभावन बयानबाजी ने तब भी प्रवास नियंत्रण और राष्ट्रीय सुरक्षा की रक्षा पर बहस छेड़ दी।

बांग्लादेश में उत्पन्न राजनीतिक अस्थिरता के परिदृश्य का भारत-बांग्लादेश सम्बन्धों पर प्रभाव

बांग्लादेश के राजनीतिक इतिहास में शायद 1971 के बाद यह पहला अवसर होगा जब वहाँ की विपक्षी पार्टी सहित अन्य पार्टियों द्वारा वहाँ हो रहे संसदीय लोकतांत्रिक चुनावों का इतने बड़े पैमाने पर बहिष्कार किया गया हो, जिसके कारण वहाँ हुए चुनाव की वैधता पर सवाल खड़े होने लगे हैं। हालांकि सत्ता सँभाल रहीं शेख हसीना एक बार फिर पुन: तीन-चौथाई बहुमत से सत्ता में आ गयी हैं, लेकिन आने वाले समय में विपक्ष के विरोध के चलते सरकार चलाना शेख हसीना को बेहद मुश्किल होगा, क्योंकि अभी भी बांग्लादेश में राजनीतिक अस्थिरता कम होने का नाम नहीं ले रही है। आखिर सवाल इस बात को लेकर है कि बांग्लादेश में उत्पन्न राजनीतिक अराजकता के परिदृश्य की पृष्ठभूमि क्या है? इसका आने वाले समय में भारत के राष्ट्रीय हितों पर क्या प्रभाव पड़ेगा?

बांग्लादेश का वर्तमान राजनीतिक परिदृश्य दो बेगमों की अन्तहीन लड़ाई की दास्तान है, जिससे वहाँ की राजनीतिक व्यवस्था दो ध्रुवों में विभक्त हो गई, जिसमें शेख हसीना, (अवामी लीग पार्टी) बांग्लादेश के संस्थापक शेख मुजीबुर रहमान की पुत्री हैं, जबकि विपक्ष में खालिदा जिया उर-रहमान बांग्लादेश नेशनलिस्ट पार्टी के संस्थापक एवं बांग्लादेश के दूसरे प्रधानमंत्री की पत्नी हैं। दोनों पार्टियाँ सदैव परस्पर विरोधी राजनीतिक विरासत का प्रतिनिधित्व करती रही हैं और दोनों ने बारी-बारी से दस-दस वर्षो तक शासन भी किया है, लेकिन आज स्थिति यह है कि दोनों में नफरत का आलम इस कदर बढ़ गया है कि दोनों ने वर्षो से एक-दूसरे से बात तक नहीं की है। इसके कुछ खास कारण एवं तथ्य हैं, जिसका उल्लेख किया जाना यहाँ बेहद जरूरी है। 'शेख हसीना ने सत्ता में रहते हुए पिछले एक-दो वर्षो में कुछ ऐसे निर्णय लिए, जिसमें अतीत में हुए अन्याय से देश को राहत देने के लिए, 'इंटरनेशनल क्राइम ट्रिब्यूनल' की स्थापना करके 1971 में बांग्लादेश स्वतंत्रता संग्राम का विरोध करने वाले एक दर्जन लोगों को फाँसी की सजा दी है, जिसमें प्रमुख

इस्लामी पार्टी, जमात-ए-इस्लामी के वरिष्ठ नेता अब्दुल कादिर मुल्ला को बीते वर्ष 2013 में 13 दिसम्बर को फाँसी की सजा दी थी, उन्हें वर्ष 1971 में युद्ध अपराधों का दोषी पाया गया था, जिसको लेकर लोगों में अलग-अलग राय थी। जिसके नतीजे में हिंसक झड़पें हुई थीं। दूसरा महत्वपूर्ण निर्णय बांग्लादेश में रहकर, जो कट्टरपंथी भारत के विरुद्ध हमले की साजिश रचते हैं, उनका सफाया करने का अभियान शुरू किया है. इन निर्णयों को लेने के बाद शेख हसीना बांग्लादेश सहित भारत के राष्ट्रीय हितों के दृष्टिकोण से दोनों देशों में लोकप्रिय हुई हैं। यह सब कुछ करने के बात भले ही भारत सहित दुनिया के अन्य देशों की तरफ से शेख हसीना के राजनीतिक व्यक्तित्व का मूल्यांकन लोकतांत्रिक मूल्यों से प्रेरित एवं धर्मनिरपेक्ष राजनीतिज्ञ के रूप में हो रहा हो, लेकिन विपक्ष सहित अन्य पार्टियों को शेख हसीना का यह राजनीतिक व्यक्तित्व पसंद नहीं आ रहा है, जिसके तहत् वह इस पूरी लड़ाई में शेख हसीना की सत्ता एवं निर्णयों के विरुद्ध खड़े हो गए, जिसके कारण बांग्लादेश में वर्ष 2013 में अलग- अलग जगह हुई हिंसा में तकरीबन 500 लोग मारे गए। खालिदा जिया के नेतृत्व वाली विपक्ष, (बांग्लादेश नेशनलिस्ट पार्टी) सहित अनेक कट्टरपंथी शेख हसीना के कार्यों को पसंद नहीं कर रहे हैं और खुली चुनौती देते हुए उसे भारत सहित पश्चिमी देशों से समर्थित मान रहे हैं. इसी कारण खालिदा जिया बांग्लादेश के आम चुनाव से पूर्व वहाँ की आम जनता से अपील कर रही थीं कि यदि बांग्लादेश को भारत के दुष्प्रभाव से सुरक्षित रखना है, तो शेख हसीना को जल्द-से-जल्द सत्ता से अपदस्थ करना होगा। इसीलिए बांग्लादेश में विपक्ष (बांग्लादेश नेशनलिस्ट पार्टी) सहित अन्य 18 राजनीतिक पार्टियों ने संसदीय आम चुनाव में शामिल होने का विरोध किया, जिसके कारण शेख हसीना, के नेतृत्व वाली अवामी लीग पार्टी के विरुद्ध केवल जातीय पार्टी ने ही अपने प्रत्याशी कुछ ही स्थानों पर उतारे। खालिदा - जिया के नेतृत्व वाली बांग्लादेश नेशनेलिस्ट पार्टी ने तो पूर्ण रूप से चुनाव का बहिष्कार किया और चुनाव मैदान में अपना कोई भी प्रत्याशी नहीं उतारा, जिसके कारण शेख हसीना के नेतृत्व वाली आवामी लीग पार्टी को पूर्ण बहुमत प्राप्त हो गया, जिसमें 300 संसदीय सीटों में से 147 सीटों के लिए ही मतदान हुआ, जिसमें शेख हसीना की पार्टी 107 एवं जातीय पार्टी के 16 उम्मीदवार विजयी हुए। विरोध के चलते अवामी लीग के 153 उम्मीदवार पहले ही निर्विरोध चुने गए थे, जिसके कारण अब शेख हसीना के नेतृत्व वाली आवामी लीग पार्टी के पास पूर्ण बहुमत से भी ज्यादा तीन-चौथाई का बहुमत प्राप्त हुआ है। ऐसी स्थिति में, विपक्ष की गैर-मौजूदगी में हुए आम चुनाव पर वैधानि- कता का संकट मँडराने लगा है। शेख हसीना ने दोबारा फिर सत्ता में आकर सरकार बना ली है, लेकिन इतने विरोध के बावजूद उसे सरकार चलाना और निर्णय लेना आने वाले समय में कठिन हो जाएगा, जिसके कारण बांग्लादेश में गृहयुद्ध की

प्रबल सम्भावना बनेगी, जोकि बांग्लादेश सहित भारत के राष्ट्रीय हितों के लिए भी आने वाले दिनों में शुभ संकेत नहीं हैं. ऐसे में बांग्लादेश में शुभ संकेत नहीं हैं। ऐसे में बांग्लादेश में सत्ता एवं विपक्ष के बीच हो रही तनातनी के बीच उत्पन्न नाजुक हालत में, राजनीतिक अस्थिरता लाजिमी है।

बांग्लादेश में अब तक शासकों का कार्यकाल

1.	शेख मुजीबुर रहमान	1972-1975 (अवामी लीग पार्टी)
2.	जियाउर रहमान	1975-1981 (बांग्लादेश नेशनलिस्ट पार्टी)
3.	हुसैन मोहम्मद इरशाद	1982-1990 (जातीय पार्टी)
4.	खालिदा जिया	1991-1996 (बांग्लादेश नेशनलिस्ट पार्टी)
5.	शेख हसीना	1996-2001 (अवामी लीग पार्टी)
6.	खालिदा जिया	2001-2006 (बांग्लादेश नेशनलिस्ट पार्टी)
7.	कार्यवाहक सरकार	2006-2008 तक
8.	शेख हसीना	2009 - वर्तमान तक (अवामी लीग पार्टी)

बांग्लादेश में उत्पन्न राजनीतिक अस्थिरता के परिदृश्य में भारत की भूमिका

भारत ने सदैव एक पड़ोसी देश होने के नाते बांग्लादेश में होने वाले हर छोटे- बड़े परिवर्तन को अपने राष्ट्रीय हितों के दृष्टिकोण से देखा। इसीलिए बांग्लादेश की स्वतंत्रता से लेकर आज तक भारत ने कई सामाजिक, आर्थिक एवं तकनीकी क्षेत्रों में एवं चकमा शरणार्थियों के विषय में भारत ने बांग्लादेश के साथ महत्वपूर्ण भूमिका निभाई है, लेकिन बांग्लादेश में वर्तमान समय में सत्ता पक्ष और विपक्ष के बीच हो रहे संघर्ष को भारत ने शायद नजरंदाज करने की कोशिश की है। इसीलिए वह इस पूरे प्रकरण पर एक सफल कूटनीतिज्ञ का परिचय देने के बदले मूकदर्शक बनना ही ज्यादा उचित समझ रहा है। इसका खास कारण क्या हो सकता है कि भारत की विदेश नीति ही फेल हो गई है या फिर बांग्लादेश का आन्तरिक मुद्दा समझकर भारत ने दोनों पक्षों में समझौता करने की गुंजाइश नहीं समझी, क्योंकि एक पड़ोसी देश होने के साथ ही भारत और बांग्लादेश में राजनीतिक संस्कृति, मान्यताओं, लोकतांत्रिक व्यवस्था अथवा संस्कृति, सभ्यता एवं बोली भाषा में भी समानता है और सार्क जैसे क्षेत्रीय संगठनों के मंच पर दोनों देश एक साथ खड़े रहते

हैं। यह सब कुछ होने के बावजूद भी भारत ने इस पूरे प्रकरण को खास तवज्जो क्यों नहीं दी। इस बात में भी सच्चाई है कि भारत का बांग्लादेश के प्रति उसकी आजादी से लेकर आज तक उदारतापूर्ण रवैया रहा है। यही कारण है कि कुछ दिन पूर्व भारत के गृह सचिव ने अपने एक वक्तव्य में, इस बात की पुष्टि की है कि "यदि बांग्लादेश में उत्पन्न राजनीति अराजकता से तंग आकर कोई बांग्लादेशी शरणार्थी के रूप में, भारत की शरण लेना चाहता है, तो उन्हें रोका नहीं जाना चाहिए, क्योंकि यदि उन्हें धकेल कर बांग्लादेश वापस भेजा जाता है, तो बांग्लादेश के कट्टरपंथी उनकी हत्या कर देंगे।"

21वीं सदी में भारत-बांग्लादेश के मजबूत सम्बन्धों के महत्व को समझते हुए, राष्ट्रपति बनने के बाद प्रणव मुखर्जी ने अपनी पहली राजकीय विदेश यात्रा (3 मार्च से 5 मार्च, 2013) बांग्लादेश की की थीं, जिसे दोनों देशों के मध्य पारस्परिक सम्बन्ध के दृष्टिकोण से मील का पत्थर समझा जा रहा था, क्योंकि प्रणव मुखर्जी ने अपने सम्बोधन में बांग्ला देशवासियों को इस बात का खुला समर्थन दिया कि भारत सुरक्षा, विकास एवं शान्ति में हर समय बांग्ला देशवासियों के साथ है। इसीलिए सुरक्षा से सम्बन्धी मसलों पर पिछले पाँच वर्षो में भारत ने हसीना सरकार के साथ पूरा सहयोग किया है। बांग्लादेश की आर्थिक स्थिति मजबूत करने के लिए भारत ने उसे एक अरब का ऋण भी दिया।

राजनीतिक अराजकता के सम्बन्ध में उल्लेखनीय है कि बांग्लादेश ने भारत से अनुरोध किया था कि वह बांग्लादेश में बढ़ती राजनीतिक अराजकता के कारण दोनों पक्षों में समझौते कराने का साक्षी हो, ताकि वहां संसदीय लोकतांत्रिक चुनाव शान्ति के साथ सम्पन्न हो सकें। लेकिन भारत सरकार ने इस पूरे मामले में हस्तक्षेप करने से इनकार करते हुए कहा कि यह बांग्लादेश का आंतरिक मामला है, जोकि उसकी सम्प्रभुता से जुड़ा हुआ है इसलिए भारत इस पूरे मामले में तटस्थ रहना ही उचित समझ रहा है।

बांग्लादेश में उत्पन्न राजनीतिक अस्थिरता का भारत-बांग्लादेश सम्बन्धों पर प्रभाव

यदि आने वाले दिनों में बांग्लादेश में स्थिति सामान्य नहीं होती है, तो इसका सीधा प्रभाव भारत-बांग्लादेश के सम्बन्धों पर पड़ेगा, जिसके कारण भारत के तत्कालीन एवं दीर्घकालीन 'राष्ट्रीय हित' प्रभावित होंगे। क्योंकि बांग्लादेश, भारत का एक पड़ोसी मित्र होने के साथ ही महत्वपूर्ण मामलों में समतुल्य है, जिसमें भाषा, संस्कृति, सभ्यता, धर्म एवं सामाजिक जीवन आदि प्रमुख हैं। इसके ठीक विपरीत कुछ ऐसे मामले हैं, जो बांग्लादेश के जन्म के साथ ही दोनों देशों के मध्य विवाद के प्रमुख कारण बने हैं, जोकि

बांग्लादेश में उत्पन्न हुए राजनीतिक अस्थिरता के कारण पुन: उलझ सकते हैं, जो भारत के राष्ट्रीय हित के लिए किसी भी दृष्टिकोण से उचित नहीं है, जिनका संक्षिप्त विवरण निम्न प्रकार से है-

i. बांग्लादेश में रह रहे हिन्दुओं एवं अल्पसंख्यकों के हित प्रभावित होंगे-यदि आने वाले समय में भी बांग्लादेश में विपक्ष एवं कट्टरपंथी समुदाय के लोग शेख हसीना की सरकार हटाने की माँग करते हैं और उनके विरुद्ध इसी तरह का धरना-प्रदर्शन करते हैं, तो ऐसी स्थिति में शेख हसीना को आने वाले दिनों में सरकार चलाना मुश्किल हो सकता है, जिससे पूरे बांग्लादेश में अराजकता का माहौल बन जाएगा और वह गृहयुद्ध के मुहाने पर खड़ा हो जाएगा। ऐसी स्थिति में बांग्लादेश में स्थायी शान्ति की उम्मीद करना मुश्किल हो जाएगा, जिसका सीधा और प्रत्यक्ष प्रभाव बांग्लादेश में रह रहे हिन्दू परिवारों एवं अल्पसंख्यक समुदाय के लोगों पर पड़ेगा। क्योंकि ये लोग वहाँ के विपक्ष एवं कट्टरपंथियों के निशाने पर होंगे माना जाता है कि बांग्लादेश में हिन्दू एवं अल्पसंख्यक समुदाय के लोग आवामी लीग पार्टी की धर्म निरपेक्षता नीति को ज्यादा पसंद करते हैं, जोकि बड़ी संख्या में शेख हसीना के समर्थक हैं। यही कारण है कि बांग्लादेश में विपक्ष के विरोध के बाद भी हिन्दू परिवारों ने वोट डाले, लेकिन मतदान के बाद हिन्दू परिवार एवं अल्पसंख्यक विपक्षी पार्टी एवं कट्टरपंथियों के निशाने पर आ गए हैं। मतदान के बाद कई इलाकों में हिन्दू परिवारों एवं अल्पसंख्यकों पर हमले की खबरें आई हैं। यदि आने वाले समय में भी बांग्लादेश में यही स्थिति रही, तो वहाँ रह रहे हिन्दू परिवार एवं अल्पसंख्यक समुदाय के लोग शरणार्थियों के तौर पर भारत में भाग कर आ सकते हैं।

ii. भारत-बांग्लादेश के मध्य शरणार्थियों की समस्या को लेकर विवाद हो सकता है - बांग्लादेश में उत्पन्न राजनीतिक अराजकता के कारण वहाँ से बड़ी संख्या में शरणार्थी भारत आने की फिराक में हैं, जिसको लेकर भारत अपना उदारतापूर्ण रवैया अपना रहा है, लेकिन इन शरणार्थियों की बढ़ती संख्या को देखकर 1971 के राजनीतिक अस्थिरता से निपटने के लिए बांग्लादेश मुक्ति संग्राम की याद आ रही है, जब शरणार्थियों की बढ़ती संख्या के कारण विकट परिस्थिति पैदा हो गई थी। यह भी एक कारण था कि भारत ने लाचार होकर, बांग्लादेश के मुक्ति संग्राम में हाथ बढ़ाया था. आज इस बात से भी इनकार नहीं किया जा सकता है कि यदि बांग्लादेश में राजनीतिक अस्थिरता ने आने वाले समय में भयंकर गृहयुद्ध का रूप धारण कर लिया, तो फिर बहुत बड़ी संख्या में बांग्लादेशी नागरिक शरणार्थी

बनकर भारत आएंगे। भारत उस स्थिति से कैसे निपटेगा, यह कह पाना बेहद मुश्किल है, क्योंकि भारत और बांग्लादेश के बीच 50000 चकमा शरणार्थियों की समस्या 1971 में बांग्लादेश के जन्म से लेकर आज तक जस की तस बनी हुई है, जिनका आज तक पुनर्वास एवं विस्थापन नहीं हो पाया है।

iii. आर्थिक सम्बन्धों पर प्रभाव पड़ेगा - बांग्लादेश की राजनीतिक अस्थिरता के कारण वहाँ के लोगों का आर्थिक जीवन भी अस्त-व्यस्त हो गया है और वहाँ बड़ी मात्रा में कपड़ा मिलों में उत्पादन ठप्प हो रहा है, जिसके कारण वहाँ का आयात- निर्यात घटेगा, जिसका प्रभाव भारत पर भी दिखेगा, क्योंकि भारत वहाँ से कई प्रकार के वस्त्रों का आयात करता है और भारत में निर्मित वस्तुयें बांग्लादेश को निर्यात करता है

iv. सीमा विवाद को लेकर दोनों देश आमने-सामने होंगे-जहाँ तक भारत- बांग्लादेश सीमा विवाद का प्रश्न है, भारत हमेशा इस बात का दावा करता रहा है कि पश्चिमी बंगाल, असम तथा मेघालय में 2749.16 किमी भारतीय भूखण्ड पर बांग्लादेश का अवैध आधिपत्य है। इसके विपरीत बांग्लादेश का कहना है कि 2922-25 बांग्लादेशी भूखण्ड पर भारत ने अपना आधिपत्य कर लिया है, जबकि दोनों देशों के बीच 4095 किमी की सीमा की साझेदारी है। इनमें पश्चिमी बंगाल में 2216 किमी, मिजोरम में 318 किमी तथा असम में 262 किमी का विस्तार है। सीमा विवादों को लेकर दोनों देशों के सम्बन्धों में कटुता आई है। एक बार फिर बांग्लादेश के राजनीतिक हालत के आधार पर सीमा विवाद का मामला तूल पकड़ सकता है।

v. तीस्ता जल बँटवारा, फरक्का बाँध, नवमूर द्वीप आदि विवाद - इन विवादों को लेकर कभी भी दोनों देश सहमत नहीं हुए हैं, बावजूद उसके भी राजनयिक स्तर पर कई समझौता एवं वार्ताओं का दौर जारी रहा, जिसमें तीस्ता जल बँटवारा को लेकर पश्चिमी बंगाल की मुख्यमंत्री ममता बनर्जी ऐतराज जता रही हैं। फरक्का बाँध विवाद को लेकर दोनों देश इंदिरा गांधी के शासनकाल से लेकर आज तक एकमत नहीं हुए।

नवमूर द्वीप पर बांग्लादेश अपनी दावेदारी जता चुका है, जिसको लेकर कभी भी दोनों देशों के बीच पूर्ण सहमति नहीं बनी। ऐसी स्थिति में बांग्लादेश के वर्तमान राजनीतिक परिदृश्य के आधार पर यह अंदाजा लगाना बेहद मुश्किल है कि इन सभी विवादित मुद्दों पर दोनों देशों में सहमति बन पाएगी।

भारत अपने राष्ट्रीय हित को प्राथमिकता देते हुए अपनी मजबूत कूटनीति हथियार राजनीतिक अस्थिरता के परिदृश्य में प्रयोग करके बांग्लादेश की वर्तमान स्थिति को निजात दिला सकता है, लेकिन भारत इस मामले में कूटनीति के प्रयोग को लेकर पिछले दो-तीन सालों से असफल रहा है।

भारत के वर्तमान राजनीतिक परिदृश्य को देखकर इस बात से भी इनकार नहीं किया जा सकता है कि यहाँ क्षेत्रीय हित सर्वोपरि हो गए हैं और राष्ट्रीय हित गौण हो गए हैं, जबकि राष्ट्रीय हितों को बनाए रखना किसी भी देश का अपना सर्वोपरि लक्ष्य होता है। यही कारण है कि दुनिया के विभिन्न देशों के सामने भारत अपने राष्ट्रीय हितों एवं आत्मसम्मान से जुड़े मुद्दों की पुरजोर पैरवी नहीं कर पा रहा है, केवल संवेदनाएं व्यक्त कर रहा है। बांग्लादेश मामले को लेकर भारत को एक सशक्त एवं स्पष्ट नीति बनाने की आवश्यकता है, जिससे बांग्लादेश की राजनीतिक-सामाजिक अस्थिरता का प्रभाव भारत के इसके साथ सम्बन्धों एवं भारत के राष्ट्रीय हितों पर न पड़े।

उइगर लोगों का इतिहास :-

विवादास्पद इतिहास

पूर्व-साम्राज्य

उइगर खगानाटे (744-840 ई.)

उइगर राज्य

उइगर मुस्लिम और एवं उनकी समस्याएं

उइगर होने का दावा करने वाली राजनीति

उइगर मुस्लिम के चीन में हालात

शिंजियांग

अलगाववादी संघर्ष

कुछ घटनाक्रम

चीन में इस्लाम का विकास

सरकार ने छीना स्वतंत्रता का अधिकार

उइगर मुस्लिम पर हो रहे अत्याचार

मंगोल काल (1210-1760):-

मुग़लिस्तान

चीन के वीगर मुसलमानों का सम्बन्ध मंगोलिया से

किंग राजवंश द्वारा कब्जा और नियंत्रण (1760 -1860)

यतिशार

किंग रिकॉन्क्वेस्ट

सूफ़ी धर्म

राष्ट्रवादी चीन

वीगर ऑटोनॉमस रीजन

नई हान आबादी

थियानमेन स्क्वेयर गोलीकांड

पुनर्शिक्षा केंद्र

गणतांत्रिक युग (1910-1949):-

1949 से – वर्तमान तक

चीन देश की ताकत

आखिर क्यों कर रहा है चीन ऐसा

शिंजियांग की सुरक्षा बढ़ाई गई

उइगर मुस्लिम को कैसे दिया जाता है ग्रेड या अंक

हान एवं उइगर के बीच सम्बन्ध

इस्लामिक देशों की चुप्पी

कोई प्रसिद्ध नेता का ना होना

उइगर मुस्लिमों से संबंधित चिंताएँ

उइगर मुसलमानों को लेकर UN की रिपोर्ट

चीन ने आरोपों को नकारा

चीन में उइगर मुस्लिम की आबादी

चीन की बढ़ती नफरत

चीन की प्रत्यर्पण संधि

चर्चा में क्यों ?

डेटेंशन सेंटर में कैद हैं लाखों उइगर मुस्लिम

आगे की राह (उपसंहार)

उइगर लोगों का इतिहास :-

चीन और संयुक्त राज्य अमेरिका में उइगर राष्ट्रवादी इतिहासकारों का मानना है कि उइगर लोग सहस्राब्दियों पुराने हैं और उन्हें चार अलग -अलग चरणों में विभाजित किया जा सकता है:-

प्री-इंपीरियल (300 ईसा पूर्व - एडी 630), इंपीरियल (एडी 630-840), इडिकुट (एडी 840- 1200), और मंगोल (1209-1600 ईस्वी), शायद पाँचवाँ आधुनिक चरण चल रहा है। 1600 ईस्वी में सिल्क रोड की मृत्यु से लेकर वर्तमान तक। संक्षेप में, उइगर इतिहास अल्ताई पर्वत की एक छोटी खानाबदोश जनजाति की कहानी है, जो मध्य एशिया में प्रतिद्वंद्वी शक्तियों के साथ प्रतिस्पर्धा कर रही है, जिसमें अन्य अल्ताई जनजातियां, दक्षिण और पश्चिम से भारत -यूरोपीय साम्राज्य और पूर्व में चीन-तिब्बत साम्राज्य शामिल हैं। 840 ई. में उइगर खगानाटे के पतन के बाद, प्राचीन उइगर मंगोलिया से तारिम बेसिन में बस गए, भारत-यूरोपीय आबादी को आत्मसात कर लिया, जिसे पहले ज़ियोनग्नू द्वारा इस क्षेत्र से बाहर निकाल दिया गया था। अंततः, उइगर मंगोल साम्राज्य का प्रशासन करने वाले सिविल सेवक बन गए।

कुछ इतिहासकार इनको मंगोलिया के उइगर खगानाटे की ही जाति मानते हैं, जो कि लगभग 9000 साल पुरानी जाति मानी जाती है। जबकि कुछ लोग इनका इतिहास 8 से 9वीं के आसपास का मानते हैं। हालांकि यहां के पत्थर की गुफाओं एवं चट्टानों पर उइगर जाति के एक राजा की कलाकृति भी बनी हुई है। जिससे की ये साफ होता है कि ये जाति लंबे समय से शिंजियांग क्षेत्र में रह रही है और कोई भी इनके इतिहास को नहीं ठुकरा सकता है। वर्ष 1912 में चीन को क्विंग राजवंश से मुक्ति मिली थी, एवं चीन को गणराज्य घोषित किया गया था। उसके बाद चीन के इस इलाके पर तुर्की के एक इस्लामिक समूह ने कब्ज़ा करने की कोशिश की थी। जिसके बाद चीन के योद्धा ज़ेंगक्सिन को शिंजियांग

को बचाने में काफी दिक्कतों का सामना करना पड़ा था। चीन सरकार द्वारा कहा गया कि पहले यहां हान जाति ही निवास करती थी, जिनको मारपीट कर भगाया गया था।

विवादास्पद इतिहास :-

उइगर लोगों का इतिहास, उनके जातीय मूल सहित, उइगर राष्ट्रवादियों और चीनी अधिकारियों के बीच विवाद का मुद्दा है। उइगर इतिहासकार एक लंबे इतिहास के साथ उइगरों को झिंजियांग के मूल निवासियों के रूप में देखते हैं। उइगर राजनेता और इतिहासकार मुहम्मद अमीन बुगरा ने अपनी पुस्तक ए हिस्ट्री ऑफ ईस्ट तुर्किस्तान में अपने लोगों के तुर्किक पहलुओं पर जोर देते हुए लिखा है कि तुर्कों का 9,000 साल का इतिहास है। जबकि इतिहासकार तुर्गुन अल्मास ने तारिम ममियों की खोजों को यह निष्कर्ष निकालने के लिए शामिल किया है कि उइगरों ने 6,400 इतिहास के वर्ष को खत्म कर दिया है।

विश्व उइगर कांग्रेस ने 4,000 साल के इतिहास का दावा किया है। हालांकि, आधिकारिक चीनी का दावा है कि शिंजियांग में उइगर नौवीं शताब्दी के मंगोलिया में उइगर खगानाटे के पतन के बाद, कई अलग-अलग स्वदेशी लोगों के संलयन से बने थे और ये श्वेत पत्र हिस्ट्री एंड डेवलपमेंट ऑफ झिंजियांग में प्रलेखित है।

तारिम बेसिन पश्चिम की ओर पलायन करने वाले पुराने उइगर है। आधुनिक उइगर भाषा, पुराने उइगर द्वारा बोली जाने वाली भाषा नहीं है; बल्कि, यह कारा-खानिद खानते द्वारा बोली जाने वाली करलुक भाषाओं का वंशज है। उइगर खगानाटे के आधुनिक वंशज युगुर, उर्फ सरुग योगिर, "येलो उइगर" हैं। शिंजियांग के इस्लामी तुर्कीकरण के दौरान, सुल्तान सतुक बुगरा खान के नेतृत्व में कारा-खानिड्स ने उइगरों को शिंजियांग से बाहर निकाल दिया। सोवियत संघ द्वारा उइगर खगानाटे से 9वीं शताब्दी का जातीय नाम लेने के बाद "उइगर" नाम फिर से अस्तित्व में आया, फिर इसे शिंजियांग के सभी गैर-खानाबदोश तुर्किक मुसलमानों के लिए फिर से लागू किया गया। कई आधुनिक पश्चिमी विद्वान, हालांकि, आधुनिक उइगरों को मंगोलिया के पुराने उइगर खगानाटे से सीधे रैखिक वंश का नहीं मानते हैं; बल्कि वे उन्हें कई लोगों के वंशज मानते हैं, जिनमें से प्राचीन उइगर केवल एक ही हैं।

कुछ उइगर राष्ट्रवादी दावा करते हैं कि वे टोचरियों के वंशज हैं। यूरोपीय भौतिक लक्षणों वाले लोगों की अच्छी तरह से संरक्षित तारिम ममी लगभग 2,000 ईसा पूर्व कांस्य युग की शुरुआत में एक इंडो-यूरोपीय लोगों के तारिम क्षेत्र में प्रवास का संकेत देती हैं। ये लोग

संभवत: टोचरियन बोलते थे और कुछ लोगों ने प्राचीन चीनी ग्रंथों में वर्णित यूज़ी होने का सुझाव दिया था, जिन्होंने बाद में कुषाण साम्राज्य की स्थापना की।

कुर्बान वाली प्राचीन शब्दों का दावा करती है, जो सोग्डियन या खरोष्ठी लिपियों में लिखे गए हैं, सोग्डियन शब्दों के बजाय उइगर में समाहित होने के बजाय, "उइगर" होने के लिए, जैसा कि अधिक ईमानदार भाषाविदों द्वारा प्रस्तावित किया गया है। बाद में प्रवासन ने पश्चिम और उत्तर-पश्चिम से लोगों को शिंजियांग क्षेत्र में लाया, शायद विभिन्न ईरानी भाषाओं के बोलने वाले, जैसे कि शक जनजाति। प्राचीन चीनी ग्रंथों में वर्णित क्षेत्र के अन्य प्राचीन लोगों में ज़ियोनग्नू शामिल हैं, जिन्होंने कई सौ वर्षो तक इस क्षेत्र में चीनियों के खिलाफ वर्चस्व के लिए लड़ाई लड़ी। कुछ उइगर राष्ट्रवादी ज़ियोनग्नू के वंशज होने का दावा करते हैं (साथ ही श्वेत हूणों से संबंधित होने के कारण); हालांकि, इस विचार का आधुनिक चीनी विद्वानों ने विरोध किया है।

यह ज़ियोनग्नू दावा विभिन्न चीनी ऐतिहासिक ग्रंथों से उत्पन्न हुआ है: उदाहरण के लिए, चीनी ऐतिहासिक पुस्तक वीशू के अनुसार, उइगरों के संस्थापक ज़ियोनग्नू शासक के वंशज थे।

पूर्व-साम्राज्य :-

कई इतिहासकार आधुनिक उइगर लोगों के वंश का पता अल्ताई चरवाहों से मिलाते हैं जिन्हें टिएले कहा जाता है, जो बैकाल झील के दक्षिण की घाटियों में और येनिसी नदी के आसपास रहते थे। टाईले पहली बार इतिहास में 357 ईस्वी में चीनी जाति के गाओचे के तहत दिखाई देते हैं, जो यर्ट परिवहन के लिए उपयोग किए जाने वाले विशिष्ट उच्च पहियों के साथ बैल द्वारा खींची गई गाड़ियों का जिक्र करते हैं। टाईले आदिवासी क्षेत्रों पर पहले डिंगलिंग का कब्जा था, एक प्राचीन साइबेरियाई लोग जो एक बार ज़ियोनग्नू के अधीन थे, जिनमें से कुछ ज़ियोनग्नू साम्राज्य के पतन के बाद टाईले में समाहित हो गए थे। टाईले में कुछ कृषि का अभ्यास हुआ था, चूँकि येनिसी नदी में आसानी से उपलब्ध लौह अयस्क की प्रचुरता थी, इसी कारण वहां धातुकार अत्यधिक विकसित थे।

डुआन लिनाकिन के अनुसार, डिंगलिंग ने जागीरदार धातुकार के रूप में ज़ियोनग्नू को सेवा दी, फिर बाद में रौरान और हेप्टालाइट राज्यों में सेवा दी।

सुई की पुस्तक में पूरे उत्तर और मध्य एशिया में बिखरे हुए लगभग चालीस टाईले जनजातियों की सूची है, जिनमें से एक वेइहे है। ये एक प्रतिलेखन है,जो उयूर में अंतर्निहित है। टाईले के पूर्वज क्ज़ियांग्नू के वंशज थे। टाईले के बीच कई लोग थे, जो पश्चिमी सागर

के पूर्व से घाटी के साथ कॉम्पैक्ट रूप से वितरित किए गए थे। टोला नदी के उत्तर में, बोकुट, तोरा, उयूर (वीहे, , एमसी) ,बायरकू और फुलुओ, जिनके नेताओं को इरकिन कहा जाता था। मेंगचेन, सिकित, कुन जैसे अन्य कुल थे। इन कुलों के पास लगभग 20,000 पुरुषों की एक शक्तिशाली सेना थी।

हमी के पश्चिम में (यीवू), करशहर के उत्तर में (यांकी), और अक्ताघ (श्वेत पर्वत) के करीब, किबी, बोलुओझी आदि थे। येडी, सुपो ,नाहे, वुहान, हेगु, येडी ,युनिहुआन और इसी तरह इन कुलों के पास लगभग 20 हजार पुरुषों की शक्तिशाली सेना थी। अल्ताई पर्वत के दक्षिण-पश्चिम में जुएयंतुओ, डायलेर , शिपन, दक़ी आदि थे, इसी तरह इनके पास 10,000 से अधिक पुरुषों की सेना थी। समरकंद के उत्तर में, एडी नदी के नजदीक, हेडी , हेजी, बोहू ,बिगान, जुहाई, हेबिक्सि , हेक्यूसु ,बेवेई , केडा और इसी तरह, इनके पास 30,000 से अधिक पुरुषों की सेना थी।

देइहाई के पूर्व और पश्चिम में, सुलुजी, सीई सुओलुओ, संसुओयन, मिएकू, लोंगहु और इसी तरह इनमें 8,000 से अधिक पुरुष थे। फुलि के पूर्व में, एलन, बेरुजिउली, फुवेनहुन और इसी तरह इनमें लगभग 20,000 पुरुष थे। उत्तरी सागर के दक्षिण में, दुबो आदि थे।

हालाँकि कुलों के कई अलग-अलग नाम थे, फिर भी उन सभी को समग्र रूप से टाईले कहा जाता था। उनमें कोई शासक नहीं था, और वे अलग-अलग पूर्वी और पश्चिमी तुर्कों के थे। वे अस्त-व्यस्त स्थानों में रहते थे, और जल और घास के संग चलते थे। वे घुड़सवारी करने में अच्छे थे, और वे भयंकर और क्रूर थे, विशेषकर लालची भी हुआ करते थे। वे लूटपाट के ऊपर निर्भर थे। वे पश्चिम के निकट में कई प्रकार की खेती करते थे , और घोड़ों की तुलना में अधिक मवेशियों और भेड़ों का प्रजनन करते थे। तुर्क राज्य की स्थापना के बाद से, टाईले हर जगह लड़ाई में भाग लेकर तुर्कों की मदद करता है, और उत्तर में सभी समूहों को वश में करता है। उनके रीति-रिवाज ज्यादातर तुर्कों जैसे ही थे। मतभेद ये था कि पति को अपनी पत्नी के परिवार में रहना पड़ता था, और अपने बच्चों को जन्म तक घर में नहीं जा सकता था। साथ ही, मृतकों को दफनाया जाने का रिवाज था।

दया (607) के तीसरे वर्ष में, टाईले ने एक दूत और दरबार में श्रद्धांजलि के लिए भेजा, और उस वर्ष से कभी भी संपर्क बंद नहीं किया।

ईस्वी सन् 546 में, फूफुलो ने रौरान राज्य के टूटने से छोड़े गए सत्ता निर्वात में तुर्क जनजाति के खिलाफ संघर्ष में टाईले जनजातियों का नेतृत्व किया। इस हार के परिणामस्वरूप, टाईले को फिर से दासता में मजबूर होना पड़ा। इस घटना ने ऐतिहासिक तुर्क-टीले दुश्मनी की शुरुआत को चिह्नित किया जिसने दोनों गोकतुर्क खानटेस को त्रस्त

कर दिया। इस समय, टाईले चीनी इतिहास में गाओचे की जगह ले लिया था।अपने अधीनता के दौरान किसी बिंदु पर, नौ टिएले जनजातियों ने टोकुज़-ओगुज़ेस नौ-जनजातियों नामक एक गठबंधन का गठन किया।

जिसमें प्रमुख जनजाति, उइगर और आठ संबद्ध जनजातियां शामिल थीं:- इनमें बुगु, हुन, बेएगू, टोंगलुओ, सिजी, किबी, अबूसी, और गुलुनवुगु आदि प्रमुख थे।

ईस्वी सन् 600 में, सुई चीन ने उइगर जनजाति के नेता एर्किन टेगिन के साथ गोकतुर्क साम्राज्य के खिलाफ गठबंधन किया,ये उनके आम दुश्मन थे। 603 ईस्वी में, तर्दू खान की हार के बाद गठबंधन भंग हो गया, लेकिन तीन जनजातियाँ जैसे बुगु, टोंगरा, और बेइर्क आदि उइगर के नियंत्रण में आ गईं।

ईस्वी सन् 611 में, उइगर, जुएयंतुओ के साथ संबद्ध होकर, एक गोकतुर्क को आक्रमण को हरा दिया। हालांकि, ईस्वी सन् 615 में, उन्हें फिर से गोकतुर्क के नियंत्रण में शिपी कघन द्वारा रखा गया था।

ईस्वी सन् 627 में, उइगर, जो अब पूसा के नेतृत्व में था , फिर से जुएयंतुओ के साथ गठबंधन में गोकतुर्क के खिलाफ एक और टोकुज़-ओगुज़ विद्रोह में भाग लिया। गोकतुर्क, राजकुमार युकुक शाद को हराने के बाद, पूसा ने गुओ-क्सीलिफ़ा कैट-एल्टेबेरो की उपाधि धारण की। ईस्वी सन् 630 में, सम्राट तांग ताइज़ोंग द्वारा गोकतुर्क खानटे को निर्णायक रूप से पराजित किया गया था। हालांकि, ईस्वी सन् 646 में, जब उइगर नेता तुमीतु इल्तेबर को चीनी प्रीफेक्ट की उपाधि दी गई थी। उइगर शासन के लिए एक कानूनी मिसाल कायम की गई थी। चीनियों ने 646 में जुएंतुओ को कुचल दिया और मंगोलियाई मैदान पर उइगरों नेता को अंबी रक्षक के रूप में नियुक्त किया।

648-657 ईस्वी से, पोरुन इल्तेबर के तहत उइगरो ने तारिम बेसिन के कब्जे में चीनियों के लिए भाड़े के सैनिकों के रूप में काम किया। ईस्वी सन् 683 में, उइगर नेता दुजीझी को गोकतुर्क द्वारा पराजित किया गया था और उइगर जनजाति सेलेंगा नदी घाटी में चली गई थी। इस आधार से, उन्होंने दूसरे गोकतुर्क साम्राज्य के खिलाफ संघर्ष किया। 688 ई. तक, उइगरों को फिर से गोकतुर्क द्वारा नियंत्रित किया गया। अपने चीनी सहयोगियों के साथ समन्वित विद्रोहों की एक शृंखला के बाद, उइगर एक बार फिर तोकुज़-ओगुज़ और टायले के नेताओं के रूप में उभरे।

ईस्वी सन् 744 में, उइगरों ने, अपने बासमाइल और कारलुक सहयोगियों के साथ, कुतुलुग बिल्गे कोल की कमान के तहत, चीनी जनरल वांग झोंगसी के साथ, गोकतुर्क को

हराया। अगले वर्ष, उन्होंने माउंट ओटुकेन में उइगरो खगानाटे की स्थापना की। माउंट का नियंत्रण ओटुकेन, गोक्तुर्क के समय से ही मंगोलियाई मैदान पर अधिकार का प्रतीक रहा है।

उइगर खगानाटे (744-840 ई.):-

उइगर खगानाटे का शाशन 745 ईस्वी से 840 ईस्वी तक चला। इसे शाही राजधानी ओरडु-बालिक से प्रशासित किया गया था, जो आधुनिक मंगोलिया के सबसे बड़े प्राचीन शहरों में से एक है। जब याओलुओगे यिबिआओबी द्वारा स्थापित किया गया, तो खगानाटे ने पूर्व में शिवेई और पश्चिम में अल्ताई पहाड़ों को पड़ोसी बनाया, और इसकी दक्षिणी सीमा के भीतर गोबी रेगिस्तान को भी शामिल किया। इस प्रकार प्राचीन ज़ियोनग्नू के पूरे क्षेत्र को नियंत्रित किया; और खगानाटे एक फरगाना के रूप में अपनी सबसे बड़ी सीमा पश्चिम तक पहुँचे। अपनी मातृभूमि की इस्लामी विजय से बचने के लिए बड़ी संख्या में सोग्डियन शरणार्थी ओरडु-बालिक आए। उन्होंने उइगर कुलीनता को बौद्ध धर्म से मनिचैवाद में परिवर्तित कर दिया।

इस प्रकार, उइगरों को सोग्डियन संस्कृति की विरासत में मिली। सोग्डियन्स ने साम्राज्य के नागरिक प्रशासन को चलाया। वे चीनी राजनयिक नीतियों से आगे निकलने में सहायक थे जिन्होंने गोकतुर्क खगानाटे को अस्थिर कर दिया था।

पीटर बीगोल्डन लिखते हैं कि उइगरों ने न केवल भारत-यूरोपीय सोग्डियनों की लेखन प्रणाली और धार्मिक विश्वासों को अपनाया, जबकि धीरे-धीरे उन्हें सिल्क के रूप में उनकी भूमिकाओं में बदल दिया। मनिचैवाद, बौद्ध धर्म और ईसाई धर्म, सोग्डियन को एक "संरक्षक" के रूप में देखा था। वास्तव में, रेशम के वस्त्र पहने सोग्डियन उइगरों बेजेकलिक भित्ति चित्रों के प्रमुख दृश्यों में देखे जाते हैं। विशेष रूप से मंदिर 9 के दृश्य 6 में बुद्ध को सोग्डियन दाताओं को दिखाया गया है। ईस्वी सन् 840 में, अकाल और गृहयुद्ध के बाद, उइगरों खगानाटे को तांग-वंश चीन और किर्गिज़, एक अन्य तुर्क लोगों के गठबंधन द्वारा उखाड़ फेंका गया था। नतीजतन, पूर्व में उइगरों नियंत्रण के तहत अधिकांश जनजातीय समूह अब उत्तर-पश्चिमी चीन में चले गए, विशेष रूप से आधुनिक झिंजियांग उइगर स्वायत्त क्षेत्र के टर्फन बेसिन में चले गए। अरे परिवार के येनिसी किर्गिज़ खगानाटे ने हान-वंश हान चीनी जनरल ली लिंग से वंश का दावा करके उइगरों खगानाटे के खिलाफ तांग राजवंश शाही परिवार के साथ अपने संबंधों और गठबंधन को मजबूत किया।

जिन्होंने ज़ियोनग्नू को छोड़ दिया था और एक ज़ियोनग्नू राजकुमारी, बेटी से शादी की थी। किदीहौ काचान्यू, और जियानकुन (चिएन-कुन) क्षेत्र पर शासन करने के लिए भेजा गया था, जो बाद में येनिसी बन गया।

ली लिंग लोंग्शी ली परिवार के ली गुआंग (ली कुआंग) का पोता था, जो लाओजी से निकला था, जिसे तांग राजवंश ली इंपीरियल परिवार ने वंश का दावा किया था। येनिसी किर्गिज़ और तांग राजवंश ने 840 और 848 के बीच मंगोलिया में उइगरों खगानाटे और ओरखोन घाटी में इसके केंद्र को नष्ट करने के लिए एक विजयी सफल युद्ध शुरू किया।

अपने दावा किए गए पारिवारिक संबंधों को गठबंधन के औचित्य के रूप में इस्तेमाल किया। जनरल शी जिओंग के तहत तांग-राजवंश चीनी सेना ने उइगर खगन (कघान) ओगा को घायल कर दिया। पशुधन को जब्त कर लिया, 5,000-20,000 उइगर खगानाटे सैनिकों को बंदी बना लिया, और 13 फरवरी 843 को शाहू पर्वत की लड़ाई में 10,000 उइगर खगानाटे स्रोतों को मार डाला। तांग राजवंश के दौरान हान चीनी द्वारा चीनियों से विदेशियों के नस्लीय अलगाव को लागू करने वाले कई कानून पारित किए गए थे। 779 में, तांग राजवंश ने एक आदेश जारी किया जिसने राजधानी में उइगरों को अपनी जातीय पोशाक पहनने के लिए मजबूर किया, उन्हें चीनी महिलाओं से शादी करने से रोक दिया। उन्हें चीनी होने का नाटक करने से प्रतिबंधित कर दिया। चीनी उइगरों को नापसंद करने का एक कारण यह था कि वे सूदखोरी करते थे।

उइगर राज्य :-

उइगर खगानाटे के पतन के बाद, उइगर ने मंगोलिया को छोड़ दिया और वर्तमान गांसु और झिंजियांग में फैल गया। 843 में, चीनी सेना ने एक विद्रोह के दौरान शांक्सी प्रांत में स्थित उइगर अवशेषों पर तब तक नजर रखी, जब तक कि सुदृढ़ीकरण नहीं आ गया। उइगर ने बाद में दो राज्यों की स्थापना की। गंझोउ उइगर साम्राज्य, युगुर लोगों द्वारा गठित सबसे पूर्वी राज्य (870-1036 ई.) वहां, उइगर मनिचैवाद से तिब्बती और मंगोल बौद्ध धर्म में परिवर्तित हो गए। आगे पश्चिम में तुर्क लोगों के विपरीत, वे बाद में इस्लाम में परिवर्तित नहीं हुए। उनके वंशज अब युगुर (या योगिर, युगुर, और सरी उइगर, जिसका शाब्दिक अर्थ है "पीले उइगर") के रूप में जाना जाता है और आधुनिक उइगर से अलग हैं।

1028-1036 ई. में, उइगर एक खूनी युद्ध में पराजित हुए और जबरन तंगुत साम्राज्य में समाहित हो गए। ये उइगर बौद्ध बने रहे और इस्लाम में परिवर्तित नहीं हुए।

856-866 ईस्वी के दौरान बनाए गए क्यूचो के राज्य को "इडिकुट" (पवित्र धन, महिमा) राज्य भी कहा जाता है और यह तुर्पन, बेशबालिक (ग्रीष्मकालीन राजधानी), कुमुल के पास कोचो (शीतकालीन राजधानी) के शहरों के आसपास स्थित था।

एक कोचो और एक बौद्ध राज्य, राज्य -प्रायोजित बौद्ध धर्म और मनिचैवाद के साथ, इसे उइगर संस्कृति का केंद्र माना जा सकता है। उइगरों ने पास के बेज़ेक्लिक में कई मंदिर गुफाओं के निर्माण को प्रायोजित किया। उन्होंने पुरानी वर्णमाला को त्याग दिया और स्थानीय आबादी की लिपियों को अपनाया, जिसे बाद में उइगर लिपि के रूप में जाना जाने लगा। इदिकुत्स (कारखोज शासकों की उपाधि) ने स्वतंत्र रूप से शासन किया जब तक कि वे कारा-खितानों का एक जागीरदार राज्य नहीं बन गए।

1209 में, कारा-खोजा शासक इदिकुत बरचुक ने चंगेज खान के अधीन मंगोलों के प्रति अपनी निष्ठा की घोषणा की। उन्होंने राज्य 1335 तक एक जागीरदार राज्य के रूप में अस्तित्व में थामंगोलों को सौंपने के बाद, उइगर नौकरशाहों के रूप में मंगोल शासकों की सेवा में चले गए, जो विशेषज्ञता प्रदान करते थे। शुरू में अनपढ़ खानाबदोशों की कमी थी। कोचो साम्राज्य के उइगरों को मंगोलों द्वारा महत्वपूर्ण स्वायत्तता की अनुमति दी गई थी, लेकिन 14 वीं शताब्दी के अंत में उनके राष्ट्र को अंततः चगतैद मंगोलों द्वारा नष्ट कर दिया गया था।

उइगर मुस्लिम और एवं उनकी समस्याएं :-

उइगर मुख्य रूप से मुस्लिम अल्पसंख्यक तुर्क जातीय समूह हैं, इतिहास के अनुसार उइगर मुस्लिम पूर्वी एवं मध्यस्थ एशिया के इलाकों में रहते आ रहे हैं। उइगर अपनी स्वयं की भाषा बोलते हैं, जो कि काफी हद तक तुर्की भाषा के समान है और उइगर स्वयं को सांस्कृतिक एवं जातीय रूप से मध्य एशियाई देशों के करीब पाते हैं। उइगर मुस्लिमों को चीन में आधिकारिक तौर पर मान्यता प्राप्त 55 जातीय अल्पसंख्यक समुदायों में से एक माना जाता है। हालाँकि चीन उइगर मुस्लिमों को केवल एक क्षेत्रीय अल्पसंख्यक के रूप में मान्यता देता है और यह अस्वीकार करता है कि वे स्वदेशी समूह हैं। चीन के शिंजियांग क्षेत्र में काफी अरसे से मुस्लिमों की एक जाति रहती आ रहीं है, जिनका विवाद अभी चीन की सरकार से चल रहा है। उइगर मुस्लिमों की एक महत्त्वपूर्ण आबादी पड़ोसी मध्य एशियाई देशों जैसे- उज़्बेकिस्तान, किर्गिस्तान और कजाकिस्तान में भी रहती है।

शिंजियांग तकनीकी रूप से चीन के भीतर एक स्वायत्त क्षेत्र है और यह क्षेत्र खनिजों से समृद्ध है तथा भारत, पाकिस्तान, रूस और अफगानिस्तान सहित आठ देशों के साथ सीमा साझा करता है। वर्तमान में उइगर जातीय समुदाय की सबसे बड़ी आबादी चीन के शिंजियांग क्षेत्र में रहती है। पिछले कुछ दशकों में चीन के शिंजियांग प्रांत की आर्थिक समृद्धि में काफी बढ़ोत्तरी हुई है और इसी के साथ इस प्रांत में चीन के हान समुदाय के

लोगों की संख्या में भी काफी वृद्धि हुई है। वो इस क्षेत्र में बेहतर रोज़गार कर रहे हैं जिसके कारण उइगर मुस्लिमों के समक्ष आजीविका एवं अस्तित्व का संकट उत्पन्न हो गया है।

यहां की सरकार द्वारा इस जाति से ताल्लुक रखने वाले लोगों की गतिविधियों पर कड़ी नजर रखी जा रही है, जिसकी वजह से उइगर मुस्लिमों को काफी परेशानियों से गुजरना पड़ रहा हैं। इसी वजह से वर्ष 2009 में दोनों समुदायों के बीच हिंसा भी हुई, जिसके कारण शिंजियांग प्रांत की राजधानी उरुमकी में 200 से अधिक लोग मारे गए, जिनमें से अधिकतर चीन के हान समुदाय से संबंधित थे।दशकों से शिंजियांग प्रांत के उइगर मुस्लिम, आतंकवाद और अलगाववाद संबंधी झूठे आरोपों के कारण उत्पीड़न, जबरन नसबंदी, गहन जाँच, निगरानी और यहाँ तक कि गुलामी जैसे तमाम तरह के दुर्व्यवहारों का सामना कर रहे हैं। चीन ने अपने शिविरों और प्रशिक्षण केंद्रों में हज़ारों उइगर मुस्लिमों को जबरन कैद कर रखा है, हालाँकि चीन इन शिविरों को 'शैक्षिक केंद्र' के रूप में प्रस्तुत करता रहा है। चीन का कहना है कि यहाँ उइगरों को 'चरमपंथी विचारों' और 'कट्टरपंथीकरण' से बाहर निकलने तथा पेशेवर कौशल प्रदान करने का कार्य किया जा रहा है।चीन का दावा है कि उइगर समूह एक स्वतंत्र राज्य स्थापित करना चाहते हैं। चीन का ये भी दावा है कि उइगर समुदाय का पड़ोसी क्षेत्रों के साथ सांस्कृतिक संबंधों के कारण चीन के प्रतिनिधियों को भय है कि कुछ बाहरी शक्तियाँ शिंजियांग प्रांत में अलगाववादी आंदोलन को जन्म दे सकती हैं।

उइगर होने का दावा करने वाली राजनीति :-

आधुनिक उइगरों का दावा है कि कारा-खानिद खानते का शासन उइगर संस्कृति और इतिहास का एक महत्वपूर्ण हिस्सा है। कारा-खानिड्स, या काराखान (ब्लैक खान्स) राजवंश, एक राज्य था जिसका गठन कार्लुक्स, चिगिल्स, याघमास और अन्य तुर्किक जनजातियों के एक संघ द्वारा किया गया था। कुछ इतिहासकारों ने तर्क दिया है कि काराखानिड्स उइगरों खगानाटे के उइगरों से जुड़े हुए थे, याघमास के माध्यम से, टोक्ज़ ओघुज़ से जुड़े लोग, हालांकि अन्य इतिहासकार इस सिद्धांत से असहमत हैं।

कारा-खानिद सुल्तान सतुक बुगरा खान (920-956 ईस्वी) 934 में इस्लाम में परिवर्तित हो गया, और 960 में काराखानिड्स का सामूहिक रूपांतरण हुआ। काराखानिड्स की पहली राजधानी चू नदी घाटी में बालासागुन शहर में स्थापित की गई थी और बाद में काशगर चले गए। कारा-खानिद काल के दौरान, शहरों में मस्जिदों, स्कूलों, पुलों और कारवां सराय का निर्माण किया गया था। काशगर, बुखारा और समरकंद शिक्षा के केंद्र बन गए और तुर्क साहित्य का विकास हुआ। इस अवधि के सबसे महत्वपूर्ण कार्यो में

कुतद्गु बिलिग (द नॉलेज दैट गिव हैप्पीनेस) है, जिसे युसुफ बालासाघुनी ने 1060 और 1070 के बीच लिखा है, और दीवान लुघाट अल-तुर्क (तुर्कों की भाषाओं का संग्रह) द्वारा लिखित है। महमूद अल-काशगरी, जिन्होंने वास्तव में इस्लामी को प्रतिष्ठित काराखानिड्स, जिन्हें उन्होंने "खाकानी तुर्क" या सिर्फ "तुर्क" कहा, कोचो में बौद्ध उइगरों से, जिन्हें वे कभी-कभी "उइगर काफिर"कहते थे और उन्हें दुश्मन मानते थे। बाद के समय के तज़किराह, जैसे कि चार बलिदान इमामों का तज़किरा, जो प्रारंभिक कराखानिड्स की कहानी कहता है, उन्होंने बसे हुए तुर्किक अल्तिशहर लोगों की पहचान बनाने में मदद की, जो कि अब आधुनिक उइगर बन गए।

ईरान में सेल्जुक तुर्कों के उदय के बाद, काराखानिड्स उनके जागीरदार बन गए। कारा-खानिद राज्यों ने बाद में कारा-खितानों के आधिपत्य को प्रस्तुत किया और उनकी सेवा की, जिन्होंने क़त्वान की लड़ाई में सेल्जुकों को हराया था। जब कारा-खानिद राज्य ख्वार्ज़मिड्स और कुचलुग के बीच विभाजित हो गए थे, तब अंततः वो समाप्त हो गए, जो कि एक कारा-खितान के सिंहासन के सूदखोर थे।

पश्चिमी तारिम में स्थित एक तुर्क-मंगोल उत्तराधिकारी राज्य यारकंद खानटे के 15 वीं शताब्दी के विस्तार तक बेश बालिक और तुर्पन क्षेत्रों के अधिकांश उइगर निवासी इस्लाम में परिवर्तित नहीं हुए। इस्लाम में परिवर्तित होने से पहले, उइगर टेंग्रिस्ट, मनिचैवाद, बौद्ध या नेस्टोरियन ईसाई थे।

उइगर मुस्लिम के चीन में हालात:-

चीन में अधिकतर लोग नास्तिक पाए जाते हैं, इनका किसी भी धर्म से कोई लेना देना नहीं होता है। चीन के आधिकारिक क्षेत्र यानी की शिंजियांग क्षेत्र में उइगर मुस्लिम काफी आबादी में बसे हुए हैं। वहीं चीन की सरकार इस क्षेत्र से इन मुस्लिमों की आबादी कम करने में लगी हुई है। इतना ही नहीं चीन की हान जाति के लोगों ने शिंजियांग में जाकर बसना भी शुरू कर दिया है। चीन का ये क्षेत्र 8 देशों की सीमाओं के करीब है, चीन के अनुसार उनके देश में इस्लाम में रूचि बढ़ने के साथ-साथ इस्लामिकता भी बढ़ रही है, जिससे की उनके देश में आतंकवाद जन्म ले सकता है। इसलिए यहां पर मुस्लिम को प्रार्थना करने एवं धर्म से सम्बंधित कार्यों को करने पर कड़ी सजा दी जा रही है। यहां पर रोजा रखने एवं पहनावे पर भी चीन सरकार ने प्रतिबन्ध लगा रखा है। क्योंकि चीन का मानना है कि यहां पर कुछ आतंकवादी संगठन अपना परचम लहराना चाहते हैं,जिससे की उनके देश में आतंकवाद फैलने का खतरा बना हुआ है। इसलिए चीन सरकार इन सब हालातों से निपटने के लिए इतने प्रतिबन्ध लगा रही है। यहां तक की कोई भी व्यक्ति

अपने बच्चे का नाम मुस्लिम धर्म से सम्बंधित नहीं रख सकता है,जो कि काफी हद तक बुरा है।

शिंजियांग :-

शिंजियांग जनवादी गणराज्य चीन का एक स्वायत्तशासी क्षेत्र है। ये एक रेगिस्तानी और शुष्क इलाक़ा है इसलिए इस की आबादी बहुत कम है। शिंजियांग की सरहदें दक्षिण में तिब्बत और भारत, दक्षिण-पूर्व में चिंग हई और गांसू, पूर्व में मंगोलिया, उत्तर में रूस और पश्चिम में क़ाज़क़स्तान, किरगिज़स्तान, ताजिकिस्तान, अफ़ग़ानिस्तान और पाकिस्तान से मिलती हैं। भारत का अक्साई चिन का इलाका भी, जिसपर चीन का क़ब्ज़ा है, प्रशासनिक रूप से शिंजियांग में शामिल है। शिंजियांग की राजधानी उरुमची नाम का शहर है, जबकि इसका सबसे बड़ा नगर काशगर है।

वास्तव में वीगर, आज के तुर्क लोगों के बहुत दूर के रिश्तेदार हैं। आज जो आबादी तुर्की में है उसकी जड़ें भी किसी दौर में मध्य एशिया के उन्हीं लोगों से मिलती हैं। लेकिन ये तुर्क पश्चिम की तरफ़ पलायन कर गए थे और अनातोलिया प्रायद्वीप में बस गए थे और ग्रीक और आर्मीनियाई आबादी के साथ मिल गए थे। जबकि वीगरों ने इसके विपरीत पूरब का रास्ता चुना था। 9वीं शताब्दी में ये लोग उस इलाक़े में जाकर बसे जिसे आज हम पूर्व तुर्किस्तान या शिंजियांग कहते हैं। चीनी भाषा में शिंजियांग का मतलब होता है, नयाफ्रंटियर (नया मोर्चा) और वीगर लोग इसे उपनिवेशवाद के प्रतीक के तौर पर लेते हैं।

पापास कहते हैं, "हमें इस बारे में ठोस रूप से नहीं पता है कि उन्होंने प्रवास क्यों किया, हालांकि सामान्य मान्यता ये है कि वो घास के नए मैदानों और संसाधनों की खोज में गए होंगे या अन्य आबादी ने उन्हें खदेड़ दिया होगा"।

वहां पहुंचकर उन्होंने पूरी तरह सुस्त जीवनशैली को अपना लिया और वहीं ठहर गए और अपना धर्म भी बदल लिया। एक हिस्से ने बौद्ध धर्म को अपनाया और दूसरे ने नेस्टोरियनवाद को। हालांकि ये भी लंबे समय तक नहीं चला। 10वीं शताब्दी के मध्य में इस्लाम पूरे प्रभाव के साथ यहां पहुंचा और अधिकतर वीगर आबादी मुसलमान बन गई।

सूबे का नाम :-

मांछु भाषा में 'शिंजियांग' का मतलब 'नया सूबा' है। यहाँ तुर्की नसल की जाति के लोग रहते हैं जो उइगर कहलाते हैं जो तकरीबन सभी मुसलमान हैं। ये इलाक़ा चीनी तुर्किस्तान या मशरक़ी तुर्किस्तान भी कहलाता है।

उइगर ने यहां पर बहुत संघर्ष किया है इन लोगों ने सन् 1933 एवं 1944 में शिंजियांग को एक आजाद मुल्क की तरह स्थापित कर लिया था। इसके लिए सोवियत कम्युनिस्ट नेता जोसेफ स्टालिन द्वारा इनकी मदद की गई थी, लेकिन 1944 से 1949 में कुछ नेताओं ने शिंजियांग क्षेत्र को फिर से चीन गणराज्य में मिलाने का प्रस्ताव रखा। सन् 1949 में इस क्षेत्र को फिर से चीन में मिला लिया गया। इस घटना के बाद फिर से उइगर मुस्लिम चीन का हिस्सा बन गए। वहीं इस इलाके को लेकर तब से लेकर आज तक कई आंदोलन किए गए लेकिन चीन सरकार द्वारा सभी आंदोलनों को दबा दिया गया।

अलगाववादी संघर्ष :-

शिंजियांग संघर्ष शिंजियांग प्राँत में चीन से अलग होने के लिए संघर्ष चल रहा है। उइग़र लोगों का एक अलगाववादी समूह मानता है कि यह क्षेत्र, जिसे वे पूर्वी तुर्किस्तान कहते हैं, चीन का वैध अंश नहीं है बल्कि सन 1949में चीन द्वारा आक्रमण करके कब्जाया गया था और अभी तक चीन उस पर अनधिकृत रूप से काबिज है। अलगाववादी आँदोलन कुछ तुर्की मुस्लिम संगठनों द्वारा चलाया जा रहा है, जिनमें पूर्वी तुर्किस्तान स्वाधीनता आँदोलन नाम का दल प्रमुख है।

कुछ घटनाक्रम :-

24 अप्रैल 2013 को काशगर के निकट हिंसक झड़पों में 29 लोगों की मृत्यु हुई, जिनमें 15 पुलिसकर्मी थे। एक स्थानीय सरकारी अधिकारी ने बताया कि ये झड़पें तब हुईं जब तीन सरकारी अधिकारियों को काशगर के बाहर सेलिबुया इलाके में कुछ संदिग्ध चाकूधारी लोगों के छुपे होने की खबर दी। दो महीने बाद 26 जून 2013 को हुए दंगे में 27 लोग मारे गए; जिनमें 17 दंगाइयों द्वारा मारे गए थे और बाकी दस कथित तौर पर हमलावर थे जिन्हें पुलिस ने शहर में मार गिराया। 1 मार्च 2014 को चाकूधारी हमलावरों के एक समूह ने कुनमिंग रेलवे स्टेशन पर लोगों पर हमला किया जिसमें कम से कम 29 लोग मारे गए और 130 अन्य घायल हुए। चीन ने इन हमलों के लिए शिंजियांग के उग्रवादी तत्वों को जिम्मेदार ठहराया।

चीन में इस्लाम का विकास :-

चीन में इस्लाम मध्य-पूर्व देशों के राजदूतों के जरिए आया था जो सातवीं शताब्दी में तांग साम्राज्य के सम्राट गाओजोंग से मिलने के लिए पहुंचे थे। इस दौरे के बाद ग्वांगझाऊ में पहली मस्जिद का निर्माण किया गया ताकि हिंद महासागर और दक्षिण चीन सागर से होकर

गुजरने वाले अरबी और ईरानी व्यापारी यहां इबादत कर सकें। इस समय तक मुस्लिम व्यापारियों ने चीनी बंदरगाहों और सिल्क मार्ग के क्षेत्र में खुद को स्थापित कर लिया था, हालांकि, वे बहुसंख्यक हान चीनी समुदाय से करीब पांच शताब्दियों तक अलग ही रहे।

13वीं शताब्दी में मंगोल युआन साम्राज्य के आते ही इसमें तब्दीली आई जब नए शासकों के लिए असंख्य मुस्लिम अपनी सेवा देने के लिए चीन आए। ये नए शासक मंगोल साम्राज्य के संस्थापक चंगेज खान के वंशज थे। इन मंगोलों को चीनी साम्राज्य में प्रशासन का बिल्कुल ही अनुभव नहीं था। उन्होंने मदद के लिए सिल्क मार्ग के बुखारा और समरकंद जैसे प्रमुख शहरों के मुसलमानों की तरफ रुख किया। मंगोलों ने पश्चिम एशिया के लोगों और ईरानी लोगों की बड़े पैमाने पर भर्ती की और और उन्हें जबरदस्ती बसा दिया। इस दौरान, समृद्ध अधिकारी अपनी बीवियों को अपने साथ लाए जबकि निम्न तबके के अधिकारियों ने चीनी लड़कियों से शादी कर ली। चंगेज खान ने 12वीं शताब्दी में ययूरेशिया के अधिकांश हिस्से पर जीत दर्ज कर ली थी, उसके उत्तराधिकारी महाद्वीप के अलग-अलग हिस्सों में शासन कर रहे थे। इस वक्त विचारों और संस्कृति का आदान-प्रदान हुआ। चीन और मुस्लिम दुनिया की सांस्कृतिक परंपराएं बिल्कुल नए अंदाज में साथ आईं। अगले आने वाले 300 वर्षों तक- मिंग साम्राज्य के दौरान शासन में मुस्लिमों का प्रभाव बना रहा। हालांकि, 18वीं शताब्दी में मुस्लिमों और चीन राज्य के रिश्ते बदलने लगे। इस दौरान कई हिंसक संघर्ष हुए क्योंकि राज्य मुस्लिम बहुल इलाकों पर सीधा नियंत्रण स्थापित करने की कोशिश कर रहा था।

सरकार ने छीना स्वतंत्रता का अधिकार :-

वहीं दूसरी तरफ यहां रहने वाले मुस्लिमों का कहना है कि चीन की सरकार उनके स्वतंत्रता के अधिकार को छीनना चाहती है। इतना ही नहीं चीन के अधिकारियों ने कुरान और चटाई (जिस पर बैठ कर अल्लाह से प्रार्थना की जाती है) को सरकार के पास जमा करने के आदेश दिए हैं। वहीं अगर कोई भी ऐसा करना से मना करता है तो उसे कठोर दंड का सामना करना पड़ेगा।

उइगर मुस्लिम पर हो रहे अत्याचार :-

इस देश में उइगर मुसलमानों पर किए जाने वाले अत्याचार काफी बढ़ गए हैं। यहां तक की उनके द्वारा खरीदे हुए सामान को भी जांच प्रक्रिया से गुजरना पड़ता है। इतना ही नहीं अगर उइगर मुस्लिम कहीं घूमने जाना चाहते हैं तो सबसे पहले सरकार से आज्ञा लेनी होती है। उसके बाद भी सरकार की मर्जी पर आपका घूमना निर्भर करता है, इसका फैसला

सरकार उइगर मुस्लिम के वार्षिक कार्यों के आधार पर करती है। इतना ही नहीं पूरे साल इन पर सीसीटीवी कैमरों की मदद से नजर रखी जाती है और थोड़ा सा भी संदेह होने पर पुलिस के द्वारा पकड़ लिया जाता है।

मंगोल काल (1210-1760):-

उइगर इदिकुट, बरचुख, स्वेच्छा से चंगेज खान (सन 1206 -1227) को सौंप दिया और 1209 में उनकी बेटी, अल्तानी दी गई। सन 1260 के दशक के बाद से, वे सीधे ग्रेट खगन कुबलई (सन 1260-1294) के युआन राजवंश द्वारा नियंत्रित थे।

1270 के दशक से, मध्य एशिया के मंगोल राजकुमारों क़ैदू और दूवा ने युआन से नियंत्रण लेने के लिए बार-बार उइगरस्तान में छापे मारे। सत्तारूढ़ राजवंश सहित अधिकांश उइगर गांसु भाग गए, जो उस समय युआन राजवंश के अधीन था। उइगर सैनिकों ने मध्य एशिया, चीन और मध्य पूर्व में मंगोल युद्ध मशीन की सेवा की,क्योंकि वे मंगोलों के अधीन कई उच्च विकसित देशों में से एक थे। उइगरों ने मंगोल दरबार में उच्च पदों पर कार्य किया। टाटा-तुंगा चंगेज खान का पहला लेखक था और मंगोलों द्वारा इस्तेमाल की जाने वाली उइगर-मंगोलियाई लिपि के पीछे का मास्टरमाइंड था। अनातोलिया में एरेटना (1335-1381) के संस्थापक इल्खानेट के उइगर कमांडर थे। चगताई खानटे एक मंगोल शासक खानटे था, जो चंगेज खान के दूसरे बेटे चगताई खान द्वारा नियंत्रित था। चगताई का अल्सर, या वंशानुगत क्षेत्र,मंगोल साम्राज्य का हिस्सा शामिल था जो इली नदी (आज पूर्वी कजाकिस्तान में) और काशगरिया (पश्चिमी तारिम बेसिन में) से ट्रांसॉक्सियाना (आधुनिक उज्बेकिस्तान और तुर्कमेनिस्तान) तक फैला हुआ था। तुरफ़ान और उइगरस्तान के अन्य क्षेत्रों का नियंत्रण एक अन्य मंगोल राजवंश, चगताई खानते को हस्तांतरित किया गया था।

कई विद्वानों का दावा है कि चगताई खान (ई।1241) को 13वीं शताब्दी की शुरुआत में अपने पिता, चंगेज खान से उइगरस्तान विरासत में मिली थी।सन 1330 के दशक तक, चगतायड्स ने तुरफ़ान में उइगर साम्राज्य पर पूर्ण अधिकार का प्रयोग किया। सन 1346 में चगतायद शासक कज़ान खान की मृत्यु के बाद, चगताई खानटे को पश्चिमी (ट्रांसोक्सियाना) और पूर्वी (मुगुलिस्तान/उइघुरिस्तान) हिस्सों में विभाजित किया गया था। जिसे बाद में "काशगर और उइगरिस्तान" के रूप में जाना जाता था, बल्ख इतिहासकार मखमुद इब्न वली के अनुसार (रहस्यों का सागर, 1640)। 1348 तक, मुगल (फारसी में मंगोल) खान, तुगलग तैमूर, ने अपने 160,000 विषयों के साथ धर्मांतरण कर लिया था। एक छोटा मंगोल राजवंश, क़ारा डेल, हमी में स्थापित किया गया था, जहाँ उइगर भी

1389 में रहते थे। वीगरों के इतिहास की तरह ही उनकी लिपि का विकास भी उतार-चढ़ावों से भरा रहा है। वीगर अरबी को बीसवीं शताब्दी की शुरुआत तक इस्तेमाल किया गया। लेकिन जब राष्ट्रवादी चीन ने इस इलाक़े पर नियंत्रित किया तो सोवियत प्रभाव के चलते यहां सिरिलिक वर्णमाला को लागू कर दिया गया। इसके बाद लैटिन लिपि लागू की गई और फिर 1970 के दशक में फिर से अरबी लिपि को लागू कर दिया गया।

चंगेज़ ख़ान की मौत के बाद मंगोल साम्राज्य उसके बेटों में बंट गया था। जहां वीगरों का क्षेत्र है चगतई ख़ान के हिस्से में आया। उसने जो ख़नात बनाई वो उसी के नाम पर थी। पापास बताते हैं, "उस समाज में वीगर पूरी तरह से समाहित हो गए और यहां तक कि उनका नाम भी गुम गया। उस दौर में वीगरों का कहीं कोई ज़िक्र नहीं मिलता है, सिर्फ़ तुर्क आबादी की बात होती है। वो तब मध्य युग के पहले वीगर नहीं रह गए थे और ना ही कोई नस्लीय समूह थे। लेकिन वो दौर ऐसा था जब राज्यों और साम्राज्य की उम्र बहुत लंबी नहीं होती थी। चगतई ख़नात, जिस पर बाद में उसके वंशजों का शासन था पर 1370 में तैमूर लंग ने नियंत्रण कर लिया। तुर्क और मंगोल मूल के तैमूर लंग की सेना मॉस्को के दरवाज़े तक पहुंच गई थी। हालांकि बाद में तैमूर लंग के हाथ से भी ये ख़नात निकल गई और एक बार फिर चगतई वंश के हाथों में आ गई जिसने यहां 17वीं शताब्दी तक शासन किया।

मुग़लिस्तान :-

काशगर इतिहासकार मुहम्मद इमिन सद्र काशगरी ने 1780 में उइगरस्तान को अपनी पुस्तक ट्रेस ऑफ इनवेसन (असर अल-फुतुह) में दर्ज किया। पश्चिमी आधे हिस्से में सत्ता कई आदिवासी नेताओं के हाथों में चली गई, विशेष रूप से क़ुरान।आदिवासी शासकों द्वारा नियुक्त खान केवल कठपुतली थे। पूर्व में, तुगलग तैमूर (1347-1363) जो कि एक अस्पष्ट चगताई साहसी थे, ने खानाबदोश मंगोलों पर प्रभुत्व प्राप्त किया और इस्लाम में परिवर्तित हो गया। 1360 में और फिर 1361 में, उसने खानटे को फिर से एकजुट करने की उम्मीद में पश्चिमी आधे हिस्से पर आक्रमण किया।

उन्होंर अपनी सबसे बड़ी सीमा पर, चाघाटाइट डोमेन साइबेरिया में इरतीश नदी से नीचे अफगानिस्तान में ग़ज़नी तक और ट्रांसोक्सियाना से तारिम बेसिन तक फैला हुआ था।

तुगलग तैमूर आदिवासी शासकों को पूरी तरह से अपने अधीन करने में असमर्थ था। 1363 में उनकी मृत्यु के बाद, मुगलों ने ट्रान्सोक्सियाना छोड़ दिया, और क़ारुना के नेता अमीर हुसैन ने ट्रांसोक्सियाना पर नियंत्रण कर लिया। तैमूर-ए लंग (तैमूर द लंग), या

तामेरलेन, ट्रांसॉक्सियाना का एक मुस्लिम मूल निवासी, जिसने चंगेज खान से वंश का दावा किया था। वो अपने लिए खानटे का नियंत्रण चाहता था और अमीर हुसैन का विरोध करता था।

उन्होंने 1366 में समरकंद लिया और 1370 में उन्हें अमीर के रूप में मान्यता दी गई, हालांकि उन्होंने चगताई खानों के नाम पर आधिकारिक रूप से काम करना जारी रखा। तीन दशकों से अधिक समय तक, तैमूर ने अफगानिस्तान में हेरात के शासकों, फारस में शिराज, इराक में बगदाद, भारत में दिल्ली और सीरिया में दमिश्क के शासकों पर विजय प्राप्त करते हुए, व्यापक विजय के लिए चगताई भूमि का उपयोग किया। अंगोरा में तुर्क तुर्कों को हराने के बाद, 1405 में मिंग-राजवंश चीन पर चलते हुए तैमूर की मृत्यु हो गई। तैमूर राजवंश उनके बेटे, शाहरुख के अधीन रहा, जिन्होंने 1447 में अपनी मृत्यु तक हेरात से शासन किया। सन 1369 तक, मंगोल साम्राज्य के पुनर्निर्माण के अपने प्रयास में चगताई खानटे के पश्चिमी आधे (ट्रांसोक्सियाना और आगे पश्चिम) को तामेरलेन ने जीत लिया था। पूर्वी आधा, जो अब शिंजियांग के अधीन है, चागताई राजकुमारों के अधीन रहा, जो उस समय संबद्ध थे या तैमूर राजकुमारों के साथ युद्ध में थे। 17वीं शताब्दी तक, शेष सभी चगताई डोमेन उइगर अपाक खोजा और उनके वंशजों, खोजियों के लोकतांत्रिक शासन के अधीन आ गए, जिन्होंने तारिम बेसिन में अल्तीशहर पर शासन किया। तारिम बेसिन के साथ-साथ ट्रांसोक्सियाना (आधुनिक-दिन के उज्बेकिस्तान और ताजिकिस्तान में) को मुगलिस्तान या मुगलिस्तान के रूप में जाना जाने लगा, जब चागाटे और तिमुरीद राज्यों के शासक वर्ग डोगलत के "मोघोल" जनजाति से उतरे। उनका इस्लामीकरण और भाषा में तुर्कीकरण किया गया। इस मुगल तैमूर शासक वर्ग ने भारतीय उपमहाद्वीप पर तैमूर शासन की स्थापना की जिसे मुगल साम्राज्य के नाम से जाना जाता है।

चगताई खानटे के पूर्वी हिस्से में, चीनी इतिहासकारों के लिए पूर्वी चगताई खानते के रूप में जाना जाता है और रूसी इतिहासकारों के लिए मुगलिस्तान के रूप में, काराखानिड्स की संस्कृति बड़े पैमाने पर मुस्लिम राज्य पर हावी है। पूर्व काराखोजा इदिकुट-एट की बौद्ध आबादी बड़े पैमाने पर मुस्लिम आस्था में परिवर्तित हुई। सभी चगताई भाषी मुसलमान, चाहे वे तुर्पन या काशगर में रहते हों, अपने व्यवसायों से मुगलों (शासक वर्ग), सार्ट्स (व्यापारी और नगरवासी), और तरंची (किसान) के रूप में जाने जाते थे। एक ही मुस्लिम तुर्किक लोगों के बीच वर्गों का यह ट्रिपल विभाजन ट्रांस ऑक्सियाना में भी मौजूद था, भले ही वे तैमूरिड या चगाटे शासन के अधीन थे। पूर्वी चगताई खानटे को अस्थिरता और आंतरिक युद्ध से चिह्नित किया गया था, जिसमें काशगर, यारकांत और कोमुल प्रमुख केंद्र थे। कुछ

चागाटे राजकुमारों ने ट्रांसऑक्सियाना के तिमुरिड्स और उज़बेक्स के साथ संबद्ध किया, और कुछ ने बौद्ध काल्मिकों से मदद मांगी। छगाटे राजकुमार मिर्जा हैदर कुरगन 16 वीं शताब्दी की शुरुआत में तैमूरिड ताशकंद में अपनी युद्ध ग्रस्त मातृभूमि काशगर से भाग निकले, केवल हमलावर शायबनिड्स द्वारा बेदखल किए जाने के लिए।

अपने मुगल तैमूर चचेरे भाई, दिल्ली के तत्कालीन शासकों की सुरक्षा से बचते हुए, उन्होंने कश्मीर के राज्यपाल के रूप में अपना अंतिम पद प्राप्त किया। उन्होंने प्रसिद्ध तारिख-ए-रशीदी को लिखा, जिसे व्यापक रूप से पूर्वी तुर्किस्तानी चगताय के दौरान उईघुर सभ्यता पर सबसे व्यापक कार्य के रूप में प्रशंसित किया गया था। खोजी मूल रूप से नक्शबंदी आदेश के एक तग तारिका थे, जो तैमूरिड ट्रांसऑक्सियाना में उत्पन्न हुआ था। 17वीं शताब्दी के अंत में दो प्रमुख नक्शबंदी तारिकों, अक तघलिक और कारा ताघलिक के बीच संघर्ष ने पूर्वी चगताई डोमेन को घेर लिया। अपाक खोजा ने राष्ट्रीय धार्मिक और राजनीतिक नेता दोनों के रूप में जीत हासिल की। अंतिम शासक चगतेय राजकुमारी ने सत्तारूढ़ खोजीजन राजकुमारों (अपाक के वंशज) में से एक से विवाह किया और खानम पाशा के नाम से जाना जाने लगा। उसने अपने पति की मृत्यु के बाद बेरहमी से शासन किया और अकेले ही अपने कई खोजीजन और चगतायद प्रतिद्वंद्वियों का वध किया। अराजकता में, खानम पाशा की कूरता के बावजूद,मिंग तुर्पान सीमा युद्धों के दौरान, चीनी मिंग राजवंश ने उइगर साम्राज्य के तुर्पान के आक्रमणों को हराया।

मिंग राजवंश के झेंगदे सम्राट का हमी के एक उइगर मुस्लिम नेता के साथ समलैंगिक संबंध था। उसका नाम सैय्यद हुसैन था। उसने मिंग तुरपन सीमा युद्धों के दौरान हमी में मुस्लिम ओवरसियर के रूप में कार्य किया था। पुरुषों के साथ संबंध रखने के अलावा, झेंगदे सम्राट के महिलाओं के साथ भी संबंध थे। उन्होंने अपने कई अधिकारियों की बेटियों की तलाश की। उनके दरबार में एक अन्य मुस्लिम, यू युंग नामक एक मध्य एशियाई, ने उइगर महिला नर्तकियों को यौन उद्देश्यों के लिए सम्राट के क्वार्टर में भेजा। सम्राट ने मंगोलों और उइगरों जैसी गैर-चीनी महिलाओं का पक्ष लिया।झेंगदे सम्राट को उइगर महिला को अपनी पसंदीदा उपपत्नी में से एक के रूप में रखने के लिए जाना जाता था। उसका अंतिम नाम मा था, और कथित तौर पर उसे तुर्किस्तान से सैन्य और संगीत कला, तीरंदाजी, घुड़सवारी और गायन संगीत में प्रशिक्षित किया गया था। जंगरों पर मांचू के नेतृत्व वाले किंग राजवंश के आक्रमण ने किंग सैन्य शासन को तारिम बेसिन के उत्तर में इली घाटी में लाया। ज़िन्हाई क्रांति द्वारा किंग को उखाड़ फेंकने तक खोजीजान राजकुमारों ने किंग शासन के खिलाफ संघर्ष किया।

चीन के वीगर मुसलमानों का सम्बन्ध मंगोलिया से :-

एक दौर में वीगर मुसलमानों का अपना साम्राज्य था जिसने मंगोलिया के मैदानों पर शासन किया, चंगेज खान ने उनकी लिपि को अपनाया। तैमूर लंग ने उन्हें जीता है। उन्होंने एक स्वतंत्र सूफ़ी धर्म तंत्र बनाया और बीसवीं शताब्दी में वो दो बार एक स्वतंत्र गणराज्य रहे।अपनी अलग संस्कृति, भाषा और धर्म वाले वीगरों का इतिहास शानदार है जो 8वीं सदी तक जाता है। हालांकि वीगर मुसलमानों के इतिहास को लेकर कुछ तुटियां हैं। लेकन इतिहासकार मानते हैं कि उनकी जड़ें आज के दौर के मंगोलियां से मिलती हैं। फ्रांस के नेशनल सेंटर फॉर साइंटीफ़िक रिसर्च से जुड़े फ्रांसीसी इतिहासकार एलेक्सेंडर पापास बीबीसी मुंडो से अपना विचार व्यक्त करते हैं।

उनका कहना है कि उनके बारे में जो सबसे पुराने सबूत हमारे पास हैं, वो उस दौर से मिलते हैं जब वो आज के दौर के मंगोलिया में रहते थे और उन्होंने उस व्यवस्था की स्थापना की थी जिसे 'खनात' कहा जाता है।

आज हम जिन लोगों को मंगोलों के नाम से जानते हैं वो उस दौर में नहीं थे, और वीगर मूल रूप से मध्य एशिया की तुर्क मूल की आबादी थी, जो बड़े इलाक़े पर आबाद थी और मणिचेइज़्म धर्म को मानती थी।

इस सामजस्यपूर्ण धर्म की स्थापना फ़ारसी मूल के मणि ने की थी और सिल्क रूट के ज़रिए ये पूर्वी एशिया तक फ़ैल गया था।वीगरों के चीन में भी रश्ते थे और वो एक हाइब्रिड, खानाबदोश और सुस्त जीवन जीते थे।

किंग राजवंश द्वारा कब्जा और नियंत्रण (1760 -1860):-

किंग राजवंश ने 18वीं शताब्दी में मुगलिस्तान पर विजय प्राप्त की। इसने सन 1759 में जुंगरिया पर आक्रमण किया और 1864 तक इस पर हावी रहा। किंग द्वारा दजुंगर लोगों का वर्चस्व शुरू करने के तुरंत बाद इस क्षेत्र का नाम बदलकर शिंजियांग कर दिया गया। "इतिहासकारों का अनुमान है कि दस लाख लोग मारे गए और भूमि इतनी तबाह हो गई कि इसे ठीक होने में एक पीढ़ी लग गई"। सदियों तक, चीनी साम्राज्य और पूर्वी तुर्किस्तान के बीच राजनयिक संबंध रहे, लेकिन चीन किंग वंश जिसे मांचू वंश भी कहा जाता है, के आने पर यहां चीन का आक्रमण हुआ। पापास कहते हैं, "किंग अपनी सीमाओं की अस्थिरता को लेकर बहुत चिंतित थे और उन्होंने पांच साल के भीतर ही पूर्वी तुर्किस्तान पर क़ब्ज़ा कर लिया और यहां से मंगोलों का ख़ात्मा कर दिया।" हालांकि किंग वंश ने सैन्य जीत हासिल कर ली थी लेकिन उसे आबादी का समर्थन प्राप्त नहीं

था। उन्होंने एक तरह से संरक्षित राज्य बना लिया था लेकिन रह-रहकर विद्रोह होता रहता था।

खोया के वंशज जो मध्य एशिया की तरफ़ चले गए थे फिर से समय-समय पर वापस लौटे और धीरे-धीरे सत्ता हासिल कर ली। अगली एक सदी तक इस क्षेत्र में उथल-पुथल रहा। फिर याक़ूब बेग़ का दौर आया जिन्होंने यहां अमीरात की स्थापना की। हालांकि ये भी बहुत लंबी नहीं चल सकी। लेकिन ये दिलचस्प दौर था क्योंकि इस अमीरात को रूसियों और ब्रितानियों का समर्थन प्राप्त था।

पापास बताते हैं कि उस दौर में रूसी और ब्रितानी साम्राज्य इस क्षेत्र में चीनी साम्राज्य के साथ सत्ता का खेल खेलने के लिए उपस्थिति दर्ज करा रहे थे।उन गुमनाम भारतीय औरतों की कहानी जिन्होंने ब्रिटेन की भावी पीढ़ियों की परवरिश। शिंजियांग में एक व्यापक दास व्यापार होने लगा। उइगरों को मांचू सैन्य अधिकारियों के नियंत्रण में भीख मांगने की एक प्रणाली द्वारा प्रशासित किया गया था। हान हुई (वर्तमान में हुई चीनी के रूप में जाना जाता है) और हान चीनी को राजवंश के प्रति वफादारी प्रदर्शित करने के लिए कतार में लगना पड़ा, लेकिन चांटो हुई (उइगर) और साला हुई (सालार) जैसे तुर्क मुस्लिम इस प्रथा का पालन करने के लिए बाध्य नहीं थे। जहाँगीर खोजा द्वारा काशगर पर आक्रमण के बाद, तुर्किस्तानी मुस्लिम भीख माँगते हैं और शिंजियांग में अधिकारियों ने साम्राज्य के प्रति अपनी दृढ़ निष्ठा दिखाने के लिए कतार में लगने के "विशेषाधिकार" के लिए उत्सुकता से लड़ाई लड़ी।

उच्च श्रेणी के भीखों को यह अधिकार दिया गया था कि तुर्की की उत्सुकता स्वेच्छा से हान और हुई के विपरीत कतार को पहनने की भीख माँगती है, जिन्हें इसे पहनने के लिए मजबूर किया गया था। चीनी ने जहांगीर के तहत तुर्की उइगर और मध्य एशियाई आक्रमणकारियों के बीच अंतर नहीं किया, तुर्कों को मार डाला जिन्होंने चीनी नागरिकों को रिश्वत देने की कोशिश की और उनके साथ शरण मांगी। कई चीनी और कई चीनी मुसलमान (डुंगन) जहांगीर द्वारा मारे गए थे, इसलिए वे बदला लेने के लिए बहुत ही जादा उत्सुक थे। उइगर मुस्लिम सैय्यद और नक्शबंदी सूफी विद्रोही अफ्रीकी उप-आदेश, जहांगीर खोजा, को किंग के खिलाफ विद्रोह का नेतृत्व करने के लिए 1828 में मंचू द्वारा मौत के घाट उतार दिया गया था।

यतिशार :-

मुसलमानों द्वारा 1864 के डूंगन विद्रोहों के दौरान शुरू किए गए विद्रोह में , तुर्की मुसलमानों ने कई शहरों में विद्रोह किया, जिनमें काशगर, यारकंद, होतान, अक्सू, कुचा

और तुरपन शामिल थे। याकूब बेग के तहत खोकांडी ने 1865 में इस क्षेत्र में येतिशर राज्य की स्थापना की और 1873 में तुर्क साम्राज्य से मान्यता प्राप्त की। कठोर शासन, भारी करों और घटते व्यापार के कारण स्थानीय काशगरिया और उसकी तुर्क मुस्लिम प्रजा द्वारा याकूब बेग के शासन को नापसंद किया गया। याकूब बेग के तहत उइगर मुस्लिम बलों ने डुंगन विद्रोह के दौरान तुओ मिंग (तो मिंग) के तहत चीनी मुसलमानों के खिलाफ जिहाद की घोषणा की। उइगरों ने सोचा कि चीनी मुसलमान शफी हैं, और चूंकि उइगर हनफी थे, इसलिए उन्हें उनके खिलाफ युद्ध छेड़ना चाहिए। याकूब बेग ने चीनी मुसलमानों के खिलाफ लड़ने के लिए गैर-मुस्लिम हान, मलेशिया को जू शूहोंग (ह्सु हसुहकुंग) के तहत शामिल किया। 1870 में उरुमकी की लड़ाई में टो मिंग की सेना को याकूब द्वारा पराजित किया गया था। याकूब का इरादा सभी डुंगन क्षेत्र को जब्त करने का था। कुलद्जा में, कुछ तरंची तुर्क मुसलमानों ने चीनी मुसलमानों का नरसंहार किया, उन्हें इली में भागने के लिए मजबूर किया।

1870 के दशक के अंत में, किंग ने जनरल जूओ ज़ोंगटांग के नेतृत्व में झिंजियांग को फिर से जीतने का फैसला किया। जैसे ही जुओ ज़ोंगटांग, याकूब बेग के तहत मुस्लिम विद्रोहियों को कुचलने के लिए झिंजियांग में चले गए, वह डुंगन खुफिया सूफी जनरल मा अनलियांग और उनकी सेना में शामिल हो गए, जो पूरी तरह से मुस्लिम डुंगन लोगों से बने थे। मा अनलियांग और उनके डुंगन सैनिकों ने मुस्लिम विद्रोही बलों पर हमला करने के लिए जूओ ज़ोंगटांग के साथ लड़ाई लड़ी।18 दिसंबर 1877 को, किंग की सेना ने काशगर में प्रवेश किया, जिससे राज्य का अंत हो गया।

किंग रिकॉन्क्वेस्ट :-

इस आक्रमण के बाद, पूर्वी तुर्किस्तान का नाम बदलकर "शिंजियांग" या "सिंकियांग" कर दिया गया, जिसका अर्थ है "नया डोमिनियन" या "नया क्षेत्र"। लेकिन वास्तव में इसे "ओल्ड टेरिटरी न्यूली रिटर्न्ड" के रूप में जाना जाना चाहिए। 18 नवंबर 1884 को किंग साम्राज्य द्वारा चीनी भाषा में "ज़िंगजियांग" को छोटा कर दिया गया। इस बीच, मध्य एशिया में रूस और ब्रिटेन के बीच "महान खेल" चल रहा था, जिसमें अफगानिस्तान से ताजिकिस्तान और उज्बेकिस्तान से उइगरस्तान तक की पूर्व जातीय संस्कृतियों को विभाजित किया गया था। पूर्वी फ़ारसी के शिया वक्ताओं और ताजिक और सुन्नी चगताई बोलने वालों के बीच एक ही उज़्बेक सांस्कृतिक क्षेत्र के बीच खींची गई कृत्रिम रेखाओं ने आधुनिक ताजिक और उज़्बेक राष्ट्रीयताओं को जन्म दिया। जबकि सार्ट-तरंची आबादी काशगर और अंदिजान के आसपास समान थी।उइगर और उज़्बेक में विभाजित, तुर्पन,

हमी, कोरला, काशगर, यारकांत, येंगिहिसर, होटन, और यिनिंग, तारिम बेसिन और झिंजियांग के किनारों के माध्यम से, उइगर के रूप में वर्गीकृत किए गए थे।किंग राजवंश के दौरान, तारिम के आस-पास के उइगर निवासी, करलुक/पुरानी उइगर-चगाटे बोलियों को बोलते हुए, मोटे तौर पर तरंची और सार्ट के रूप में जाने जाते थे, जो खोजिजन के मुगलों द्वारा शासित थे। इस्लामिक दुनिया के अन्य हिस्से अभी भी इस क्षेत्र को मुगलिस्तान या तुर्किस्तान के पूर्वी हिस्से के रूप में जानते हैं।

सूफ़ी धर्म :-

मंगोलों की एक नई लहर ने इस क्षेत्र पर फिर से क़ब्ज़ा कर लिया, हालांकि इनमें से कुछ बौद्ध थे जिन्होंने आबादी का धर्मांतरण करने का प्रयास किया। लेकिन अंत में जो बचे रहे वो मुस्लिम धर्म को मानने वाला वंश था जो काशगर क्षेत्र से निकला था।इन्हें खोया कहा गया जो सूफ़ीवाद को मानते थे। 16वीं सदी के दूसरे हिस्से में मिशनरियों के जरिए सूफ़ीवाद वीगरों के इलाक़े में पहुंचा। यह रहस्यमयी धारा जो एक आध्यात्मिक इस्लाम का प्रचार करती है। अपने साथ एक संपूर्ण साहित्यिक, बौद्धिक और दार्शनिक संस्कृति लाई जिससे वीगरों के धार्मिक विवेक में क्रांतिकारी बदलाव हुआ।

पूर्वी तुर्किस्तान में कुछ सबसे खूबसूरत मकबरे और मस्जिदें उस दौर की हैं, और ये अब भी तीर्थयात्रा के स्थान हैं और लोग यहां मिलते-जुलते हैं। हालांकि ये इलाक़ा एक तरह से मंगोलों के ही संरक्षण में रहा लेकिन खोया वंश यहां का असली शासक रहा। उन्होंने यहां पर एक तरह का सूफ़ी धर्म लागू किया जो 1754 में चीनी सेनाओं के यहां पहुंचने तक बरक़रार रहा।

राष्ट्रवादी चीन :-

इसके बाद राष्ट्रवादी चीन का दौर आया। 1911 की क्रांति ने चीनी साम्राज्य का अंत कर दिया लेकिन पूर्वी तुर्किस्तान में हालात बहुत अधिक नहीं बदले। पापास कहते हैं, "वीगर अपनी भाषा बोल सकते थे, अपने धर्म का पालन कर सकते थे और उनके सामने चीनी भाषा बोलने की कोई मजबूरी नहीं थी।" राष्ट्रवाद का प्रभाव बढ़ रहा था और शिंजियांग क्षेत्र में बहुत से लोग अपनी पहचान को लेकर जागरूक हो रहे थे। इस क्षेत्र की सीमाएं सोवियत संघ के उन इलाकों से लगीं थीं जो आगे चलकर सोवियत सोशलिस्ट रिपब्लिक ऑफ़ सेंट्रल एशिया बना। इसे लेकर पूर्वी तुर्किस्तान में चिंताएं पैदा होने लगी थीं। 1930 में एक बार फिर से वीगर शब्द को वापस स्थापित किया गया और आज तक ये इस्तेमाल हो रहा है।

वीगर ऑटोनॉमस रीजन :-

वीगरों में अपने लिए अलग राष्ट्र की भावना मज़बूत हुई और 1933 में उन्होंने फ़र्स्ट रिपब्लिक ऑफ़ इस्टर्न तुर्किस्तान स्थापित कर दिया। ये सिर्फ़ एक साल ही चला लेकिन इसने वीगरों में स्वतंत्र राष्ट्र की भावना पैदा कर दिया और फिर 1944 से 1945 के बीच वो प्रयोग सेकंड रिपब्लिक में फिर से दोहराया गया। सेकंड रिपब्लिक में दो धाराएं एक साथ थीं। पहली राष्ट्रवादी मुसलमानों की और दूसरी वामपंथी विचारकों की जिन्होंने 1930-40 के दौर में सोवियत संघ में प्रशिक्षण प्राप्त किया था। उस दौर में ये क्षेत्र किसी सोवियत उपराज्य की तरह था जो अंततः माओ त्से तुंग की पीपुल्स लिब्रेशन ऑर्मी से हार गया। इसके बाद शिंजियांग वीगर ऑटोनॉमस रीजन (शिंजियांग वीगर स्वायत्त क्षेत्र) बना। माओ ने चीनी राष्ट्रीयताओं या 'मिनजू' की प्रणाली स्थापित की। इसमें एक बहुसंख्यक वर्ग है जो चीन की हान नस्ल है, जो आबादी का अधिकतर हिस्सा है और बाकी में 55 अल्पसंख्यक वर्ग हैं इनमें तिब्बती, वीगर और मंगोल भी शामिल हैं।

नई हान आबादी :-

वीगरों को अल्पसंख्यक की पहचान तो मिल गई लेकिन शिंजियांग (जिसका चीनी भाषा में मतलब है नया फ्रंटियर) को दूरस्थ पश्चिमी क्षेत्र ही माना जाता रहा। ये धारणा बनी की इसे फिर से 'नई हान आबादी' से आबाद किया जाए। बड़ी तादाद में हान लोग प्रवास करके यहां पहुंचे। वीगर राष्ट्रवाद जिसे अब तक स्वीकार किया जाता रहा था, को 1960 के बाद से चीन में एक ऐसी चीज़ की तरह देखा जाने लगा जिसका समाधान किया जाना ज़रूरी हो।

1967 में यहां सांस्कृतिक क्रांति शुरू हुई और इसके प्रभाव कई दशकों तक रहे। ये इस क्षेत्र के लिए विनाशक साबित हुई। इस दौरान बुद्धिजीवियों और धर्मगुरुओं को गिरफ्तार किया गया और मस्जिदों और मकबरों को तोड़ दिया गया। शिंजियांग एक बड़ा लेबर कैंप बन गया जहां पूरे चीन से हिरासत में लिए गए लोग पहुंचाए गए। नई सत्ता इन लोगों को प्रतिक्रियावादी या बुर्जुआ मानती थी। 1980 के दशक में डेंग शियापिंग (शीशियान) के नेतृत्व में हालात और भी बदले।

पापास बताते हैं, "अल्पसंख्यकों के संबंध में बड़े बदलाव हुए। उन्हें अब प्रतिक्रियावादी रीति-रिवाजों के प्रतीक के तौर पर नहीं देखा गया,बहुत हद तक अभिव्यक्ति की स्वतंत्रता के साथ लोकतांत्रिकरण शुरू हुआ। इसके बाद बहुत समृद्ध बौद्धिक गतिविधियां हुईं, ये एक सही मायनों में सांस्कृतिक विकास था जिसमें बहुत कुछ जो गंवा दिया गया था फिर

से बनाया गया। विश्वविद्यालयों में सांस्कृतिक संगठन बने और 12 दिसंबर, 1985 को क्षेत्रीय राजधानी उरूमक़ी में आंदोलनकारी छात्र सड़कों पर आ गए। वो और अधिक लोकतांत्रिक स्वतंत्रता की मांग कर रहे थे और पूर्वी तुर्किस्तान में हुए परमाणु परीक्षणों का विरोध कर रहे थे।

थियानमेन स्क्वेयर गोलीकांड:-

सहिष्णुता का माहौल समूचे देश में 1989 में बदल गया। ये वही साल था जब राजधानी बीजिंग के थियानमेन चौक पर छात्रों का नरसंहार हुआ था। प्रशासन ने वीगर मुसलमानों के एकजुट होने को शक़ की निगाह से देखना शुरू कर दिया। वो इसे वीगर अलगाववाद का केंद्र मानने लगे। वीगरों के उत्सव समारोह निशाने पर आ गए, पारंपरिक मुशायरे (मेशरेप) जहां पारंपरीप संगीत 'मुक़ाम' बजाया जाता था, नृत्य और बातचीत होती थी, भी सरकार के निशाने पर आ गए थे। 1997 में गुजला शहर में ऐसे ही मेशरेप समारोह को हिंसक तरीक़ों से कुचल दिया गया। ये वीगर विद्रोह का दौर था। तो प्रतिक्रिया भी बेहद कड़ी थी। सैकड़ों लोग मारे गए और हज़ारों घायल हो गए।

एलेक्सेंडर पापास कहते हैं, "जब राजनीतिक अभिव्यक्ति की संभावना नहीं होती तो आंदोलनकारी हथियार उठा लेते हैं। यहीं से तथाकथिक वीगर आतंकवाद का जन्म हुआ"। कभी-कभी हमले भी हुए, जैसे की 1997 में बीजिंग में बस पर हमला हुआ जिसमें दो लोग मारे गए। 2009 में फिर से तनाव चरम पर पहुंच गया। ये वो समय था जब उरूमक़ी में पहली बार नस्लीय सघर्ष भड़का।

पापास कहते हैं, "इसके बाद से क्षेत्र में तनाव कम नहीं हुआ है, यहां चीन की सरकार बेहद हिंसक तरीके से उत्पीड़न कर रही है। सरकार ने यहां वीगर मुसलमानों को अलग-थलग करने की व्यवस्था लागू कर दी है। उदाहरण के तौर पर बहुत सी नौकरियां ऐसी हैं जिनमें वीगर मुसलमान शामिल नहीं हो सकते हैं।

तुर्किस्तान इस्लामिक पार्टी ने साल 2013-14 में हुए कई हमलों की ज़िम्मेदारी ली। पापास के मुताबिक "ये इराक़ और सीरिया में इस्लामिक स्टेट से जुड़ा एक छोटा लेकिन अस्पष्ट आंदोलन है। इसके कुछ सदस्य प्रशिक्षण लेने इराक़ और सीरिया भी गए थे।

पुनर्शिक्षा केंद्र:-

जब लगा कि अब वीगर मुसलमानों के साथ इससे बुरा कुछ और नहीं होगा, तब 2017 में पुनर्शिक्षा केंद्र सामने आए, जो एक बड़ा मोड़ साबित हुए।

पापास कहते हैं, "अतीत के जबरन श्रम शिविर एक न्याय व्यवस्था का हिस्सा थे, भले ही वो अन्यायपूर्ण क्यों ना हो, क्योंकि ये किसी अपराध या ग़लती की सज़ा थे। लेकिन पुनर्शिक्षा केंद्र बहुत विशाल हैं और यहां आबादी के हर तरह के वर्ग हैं, वो लोग भी यहां भेज दिए जाते हैं जिन्होंने कभी कोई अपराध नहीं किया होता है।"

ये माना जाता है कि इन पुनर्शिक्षा केंद्र में वीगर आबादी के दस प्रतिशत यानी क़रीब दस लाख लोग बंद हैं। इतिहासकार पापास कहते हैं, "लोग अचानक किसी भी दिन ग़ायब हो जाते हैं और उनके परिवार के पास ये जानकारी नहीं होती है कि उन्हें कहां ले जाया गया है। राज्य सत्ता उनका अपहरण कर लेती है। जो लोग इन कैंपों के बाहर हैं उन पर भी स्थायी नियंत्रण है। पूर्वी तुर्किस्तान तकनीक और ख़ुफ़िया निगरानी का परीक्षण केंद्र बन गया है। वीगर मुसलमानों के दमन ने इस आबादी का एक ऐसा बड़ा वर्ग खड़ा किया है जो देश से बाहर निकलकर दुनिया के अलग-अलग हिस्सों में रह रहा है। ये वीगर लोग यूरोप, अमेरिका और एशियाई देशों में हैं। जर्मनी के म्यूनिख में स्थित वर्ल्ड वीगर कांग्रेस इन लोगों को एकजुट करने के प्रयास करती है। भू-राजनैतिक कारणों और चीन की बढ़ती ताक़त की वजह से इस्लाम धर्म के अनुयायी होने और तुर्क नस्ल से जुड़े होने के बावजूद वीगर मुसलमानों को इस्लामी देशों और मध्य एशियाई इस्लामी देशों का कोई ख़ास सहयोग या समर्थन नहीं मिलता है।

पापास कहते हैं, "बहुत से मुसलमान देश चीन के साथ अपने संबंध बनाए रखना चाहते हैं"। वो वीगर लोगों को अलग तरह का मुसलमान भी मानते हैं और उनके प्रति एकजुटता महसूस नहीं करते।" अफ़सोस ज़ाहिर करते हुए पापास कहते हैं, "वास्तव में ये नस्ल, अपने इतिहास के सबसे मुश्किल दौर से गुज़र रही है।

गणतांत्रिक युग (1910-1949):-

उइगर ने अपने नखलिस्तान से खुद को 'केरियानीज़', 'खोतानीज़' या 'काशगरी' के रूप में पहचाना। 1921 में ताशकंद में तुर्क नेताओं की एक बैठक के दौरान सोवियत संघ ने उइगर से मुलाकात की। इस बैठक ने क्रांतिकारी उइगर संघ (इंकिलावी उइगर इतिपाकी) की स्थापना की, जो एक कम्युनिस्ट राष्ट्रवादी संगठन था, जिसने काशगरिया के प्रमुख शहरों में भूमिगत खंड खोले और 1926 तक सक्रिय रहे। जब सोवियत ने किंग सिंकियांग सरकार को मान्यता दी और व्यापार समाप्त कर दिया तो इसके साथ समझौते किये गए।

1920 तक, उइगर राष्ट्रवाद चीनी सरदार यांग ज़ेंगक्सिन के लिए एक चुनौती बन गया था, जिसने सियानकियांग को नियंत्रित किया था।

तुर्पन कवि अब्दुलहलीक ने अपने प्रारंभिक वर्षों को सेमीप्लाटिंस्क (आधुनिक सेमी) और उज़्बेकिस्तान के जदीद बौद्धिक केंद्रों में बिताया। वो एक उपनाम के साथ सिंकियांग लौट आए, जिसे बाद में उन्होंने उपनाम के रूप में स्टाइल किया:- "उइगर"।

उन्होंने राष्ट्रवादी कविता ओयघन लिखी, जो "आई पेकिर उइगर, ओयघन!" (अरे गरीब उइगर, जागो!) बाद में उन्हें चीनी सरदार शेंग शिकाई ने मार्च 1933 में अपने कार्यो के माध्यम से उइगर राष्ट्रवादी भावनाओं को उकसाने के लिए तुर्पन में शहीद कर दिया था। शिंजियांग में यांग के शासन के दौरान कई उइगर गुट थे, जो अंतर्जातीय विवाह नहीं करते थे और भयंकर प्रतिद्वंद्वी थे। कारातागलिक उइगर चीनी शासन के अधीन रहने के लिए संतुष्ट थे, जबकि अगताचलिक उइगर चीनी शासन के विरोधी थे। उइगर स्वतंत्रता कार्यकर्ताओं ने किंग और शेंग-कुओमिन्तांग शासन के बाद के शासन के खिलाफ कई विद्रोह किए, एक बार 1933 में और दूसरी बार 1944 में। उइगरों ने सफलतापूर्वक अपनी स्वतंत्रता प्राप्त की। पहला पूर्वी तुर्किस्तान गणराज्य काशघर के आसपास भूमि की स्वतंत्रता का एक अल्पकालिक प्रयास था, और इसे चीनी मुस्लिम सेना द्वारा नष्ट कर दिया गया था।

जनरलों मा झानकांग और काशगर की लड़ाई (1934) में मा फुयुआन। उइगरों ने किर्गिज़ के साथ विद्रोह किया था, जो एक अन्य तुर्क लोग थे। किर्गिज़ अपने किर्गिज़ विद्रोह को कुचलने के लिए चीनी मुसलमानों से नाराज़ थे, इसलिए उन्होंने और काशगर में उइगरों ने अपने विद्रोह के दौरान हान चीनी के साथ-साथ चीनी मुसलमानों को भी निशाना बनाया। दूसरा पूर्वी तुर्किस्तान गणराज्य 1944 से 1949 तक अस्तित्व में था, जो अब इली कज़ाख स्वायत्त प्रान्त है। इली विद्रोह कुओमिन्तांग द्वारा द्वितीय पूर्वी तुर्किस्तान गणराज्य, सोवियत संघ और मंगोलियाई जनवादी गणराज्य के खिलाफ लड़ा गया था।

1949 से – वर्तमान तक:-

1949 में, चीनी राष्ट्रवादियों (कुओमिन्तांग) के चीन में गृहयुद्ध हारने के बाद, द्वितीय पूर्वी तुर्किस्तान गणराज्य के शासकों ने माओ त्से तुंग के पीपुल्स रिपब्लिक ऑफ चाइना के भीतर एक संघीय संबंध बनाने से इनकार कर दिया। हालांकि, एक विमान दुर्घटना में पूर्वी तुर्किस्तान गणराज्य के कई प्रतिनिधि मंडल मारे गए। बचे हुए नेता, सैफुद्दीन अज़ीज़ी, चीनी कम्युनिस्ट पार्टी में शामिल हो गए और पीआरसी के प्रति वफादारी का दावा किया।

इसके तुरंत बाद, जनरल वांग जेन ने आक्रमण -विरोधी विद्रोहों को दबाते हुए रेगिस्तान के माध्यम से पूर्वी तुर्किस्तान पर चढ़ाई की। माओ ने दूसरे पूर्वी तुर्किस्तान गणराज्य को

इली कज़ाख स्वायत्त प्रान्त में बदल दिया और अज़ीज़ी को इस क्षेत्र का पहला कम्युनिस्ट पार्टी गवर्नर नियुक्त किया। कई रिपब्लिकन वफादार तुर्की और पश्चिमी देशों में निर्वासन में भाग गए। शिंजियांग का नाम बदलकर शिंजियांग उइगर स्वायत्त क्षेत्र कर दिया गया। उइगर ज्यादातर दक्षिण-पश्चिमी शिंजियांग में केंद्रित हैं।

2004 में, उइगर और निर्वासन में अन्य तुर्क लोगों ने निर्वासन में पूर्वी तुर्किस्तान सरकार की स्थापना की, यह दावा करते हुए कि चीन ने पूर्वी तुर्किस्तान पर कब्जा कर लिया है। संयुक्त राष्ट्र से जुड़े स्वतंत्र विशेषज्ञों की एक समिति ने विश्वसनीय रिपोर्ट का दावा किया है कि चीन लाखों उइगरों को गुप्त शिविरों में रखता है।कई अंतर्राष्ट्रीय मीडिया रिपोर्टों में कहा गया है कि दस लाख से अधिक लोगों को वहां रखा जा रहा है। 24 अक्टूबर 2018 को, बीबीसी ने चीन के "छिपे हुए शिविरों" की व्यापक जांच और तथाकथित "सही विचार" को बनाए रखने के लिए पीपुल्स रिपब्लिक की सीमा का विवरण जारी किया।

चीन देश की ताकत :-

चीन इस समय बड़ी ताकत बनता जा रहा है, इसलिए किसी भी आंदोलन को आसानी से दबा सकता है, उदाहरण के तौर पर तिब्बत को ही देख लीजिये। वहीं चीन इस समय अपनी ताकत बढ़ाने के लिए किसी भी हद तक जा सकता है। चीन ने इस तरह से बहुत से छोटे देशों पर भी आर्थिक मदद के बहाने अपना व्यापार स्थापित किया है।

आखिर क्यों कर रहा है चीन ऐसा :-

शिंजियांग क्षेत्र में प्राकृतिक संसाधनों की भरमार है और इस इलाके के साथ चीन के कई पड़ोसी देशों की सीमा लगती है, जिससे यहां की सुरक्षा पर विशेष ध्यान देना पड़ता है। दुनिया में हुए कई बड़े हमलों के बाद अमेरिका और चीन दोनों ने आतंकवादियों से अपने देश को बचाने की मुहिम को तेज कर दिया है। जिस वजह से चीन के उइगर मुस्लिमों को भी बिना वजह सख्ती झेलनी पड़ रही है, हालांकि किसी को पूजा करने से रोकना या व्यक्तिगत जीवन को इस तरह से नियंत्रित करना गलत है, लेकिन चीन में ऐसा हो रहा है। चीन अपनी आर्थिक स्थिति को और भी मजबूत करना चाहता है, इस समय चीन नहीं चाहता की उसके देश का हिस्सा उससे अलग हो जाए।

ये एक चीन का सकारात्मक कारण है। वहीं अगर उइगर मुस्लिमों की बात करें तो उनके साथ उनके ही देश के द्वारा बदसलूकी की जा रही है, जो कि बड़े देशों के द्वारा ऐसा करना उचित नहीं हैं। सूत्रों के अनुसार यहां पर उइगर लोगों को शिक्षा एवं नौकरियों से दूर रखने के साथ ही साथ इनकी गाड़ियों को ट्रैक भी किया जाता है। हद तो ये है कि यहां के लोगों

का जीन लिया गया है, उसको टेस्ट करने के लिए लैब में भेजा जाता है। जिससे इनकी पहचान की जाए और इस प्रक्रिया को हर महीने दोहराया जाता है। इतना ही नहीं उइगर मुस्लिम क्या बात करते है, क्या खाते हैं, क्या पहनते है, सभी गतिविधियों पर नजर रखी जाती है। इस तरह के शासन की व्याख्या 1984 नामक प्रसिद्ध किताब में दी गई है, जो जॉर्ज ऑरवेल ने लिखी है।

शिंजियांग की सुरक्षा बढ़ाई गई :-

शिंजियांग में बहुत तेजी से तरक्की हो रही है, और इसलिए चीन ने 2016 में 40 प्रतिशत सुरक्षा बड़ा दी थी। सुरक्षा को मजबूत करने के लिए इस इलाके के हर 100 मीटर पर सीसीटीवी कैमरे लगे हुए हैं। सुरक्षा को ध्यान में रखते हुए इसमें और भी कार्य किया जा रहा है।

उइगर मुस्लिम को कैसे दिया जाता है ग्रेड या अंक:-

सूत्रों के मुताबिक यहां की पुलिस ने एक 100 मार्क्स का नियम बना रखा है, जिसके अंतर्गत आपकी उम्र 15 साल से 55 साल के बीच में है और आप इस्लामिक शिक्षा ग्रहण कर रहे हैं, तो आपके 10 पॉइंट काट लिए जाते हैं। इसी तरह से हर एक छोटी से छोटी बातों पर नियम रखे गए हैं। इस संख्या पर ही निर्णय लिया जाता है कि कौन से व्यक्ति, सुरक्षित, सामान्य या खतरनाक लोगों के दायरे में आता हैं। इतना ही नहीं इसी ग्रेड पर सरकार फैसला लेती है कि उसे सरकार की किस योजना से वंचित रखा जायेगा, यात्रा करने को मिलेगी या नहीं इत्यादि।

हान एवं उइगर के बीच सम्बन्ध:-

हान और उइगर मुस्लिमों के बीच सम्बन्ध बहुत बुरे है, हान इन लोगों को आतंकवादी एवं देश द्रोही मानते हैं। वहीं दूसरी तरफ उइगर हमेशा सताए जाने का आरोप लगते रहते हैं। साल 2009 में इन दोनों वर्गों के बीच हुए झगडे में लगभग 200 लोग मरे गए थे।

इस्लामिक देशों की चुप्पी:-

इतना बड़ा मुद्दा होने बाद भी सभी इस्लामिक देशों ने चुप्पी साध रखी है, इसका मुख्य कारण चीन की बढ़ती ताकत एवं चीन से ली हुई खैरात है। उदाहरण के तौर पर पाकिस्तान इस्लाम का संरक्षक बनने का दिखावा करता है, फिर यहां चीन से क्यों समझौता कर रहा है। इसके पीछे आर्थिक लालच जुड़ा हुआ है, जो पाकिस्तान को लगातार चीन दे रहा

हैं। वहीं अरब देशों ने भी इस मसले पर दूरी बनाई रखी है। भारत में नागरिकता संशोधन कानून के खिलाफ महीनों तक विरोध प्रदर्शन होते हैं या पैगंबर मोहम्मद के कार्टून के विरोध में एक अखबार के पेरिस स्थित दफ्तर पर हमला होता है।

म्यांमार से रोहिंग्याओं के बेदखल होने पर हाहाकार मचता है और दुनिया के तकरीबन हर कोने में इस्लाम पर ज़रा सी आंच आने पर बवाल होता है। लेकिन चीन के खिलाफ दुनिया की करीब एक चौथाई आबादी यानी मुस्लिम देशों का रवैया हैरान करता है। चीन में 18 लाख उइगर मुसलमान कैद में हैं, 10 लाख मुसलमानों को बंदी कैंपों में में रखा गया है और इनसे बंधुआ मज़दूरों की तरह काम लिया जाता है। पिछले तीन सालों में 10 से 15 हज़ार मस्जिदें झिनझियांग प्रांत में नष्ट की जा चुकी हैं।

भारत और चार मुस्लिम देशों के साथ सीमा साझा करने वाले झिनझियांग में चीन की इस क्रूरता पर चुप्पी का उदाहरण निम्न है:-

उइगरों के मामले में संयुक्त राष्ट्र ने भी चीन की आलोचना से परहेज़ ही किया।

खुद को इस्लामी देशों का अगुआ बताने वाला सऊदी अरब आज तक इस मुद्दे पर चुप रहा है।

इस्लामी दुनिया में सऊदी अरब का विकल्प बनने का इच्छुक तुर्की तो उइगरों को चीन भेज देता है, अगर वो उसकी ज़मीन पर आ जाएं।

पाकिस्तान उइगर मुसलमानों के मुद्दे पर अनजान बना रहता है।

पाक का साथ देने और कश्मीर मुद्दे पर भारत का विरोध करने वाला मलेशिया कभी उइगरों के लिए चीन के खिलाफ नहीं बोला।

=ईरान ने यहां तक कह दिया कि उइगरों के दमन से चीन इस्लाम की सेवा ही कर रहा है।

कोई प्रसिद्ध नेता का ना होना:-

उइगर मुस्लिम के पास इस समस्या से निपटने का कोई रास्ता नहीं है, क्योंकि ना तो कोई देश इस बारे में बात कर रहा है और न ही इस बात को सोवियत संघ में रखने वाला नेता मौजूद है। उइगर मुस्लिम के साथ बुरा किया जा रहा है। चीन का कहना है वो अफगानिस्तान से आने वाले आतंकियों को यहां के मुस्लिमों को संपर्क करने से रोकना चाहते हैं। ताकि कोई भी आतंकी संगठन इस्लाम के बहाने उइगर मुस्लिम को भड़का कर उनके देश को बर्बाद करने की सोच ना रख सके।

उइगर मुस्लिमों से संबंधित चिंताएँ :-

यदि तुर्की संधि की पुष्टि करता है, तो यह संधि तुर्की में उइगर मुस्लिमों और उनकी संस्कृति पर काफी प्रतिकूल प्रभाव डालेगी, क्योंकि इससे उइगर प्रवासियों का आंदोलन कमज़ोर हो जाएगा। यह संधि उइगर अल्पसंख्यकों का उत्पीड़न करने और उनके विरुद्ध मुकदमा चलाने के लिये चीन को एक नया उपकरण प्रदान करेगी।

उइगर मुसलमानों को लेकर UN की रिपोर्ट :-

संयुक्त राष्ट्र ने चीन पर मानवाधिकारों के गंभीर उल्लंघन का आरोप लगाया है। रिपोर्ट में दावा किया गया है कि चीन में उइगर मुसलमानों के साथ अत्याचार किए जा रहे हैं। चीन इन बातों को लेकर अक्सर पल्ला झाड़ता रहा है। रिपोर्ट में कहा गया है कि चीन में बने डिटेंशन सेंटरों में उइगर मुस्लिम कैदियों को अमानवीय यातनाएं दी जाती हैं, इनमें यौन उत्पीड़न से लेकर लिंग आधारित हिंसा तक शामिल है।

चीन ने आरोपों को नकारा :-

उइगर मुसलमानों के साथ भेदभाव और हिंसा की घटनाओं पर रिपोर्ट को चीन अक्सर नकारता रहा है। इस बार भी चीन ने संयुक्त राष्ट्र की रिपोर्ट का विरोध किया है।

चीन के राजदूत का कहना है कि उन्हें नहीं लगता कि ऐसा कोई जुल्म हो रहा है। चीन का मानना है कि उनके देश की प्रतिष्ठा को धूमिल करने को लेकर जारी ये रिपोर्ट पश्चिमी देशों के अभियान का एक हिस्सा है।

चीन ने संयुक्त राष्ट्र में मानवाधिकार प्रमुख मिशेल बाचेलेट से इस रिपोर्ट को वापस लेने की अपील की थी, लेकिन उन्होंने ऐसा करने से मना कर दिया था।

चीन में उइगर मुस्लिम की आबादी :-

जहां कुछ साल पहले यहां (शिंजियांग क्षेत्र) लगभग 75 प्रतिशत यानी 40 मिलियन उइगर मुस्लिम जाति के लोग रहते थे। वहीं अब चीन के हान जाति के लोगों ने इस क्षेत्र में भरी संख्या में आना शुरू कर दिया है, जिससे की इस इलाके में अब 40 प्रतिशत अन्य जाति के लोग हैं और 47 प्रतिशत उइगर जाति के लोग यहां पर बसे हुए हैं। इतना ही नहीं यहां पर जो भी कंपनी नौकरी देती है बस हान लोगों को ही देती हैं, जिससे की उइगरो के साथ भेदभाव हो रहा है।

चीन की बढ़ती नफरत :-

चीन के शिंजियांग प्रांत में उइगर मुस्लिमों की सबसे बड़ी आबादी रहती है। कथित तौर पर ऐसा कहा जाता है कि ये चीन से अलग होना चाहते हैं। वहीं, चीन कभी नहीं चाहेगा कि ऐसा हो। उइगर मुस्लिम जब कभी भी चीनी कानून का विरोध करता है तो उसे कुचलने की कोशिश की जाती है। चीन में उन्हें काफी अमानवीय यातनाएं दी जाती हैं।उन्हें नमाज और रोजे रखने पर भी काफी हद तक पाबंदी है। इन्हें दाढ़ी रखने के लिए मना किया जाता है।

महिलाओं को पर्दा करके बैंक और अस्पताल जाने की अनुमति नहीं है। उइगर मुस्लिमों से जबरन मजदूरी और नसबंदी के भी मामले सामने आए हैं। चीन के बाहर रह रहे उइगर नेताओं ने चेतावनी जारी की है कि आने वाले वक्त में हालात और खराब हो सकते हैं। उनका कहना है कि चीन में उइगर मुस्लिमों के नरसंहार की आशंका से भी इनकार नहीं किया जा सकता है। पिछले 10 वर्षों में मानवाधिकारों के इतिहास में ये सबसे गंभीर है।

चीन की प्रत्यर्पण संधि :-

दिसंबर 2020 में चीन ने तुर्की के साथ एक प्रत्यर्पण संधि को मंज़ूरी दी थी, जिसका उद्देश्य आतंकवादियों सहित अंतर्राष्ट्रीय अपराधियों पर कार्रवाई हेतु न्यायिक सहयोग को मज़बूत करना था। प्रत्यर्पण किसी देश द्वारा अपनाई जाने वाली औपचारिक प्रक्रिया है जो किसी व्यक्ति को दूसरे देश में अभियोजन के लिये आत्मसमर्पण करने या प्रार्थी देश के अधिकार क्षेत्र में अपराध करने वाले व्यक्ति पर अभियोग चलाने की अनुमति प्रदान करती है। यह प्रत्यर्पण समझौता ऐसे समय पर किया गया, जब तुर्की और चीन के बीच आर्थिक एवं वित्तीय संबंध काफी मज़बूत हो रहे हैं।

चीन, तुर्की के लिये कोरोना वायरस वैक्सीन का प्रमुख आपूर्तिकर्त्ता है। 1990 के बाद से तुर्की में उइगर प्रवासी और अधिक जीवंतता के साथ प्रदर्शनों, सम्मेलनों एवं बैठकों आदि के माध्यम से विश्व का ध्यान अपनी ओर आकर्षित कर रहे हैं।

चर्चा में क्यों ?

हाल ही में तुर्की में कई सौ उइगर मुस्लिम महिलाओं ने चीन के साथ तुर्की के प्रत्यर्पण समझौते के विरुद्ध अंतर्राष्ट्रीय महिला दिवस के अवसर पर विरोध प्रदर्शन किया। विरोध प्रदर्शन के साथ ही साथ चीन के शिंजियांग प्रांत में बड़े पैमाने पर बने शिविरों को जल्द-से-जल्द बंद करने की मांग की गई तेज हुई है।इससे पहले वर्ष 2020 में अमेरिका के हाउस

ऑफ रिप्रेज़ेंटेटिव्स ने उइगर मुसलमानों के उत्पीड़न के लिये ज़िम्मेदार चीनी अधिकारियों पर प्रतिबंध लगाने हेतु एक कानून को मंजूरी दी थी।

डेटेंशन सेंटर में कैद हैं लाखों उइगर मुस्लिम

मानवाधिकार समूहों के एक अनुमान के मुताबिक अकेले उत्तर पूर्व के चीन के शिंजियांग प्रांत में 10 लाख से अधिक उइगर मुसलमानों को डिटेंशन सेंटर्स में कैद करके रखा गया है। यहां उनसे वे अमानवीय तरीके से पेश आते हैं। उन्हें कई तरह की यातनाएं दी जाती हैं। बताया जाता है कि उन पर परिवार नियोजन और जन्म दर पर नियंत्रण को लेकर भेदभाव किया जाता है। संयुक्त राष्ट्र ने उइगर मुस्लिमों के साथ भेदभाव को लेकर इस पर लगाम लगाए जाने की अपील की है।

आगे की राह (उपसंहार):-

सभी देशों को उइगर मुस्लिमों को लेकर अपनी स्थिति पर पुनर्विचार करना चाहिये और शिंजियांग प्रांत में मुस्लिमों के साथ हो रहे उत्पीड़न को रोकने के लिये चीन से तत्काल आग्रह करना चाहिये। चीन को अपने पेशेवर प्रशिक्षण केंद्रों को बंद करना चाहिये। चीन को धार्मिक एवं राजनीतिक कैदियों को जेलों व शिविरों से रिहा करना चाहिये। चीन को सही मायने में बहुसंस्कृतिवाद की अवधारणा को अपनाना चाहिये और उइगरों तथा चीन के अन्य धार्मिक अल्पसंख्यकों को चीन के सामान्य नागरिक की तरह स्वीकार करना चाहिये।

युद्ध की, विनाशलीला एवं शांति - समाधान

इतिहास के पन्नों को पलटकर देखें, तो हर युग में मानव जाति किसी-न-किसी मुद्दे को लेकर आपस में लड़ती रही है। प्रागैतिहासिक काल में भोजन व निवास की आधारभूत आवश्यकताओं के लिए युद्ध होते थे। इसके बाद सभ्यता के विकास के साथ छोटे-बड़े समुदायों के बीच कबीलाई युद्धों का चलन चला। तत्पश्चात राज शासन के दौर में विभिन्न शासकों व सम्राटों के बीच सत्ता के लिए युद्ध संघर्ष देखने को मिले। धर्म के नाम पर युद्ध के लंबे दौर भी विश्व के कोनों में होते रहे हैं। लोकतंत्र के दौर में भी विभिन्न देशों के बीच विचारधाराओं के लिए युद्ध हुए। साम्राज्यवाद के दौर में वैश्विक स्तर पर आर्थिक, राजनीतिक एवं संसाधनों के प्रभुत्व के लिए युद्ध का चलन शुरू हुआ। इसके अंतर्गत बीसवीं सदी में दो विश्व युद्धों का मानवीय इतिहास साक्षी रहा है, जिसमें हुआ विनाश युद्ध की विभीषिका को लेकर रोंगटे खड़े करता है। दूसरे विश्वयुद्ध के बाद शीतयुद्ध के दौर में भी कितने सारे युद्ध हो चुके हैं, जिनके थमने का सिलसिला आज तक नहीं दिखता।

युद्ध के कारणों में आर्थिक कारक प्रत्यक्ष या परोक्ष रूप में निर्णायक भूमिका निभाता रहा है। पौराणिक काल में धर्म-अधर्म, नीति-अनीति आदि युद्ध के प्रमुख कारक रहे हैं; जबकि ऐतिहासिक काल में साम्राज्यवादी महत्त्वाकांक्षाएँ, स्वाधीनता संघर्ष, लोकतंत्र या समतावादी, न्यायवादी व्यवस्था की स्थापना, सैन्य एकाधिकारवाद, भूमंडलीय वर्चस्ववाद, नव-उपनिवेशवाद जैसे कारक युद्ध के प्रमुख कारण रहे हैं। किसी देश के राष्ट्रीय हितों की पूर्ति के लिए युद्ध अंतिम उपाय माना जाता है। जब राजनीतिक समस्याओं के समाधान के कूटनीतिक प्रयास या शांतिपूर्ण साधन निष्फल हो जाते हैं, तो युद्ध के मार्ग का अवलंबन

लिया जाता है। भारत के प्राचीन नीतिकारों के अनुसार भी जब राजनयिक समाधान में साम, दाम, भेद जैसे उपाय निष्फल हो जाते हैं, तो इनके बाद दंड की बात कही गई है, जो बड़े स्तर पर युद्ध का रूप ले लेते हैं।

निस्संदेह युद्ध समूह या राज्य के हाथों का वह अंतिम हथियार होता है, जो शेष सभी विकल्पों के समाप्त होने के बाद प्रयोग किया जाता है। चीनी दार्शनिक ने तो यहाँ तक कहा है कि सबसे बड़ा युद्ध वह होता है, जो बिना किसी अस्त्र-शस्त्र के प्रयोग के विरोधी को परास्त कर देता है व अपना प्रयोजन सिद्ध कर लेता है। इसीलिए शस्त्र युक्त युद्ध से पूर्व कूटनीतिक युद्ध का चलन रहा है। रामायण एवं महाभारत के युद्ध तक में इसका प्रयोग किया गया था। अंगद व हनुमान जी भगवान श्रीराम के संदेशवाहक बनकर रावण की सभा में शांतिपूर्ण समाधान लेकर गए थे, लेकिन इन प्रयासों के विफल होने पर रावण के साथ युद्ध हुआ था। इसी प्रकार भगवान श्रीकृष्ण स्वयं शांति दूत बनकर कौरवों की सभा में गए थे, लेकिन इसके विफल होने पर फिर महाभारत का युद्ध हुआ था।

मालूम हो कि रामायण का युद्ध 84 दिन तक चला था, जिसका अंत रावण व उसके शासन के अंत के साथ हुआ था। महाभारत का युद्ध 18 दिन चला था, जिसमें अनुमान है कि 40 लाख योद्धा मारे गए थे। इसका अंत कौरवों की पराजय व पांडवों की विजय के साथ हुआ था। हालाँकि इसमें दोनों पक्षों को भारी क्षति उठानी पड़ी थी। इसके अतिरिक्त पौराणिक काल में इंद्र-वृत्तासुर, हैहय - परशुराम, दसराज युद्ध जैसे अन्य युद्धों का वर्णन मिलता है। वैश्विक संदर्भ में देखें तो मानव जाति का इतिहास युद्धों का इतिहास रहा है। प्राचीन यूनान के 375 वर्षों के इतिहास में 235 वर्ष युद्ध में बीते। इनमें वर्ष भर चलने वाले युद्धों की संख्या लगभग 210 थी। ये मुख्यतया पर्शियन शासकों व यूनानियों के बीच चले। रोमन शासकों के 876 वर्षों के इतिहास में 416 वर्षों तक युद्ध हुए। इनमें भी 362 ऐसे युद्ध थे, जो वर्ष भर चले। रोमन शासक जूलियस सीजर के नेतृत्व में कई युद्ध अभियान चले। इसी कड़ी में विश्वविजय के अभियान पर निकले सम्राट सिकंदर के युद्ध जुड़े।

भारत में अशोक महान का कलिंग युद्ध उल्लेखनीय है, जिसमें एक लाख से अधिक सैनिक मारे गए थे और कई लाख घायल हुए थे। इसमें हुई हिंसा को देखकर सम्राट 'नारी सशक्तीकरण' वर्ष अशोक का हृदय परिवर्तन हुआ और अंततः वे बौद्ध धर्म को अपनाकर, शांति व करुणा के संदेशवाहक बने। इसके बाद भी भारत में इतिहास के विभिन्न कालखंडों में कितने सारे युद्ध हुए, जिनमें मुगलों एवं अँगरेजों के शासनकाल में लोमहर्षक युद्धों का वर्णन आता है, जिसमें करोड़ों लोग व सैनिक हताहत हुए। आधुनिक युद्ध में सबसे बड़े युद्धों में 20वीं सदी के विश्वयुद्ध आते हैं; जिनमें मृतकों और घायलों के आँकड़े इसकी

भयावहता को व्यक्त करते हैं, लेकिन मनुष्य, विशेषकर शासक वर्ग इनसे शायद ही सबक लेते रहे हों और वे अपनी राजनीतिक महत्त्वाकांक्षाओं एवं स्वार्थ के लिए मानवता को इसके दावानल में यदा-कदा झोंकते रहे हैं।

प्रथम विश्वयुद्ध सन् 1914 से लेकर सन् 1918 तक मुख्यतया यूरोप के 30 देशों के मध्य लड़ा गया। इसमें एक ओर 17 मित्र देश थे और दूसरी ओर केंद्रीय देश थे। इसकी शुरुआत ऑस्ट्रिया के राजकुमार की हत्या के साथ हुई थी व इसका अंत वारसो, पोलेंड की संधि के साथ हुआ, जिसमें दूसरे विश्वयुद्ध की नींव पड़ गई थी। प्रथम विश्वयुद्ध में लगभग 2 करोड़ लोग मारे गए थे। द्वितीय विश्वयुद्ध 1939 से 1945 तक 6 वर्ष लड़ा गया, इसमें लगभग 70 देश शामिल थे, जिसमें एक ओर थे धुरी राष्ट्र तथा दूसरी ओर थे मित्र राष्ट्र। इसकी शुरुआत पोलैंड पर जर्मनी के आक्रमण के साथ हुई और इसका अंत हिटलर की पराजय व जर्मनी के पतन के साथ हुआ। इसमें 8 करोड़ लोग मारे गए थे। हिटलर द्वारा लाखों यहूदियों के नरसंहार की लोमहर्षक घटनाओं का भी यह विश्वयुद्ध साक्षी रहा। जापान पर अमेरिका के परमाणु बम गिराने के साथ यह द्वितीय विश्वयुद्ध समाप्त हुआ। हिरोशिमा में परमाणु बम के प्रयोग से तत्काल 1 लाख लोग और नागासाकी में 40 हजार लोग इसकी बलि चढ़ गए। इसके साथ लाखों लोग घायल व अपंग भी हुए, जिसका दंश वहाँ के नागरिक पीढ़ियों तक झेलने के लिए अभिशप्त हुए।

विश्व में शांति के लिए संयुक्त राष्ट्र संघ की स्थापना हुई और इसके बाद विश्व में नाटो और इस्टर्न ब्लॉक के रूप में दो सैन्य संगठन उभरे और विश्व दो ध्रुवों में बँटा, जिनमें एक की अगुआई संयुक्त राज्य अमेरिका ने की है तो दूसरे की सोवियत संघ ने। इसके बाद शीतयुद्ध का दौर शुरू हुआ, जिसमें प्रत्यक्षत: कोई बड़ा युद्ध तो नहीं हुआ, लेकिन छोटे-बड़े युद्ध होते रहे। सन् 1991 में सोवियत संघ के विघटन के साथ शीतयुद्ध का दौर समाप्त हुआ और अमेरिका की अगुआई में एकध्रुवीय व्यवस्था शेष रह गई। इसके बावजूद प्रतिवर्ष विश्व में 30 से अधिक सशस्त्र संघर्ष होते रहे, जिनमें अब तक 1 करोड़ से अधिक लोग अपनी जान गँवा चुके हैं। युद्धों की श्रृंखला की नवीनतम कड़ी यूक्रेन-रूस संघर्ष है, जिसमें परोक्ष रूप में अमेरिका और नाटो की भूमिका को नजरअंदाज नहीं किया जा सकता। इसके चलते इस संघर्ष में विश्वयुद्ध तक की आहट सुनाई दे रही है। परमाणु शस्त्रों से संपन्न दोनों पक्षों के कारण परमाणु युद्ध का खतरा बना हुआ है, जिसके परिणामों की कल्पना भर से सिहरन पैदा होती है।

पूरे विश्व में इस समय कतिपय शक्तिशाली देशों के पास हजारों परमाणु शस्त्र उपलब्ध हैं। यदि दुर्घटनावश भी इनका प्रयोग हुआ तो इस धरती पर मानवीय अस्तित्व खतरे में पड़

सकता है। इस पृष्ठभूमि में आइंस्टाइन ने कहा था कि तीसरा विश्वयुद्ध कैसे लड़ा जाएगा, कह नहीं सकते, हाँ इतना सुनिश्चित है कि चौथा युद्ध लाठी व पत्थरों से लड़ा जाएगा अर्थात सर्वनाशी युद्ध के बाद इस धरती पर कुछ शेष नहीं रह जाएगा। महान इतिहासकार अर्नाल्ड टायनबी के अनुसार, यह निर्विवाद सत्य है कि पिछले पाँच हजार वर्षों के दौरान युद्ध मानव जाति के प्रमुख कार्यकलापों में से एक रहा है। युद्ध में जितना व्यय हुआ है वह शांति, स्वास्थ्य, शिक्षा, शोध, सृजन की कीमत पर हुआ है। देखकर ऐसा लगता है कि युद्ध सभ्यता के जन्मजात रोगों में से एक है। फिर एक युद्ध आगे चलकर और युद्धों को जन्म देता है। इतिहास गवाही देता है कि युद्ध द्वारा विवादों का संतोषजनक व स्थायी समाधान शायद ही कभी प्राप्त हुआ हो। यदि कुछ समाधान हुए भी हों, तो इसकी भारी कीमत पीढ़ियों तक चुकानी पड़ी है, जिससे उबरने में बहुत समय लगा है।

यह सब देखते हुए समझदारी इसी में है कि हर स्तर पर मतभेद के कारणों का मिल-बैठकर शांतिपूर्ण समाधान हो। झूठे अहंकार, वर्चस्ववादी व अड़ियल रवैये को ताक पर रखकर औचित्य का सम्मान हो। व्यापक जनहित में निर्णय लेते हुए युद्ध की विभीषिका को टाला जा सकता है। इसी के साथ हर नागरिक का कर्त्तव्य बनता है कि देश को स्वावलंबी व सशक्त बनाने में अपना योगदान दे; क्योंकि वैश्विक परिस्थितियों को देखते हुए आत्मनिर्भर एवं हर रूप में सशक्त सुसंस्कृत राष्ट्र ही युद्ध का ठोस प्रतिकार एवं शांति का स्थायी आधार हो सकता है। विश्व में शांति स्थापित करने की संकल्पना को साकार करने की पहल के रूप में देव संस्कृति विश्वविद्यालय में विगत दिनों भारत के माननीय उपराष्ट्रपति श्री एम० वेंकैया नायडू द्वारा देव संस्कृति विश्वविद्यालय परिसर में दक्षिण एशियाई शांति एवं सुलह संस्थान (साइपर) का शुभारंभ किया गया, जिसका उद्देश्य परमपूज्य गुरुदेव द्वारा प्रदत्त सूत्र कि भारत विश्वशांति का केंद्र बनेगा, उसे साकार करना है।

इसके उद्घाटन के अवसर पर माननीय उप-राष्ट्रपति जी ने कहा कि यह संस्थान क्षेत्रीय स्थिरता को लाने एवं आपसी सकारात्मक व्यवहार को विकसित करने का केंद्र बनेगा। इस अंतर्राष्ट्रीय केंद्र की स्थापना में निहित उद्देश्यों एवं उन्हें पूर्ण करने की योजना का अवलोकन करने के पश्चात उन्होंने इसे एक मील का पत्थर घोषित किया।

रोहिंग्या के बोझ से हांफता बांग्लादेश

बांग्लादेश रोहिंग्या शरणार्थियों के चलते इन दिनों काफी मुश्किल में है। साल 2017 में म्यांमार में सैन्य तख्ता पलट के बाद बड़ी संख्या में रोहिंग्या मुसलमान भागकर बांग्लादेश पहुंच गए। वैसे, 1970 के दशक से ही वे वहां आते रहे हैं, लेकिन 2010 का दशक मानो इनकी लहर लेकर आया था। तब शेख हसीना सरकार ने खुले दिल से उनका स्वागत भी

किया था। मगर अब जहां बांग्लादेश में इनकी आबादी काफी तेजी से बढ़ रही है, वहीं इनसे जुड़े अपराधों में भी भारी बढ़ोत्तरी हुई है। नतीजतन, प्रधानमंत्री हसीना को कहना पड़ा है कि रोहिंग्या उनके यहां आपराधिक व सामाजिक समस्याएं बढ़ा रहे हैं।

उधर, रोहिंग्या शरणार्थी भी सड़कों पर उतर आए हैं। वे म्यांमार वापस भेजे जाने की अपनी पुरानी मांग को लेकर फिर मुखर हैं। हालांकि, उनकी 'घर वापसी' फिलहाल काफी कठिन दिख रही है। म्यांमार अब भी लोकतंत्र से दूर है, और वहां सैन्य शासक उसी मजबूती से काबिज हैं, जिस सख्ती से उन्होंने रोहिंग्या मुसलमानों का दर-बदर किया था। फिर, बौद्धों के साथ रोहिंग्या का सामाजिक तनाव भी कम नहीं हो सका है।

जाहिर है, यह मसला बहुत पेचीदा है। शेख हसीना इसके खिलाफ संयुक्त राष्ट्र में अर्जी लगा चुकी हैं और इस्लामी सहयोग संगठन (ओआईसी) का दरवाजा भी खटखटा चुकी हैं। वह शरणार्थियों को अंतर्राष्ट्रीय सहायता देने के साथ-साथ म्यांमार वापस भेजे जाने की पुरजोर वकालत करती रही हैं, जिसके कारण म्यांमार के साथ उनके रिश्ते भी खराब रहे। मगर नतीजा अब तक सिफर रहा है। बांग्लादेश में रोहिंग्या शरणार्थियों की संख्या बढ़कर 10 लाख हो 'चुकी है। ये मूलत: चटगांव व इसके आसपास के इलाकों में बसे हुए हैं। बांग्लादेश की हुकूमत ने इनके रहने के लिए अलग से भासन चार द्वीप पर भी व्यवस्था की है, जिसके लिए वहां ढांचागत निर्माण कार्य करवायें। प्रधानमंत्री शेख हसीना को कहना पड़ा है कि रोहिंग्या उनके यहाँ आपराधिक और सामाजिक समस्याएं बढ़ा रहे हैं। उधर रोहिंग्या शरणार्थी भी सड़कों पर उतर आए हैं। शुरू-शुरू में तो रोहिंग्या शरणार्थियों ने इस पर आपत्ति की, पर अब वे वहां बसने लगे हैं।

रोहिंग्या मुसलमानों के लिए बांग्लादेश आना (या भागना) इसलिए आसान रहा, क्योंकि म्यांमार से लगी इसकी सीमा कुछ हद तक खुली हुई है। दोनों देश करीब 270 किलोमीटर की सीमा रेखा साझा करते हैं, जो काफी हद तक घने जंगलों व नफ नदी में बंटी हुई है। लगभग 210 किलोमीटर पर ही बाड़ लगाना संभव हो सका है। बांग्लादेश का मानना है कि रोहिंग्या मुसलमान जरूर हैं, पर वे बांग्लादेशी नहीं हैं, जबकि म्यांमार का तर्क है कि बांग्लादेश से आकर ही रखाइन प्रांत में उन्होंने अपना ठिकाना बनाया था। इनको अपने यहां से खदेड़ने के लिए म्यांमार की सैन्य हुकूमत ने इन 'पर खूब अत्याचार किए थे।

रोहिंग्या मुसलमानों के अराजक होने की एक बड़ी वजह पाकिस्तान है। इस्लामाबाद की शह पर ही इनके बीच (म्यांमार और बांग्लादेश, दोनों जगह) रोहिंग्या सॉलिडेरिटी ऑर्गेनाइजेशन (आरएसओ) व आराकान रोहिंग्या सैल्वेशन आर्मी (एआरएसए) जैसे

संगठन काम कर रहे हैं, जो इस्लामी कट्टरता का पालन- पोषण करते हैं। दिक्कत यह है कि इनके लिए "शरणार्थियों के लिए संयुक्त राष्ट्र के उच्चायुक्त' (यूएनएचसीआर) जैसी संस्थाओं ने कैंप बनाए और इनको रहने की जगहें दी, पर वे रोजगार न दे सकीं। चूंकि बांग्लादेश बहुत उन्नत अर्थव्यवस्था नहीं है और उसकी क्षमता सीमित है। लिहाजा, रोहिंग्या शरणार्थियों द्वारा किए जाने वाले अपराध का ग्राफ लगातार बढ़ रहा है। आंकड़े बता रहे हैं कि चटगांव के कॉक्स बाजार क्षेत्र में पिछले पांच साल में चोरी, हत्या, दुष्कर्म, मादक पदार्थों की तस्करी जैसे आपराधिक मामलों में करीब सात गुना की बढ़ोत्तरी हुई है। बांग्लादेश सरकार इनको पूरी तरह से नियंत्रित करने में खुद को सक्षम नहीं मान रही। चूंकि पाकिस्तान के रिश्ते बांग्लादेश से अच्छे नहीं हैं, इसलिए वह उसके लिए परेशानी खड़ी छोटा-सा उसके करने की हरसंभव कोशिश कर रहा है। समस्या भारत के लिए भी है। बांग्लादेश मुल्क है। वहां आबादी काफी सघन है। चूंकि साथ लगी हमारी सीमा तुलनात्मक रूप से शांत है, इसलिए माना जाता है कि तमाम कोशिशों को बाद भी कुछ रोहिंग्या घुसपैठ में सफल हो जाते हैं। दिक्कत यह है कि इनकी आमद के साथ आपराधिक व कट्टरवादी तत्व भी हमारे समाज में दाखिल हो जाते हैं। चूंकि रहन- सहन, भाषा, खान-पान, पहचान जैसे मामलों में रोहिंग्या और बांग्लादेशियों में फर्क करना मुश्किल होता है, इसलिए हमारे सीमावर्ती राज्यों को केंद्र के दिशा-निर्देशों के अनुरूप अतिरिक्त प्रयास करते रहना होगा। हमारी यह भी कोशिश है कि रोहिंग्या लोगों को पहचानकर उनको वापस भेज दिया जाए। जाहिर है, भौगोलिक परिस्थितियों की वजह से हमारे लिए यह परेशानी खड़ी हुई है। रोहिंग्या मुसलमान अपने मूल वतन लौट सकें, इसके लिए सरकार लगातार म्यामांर और बांग्लादेश के संपर्क में है। मगर यह काफी दुरूह प्रक्रिया है, क्योंकि बांग्लादेश और म्यांमार में इस बाबत सहमति नहीं बन सकी है। आशियान या संयुक्त राष्ट्र जैसे वैश्विक मंचों पर भी हम इस मसले को उठाते रहे हैं और आपसी सामंजस्य बनाकर इसके निपटारे की मांग करते रहे हैं। इसके लिए समग्र रणनीति बनाकर भारत आगे बढ़ रहा है।

हमें पाकिस्तान से भी पार पाना होगा। वह लगातार इस प्रयास में है कि रोहिंग्या मुसलमान हमारे लिए भी परेशानी का सबब बन जाएं। अच्छी बात है कि हमारी सुरक्षा एजेंसियां तत्पर हैं। सरकार ने यह भी स्पष्ट कह रखा है कि म्यांमार की धरती का इस्तेमाल भारत- विरोधी कृत्य में नहीं होना चाहिए, जिस पर म्यांमार की रजामंदी है। कुल मिलाकर, रोहिंग्या मुसलमानों को लेकर एक दुर्बोध स्थिति बनी हुई है। म्यांमार को इस संकट की जिम्मेदारी लेनी चाहिए और शरणार्थियों को वापस बुलाना चाहिए। अंतर्राष्ट्रीय समुदाय को भी, विशेषकर इस्लामी दुनिया को पहल करनी चाहिए कि ये शरणार्थी अपने देश लौट सकें। बांग्लादेश और म्यांमार से अपने खास संबंधों के कारण चीन को भी अंतर्राष्ट्रीय

प्रतिबद्धताओं के तहत कुछ रोहिंग्याओं की अपने यहां शरण देनी चाहिए। रोहिंग्या संकट से वह भी खुद को मुक्त नहीं मान सकता।

रोहिंग्या शरणार्थियों को लेकर जो चिंता भारत की सुरक्षा एजेन्सियों व समाज के एक बड़े वर्ग में पिछले कुछ वर्षों के दौरान दिखाई दी है वही चिंता बांग्लादेश में भी अब साफ तौर पर दिखने लगी है। पिछले साढ़े चार वर्ष से बांग्लादेश के काक्स बाजार इलाके के दो दर्जन से ज्यादा कैंपों में रहने वाले इन शरणार्थियों की बढ़ती जनसंख्या और स्थानीय कानून व्यवस्था को लेकर बढ़ रही चुनौतियों से यहां की सुरक्षा एजेंसियां भी चिंतित हैं और साथ ही स्थानीय समाज के लोग भी। दैनिक जागरण के संवाददाता ने जब शरणार्थी कैंपों का दौरा किया और स्थानीय अधिकारियों से बात की तो इस बात का भी पता चला कि अभी भी कुछ शरणार्थी रोजाना पूर्वोत्तर राज्यों के रास्ते भारत में प्रवेश कर रहे हैं। हालांकि कैंप में भारत में छह वर्ष से आठ वर्ष बिताने के बाद बांग्लादेश लौटने वाले शरणार्थियों की संख्या भी कम नहीं है।

बांग्लादेश की सुरक्षा एजेंसी के एक अधिकारी ने बताया कि दुनिया के सौ से ज्यादा एनजीओ इन शरणार्थियों के लिए काम कर रहे हैं। इसके अलावा बांग्लादेश सरकार की तरफ से भी इन्हें हर तरह की मदद दी जा रही है।

फिर न हो पलायन

कश्मीर में बचे खुचे अल्पसंख्यकों को चुन चुनकर निशाना बनाए जाने की हाल की घटनाओं के बाद आतंकियों, उनके समर्थकों और अन्य संदिग्ध तत्वों की धर-पकड़ आवश्यक ही है, लेकिन इसके साथ यह भी सुनिश्चित करने की जरूरत है कि वैसी घटनाएं फिर न होने पाएं जैसी पिछले कुछ दिनों. श्रीनगर में हुई हैं। यह इसलिए सुनिश्चित किया जाना चाहिए, क्योंकि कश्मीर में रह रहे सिखों और हिंदुओं के नए सिरे से पलायन का खतरा पैदा हो गया है। इस खतरे का सामना हर हाल में किया जाना चाहिए। यह शुभ संकेत नहीं कि अन्य राज्यों के कामगार कश्मीर छोड़ने को मजबूर दिख रहे हैं। इन कामगारों के साथ वहां रह रहे हिंदुओं और सिखों को केवल पर्याप्त सुरक्षा देने की ही जरूरत नहीं, बल्कि एक ऐसा माहौल बनाने की भी आवश्यकता है जिसमें वे स्वयं को सुरक्षित महसूस करें। ऐसा माहौल बनाने में सफलता तभी मिलेगी जब आतंकियों को कुचलने के अभियान को आगे बढ़ाने के साथ आम कश्मीरी समाज और विशेष रूप से वहां का मुस्लिम समाज अपनी सक्रियता दिखाएगा। उसे यह सक्रियता इसलिए दिखानी होगी, क्योंकि हिंदुओं और सिक्खों की हत्या से कश्मीरियत कलंकित हो रही है। ऐसे सवाल उठ रहे हैं कि क्या कश्मीरियत में हिंदुओं और सिखों के लिए कोई स्थान नहीं। कश्मीरी समाज इस सवाल से मुंह नहीं मोड़ सकता।

यदि कश्मीर से किसी भी हिंदू-सिख का पलायन होता है तो इससे यही साबित होगा कि कश्मीरियत एक छलावा ही है। श्रीनगर के एक सरकारी स्कूल के सिख और हिंदू शिक्षक की हत्या के बाद जिस तरह बड़ी संख्या में आतंकियों के मददगार, प्रतिबंधित संगठनों के सदस्य और पत्थरबाज गिरफ्तार किए गए हैं उससे यही पता चलता है कि घाटी में आतंकवाद और अलगाववाद को खाद पानी देने वाले अभी भी सक्रिय हैं। इसकी भी अनदेखी नहीं की जा सकती कि ऐसे तत्वों को शह देने का काम कई नेता भी कर रहे हैं। इन पर भी लगाम कसनी होगी। इसके अलावा पाकिस्तान से होने वाली आतंकियों की घुसपैठ को भी रोकना होगा। वास्तव में यह सब करने से ही आतंक की विष बेल को जड़ से उखाड़ फेंकने में सफलता मिलेगी। कश्मीर के अल्पसंख्यकों को शेष देश से भी यह संदेश जाना आवश्यक है कि पूरा भारत उनके साथ है। यह संदेश सही तरीके से उन तक पहुंचे, इसके लिए यह जरूरी है कि सभी राजनीतिक दल आतंकवाद के खिलाफ एकजुटता का वास्तव में प्रदर्शन करें। यह ठीक नहीं कि कश्मीर की घटनाओं को लेकर कई राजनीतिक दल केंद्र सरकार की नीतियों को तो कोसने के लिए आगे आ गए, लेकिन उन्होंने आतंकियों और उनके खुले छिपे समर्थकों के खिलाफ कठोर भाषा का इस्तेमाल करने की जरूरत नहीं समझी।

संयुक्त राष्ट्र ने भारत से मिली आर्थिक मदद को सराहा

शरणार्थियों के लिए राहत कार्य करने वाली संयुक्त राष्ट्र की एजेंसी UNRWA ने भारत से मिली 25 लाख डॉलर की मदद के लिए सराहना की है।विदेश मंत्रालय में पश्चिम एशिया और उत्तर अफ्रीका (डब्ल्यूएएनए) प्रभाग के निदेशक सुनील कुमार ने पिछले शुक्रवार को यरुशलम में UNRWA अधिकारियों को भारत की ओर से चेक दिया। UNRWA की प्रवक्ता तमारा अल्फीराई ने कहा, हमें भारत की ओर से मिलने वाली सालाना मदद (कुल 50 लाख डॉलर) की आधी राशि (25 लाख डॉलर) मिल गई है, जिसके लिए हम आभारी हैं। भारतीय योगदान से UNRWA के मुख्य बजट में मदद मिलती है। यानी यह राशि फिलिस्तीनी शरणार्थियों के लिए संचालित स्कूलों, स्वास्थ्य सेवा केंद्रों और अन्य मूलभूत सेवाओं में सीधे जाती है।

उन्होंने कहा, भारत सरकार ने 2018 से अब तक UNRWA को दो करोड़ डॉलर की सहायता दी है। UNRWA में विदेश मामलों के विभाग में साझेदारी निदेशक करीम आमेर ने कहा, यह योगदान UNRWA के काम के प्रति भारत के दृढ़ सहयोग और फिलिस्तीनी शरणार्थियों के कल्याण के प्रति उसकी प्रतिबद्धता को दर्शाता है। कई साल तक संगठन में सेवाएं दे चुके एक अन्य वरिष्ठ अधिकारी ने कहा, भारत सरकार जैसे मददगारों के

लगातार सहयोग के कारण ही एजेंसी लगातार चुनौतियों के बीच पश्चिम एशिया में फिलिस्तीनी शरणार्थियों को अहम सेवाएं मुहैया करा पा रही है। भारत वैश्विक महामारी में भी हमें नहीं भूला।

दो वर्षों में एक करोड़ डॉलर की मदद

विदेश राज्य मंत्री वी मुरलीधरन ने 23 जून, 2020 में आयोजित UNRWA के साधारण मंत्री स्तरीय प्रतिज्ञा सम्मेलन के दौरान घोषणा की थी कि भारत अगले दो वर्षों में एजेंसी को एक करोड डॉलर का योगदान देगा। पंजीकृत फिलिस्तीनी शरणार्थियों की संख्या में तेजी आने से UNRWA की सेवाओं की मांग बढ़ गई है।

चार गुना बढ़ा दी गई थी सहायता राशि

प्रधानमंत्री नरेंद्र मोदी ने फरवरी 2018 में फिलिस्तीन की यात्रा की थी। यह भारत के किसी प्रधानमंत्री की फिलिस्तीन की पहली यात्रा थी। इस दौरान भारत ने UNRWA के मुख्य बजट में दी जाने वाली भारतीय सहायता को चार गुना बढ़ाकर 12.50 लाख डॉलर से बढ़ाकर 50 लाख डॉलर कर दिया था।

कौन आश्रय दाता?

हमारे देश में प्राचीनकाल से करुणा और दया का भाव रहा है साथ में यह भी देखने को मिला निरपराध लोगों की हत्याएं की जाती रही है चाहे पक्षी हो या मानव। शाखगत कौन? गौतम बुद्ध अपने समय के विश्व विजेता थे। उन्होंने बेडर सम्राटों को दिशा-निर्देश दिया। उनमें करुणा और दया का भाव उत्पन्न किया। लोक कल्याण के लिये उन्होंने राजपाट, पत्नी तथा पुत्र का त्याग किया। यह समसामयिक है राष्ट्र कवि मैथिलीशरण गुप्त की रचित कविता

'माँ कह एक कहानी'

"बेटा समझ लिया क्या तूने मुझको अपनी नानी?"

"कहती है मुझसे यह चेटी, तू मेरी नानी की बेटी

कह माँ कह लेटी ही लेटी, राजा था या रानी?

माँ कह एक कहानी।"

"तू है हठी, मानधन मेरे, सुन उपवन में बड़े सवेरे,
तात भ्रमण करते थे तेरे, जहाँ सुरभि मनमानी।"
"जहाँ सुरभि मनमानी! हाँ, माँ यही कहानी।"

"वर्ण-वर्ण के फूल खिले थे, झलमल कर हिमबिंदु झिले थे,
हलके झोंके हिले मिले थे, लहराता था पानी।"
"लहराता था पानी, हाँ-हाँ यही कहानी।"

"गाते थे खग कल-कल स्वर से, सहसा एक हंस ऊपर से,
गिरा बिद्ध होकर खग शर से, हुई पक्ष की हानी।"
"हुई पक्ष की हानी? करुणा भरी कहानी!"

" चौंक उन्होंने उसे उठाया, नया जन्म सा उसने पाया,
इतने में आखेटक आया, लक्ष्य सिद्धि का मानी।"
"लक्ष सिद्धि का मानी! कोमल कठिन कहानी।"

"मांगा उसने आहत पक्षी, तेरे तात किन्तु थे रक्षी,
तब उसने जो था खगभक्षी, हठ करने की ठानी।"
"हठ करने की ठानी! अब बढ़ चली कहानी।"

"हुआ विवाद सदय-निर्दय में, उभय आग्रही थे स्वविषय में,
गयी बात तब न्यायालय में, सुनी सभी ने जानी।"
"सुनी सभी ने जानी! व्यापक हुई कहानी।"

"राहुल तू निर्णय कर इसका, न्याय पक्ष लेता है किसका?
कह दे निर्भय जय हो जिसका, सुन लूँ तेरी बानी"
माँ मेरी क्या बानी? मैं सुन रहा कहानी।"

"कोई निरपराध को मारे तो क्यों अन्य उसे न उबारे ?

रक्षक पर भक्षक को वारे, न्याय दया का दानी।"

"न्याय दया का दानी! तूने सुनी कहानी।"

आज पूरे विश्व में हाहाकार है खुले आम निरपराध लोगों की हत्याएं युद्ध के नाम पर कर रहे हैं। लेकिन आजकोई भी राष्ट्र चूं तक नहीं कर रहा है।

जहां पर मनुष्य अपनी-अपनी हवस हाथ में लेकर परस्पर युद्ध करने के लिए इकट्ठा होते है, वहां किसी का भी कुछ कल्याण नहीं होता। जहां तक मेरी दृष्टि जाती है मैं देखता हूं कि परमाणु शक्ति ने सदियों से मानवता को संजोये रखने वाली कोमल भावना को नष्ट कर दिया है।

महात्मा गांधी- "हिंसा अक्षम के लिये आखिरी गढ़ है।"

इमाम एसियोन- "युद्ध के लिये तैयार रहना, शांति बनाए रखने का सबसे अमोघ माध्यम है।"

जार्ज वाशिंगटन- अमीरों के युद्ध में गरीब मरते हैं।

जीन पॉलयात्री- "लड़ाई चाहे दो व्यक्ति के बीच हो या दो गुटों के बीच अथवा दो राष्ट्रों के बीच हो वह अपने आप में बर्बादी है।"

महात्मा गांधी- "हजारों लोगों द्वारा कुछ की हत्या करना बहादुरी नहीं है। यह कायरता से भी बदतर है। यह किसी राष्ट्रवाद और धर्म के विरुद्ध है।"

समाप्त